UMBERTO
ECO

HISTOIRE
DES LIEUX
DE LÉGENDE

Direction éditoriale
Elisabetta Sgarbi

Coordination éditoriale
Anna Maria Lorusso

Conception graphique
Polystudio
Francesco Messina
Francesca Zucchi
Giuanfranco Casula

Recherche iconographique
Silvia Borghesi

Fabrication
Sergio Daniotti

Les éditions Bompiani participent à la campagne « Scrittori per le foreste » (« Écrivains pour les forêts ») promue par Greenpeace. Ce livre a été imprimé sur papier certifié FSC, obtenu à partir de fibres recyclées après consommation et des fibres vierges résultant d'une gestion forestière de qualité et de sources contrôlées. Pour plus d'informations : http:www.greanpeace.it/scrittori
© 2013 RCS Libri S.p.A., Bompiani

© 2013 RCS Libri S.p.A., Bompiani
Achevé d'imprimer chez
Errestampa S.r.l. – Orio al Serio (BG)
en octobre 2013

Première édition Bompiani octobre 2013

Pour la traduction française :
©Flammarion, 2013
ISBN : 9-78808130559-5

UMBERTO ECO

HISTOIRE DES LIEUX DE LÉGENDE

Flammarion

Sommaire

	Introduction	7
1	La terre plate et les Antipodes	11
2	Les territoires de la Bible	38
3	Les territoires d'Homère et les Sept Merveilles du monde	65
4	Les merveilles de l'Orient, d'Alexandre le Grand au Prêtre Jean	97
5	Le Paradis terrestre, les îles Fortunées et l'Eldorado	145
6	L'Atlantide, Mu et la Lémurie	182
7	Thulé et l'Hyperborée	223
8	Les migrations du Graal	248
9	Alamut, le Vieillard de la Montagne et les Assassins	279
10	Le pays de Cocagne	289
11	Les îles de l'utopie	305
12	L'île de Salomon et la Terre australe	326
13	L'intérieur de la Terre, le mythe polaire et l'Agarttha	345
14	L'invention de Rennes-le-Château	409
15	Les lieux romanesques et leur vérité	431
	Index, bibliographie, crédits	463

INTRODUCTION

Page de gauche :

Gulliver découvre Laputa, l'île volante. Illustration extraite des *Voyages de Gulliver* de Jonathan Swift, Leipzig, vers 1910

CE LIVRE EST CONSACRÉ AUX TERRITOIRES ET AUX LIEUX LÉGENDAIRES : « territoires » et « lieux », car il s'agit tantôt de véritables continents, comme l'Atlantide, tantôt de pays et de châteaux, et, dans des cas comme celui de la Baker Street de Sherlock Holmes, d'appartements.

Il existe de nombreux dictionnaires des lieux fantastiques et fictifs (le plus complet est l'excellent *Manuale dei luoghi fantastici* d'Alberto Manguel et Gianni Guadalupi), mais nous ne nous occuperons pas ici de lieux « inventés », car il faudrait alors inclure la maison de Madame Bovary, la tanière de Fagin, dans *Oliver Twist*, ou la forteresse Bastiani du *Désert des Tartares*. Il s'agit là de lieux romanesques, que des lecteurs fanatiques tentent parfois, sans grand succès, d'identifier. En d'autres occasions, il s'agit de lieux romanesques inspirés de lieux réels, où les lecteurs s'efforcent de retrouver les traces des livres qu'ils ont aimés : ainsi, tous les 16 juin, à Dublin, des lecteurs d'*Ulysse* cherchent à découvrir la maison de Leopold Bloom, sur Eccles Street, visitent la Martello Tower, désormais transformée en musée joycien, ou tentent d'acquérir chez tel ou tel pharmacien la savonnette au citron achetée en 1904 par Leopold Bloom.

Il arrive même parfois que des lieux fictifs finissent par s'identifier à des lieux réels, telle la maison en grès de Nero Wolfe à Manhattan.

Mais nous nous intéresserons ici à des territoires et à des lieux qui, de nos jours ou par le passé, ont donné naissance à des chimères, à des utopies et à des illusions, car beaucoup de gens ont *vraiment* cru qu'ils existaient ou avaient existé quelque part.

Cela dit, il reste encore de nombreuses distinctions à prendre en compte. Certaines légendes ont porté sur des contrées qui n'existent certainement plus, mais dont on ne peut exclure qu'elles aient existé

Page de gauche :
Albrecht Altdorfer,
Suzanne au bain, 1526.
Munich, Alte Pinakothek

à des époques très lointaines ; tel est le cas de l'Atlantide, dont plusieurs esprits peu enclins au délire ont essayé de déceler les dernières traces. Il y a des territoires dont parlent de nombreuses légendes et dont l'existence (bien que très éloignée dans le temps) reste incertaine, comme Shamballa, à laquelle certains attribuent toutefois une réalité totalement « spirituelle » ; d'autres, en revanche, sont indiscutablement le résultat d'une fiction narrative, par exemple Shangri-La, mais il en apparaît sans cesse des imitations pour touristes au goût peu exigeant. Il y a des territoires dont l'existence n'est affirmée que par des sources bibliques, tels le Paradis terrestre ou le royaume de la reine de Saba – mais sur la foi de cette croyance, plusieurs explorateurs, y compris Christophe Colomb, sont partis en expédition et ont fini par découvrir des pays bien réels. Il y a des territoires forgés de toutes pièces par de faux documents, comme celui du Prêtre Jean, qui a toutefois poussé des voyageurs à explorer aussi bien l'Asie que l'Afrique. Il y a enfin des territoires dotés, de nos jours encore, d'une existence effective, bien que parfois sous forme de ruines, mais autour desquels s'est créée une véritable mythologie : Alamut, sur laquelle plane l'ombre légendaire des Assassins ; Glastonbury, désormais associée à la quête du Graal ; Rennes-le-Château ou Gisors, rendues célèbres par de très récentes spéculations commerciales.

En somme, les territoires et les lieux légendaires appartiennent à des genres variés, et ils ont une seule caractéristique commune : qu'ils relèvent de mythes très anciens, dont l'origine se perd dans la nuit des temps, ou qu'ils résultent d'une invention moderne, ils ont créé, dans les deux cas, des flux de croyances.

Ce livre a pour objet la réalité de ces illusions.

Dans le texte qui suit, les noms en gras renvoient à des passages de l'anthologie. Les noms propres ou les titres suivis de parenthèses contenant une date renvoient de leur côté aux références bibliographiques en fin d'ouvrage.

1

LA TERRE PLATE ET LES ANTIPODES

Page de gauche :
Carte en T,
Mappa Mundi,
in *La Fleur des histoires*,
1459-1463. Paris,
Bibliothèque Nationale
de France

Dans plusieurs mythologies, la Terre prend des formes poétiques, souvent anthropomorphes, comme la Gaïa des Grecs. Selon une légende orientale, elle s'appuie sur le dos d'une baleine, portée à son tour par un taureau, qui se tient lui-même sur un rocher ; ce rocher est soutenu par de la poussière, sous laquelle personne ne sait ce qu'il y a, hormis la grande mer de l'infini. Dans d'autres versions, la Terre repose sur le dos d'une **tortue**.

LA TERRE PLATE Lorsque les Anciens commencèrent à réfléchir « scientifiquement » à ce que pouvait être la forme de la Terre, ils jugèrent réaliste de penser qu'elle avait celle d'un disque. Pour Homère, il était entouré par l'Océan et recouvert par la calotte céleste. Les fragments des **présocratiques**, parfois imprécis et contradictoires, selon les témoignages, laissent supposer que pour Thalès, il s'agissait d'un disque plat, et que pour Anaximandre, notre planète avait une forme cylindrique ; Anaximène parlait quant à lui d'une surface plane, encerclée par l'Océan, qui flottait sur une sorte de coussin d'air comprimé.

Seul Parménide semble avoir deviné la sphéricité de la Terre ; de son côté, Pythagore l'imaginait sphérique pour des raisons à la fois mystiques et mathématiques.

Les démonstrations ultérieures de sa rotondité se fondent en revanche sur des observations empiriques, comme le montrent les textes de **Platon** et d'**Aristote**.

Des doutes persistèrent jusque chez Démocrite et Épicure, et Lucrèce niait l'existence des antipodes ; mais de manière générale, pendant tout le reste de l'Antiquité, on ne remit plus en question la sphéricité de la Terre. Bien entendu, Ptolémée savait qu'elle était ronde, sans quoi il n'aurait pas pu la diviser en trois cent soixante degrés de méridien. Ératosthène le savait aussi, lui qui, au IIIe siècle avant Jésus-Christ, avait obtenu par calcul une bonne approximation de la longueur du méridien terrestre : il avait pris en considération, à midi le jour du solstice de printemps, la différence d'inclinaison du soleil lorsqu'il se reflétait au fond des puits d'Alexandrie et de Syène, dont on connaissait la distance réciproque.

Malgré de nombreuses légendes, qui circulent encore sur Internet, tous les érudits du Moyen Âge savaient que la Terre était sphérique. Même un élève de seconde n'aura aucun mal à faire cette déduction : si Dante entre dans l'entonnoir de l'Enfer et en ressort à l'autre extrémité, où il voit des étoiles inconnues au pied de la montagne du Purgatoire, cela signifie qu'il savait très bien que la Terre était ronde. Et cette opinion avait déjà été celle d'Origène et de saint Ambroise, d'Albert le Grand et de saint Thomas d'Aquin, de Roger Bacon et de Joannes de Sacrobosco (Jean de Halifax), pour ne citer que quelques noms.

Au VIIe siècle, Isidore de Séville (qui n'était pourtant pas un modèle d'acribie scientifique) avait calculé que la longueur de l'équateur était de quatre-vingt mille stades. Or, si l'on se pose le problème de la longueur de l'équateur, on sait et on est convaincu, cela va de soi, que la Terre est sphérique. D'ailleurs, malgré son caractère approximatif, le résultat obtenu par Isidore n'est pas très éloigné des mesures actuelles.

Pourquoi donc a-t-on longtemps cru, et continue-t-on aujourd'hui souvent à croire, y compris chez des auteurs de livres très sérieux d'histoire des sciences, que le monde chrétien des origines s'était éloigné de l'astronomie grecque et qu'il était revenu à l'idée d'une Terre plate ?

À titre d'expérience, on pourrait demander à des gens, même cultivés, ce que Christophe Colomb voulait démontrer lorsqu'il entreprit de rejoindre l'est par l'ouest, et ce que les docteurs de Salamanque s'obstinaient à nier. Dans la plupart des cas, la réponse sera la suivante : Colomb estimait que la Terre était ronde ; les docteurs de Salamanque pensaient au contraire qu'elle était plate et que les trois caravelles, au bout d'un court trajet, sombreraient dans l'abysse cosmique.

La pensée laïque du XIXe siècle, irritée par l'opposition de plusieurs confessions religieuses à l'évolutionnisme, a attribué à toute la pensée chrétienne (patristique et scolastique) l'idée selon laquelle la Terre serait plate. Il s'agissait de démontrer que, de même qu'elles s'étaient trompées

1. LA TERRE PLATE ET LES ANTIPODES

Sandro Botticelli, *Le Gouffre de l'Enfer*, illustration pour la *Divine Comédie*, vers 1480. Cité du Vatican, Biblioteca Apostolica Vaticana

sur la sphéricité de la planète, les Églises pouvaient se tromper sur l'origine des espèces. On a donc exploité le fait qu'un auteur chrétien du IVe siècle comme Lactance (dans ses *Institutiones divinae* [*Institutions divines*]) tirait argument de la description biblique de l'univers, modelée sur le Tabernacle et par conséquent quadrangulaire, pour s'opposer aux théories païennes sur la rotondité de la Terre, notamment parce qu'il ne pouvait pas accepter l'idée de l'existence des antipodes, où les hommes auraient dû marcher la tête en bas.

Enfin, on avait découvert qu'un géographe byzantin du VIe siècle, **Cosmas Indicopleustès**, avait soutenu dans sa *Topografia christiana* (*Topographie chrétienne*), toujours en ayant à l'esprit le Tabernacle biblique, que le cosmos était rectangulaire et qu'un arc surplombait le sol plat de la Terre.

Dans le modèle défini par Cosmas, cette voûte courbe demeure dissimulée à nos yeux par le *stéréoma*, le voile du firmament. En dessous s'étend l'*œkoumène*, c'est-à-dire toute la partie habitée de la planète, qui repose sur l'Océan et s'élève, par une pente imperceptible et continue, vers le

13

nord-ouest, où se dresse une montagne si haute que sa présence échappe à nos regards et que sa cime se perd dans les nuages. Mû par les anges – auxquels on doit aussi les pluies, les séismes et tous les autres phénomènes atmosphériques –, le soleil passe, le matin, devant la montagne, de l'orient au midi, éclairant ainsi le monde ; le soir, il remonte vers l'occident et disparaît derrière cette même montagne. La lune et les étoiles suivent le cycle inverse.

Comme l'a montré Jeffrey Burton Russell (1991), de nombreux livres d'histoire de l'astronomie faisant autorité, encore étudiés dans les écoles, affirment que les ouvrages de Ptolémée restèrent ignorés pendant tout le Moyen Âge (ce qui est historiquement faux) et que la théorie de Cosmas devint l'opinion dominante jusqu'à la découverte de l'Amérique. Or le texte de Cosmas, rédigé en grec (une langue qui était l'apanage, à l'époque du Moyen Âge chrétien, de quelques traducteurs s'intéressant à la philosophie aristotélicienne), ne fut connu du monde occidental qu'en 1706 et publié en anglais en 1897. Aucun auteur médiéval ne le connaissait.

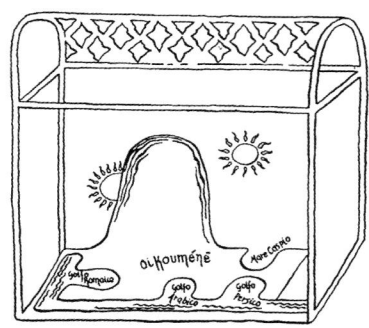

Reconstruction du Cosmos en forme de Tabernacle de la *Topographie Christiana* de Cosmas Indicopleustès

Comment a-t-on pu soutenir que le Moyen Âge imaginait la Terre sous forme de disque plat ? Les manuscrits d'Isidore de Séville (qui parlait pourtant, comme on l'a vu, de l'équateur) contiennent ce qu'il est convenu d'appeler la « carte en T » : sa partie supérieure représente l'Asie, car c'est là que se situait, selon la légende, le Paradis terrestre ; les deux côtés de la barre horizontale correspondent à la mer Noire et au Nil, et la barre verticale à la Méditerranée ; en conséquence, les quarts de cercle situés à gauche et à droite décrivent respectivement l'Europe et l'Afrique. L'ensemble est entouré par le grand cercle de l'Océan.

L'impression que la Terre était perçue comme un cercle provient aussi des cartes qui accompagnent les *Commentaires de l'Apocalypse* de Beatus de Liébana ; ce texte, rédigé au VIIIe siècle mais orné d'illustrations par des enlumineurs mozarabes au cours des siècles suivants, exerça une large influence sur l'art des abbayes romanes et des cathédrales gothiques – et il servit aussi de modèle à d'innombrables autres manuscrits enluminés. Comment des

1. LA TERRE PLATE ET LES ANTIPODES

Barthelemy l'Anglais,
Terre en T, in *Le Livre
des propriétés des choses*, 1372

Double page suivante:
Mappemonde
de Saint-Sever, in *Apocalypse
de Saint-Sever*, 1086. Paris,
Bibliothèque Nationale
de France

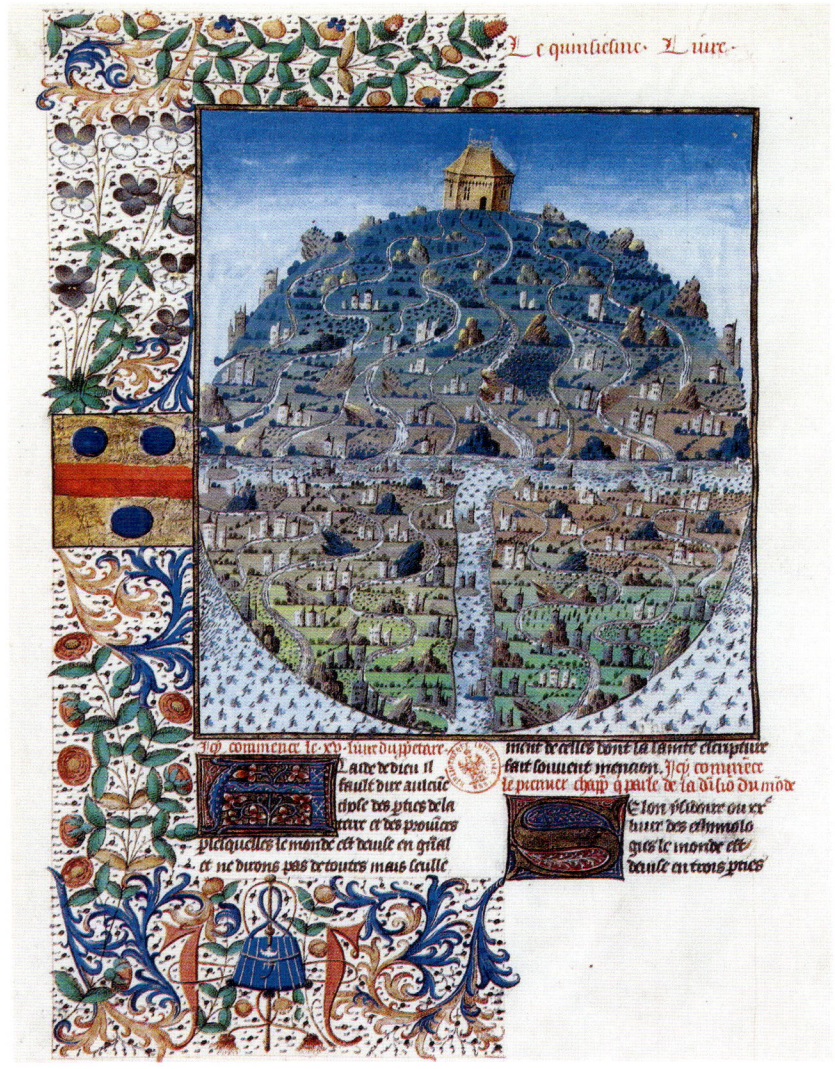

gens qui considéraient que la Terre était sphérique pouvaient-ils tracer des cartes où elle apparaît plate? La première explication, c'est que nous le faisons nous aussi. Critiquer la planéité de ces cartes équivaut en effet à critiquer celle de nos atlas contemporains. Il s'agissait simplement d'une forme naïve et conventionnelle de projection planimétrique.

Mais nous devons prendre en compte d'autres éléments. Le premier nous est suggéré par saint Augustin, qui avait bien présent à l'esprit le débat ouvert par Lactance sur le cosmos en forme de Tabernacle, mais qui

1. LA TERRE PLATE ET LES ANTIPODES

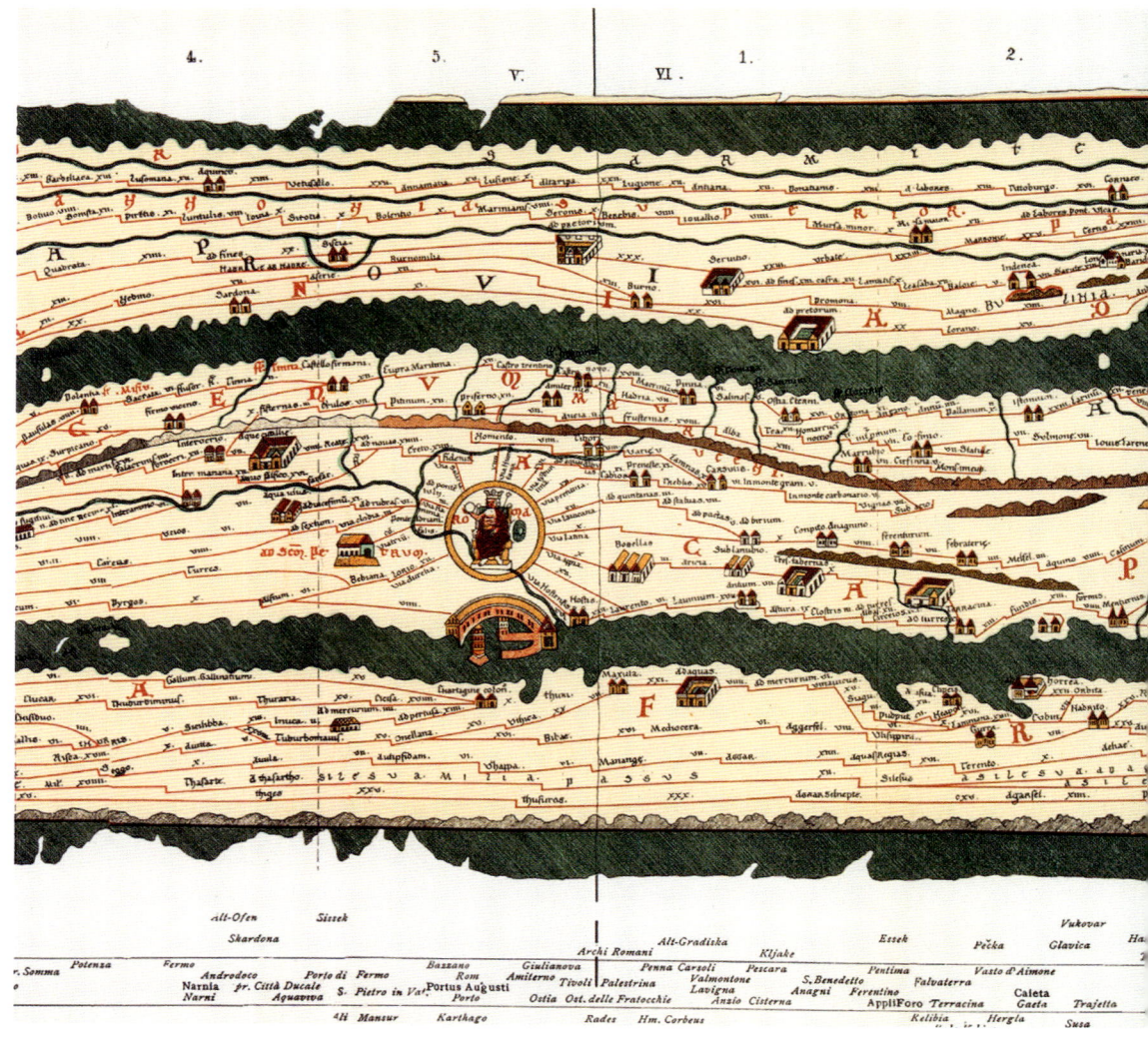

connaissait, dans le même temps, les opinions des Anciens sur la sphéricité du globe. Augustin en arrive ainsi à cette conclusion : il ne faut pas se laisser impressionner par la description du Tabernacle biblique, car, on le sait, les Saintes Écritures recourent souvent à un langage métaphorique ; la Terre est donc peut-être sphérique ; mais dans la mesure où il est indifférent au salut de l'âme de savoir si elle l'est ou non, on peut ignorer la question.

Cela ne veut pas dire qu'il n'exista pas d'astronomie médiévale, contrairement à ce que l'on a souvent insinué. Entre le XIIe et le XIIIe siècle, on traduisit l'*Almageste* de Ptolémée et le *Traité du ciel* d'Aristote. En outre,

1. LA TERRE PLATE ET LES ANTIPODES

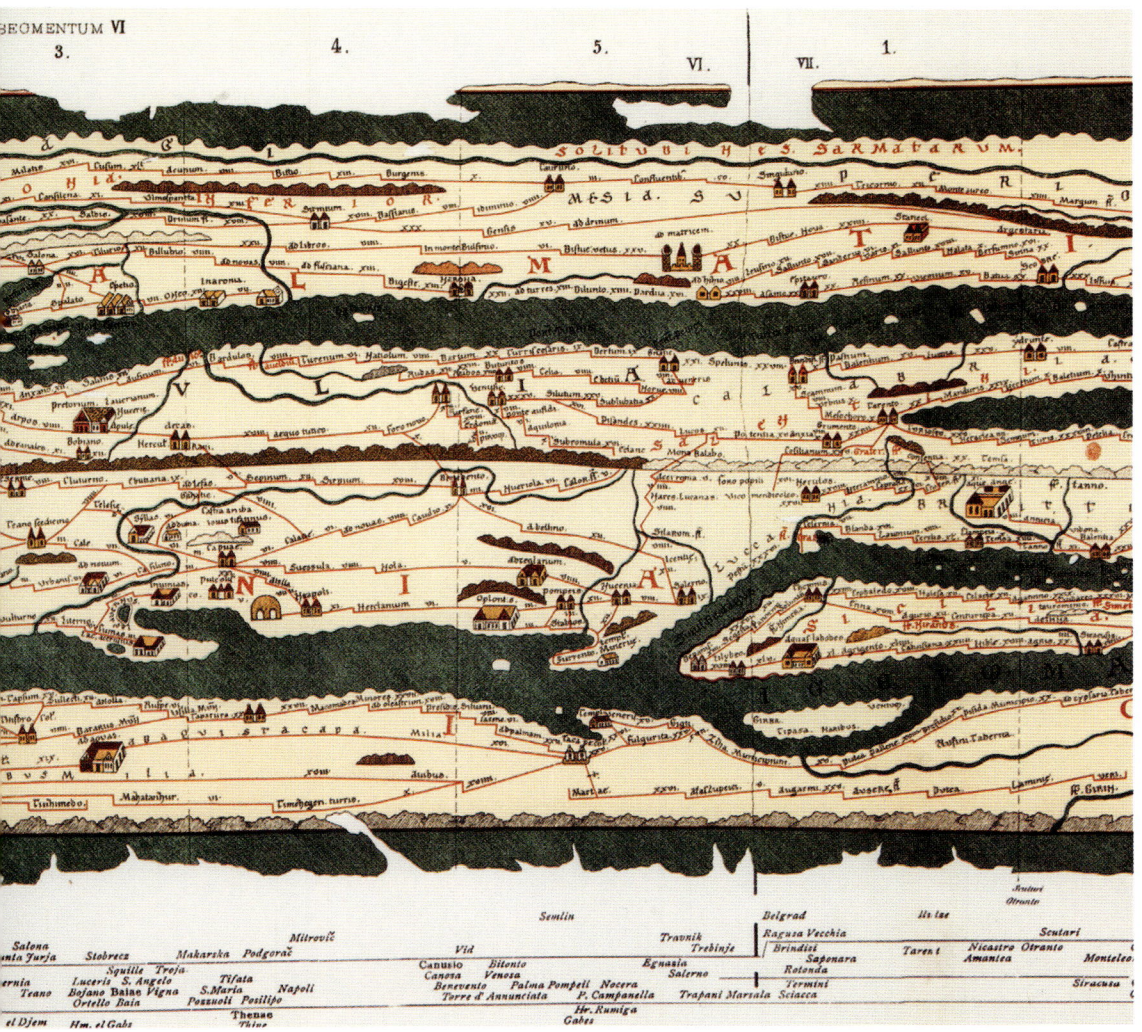

Tabula peutingeriana (*Table de Peutinger*), section. Copie médiévale du XIIe siècle

comme nous le savons tous, une des matières du quadrivium enseigné dans les écoles médiévales était l'astronomie, et le *Tractatus de sphaera mundi* (*Traité de la sphère du monde*) de Jean de Halifax, calqué sur Ptolémée et destiné à exercer une autorité indiscutée pendant des centaines d'années, date du XIIIe siècle.

Le Moyen Âge fut toutefois une période de grands voyages ; mais avec des routes en très mauvais état, des forêts à traverser et des bras de mer à franchir en s'en remettant aux passeurs de l'époque, il n'était pas possible de tracer des cartes convenables. Elles étaient purement indicatives, à l'instar

Carte extraite du *Rudimentum Novitiorum* (*Rudiment des novices*) de Lucas Brandis, Lübeck 1475. Oxford, Oriel College Library

des instructions du *Guide des pèlerins* à Saint-Jacques-de-Compostelle, et disaient à peu près ceci : « Si tu veux aller de Rome à Jérusalem, dirige-toi vers le sud et demande ton chemin en route. » Essayons maintenant de penser aux cartes de lignes ferroviaires incluses dans les vieux indicateurs de chemins de fer. À partir de cette série de nœuds, très claire en soi si l'on doit prendre un train de Milan à Livourne (et apprendre qu'il faudra passer par Gênes), personne ne pourrait déduire la forme exacte de l'Italie. Cette forme ne présente aucun intérêt pour les voyageurs qui doivent se rendre à la gare. Les Romains avaient construit une série de routes, qui reliaient toutes les villes du monde connu, mais voyez comment elles sont représentées sur la carte dite Table de Peutinger, du nom de celui qui la redécouvrit au XVe siècle. La partie supérieure correspond à l'Europe et la partie inférieure à l'Afrique, mais nous sommes exactement dans la même situation que face à une carte ferroviaire. Cette table permet de visualiser les routes, le lieu d'où elles partent et celui où elles arrivent, mais ne permet en aucune manière de deviner la forme de l'Europe, de la Méditerranée ou de l'Afrique. Pourtant, les Romains

La Carte du monde selon Hartmann Schedel, in *Liber Chronicarum* (*Livre des chroniques*), Nuremberg, 1493

devaient certainement disposer de notions géographiques bien plus précises, puisqu'ils sillonnaient la Méditerranée en long et en large ; toutefois, lorsque leurs cartographes dessinèrent cette carte, ils ne s'intéressèrent pas à la distance qui séparait Marseille de Carthage, mais bien plutôt à l'existence effective d'une route reliant Marseille à Gênes.

Pour le reste, les voyages médiévaux étaient imaginaires. Le Moyen Âge produisit des encyclopédies, des *Imagines mundi* (*Images du monde*) qui cherchaient surtout à satisfaire le goût des lecteurs pour le merveilleux, en leur décrivant des pays lointains et inaccessibles ; ces livres furent tous écrits par des gens qui n'avaient jamais vu les lieux dont ils parlaient, car la force de la tradition comptait alors davantage que l'expérience. Une carte n'avait pas pour objectif de reproduire la forme de la Terre, mais de dresser la liste des villes et des peuples que l'on pouvait y rencontrer.

En outre, la représentation symbolique importait plus que la représentation empirique. Sur la carte du *Rudimentum novitiorum* (*Rudiment des novices*) de 1475, l'enlumineur s'est préoccupé de situer Jérusalem au centre de la Terre, pas de montrer la façon dont on y arrive. Et cela alors même que des cartes de l'époque donnaient déjà une image assez précise de l'Italie et de la Méditerranée.

Enfin, les cartes médiévales n'avaient pas de fonction scientifique ; elles répondaient à une demande de fabuleux de la part du public, de la même manière qu'aujourd'hui, serais-je tenté de dire, des revues imprimées sur papier glacé nous démontrent l'existence des soucoupes volantes, et la télévision nous raconte que les pyramides ont été construites par une civilisation extra-terrestre. Sur la carte de la *Chronique de Nuremberg*, qui date pourtant de 1493, une représentation acceptable d'un point de vue cartographique s'accompagne d'images des monstres mystérieux censés habiter les contrées reproduites.

L'histoire de l'astronomie est par ailleurs curieuse. Un grand matérialiste comme Épicure cultiva une idée qui survécut si longtemps que Gassendi en discutait encore au XVIIe siècle, et dont témoigne en tout cas le *De rerum natura* (*La Nature des choses*) de Lucrèce : pour toute une série de motifs très sérieux, le soleil, la lune et les étoiles ne peuvent être ni plus grands ni plus petits qu'ils n'apparaissent à nos sens. En conséquence,

Les Antipodes selon Cratès de Mallos, extrait de K. Miller, *Mappae Mundi*, Stuttgart, 1895, copie

Épicure estimait que le diamètre du soleil était d'une trentaine de centimètres.

Et voilà comment, alors que seules certaines cultures très anciennes ont vraiment cru que la Terre était plate, beaucoup de nos contemporains pensent encore, en contradiction avec l'état actuel de nos connaissances historiques, que les hommes de l'Antiquité et du Moyen Âge partageaient tous cette croyance. Où l'on voit que la propension à croire aux légendes caractérise davantage les modernes que leurs ancêtres. Sans parler de ceux de nos contemporains, plus nombreux qu'on ne pourrait le croire (voir Blavier 1982 et Justafré sd pour une bibliographie absolument hilarante), qui écrivent encore des livres hostiles à l'hypothèse copernicienne ou qui, comme dans le cas de **Voliva**, ont soutenu que la Terre est un disque plat.

LES ANTIPODES Les pythagoriciens avaient élaboré un système planétaire complexe, où la Terre ne se situait même pas au centre de l'univers. Le soleil y occupait lui aussi une position périphérique, et toutes les sphères des planètes tournaient autour d'un feu central. Par ailleurs, la rotation de chacune des sphères produisait un son de la gamme musicale, et pour établir une correspondance exacte entre phénomènes sonores et phénomènes astronomiques, on avait même introduit une planète inexistante, l'Anti-Terre : invisible depuis notre hémisphère, elle ne pouvait être observée que depuis les Antipodes.

Dans le *Phédon*, Platon suggère que la Terre est très grande et que nous en occupons seulement une toute petite partie ; des peuples inconnus pourraient donc en habiter d'autres régions. Cette idée fut reprise au IIe siècle avant Jésus-Christ par Cratès de Mallos, selon qui il existait deux territoires habités dans l'hémisphère nord et deux dans l'hémisphère sud, séparés par des sortes de canaux océaniques disposés en forme de croix. Cratès supposait que les continents méridionaux étaient habités, mais inaccessibles pour nous. Au Ier siècle après Jésus-Christ, Pomponius Mela hasarda l'hypothèse selon laquelle l'île de Taprobane (dont nous reparlerons) constituait une sorte de promontoire du territoire méridional inconnu. Des allusions à l'existence des Antipodes apparaissent aussi dans les *Géorgiques* de Virgile, dans la *Pharsale* de Lucain, dans les *Astronomiques* de **Manilius** et dans l'*Histoire naturelle* de Pline.

Mais lorsqu'on parlait de cet hémisphère, on se trouvait inévitablement confronté au problème de la façon dont ses habitants pouvaient vivre la tête en bas et les pieds en haut sans tomber dans le vide[1]. **Lucrèce** s'était d'ailleurs déjà opposé à cette hypothèse.

Bien entendu, les adversaires les plus acharnés des Antipodes étaient ceux qui niaient la sphéricité du globe, tels **Lactance** et **Cosmas Indicopleustès**. Cependant, même un auteur aussi plein de bon sens que **saint Augustin** ne parvenait pas à supporter l'idée d'hommes ayant la tête en bas, entre autres parce que, si l'on présumait l'existence d'êtres humains aux Antipodes, il aurait fallu penser à des créatures ne descendant pas d'Adam et n'ayant donc pas été touchées par la rédemption.

Toutefois, dès le Ve siècle après Jésus-Christ, **Macrobe** avait avancé des arguments raisonnables pour démontrer qu'il n'y avait rien d'illégitime

1. Le problème des Antipodes est traité dans son intégralité *in* Moretti (1994). Voir aussi Broc (1980).

Lambert de Saint-Omer, *Liber Floridus*. Paris, Bibliothèque Nationale de France, Man.Lat. 8865, folio 35r. Le globe dans la main de l'empereur est une carte en T.

dans la croyance en des êtres tout à fait susceptibles de vivre de l'autre côté du globe. On retrouve la même opinion chez **Lucius Ampelius**, chez **Manilius** et même dans le *Morgante* de **Luigi Pulci**, très sensible à la polémique en cours.

La méfiance envers les Antipodes, précisément parce qu'ils rendaient impossible toute explication de l'universalité de la rédemption, continua pourtant à se manifester même après l'époque de Macrobe : sa position fut ainsi jugée hérétique par le pape Zacharie qui, en 748 après Jésus-Christ, la qualifia de « doctrine perverse et inique » ; au XIIe siècle, **Manegold de Lautenbach** la contestait encore violemment. Mais d'une manière générale, au Moyen Âge, de Guillaume de Conches à Albert le Grand, de Gervais de Tilbury à Pietro d'Abano, Cecco d'Ascoli et Pierre d'Ailly (avec quelques hésitations), dont l'*Imago mundi* (*Image du monde*) inspira le voyage de Colomb, on accepta l'idée de l'existence des Antipodes. Et bien entendu, Dante

Lambert de Saint-Omer, *Liber Floridus*, Ms Lat 8865, folio 35r, XI sec, Paris, Bibliothèque Nationale de France. À droite la zone australe, c'est-à-dire les Antipodes.

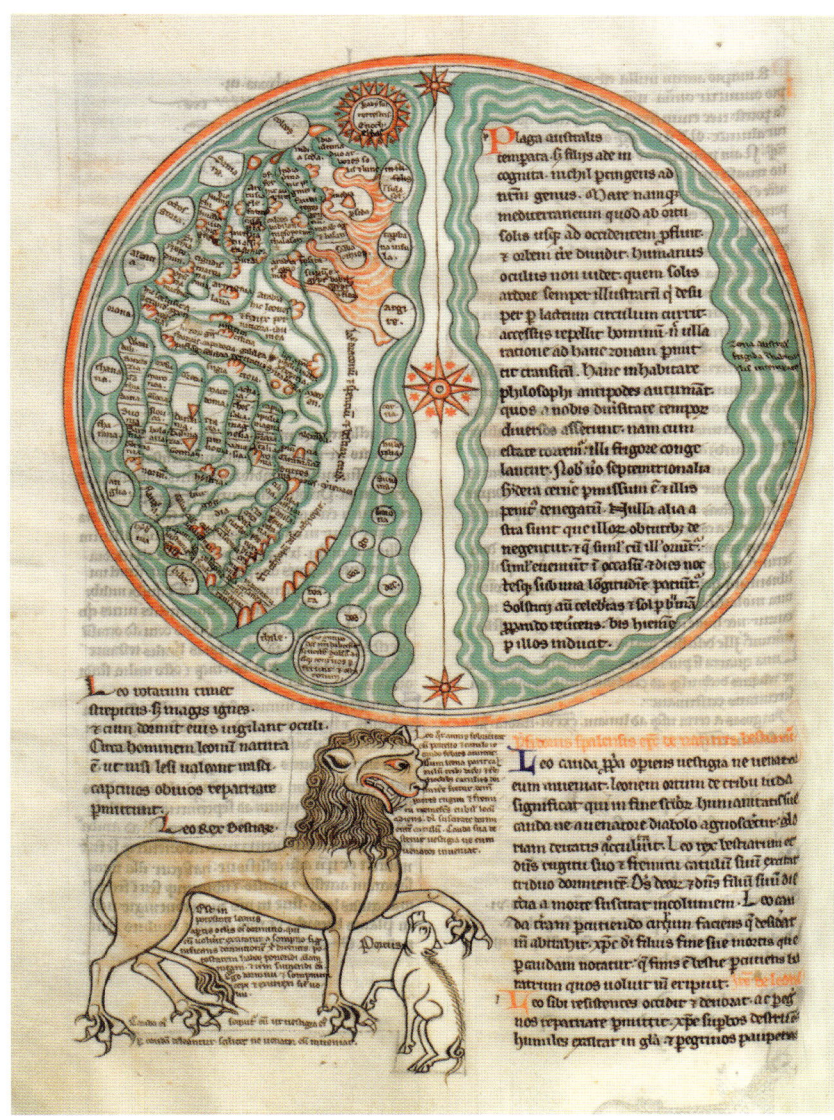

Alighieri y croyait lui aussi : il situe en effet de l'autre côté du globe la montagne du Purgatoire, qu'il put gravir sans tomber dans le vide la tête en bas, et qui lui permit même d'atteindre le Paradis terrestre.

Dès l'époque romaine, les Antipodes avaient d'ailleurs servi à justifier l'expansion de l'Empire vers des territoires inconnus, et cette idée réapparut à l'occasion des explorations géographiques de la période moderne. Au moins à partir de Colomb, on ne remit plus leur existence

Monstres marins tirés de la *Cosmographia* (*Cosmographie*) de Sebastian Münster, Bâle, 1550

en question, car on commençait à connaître des régions de l'hémisphère sud auparavant jugées inaccessibles, dont Amerigo Vespucci parle avec la désinvolture de quelqu'un qui les a visitées. On assista tout au plus à la première apparition d'une idée destinée à survivre jusqu'au XVIIIe siècle, celle d'une terre australe située à l'extrémité sud du globe, dont nous reparlerons dans un autre chapitre.

Toutefois, même lorsque l'on sut que l'on pouvait rejoindre les Antipodes, un autre aspect de leur légende, aux origines très anciennes, continua de survivre ; on en trouve un témoignage, parmi tant d'autres, chez Isidore de Séville : si les Antipodes n'abritent pas d'êtres humains, ils sont en tout cas le territoire des monstres. Et même après le Moyen Âge, les explorateurs (y compris **Antonio Pigafetta**) se montrèrent toujours enclins à découvrir, au cours de leurs voyages, les êtres effrayants et difformes, ou bienveillants mais bizarres, dont parlait la légende ; de nos jours, puisqu'on doit les exclure d'une Terre désormais connue dans ses moindres détails, les récits de science-fiction situent ces êtres, tels les *bug-eyed monsters* (monstres aux yeux d'insectes) ou le tendre ET, sur d'autres planètes.

La tortue

STEPHEN W. HAWKING
(1942-)
*Une brève histoire du temps :
du big bang aux trous noirs*,
1. Notre vision de l'univers (1988 ;
Champs Flammarion, 2008)

Un savant célèbre (certains avancent le nom de Bertrand Russell) donna un jour une conférence sur l'astronomie. Il décrivit comment la Terre tournait autour du Soleil et de quelle manière le Soleil, dans sa course, tournait autour du centre d'un immense rassemblement d'étoiles que l'on appelle notre Galaxie. À la fin, une vieille dame au fond de la salle se leva et dit : « Tout ce que vous venez de raconter, ce sont des histoires. En réalité, le monde est plat et posé sur le dos d'une tortue géante. » Le scientifique eut un sourire hautain avant de rétorquer : « Et sur quoi se tient la tortue ? – Vous êtes très perspicace, jeune homme, vraiment très perspicace, répondit la vieille dame. Mais sur une autre tortue, jusqu'en bas ! »

La Terre plate des présocratiques

ARISTOTE (IVe siècle av. J.-C.)
Traité du ciel, 293c30-294a30
(GF-Flammarion, 2004)

En effet, certains sont d'avis que la terre est sphérique, d'autres qu'elle est plate et de la forme d'un tambour. Comme preuve ils donnent le fait que quand le Soleil se couche ou se lève, sa partie cachée par la Terre fait une ligne droite et non courbe, en disant que, si la Terre était sphérique, il faudrait que la section soit circulaire. […] D'autres la font reposer sur de l'eau. Telle est, en effet, la plus ancienne doctrine qui nous a été transmise, dont on dit qu'elle a été soutenue par Thalès de Milet ; elle suppose que la Terre, du fait qu'elle peut flotter, reste où elle est comme un morceau de bois ou quelque chose d'autre de ce genre (car aucune des choses de ce genre ne demeure en place naturellement à la surface de l'air, mais elles le font à la surface de l'eau), comme si la même question ne se posait pas pour la Terre et pour l'eau qui porte la Terre.

**PSEUDO-HIPPOLYTE
DE ROME** (vers 170-235)
Réfutation de toutes les hérésies, I, 6

[Pour Anaximandre de Milet – disciple de Thalès] la terre flotte, car rien ne la soutient […] elle est de forme courbe, ronde comme une colonne de pierre. Nous vivons sur l'une de ses faces ; l'autre nous est opposée.

Réfutation de toutes les hérésies, I, 7

La terre est de forme plate et elle flotte dans l'air, comme le soleil, la lune et les autres corps célestes, car toutes les choses qui ont le feu pour nature et sont de forme plate flottent dans l'air […]. Anaximène dit que les étoiles ne passent pas sous la terre, comme certains le pensent, mais qu'elles tournent autour, comme on enroule une coiffe autour de sa tête […]. Le soleil se cache à notre vue non pas parce qu'il est sous la terre, mais parce que les régions les plus hautes le couvre.

La Terre sphérique

PLATON (V-IVe siècle av. J.-C.)
Phédon, 99b-109a
(GF-Flammarion, 1991)

C'est pourquoi l'un, entourant la Terre d'un tourbillon, la fait rester tranquille en invoquant l'action du ciel ; l'autre, la considérant comme une vaste et plate huche, place l'air au-dessous pour lui servir de support. [...] Pour ma part, dit Socrate, j'en suis arrivé à me faire une conviction sur les points suivants. Tout d'abord : si la Terre est au centre du ciel, et si elle est ronde, elle n'a besoin, pour ne pas tomber, ni d'air ni d'aucune résistance de ce genre. Mais le fait que le ciel soit semblable à lui-même dans toutes les directions indifféremment ainsi que l'état d'équilibre de la Terre sont deux conditions suffisantes pour la maintenir en place. Car si une chose bien équilibrée est placée au centre d'un milieu en tous points semblable à lui-même, il n'y a aucune raison pour qu'elle penche plus ou moins d'aucun côté ; en raison de ces similitudes, elle ne peut que rester en place sans subir d'inclinaison.

ARISTOTE (IVᵉ siècle av. J.-C.)
Traité du ciel, II, 14, 297b-298a
(GF-Flammarion, 2004)

De plus, de par l'apparence des astres il est non seulement manifeste que la Terre est circulaire, mais aussi que sa grandeur n'est pas énorme. En effet, si nous effectuons un petit déplacement en direction du sud ou vers la Grande Ourse, le cercle de l'horizon devient de toute évidence différent, de sorte que les astres au-dessus de nos têtes subissent un grand changement, et n'apparaissent plus les mêmes à qui se déplace vers la Grande Ourse ou vers le sud. En effet, certains astres visibles en Égypte et dans la région de Chypre ne sont pas visibles dans les régions du Nord, et ceux des astres qui sont constamment apparents dans les régions du Nord se couchent dans les régions nommées plus haut. De sorte que non seulement cela montre que la forme de la Terre est circulaire, mais aussi que c'est celle d'une sphère qui n'est pas énorme. S'il n'en était pas ainsi, en effet, les effets d'un déplacement aussi court ne seraient pas évidents aussi rapidement.

La Terre sphérique sur une représentation de Dieu mesurant le monde avec un compas, extrait d'une *Bible moralisée*, vers 1250

DIOGÈNE LAËRCE
(IIIᵉ siècle av. J.-C.)
Vies et doctrines des philosophes illustres, Parménide, IX, 3, 21 (Livre de poche, 2009)

Il [Parménide] fut le premier à dire que la terre est de forme sphérique et qu'elle est située au centre.

DIOGÈNE LAËRCE
Vies et doctrines des philosophes illustres, Pythagore, VIII, 1, 24-26
(Livre de poche, 2009)

Dans ses *Successions des philosophes*, Alexandre dit avoir trouvé un *Mémoire pythagoricien* que voici :
[...] et d'eux [les quatre éléments] naît le monde animé, intelligent, sphérique, contenant en son centre la terre qui est elle aussi sphérique et qui est habitée tout autour. Mais il y a aussi des gens aux antipodes, et ce qui est pour nous en bas est pour eux en haut.

Le monde est un tabernacle

COSMAS INDICOPLEUSTÈS
(vi{e} siècle)
Topographie chrétienne, III, 1-53
(Cerf, 1968)

Après le déluge, lors de la construction de la tour [de Babel], qui était un défi à Dieu, quand les hommes, une fois parvenus à une grande altitude, se sont mis à observer les astres de façon suivie, ils ont pour la première fois, induits en erreur, conçu vaguement cette idée, à savoir que le ciel est sphérique. [...]

Ceci fait, Dieu ordonna ensuite à Moïse de construire un tabernacle suivant le modèle qu'il avait vu sur la montagne [Sinaï], c'est-à-dire un tabernacle qui serait la figure de l'univers entier. Moïse le construisit donc, avec la volonté d'imiter autant que possible la forme de l'univers, de la façon suivante : trente coudées de longueur sur dix de largeur, et, ayant placé un voile au milieu, il en fit deux espaces ; le premier fut appelé Saint, le deuxième, derrière le voile, Saint des Saints. Le tabernacle extérieur, selon le divin Apôtre, était la figure de ce monde visible, de la terre au firmament ; là se trouvait la table, dans la partie nord, et sur la table douze pains ; figure de la terre, la table supportait des fruits de toute sorte, un pour chaque mois, c'est-à-dire les douze fruits de l'année. Tout autour de la table il y avait une cimaise tressée figurant la mer nommée Océan ; ensuite, tout autour de la cimaise, il y avait une corniche de la largeur d'une paume qui représentait la terre d'au-delà où, dans la partie orientale, se trouve le paradis, et où les extrémités du premier ciel en forme de voûte s'appuient de toutes parts sur les extrémités de la terre. Ensuite Moïse plaça, dans la partie sud, le chandelier qui éclairait la terre du sud au nord ; il posa dessus sept lampes pour indiquer la semaine ; elles représentaient tous les luminaires.

La Terre plate de Voliva

LYON SPRAGUE DE CAMP ET WILLY LEY
Lands Beyond (*De l'Atlantide à l'Eldorado*)
[1952]

Si les penseurs de la période antérieure aux grands voyages de découverte pouvaient encore trouver quelques arguments en leur faveur — le plus souvent l'autorité des Saintes Écritures, ou plutôt l'interprétation qu'ils en donnaient — les tentatives ultérieures visant à remettre en vigueur la conception d'un monde plat moururent dès leur naissance. La plus récente, et sans aucun doute la plus célèbre, fut celle menée entre 1906 et 1942 par Wilbur Glenn Voliva, chef de l'Église chrétienne catholique et apostolique de Zion, dans l'Illinois. Cette secte avait été fondée par un certain John Alexander Dowie, un Écossais de petite taille au tempérament inquiet, qui avait renoncé à son ministère de pasteur congrégationaliste, en Australie, afin de créer une association pour le renouveau de la foi. En 1888, il partit pour l'Angleterre dans le but d'y implanter une succursale, mais en passant par les États-Unis, il y sentit l'odeur de pâturages plus verts et ne tarda pas à fonder une église à Chicago. En butte à des persécutions, il se vit contraint de se replier sur Zion,

Le Cosmos en forme de Tabernacle de la *Topographie chrétienne* de Cosmas Indicopleustès. Florence, Biblioteca Medicea Laurenziana, Ms. Plut. 9.28, c. 95v

à une soixantaine de kilomètres plus au nord, où il régna sans partage pendant environ vingt ans, grâce à ses dons de « conseiller spirituel », à son habileté commerciale et à son opposition inébranlable à toutes les formes de vice, parmi lesquelles il incluait le tabac, les huîtres, la médecine et les assurances sur la vie. Son déclin débuta lorsqu'il s'autoproclama Élie III (c'est-à-dire la seconde incarnation du prophète Élie, saint Jean-Baptiste ayant été la première), et tenta de prendre New York d'assaut. Pour ce faire, il fondit sur l'immorale métropole accompagné de ses disciples, entassés dans huit convois ferroviaires, et loua pendant une semaine le Madison Square Garden. Les Newyorkais accoururent en foule pour voir l'homme du miracle, mais ils virent alors apparaître une sorte de Père Noël à l'accent irlandais prononcé, qui déversait en hurlant des torrents d'injures. Ils finirent par se lasser et par s'en aller, plantant là le prophète occupé à vociférer des menaces et des insultes. Mais Dowie joua son destin par une vente d' « actions » (en réalité des obligations à 10 % d'intérêts), à son tour destinée au paiement d'intérêts sur des actions déjà vendues. Il se retrouva alors, inévitablement, piégé par les lois mathématiques. Profitant d'un voyage au Mexique de Dowie, qui souhaitait y acquérir une propriété pour y passer ses vieux jours, Wilbin Voliva, que Dowie avait eu l'imprudence de choisir comme fondé de pouvoir, fomenta une rébellion parmi les dirigeants de la secte et, faisant d'une pierre deux coups, priva Dowie à la fois de son pouvoir et de son argent. Élie III monta au ciel peu de temps après. Voliva, son successeur, était un homme d'une beauté austère, aux sourcils broussailleux ; après avoir commencé sa vie professionnelle comme garçon de ferme dans l'Indiana, il était ensuite devenu ministre de l'Église, et avait plus tard jeté son froc aux orties pour se convertir à la doctrine de Dowie. Sous sa férule, les lois de la communauté de Zion, déjà sévères et très rigoureuses, firent l'objet d'un tour de vis supplémentaire : ainsi, toute personne surprise à fumer ou à mâcher du chewing-gum dans les rues boueuses de la petite ville risquait de finir en prison. Après avoir mené à bien son coup d'État, Voliva pourvut à la réorganisation des finances mal en point de la communauté ; il le fit si bien que vers 1930, les profits des entreprises industrielles de Zion (qui comprenaient, outre l'usine de dentelles implantée par Dowie, une usine de vernis, une fabrique de confiseries et plusieurs autres établissements) s'élevaient à six millions de dollars par an […]

Dans la cosmogonie de Voliva, la Terre était conçue sous la forme d'un disque dont le pôle nord occupait le centre et dont les bords étaient entièrement entourés d'un mur de glace. Ceux qui en faisaient le tour en bateau (Voliva lui-même effectua cette circumnavigation à plusieurs reprises) étaient donc censés progresser en cercle autour du centre du disque. Lorsqu'on demandait à Voliva ce qu'il pouvait bien y avoir au-delà du mur de glace, qui correspondait à l'Antarctique des réprouvés, il répondait qu'il n'était « pas nécessaire de le savoir » ; et si on lui faisait observer qu'à en croire ses conceptions, le cercle polaire antarctique (et avec lui la ligne côtière de tout ce continent) aurait dû mesurer environ 68 000 kilomètres, alors que les navigateurs avaient relevé des distances beaucoup plus modestes, il se contentait de changer de sujet.

Les antipodes

ARISTOTE (IVe siècle av. J.-C.)
Métaphysique, A, 986a5-10
(GF-Flammarion, 2008)

Voici un exemple de ce que je veux dire : puisque le nombre dix semble être une chose

Les Antipodes selon Cosmas Indicopleustès

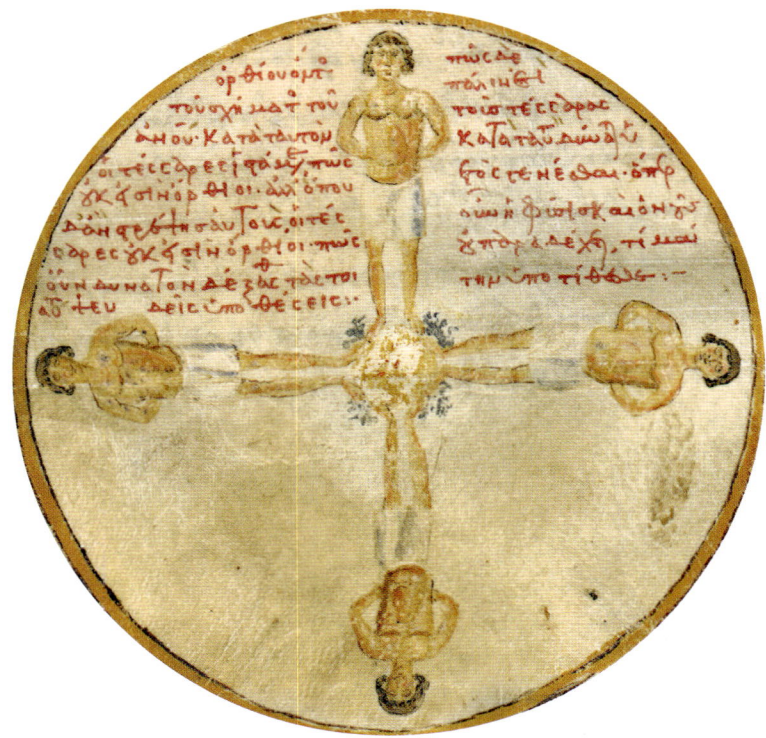

accomplie et embrasser l'ensemble de la nature des nombres, ils [les Pythagoriciens] affirment aussi que les corps qui se déplacent dans le ciel sont au nombre de dix, mais, puisque neuf seulement sont visibles, ils en créent un dixième, l'antiterre.

ARISTOTE
Traité du ciel, XIII, 292c20
(GF-Flammarion, 2004)

Ils [les Pythagoriciens] disent, en effet, qu'il y a du feu au centre, alors que la Terre, étant un astre parmi d'autres, produit la nuit et le jour par sa révolution circulaire autour du centre. De plus, ils forgent une autre Terre, contraire à celle-ci, à laquelle ils donnent le nom d'« antiterre » […].

MARCUS MANILIUS
(1ᵉ siècle av. J.-C. – 1ᵉʳ siècle)
Les Astrologiques ou la Science sacrée du ciel, I (1578 ; Denoël, 1970)
La surface de la terre est habitée par diverses nations, par différentes espèces d'animaux et l'air par des oiseaux. Une partie s'élève par les deux ourses ; une autre, également habitable, s'étend vers les climats méridionaux ; celle-ci est sous nos pieds, elle nous croit sous les siens : c'est un effet de la pente insensible du globe, dont chaque point est dans un sens plus élevé, dans un autre plus abaissé que celui qui le précède. Lorsque le soleil, parvenu à notre occident, commence à éclairer l'horizon de ces peuples, le jour renaissant pour eux les arrache au sommeil, et les rappelle à la nécessité du travail : la nuit commence pour nous et nous nous livrons aux douceurs du repos. Le vaste océan sépare ces deux parties de la terre, et leur sert de commune enceinte.

HISTOIRE DES LIEUX DE LÉGENDE

Saint Augustin discute de l'existence des antipodes, in Saint Augustin, *De Civitate Dei*. Nantes, Bibliothèque municipale, Ms Fr 8, f. 163v

[…]
Sous ces constellations est une autre partie de la terre, où nous ne pouvons pénétrer : les peuples qui l'habitent nous sont inconnus, nous n'avons aucun commerce avec eux. Ils jouissent du même soleil qui nous éclaire, leurs ombres sont opposées aux nôtres, la disposition du ciel paraît renversée à leur égard, les astres se couchent à leur gauche, se lèvent à leur droite. Ils voient un ciel aussi étendu et non moins éclairé que le nôtre ; il ne se lève pas pour eux moins d'étoiles que pour nous.

LUCRÈCE (Iᵉ siècle av. J.-C.)
De la nature, I, 1052-1069
(GF-Flammarion, 1997)

À ce sujet, Memmius, ne va pas croire
    avec certains
que toute chose tend vers le centre
    de l'univers,
qu'ainsi le monde se tient sans impulsions
    externes,
et qu'en haut comme en bas rien
    ne se désagrège puisque vers le centre
    de toutes parts il tend.
(Mais comment croire que rien prenne
    appui sur soi ?)
Les corps pesants de l'autre côté de la terre
tendraient tous vers le haut, reposant
    à l'envers,
tels les reflets d'objets que nous voyons
    dans l'eau.
D'après cette doctrine, les êtres vivants
    cheminent
la tête en bas, et de la terre aux cieux
    inférieurs
ils ne peuvent tomber non plus que
    notre corps
ne vole de lui-même vers la voûte céleste.
Quand ils voient le soleil, les astres de la nuit
nous apparaissent, ils échangent avec nous
les saisons, à nos jours correspondent
    leurs nuits.

Autant d'absurdités aux sots <…>[1] pour avoir englobé le monde en un système pervers.

LACTANCE (III-IVᵉ siècle)
Institutions divines, III, 24
(dans J.-A. Buchon,
*Choix de monuments primitifs
de l'Église chrétienne*, 1875)

Ceux qui tiennent qu'il y a des antipodes, tiennent-ils un sentiment raisonnable ? Y a-t-il quelqu'un assez extravagant pour se persuader qu'il y ait des hommes qui aient les pieds en haut et la tête en bas ; que tout ce qui est couché en ce pays-ci, soit suspendu en celui-là ; que les herbes et les arbres y croissent en descendant, et que la pluie et la grêle y tombent en montant ? Faut-il s'étonner que l'on ait mis les jardins suspendus de Babylone au nombre des merveilles de la nature, puisque les philosophes suspendent aussi des mers, des villes et des montagnes ? […] Comment donc [les philosophes] se sont-ils engagés à soutenir qu'il y a des antipodes ? En observant le mouvement et le cours des astres, ils ont remarqué que le soleil et la lune se couchent toujours du même côté et se lèvent toujours de même. Mais ne pouvant découvrir l'ordre de leur marche, ni deviner comment ils passaient de l'Occident à l'Orient, ils se sont imaginés que le ciel était rond, tel que sa vaste étendue le fait paraître ; que le monde était rond comme une boule, que le ciel tournait continuellement, et qu'en tournant il ramenait le soleil et les astres de l'Occident à l'Orient. C'est ce qui les a portés à faire des globes d'airain, sur lesquels ils ont gravé des figures monstrueuses auxquelles ils ont donné le nom d'astres. Le ciel étant rond, il fallait que la terre, qui est renfermée dans son étendue, fût aussi ronde.

1. Mot manquant.

COSMAS INDICOPLEUSTÈS
Topographie chrétienne, I, 14-20
(Cerf, 1968)

Ainsi rivalisent-ils pour ne se laisser surpasser par personne dans l'effronterie, que dis-je, dans l'impiété, de sorte qu'ils déclarent sans rougir qu'il existe des hommes habitant sous la terre [sphérique]. Eh quoi, toutes les fois qu'un objecteur perplexe leur réplique : Alors c'est en vain que le soleil va sous la terre ? Aussitôt, sans se soucier du ridicule, ils répondent qu'il existe là des antichtoniens ayant la tête en bas ainsi que des rivières placées à l'encontre de celles d'ici ; ils s'efforcent de tout mettre sens dessus dessous plutôt que de suivre les dogmes de la vérité, qui sont exempts de la vanité des sophismes, tous faciles [à comprendre], emplis de la crainte de Dieu et assurant le salut à ceux qui s'y rallient avec sagesse.
[...]
Si l'on voulait examiner plus à fond la question des antipodes, on dévoilerait facilement les contes de vieilles femmes débités par ces gens. Supposons que les pieds d'un homme soient opposés aux pieds d'un autre homme et que ces pieds les soutiennent tous deux sur terre, dans l'eau, dans l'air, dans le feu, ou dans la matière qu'on voudra, comment ces hommes seront-ils debout tous les deux ? Comment l'un d'eux ne se trouvera-t-il pas dressé droit, conformément à la nature, et l'autre, la tête en bas, contrairement à la nature ? Ce sont là des absurdités étrangères à notre nature et incompatibles avec notre rang. De plus, lorsque la pluie tombe sur les deux, peut-on dire qu'elle tombe sur les deux d'en haut vers le bas ? Ne tombe-t-elle pas, dans un cas, d'en haut vers le bas, dans l'autre, ne vient-elle pas d'en bas vers le haut, ou d'en face, ou de l'intérieur ou de l'extérieur ? Car, le fait de concevoir les antipodes oblige aussi à concevoir chez eux l'anti-pluie ; et c'est à bon droit qu'on se moquera de ces hypothèses ridicules qui proclament des choses incohérentes, désordonnées et contraires à la nature.

SAINT AUGUSTIN (IV-Ve siècle)
La Cité de Dieu, XVI, 9 (Seuil, 1994)

Quant à cette fabuleuse hypothèse d'antipodes, c'est-à-dire d'hommes qui, foulant cette partie opposée de la terre où le soleil se lève quand il se couche pour nous, opposent leurs pieds aux nôtres, il n'est aucune raison d'y croire. Or, cette opinion ne se fonde sur aucune notion historique, mais sur un raisonnement, sur une conjecture. La terre, dit-on, est suspendue sous la voûte céleste, et, dans le cercle du monde, le centre est en même temps la région inférieure ; d'où il suit qu'il est impossible que l'autre partie de la terre, au-dessous de nous, ne soit pas habitée par des hommes. Mais, supposé que le monde eût cette forme ronde et sphérique, cela même fût-il démontré par quelque raison, s'ensuivrait-il que, dans cette partie, la terre apparût hors des eaux, et, l'aridité admise, s'ensuivrait-il nécessairement qu'elle eût des habitants ? Car l'Écriture n'a garde d'autoriser cette erreur, elle qui justifie ses récits du passé par l'accomplissement de ses prédictions ; et il serait trop absurde de prétendre qu'après avoir franchi l'immensité de l'Océan, quelques hommes aient pu, hardis navigateurs, passer de cette partie du monde en l'autre, pour y implanter un rameau détaché de la famille du premier homme.

MACROBE (IV-Ve siècle)
Commentaire au songe de Scipion, II, 5, 22-26 (Belles lettres, 2003)

Ce même raisonnement ne nous permet pas de douter que, dans la portion aussi de la

Macrobe, *Commentaire au songe de Scipion*, vᵉ siècle. Sur le lit de l'océan se trouvent les Antipodes « terres inconnues pour nous ».

surface terrestre qui nous paraît au-dessous de nous, tout le périmètre des zones qui de ce côté-ci sont tempérées ne doive être tenu pour tempéré, avec le même tracé; il s'ensuit qu'on retrouve là-bas les mêmes deux zones, à distance l'une de l'autre, et pareillement habitées. Ou alors, si quelqu'un préfère résister à cette conviction, qu'il dise ce qui lui fait rejeter cette description. Car s'il nous est possible de vivre dans cette partie-ci de la terre où nous habitons parce que, tout en foulant le sol, nous apercevons le ciel au-dessus de nos têtes, parce que le soleil se lève et se couche pour nous, parce que nous jouissons de l'air ambiant et respirons en l'inhalant, pourquoi ne pas croire qu'il y ait des habitants là-bas aussi, où s'offrent perpétuellement les mêmes ressources ?

Il faut se persuader en effet que lesdits habitants respirent le même air, parce qu'ils ont dans leur zone le même climat tempéré tout au long de la même circonférence; ils ont le même soleil, dont on dira pour eux qu'il se couche quand il se lève pour nous, et qui se lèvera quand il se couchera pour nous; ils fouleront le sol comme nous, et sur leur tête ils verront toujours le ciel; et ils ne craindront pas de tomber de la terre dans le ciel, puisque rien jamais ne peut tomber vers le haut. Car si chez nous – et c'est une forme de plaisanterie que de le dire ! – on considère que le bas, c'est là où est la terre, et le haut, là où est le ciel, chez eux aussi le haut sera ce vers quoi d'en bas ils lèveront les yeux – et ils ne sont pas près de tomber dans les hauteurs ! J'irais jusqu'à dire que chez eux les ignorants ont la même idée à notre sujet, et qu'ils ne s'imaginent pas que nous puissions vivre dans le lieu où nous sommes, convaincus que si l'on essayait de se tenir debout sous leurs pieds, on tomberait. Pourtant on n'a jamais chez nous redouté de tomber dans le ciel; donc, chez eux non plus, personne ne risque de chuter vers les hauteurs; d'autant que «*tous les corps pesants se portent de leur propre mouvement*» vers la terre, comme l'a montré un précédent développement[2].

LUCIUS AMPELIUS
(IIe ou IVe siècle)
Aide-mémoire, VI, 1
(Belles lettres, 1993)

Le globe terrestre, qui est sous le ciel, est habité dans quatre régions: l'une de ses parties est celle où nous vivons, une seconde, à l'opposé de celle-là, dont les habitants sont appelés «antichthons», les deux parties inférieures, situées à l'opposé des deux premières, dont les habitants sont appelés «antipodes».

LUIGI PULCI (1432-1484)
Morgante, XXV, 230-233 (Brepols, 2003)

«[…] Et dans l'autre hémisphère
on peut très bien aller,
vu que tout tend à tomber vers le centre,
si bien que la terre est, par un divin mystère,
pendue parmi les étoiles sublimes,
et en bas il y a cités, châteaux, empires;
mais nos anciens ignoraient tout cela:
tu vois que le soleil presse le mouvement
vers l'endroit que j'ai dit, car là-bas on l'attend;

[…]

"Antipodes", voilà comme on nomme ces gens;
leurs dieux, c'est le soleil, Jupiter, Mars;
plantes et animaux, comme vous ils en ont,
et entre eux très souvent grandes guerres se font.»

Renaud lui demanda:
«Puisqu'on parle de ça,
dis-moi donc, Astaroth, une autre chose:
ces gens descendraient-ils de la souche d'Adam,
et puisque là vaines choses s'adorent,
peuvent-ils se sauver comme nous
le pouvons?»
Dit Astaroth: «N'en demande pas plus,
car je n'ai pas le droit de t'en expliquer tant:
tu poses des questions comme un homme ignorant.

Donc votre Rédempteur serait intervenu
au seul profit de ce côté du globe,
et Adam pour vous seuls aurait été créé,
et pour vous seuls, Lui fut crucifié?
Sache-le, tout le monde
est par la croix sauvé;
peut-être que le vrai, après longue recherche,
tous, vous l'adorerez en parfaite concorde,
et que vous obtiendrez chacun miséricorde.
[…]»

MANEGOLD DE LAUTENBACH (vers 1040-1103)
Opuscule contre Wolfelm de Cologne
(Patristique, 154, IV)

Dès lors qu'on accepte l'idée qu'il existe quatre régions habitées par les hommes, dont, par un fait de nature, aucune n'a la possibilité de communiquer avec les autres, va, dis-moi comment peut être vraie l'affirmation – toute de raison – de la Sainte Église apostolique, selon laquelle le Sauveur (comme déjà l'ont dit les premiers Pères, et selon sa destination depuis les origines du monde, annoncé par les patriarches et les prophètes, puis par une multitude de signes évidents), comment il peut être vrai que dans la plénitude des

---

2. Cicéron, *Le songe de Scipion*, 4, 3.

Maître des Métopes, *Les Antipodes*, relief du Maître des Métopes, Modène, Museo Lapidario del Duomo

temps, ce Sauveur, connu et glorifié par ses œuvres ineffablement humbles et charitables, soit venu pour le salut de tout le genre humain, si nous excluons les trois races dont Macrobe prétend qu'elles habitent des régions au-delà de la nôtre en fonction de la température des différentes zones du ciel et de la terre, et à qui la grande nouvelle du salut n'a pas pu parvenir?

ANTONIO PIGAFETTA
(XV-XVIᵉ siècle)
Premier voyage autour du monde par Magellan, IV, « 21 décembre 1521 » (1519-1522; Tallandier, 1991)

Notre pilote nous dit qu'auprès de là était une île nommée Aruchete où les hommes et les femmes ne sont pas plus grands qu'une coudée et leurs oreilles sont aussi grandes qu'eux; de l'une ils font leur lit et de l'autre ils se couvrent. Ils vont tondus et tout nus et courent fort. Ils ont la voix grêle et ils habitent dans des caves sous terre. Ils mangent du poisson et une chose qui naît entre les arbres et l'écorce qui est blanche et ronde comme dragée et qu'ils appellent *ambulon*. Là nous ne pûmes aller à cause des grands courants d'eau et plusieurs rocs qui y sont.

2

LES TERRITOIRES DE LA BIBLE

LES TRIBUS DISPERSÉES Rien ne nous est mieux connu que la géographie de la Palestine biblique et des territoires environnants. Jéricho et Bethléem existent encore, de même que le Sinaï, le lac de Tibériade et la mer Rouge, que Moïse traversa avec son peuple. Pourtant, la Bible mentionne certains lieux dont la situation géographique se perd dans la légende.

Examinons par exemple les vicissitudes des douze tribus d'Israël. On connaît bien leurs noms : Ruben, Siméon, Lévi, Juda, Dan, Nephtali, Gad, Asher, Issacar, Zabulon, Joseph et Benjamin. Lorsque le peuple hébreu, guidé par Josué, se réinstalla en terre d'Israël (vers 1200 avant Jésus-Christ), le pays fut subdivisé en onze parties et chacune d'elles revint à une tribu. Celle de Lévi, dont les membres remplissaient des fonctions sacerdotales, ne se vit assigner aucun territoire.

La tribu de Juda, la plus nombreuse, occupa la zone méridionale du pays, et il y eut ensuite deux royaumes, celui de Juda et celui d'Israël, habité par dix des douze tribus originaires. Après la conquête du royaume d'Israël par les Assyriens, en 721 avant Jésus-Christ, ses habitants furent déportés dans d'autres régions de l'Empire, où les membres des dix tribus se fondirent peu à peu à la population autochtone, sans laisser de traces certaines. Mais pour de nombreux Juifs, la réintégration de ces coreligionnaires perdus reste un projet à réaliser, un idéal lié à l'attente de l'ère messianique.

Selon une certaine tradition, les tribus dispersées n'auraient pas pu retourner en Israël parce que le Seigneur avait barré leur chemin d'un fleuve légendaire, le Sambatyon. Pendant toute la semaine, ses eaux bouillonnaient et d'énormes rochers se détachaient de son lit pour s'élever dans les airs avant de retomber sur ceux qui cherchaient un gué. Le Sambatyon ne

Page de droite :
Jean Fouquet, *La construction du Temple de Salomon*, vers 1470, in Flavius Josèphe, *Antiquités Judaïques*. Paris, Bibliothèque Nationale de France, Ms Fr 247 f. 153v. Le temple ressemble à une cathédrale gothique.

s'apaisait que le samedi, mais aucun Hébreu n'aurait jamais violé le jour du shabbat pour tenter de traverser le cours d'eau devenu tranquille. Selon une autre tradition, ce fleuve était composé uniquement de roches et de sable formant un chaos tumultueux, au flux ininterrompu, et ceux qui l'observaient depuis ses rives devaient se couvrir le visage pour ne pas être défigurés.

Au Moyen Âge, des informations sur les tribus disparues nous viennent d'un voyageur hébraïque du IXe siècle, Eldad ha-Dani : à l'en croire,

Christian Adrichom,
Les Douze Tribus d'Israël, 1628

Double page suivante :
Jacopo Tintoretto,
Les Israélites dans le désert,
XVIe siècle. Venise, Basilique
San Giorgio Maggiore,
Presbytère

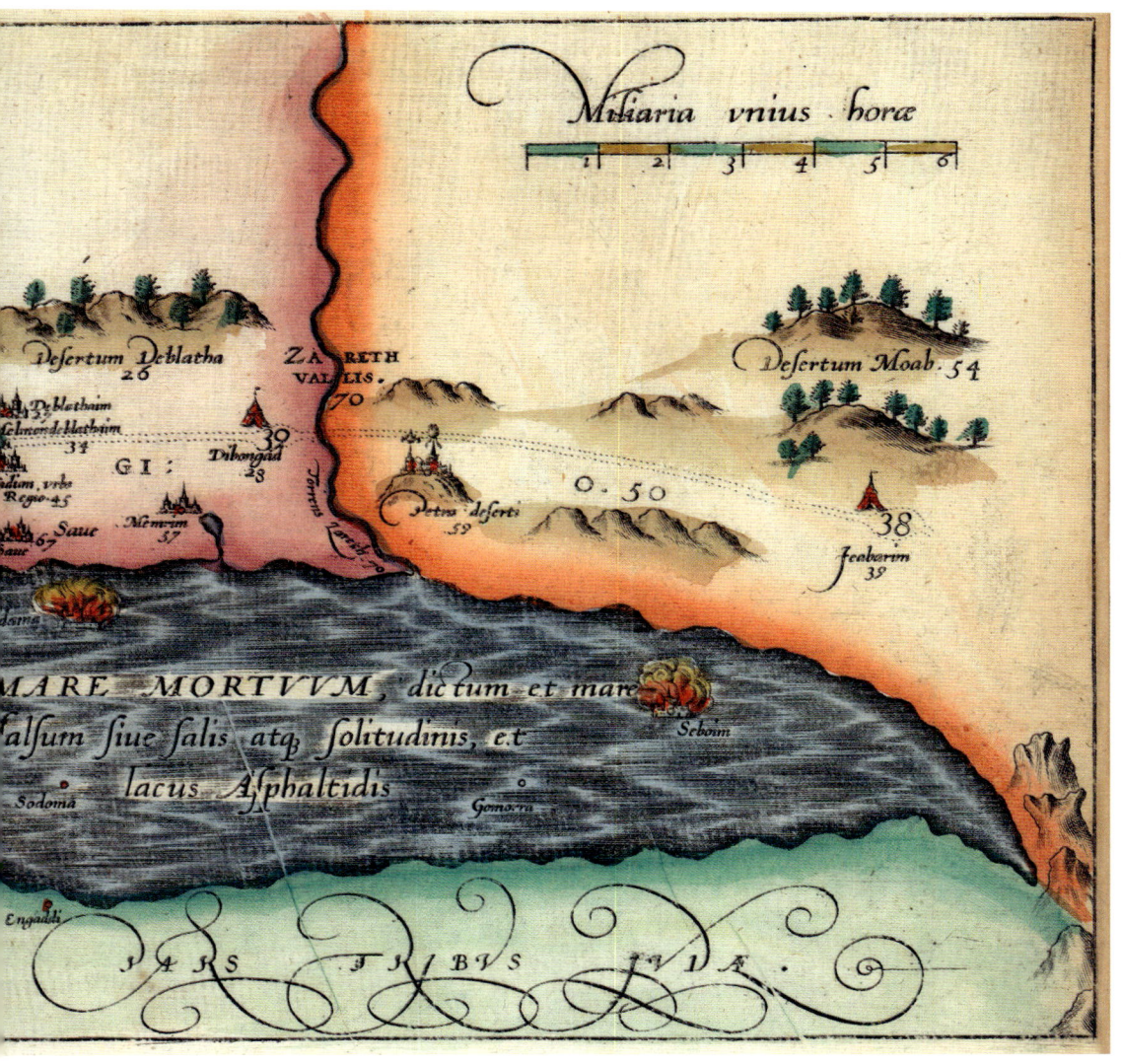

ces dix tribus se situaient au-delà des fleuves de l'Abyssinie ou, justement, sur les rives du Sambatyon. En 1165, dans sa description d'un de ses voyages en Perse et sur la péninsule arabique, Benjamin de Tudela dit avoir rencontré plusieurs tribus d'origine juive. Mais on a aussi cherché les tribus perdues en des endroits moins concevables. Ainsi, au XVIe siècle, dans sa défense des Indiens d'Amérique contre les vexations des conquérants espagnols, Bartolomé de Las Casas les présentait comme les descendants des dix tribus en question ; au XVIIe siècle, l'avènement de l'ère messianique, et par

HISTOIRE DES LIEUX DE LÉGENDE

2. LES TERRITOIRES DE LA BIBLE

conséquent le retour de ces mêmes tribus, fut annoncé par les fidèles du singulier Sabbataï Zevi, un mystique, prophète et cabaliste soi-disant capable de traverser enfin le Sambatyon. Son annonce demeura hélas sans grand effet, car il décida peu après de se convertir à l'islam, ce qui le rendit bien sûr moins crédible aux yeux de la communauté juive.

On a reconnu les tribus dispersées tour à tour au Cachemire (sur le fondement d'hypothétiques étymologies hébraïques de certains noms de localités ou de groupes tribaux locaux), parmi les Tartares d'Asie centrale, dans le Caucase, en Afghanistan et dans l'empire des Khazars (un royaume turc dont les habitants s'étaient, au VIIIe siècle, convertis au judaïsme). Sans même parler des identifications qui impliquèrent les Zoulous, les Japonais, les Malais et plusieurs autres peuples.

Au XVIIIe siècle, on doit à Richard Brothers (1757-1824) l'hypothèse la plus extravagante sur un lien supposé entre les dix tribus et les îles Britanniques : selon ce prétendu prophète, qui passa plusieurs années dans un hôpital psychiatrique et qui, après s'être auto-proclamé petit-fils de Dieu, fonda un mouvement millénariste, les descendants des tribus disparues n'étaient autres que les habitants de la Grande-Bretagne. Au siècle suivant, l'Irlandais John Wilson donna naissance au mouvement du British Israelism, pour qui les Hébreux ayant survécu aux déportations auraient émigré de l'Asie centrale à la mer Noire, puis en Angleterre (dont la famille royale appartiendrait à la lignée de David) ; au cours de ce processus, ils auraient acquis des cheveux blonds et des yeux bleus ; certains auteurs, faisant fi des sciences étymologiques, sont même allés jusqu'à soutenir que le mot *saxons* équivalait à *Isaac's sons*. Le British Israelism connut un certain succès dans les pays de langue anglaise, où il compte aujourd'hui encore des partisans, et où continuent à paraître des publications soutenant la thèse de cette généalogie.

Comme toujours, ces légendes naquirent d'un fond de vérité historique. Il n'est pas du tout impensable qu'au cours des déportations et de la diaspora, des enclaves d'origine hébraïque se soient formées en Asie et en Afrique. On connaît en effet des tribus de Juifs éthiopiens, les *falashas* (les « migrants »), qui, à en croire une de leurs traditions, s'étaient transplantés en Abyssinie après la destruction du Temple de Salomon ; de nos jours, Israël a accueilli beaucoup d'entre eux en qualité de descendants de

2. LES TERRITOIRES DE LA BIBLE

Piero della Francesca,
*La Rencontre de Salomon
et de la Reine de Saba*,
1452-1466. Arezzo, Basilique
San Francesco

la tribu de Dan. Mais si les *falashas* existent vraiment, les légendes qui les associent à la recherche de l'Arche d'alliance, prétendument conservée à Axoum, en Éthiopie, sont en revanche plus ou moins fantaisistes.

SALOMON, LA REINE DE SABA, OPHIR ET LE TEMPLE La Bible raconte que la **reine de Saba**, attirée par la réputation de sagesse de Salomon et par le faste de son palais, vint lui rendre visite ; parmi les innombrables chefs-d'œuvre inspirés de ce récit, la fresque de Piero della Francesca, à Arezzo, est demeurée célèbre. On sait que Salomon résidait à Jérusalem. Mais d'où venait la reine de Saba ? La légende l'emporte ici sur l'histoire, et quant à cette dernière, le document le plus complet dont nous disposions est le livre des Rois de l'Ancien Testament.

On apprit plus tard que les Arabes connaissaient la souveraine sous le nom de reine Bilqis, que les Éthiopiens l'appelaient Macheda, qu'il existe une version persane de son histoire, et qu'elle est mentionnée dans le Coran. Mais c'est surtout en Éthiopie qu'on a fait d'elle un véritable

Drapeau de l'ancien empire d'Éthiopie, avec le lion de Juda ; nouveau drapeau, avec le sceau de Salomon

mythe national, et elle y est citée dans la *Kebra Nagast* (*Gloire des rois*), rédigée dans ce même pays au XIVᵉ siècle.

Bien qu'elle parle en termes enthousiastes de la visite de la reine, la Bible ne nous dit pas s'il y eut, entre elle et Salomon, quelque chose de plus qu'une simple relation diplomatique ; en revanche, la *Kebra Nagast* nous apprend qu'après cette visite, elle avait décidé de ne plus adorer le Soleil, mais le Dieu d'Israël ; elle nous informe en outre que les deux monarques avaient eu une liaison amoureuse dont était né Ménélik (ce nom signifie plus ou moins « Fils de l'homme sage »), fondateur d'une dynastie salomonique ; il en résulta le symbole du Lion de Juda, caractéristique de l'empire d'Éthiopie, et la présence du sceau de Salomon au centre de son drapeau actuel, destiné à manifester l'orgueilleuse revendication d'une descendance directe du grand roi. Bien entendu, l'arche d'Alliance ne pouvant jamais manquer dans les légendes bibliques (comme nous l'ont appris, entre autres, les films d'Indiana Jones), elle serait parvenue à Axoum après maintes péripéties, et plus précisément parce que Ménélik aurait un jour rendu visite à son père, la lui aurait dérobée et aurait laissé à sa place une copie en bois.

Essayons maintenant de tirer quelques conclusions de tout ce qui précède : selon une tradition, la reine était originaire d'Éthiopie, mais Saba se trouvait à l'endroit où se croisaient les caravanes transportant de l'encens vers la mer Rouge, dans l'Arabia Felix, qui correspond plus ou moins au Yémen actuel ; cela nous montre à quel point la notion même d'Éthiopie était à l'époque quelque peu confuse (ce n'est d'ailleurs pas un hasard si, comme nous le verrons, le royaume du Prêtre Jean fut transporté d'Extrême-Orient dans une Éthiopie tout aussi légendaire). Toutefois, le fait que ce pays ait engendré autant de légendes laisse entendre qu'il devait s'agir d'un royaume assez riche et puissant.

Néanmoins, dans le deuxième livre des Chroniques (9, 10), le récit consacré à la reine de Saba indique aussi, à propos des dons qu'elle fit à Salomon, que « les serviteurs de Huram et les serviteurs de Salomon rapportèrent l'or d'Ophir ». Où se situait Ophir, ou Ofir ? Cette localité, citée à plusieurs reprises dans la Bible, était certainement un port. Trois sources préislamiques, arabes et éthiopiennes rapportent que la reine de Saba l'avait annexé à son royaume et bâti en pierres d'or, dont les montagnes environnantes regorgeaient. Dans ses *Antiquités judaïques* (I, 6), Flavius Josèphe le localisait en Afghanistan ; Tomé Lopes, un compagnon de Vasco de Gama, émit l'hypothèse selon laquelle il s'agissait de l'ancien nom du Zimbabwe, qui était à la Renaissance le principal centre du commerce de l'or, mais dont les ruines remontent seulement au Moyen Âge. En 1568, lorsque Alvaro de Mendaña – dont nous reparlerons à propos de la Terre australe – découvrit les îles Salomon, il prétendit avoir trouvé Ophir ; dans le *Paradis perdu* (11, 399-401), Milton parle du Mozambique ; au XVIe siècle, le théologien Benito Arias Montano avait proposé le Pérou ; au XIXe siècle, plusieurs chercheurs soutinrent qu'Ophir n'était autre qu'Abhira, à l'embouchure de l'Indus, dans l'actuel Pakistan. D'autres encore le situèrent au Yémen, ce qui nous ramène à notre point de départ sans que nous en soyons plus avancés pour autant.

Lorsque, en 1970, Israël occupa Sharm el-Sheikh (devenue aujourd'hui une florissante localité touristique égyptienne), dans le Sinaï, cette ville fut baptisée du nom d'Ophira, qui signifierait « vers Ophir » : on y reconnut en effet l'une des voies suivies par la flotte de Salomon pour transporter les richesses dont parle la Bible. Ophir est par ailleurs mentionnée dans le roman de Rider Haggard, *Les Mines du roi Salomon*, qui la situe toutefois en Afrique du Sud ; en outre, la mystérieuse Opar, une ville de la jungle africaine qui apparaît dans les aventures de Tarzan, s'inspire elle aussi d'Ophir.

La résidence de la reine de Saba se perd donc dans la géographie confuse du mythe au point de devenir introuvable, comme plusieurs des îles perdues dont s'occupera le présent ouvrage.

Salomon frappe d'étonnement la reine de Saba par la splendeur du Temple de Jérusalem, communément appelé Premier Temple, qu'il aurait construit au xᵉ siècle avant Jésus-Christ et qui fut détruit par Nabuchodonosor II en 586 avant Jésus-Christ. Le Second Temple fut érigé au retour de l'exil à Babylone, à partir de 536 avant Jésus-Christ, agrandi par Hérode le Grand en 19 avant Jésus-Christ et détruit par Titus en 70 après Jésus-Christ. Mais l'objet de milliers de légendes et de toutes les nostalgies fut sans aucun doute le Premier Temple.

La Bible en donne deux descriptions, respectivement dans le premier livre des Rois (6) et dans la vision d'**Ézéchiel** (40-41). La première, plus précise, indique des dimensions d'apparence plausible. Tel n'est pas le cas de celle d'Ézéchiel, qui a toutefois conduit les exégètes, au fil des siècles, et justement à cause de son incohérence, à se livrer aux exercices d'interprétation visuelle les plus téméraires.

Il est intéressant de noter les efforts que les allégoristes médiévaux déployèrent pour *voir* le Temple tel qu'il est décrit dans le livre d'Ézéchiel; à cette fin, ils allèrent jusqu'à tenter de fournir des instructions destinées à sa reconstitution idéale. On aurait certes pu se contenter de lire le texte comme le récit d'une vision, le souvenir d'un songe où, justement, les formes apparaissent, se modifient et s'évanouissent; d'un point de vue littéraire, il serait même intéressant d'imaginer que le prophète écrivit sous l'effet de quelque hallucinogène. En outre, Ézéchiel lui-même ne dit pas avoir vu une véritable construction, mais un « quasi-édifice ». La tradition hébraïque, de son côté, reconnaissait l'impossibilité d'une lecture architectonique cohérente : ainsi, au xiiᵉ siècle, Rabbi Salomon ben Isaac admettait que personne ne pouvait rien comprendre à la disposition des pièces du côté nord, à leur point de départ à l'ouest, à l'étendue de leur extension vers l'est, à la répartition respective de leurs espaces intérieurs et extérieurs (cf. Rosenau 1979). Les Pères de l'Église disaient quant à eux que si l'on voulait, par exemple, concevoir les dimensions de l'édifice en termes physiques, la largeur des portes aurait dû être supérieure à celle des murs.

Mais pour les hommes du Moyen Âge, il fallait interpréter Ézéchiel à la lettre, car on appliquait alors le principe exégétique suivant, d'origine augustinienne : lorsque l'on trouvait, dans les Saintes Écritures, des expressions en apparence trop minutieuses et en substance inutiles, par exemple des nombres et des dimensions, il devenait nécessaire d'y entrevoir un sens allégorique. L'indication selon laquelle une canne mesurait six

Raphaël,
La Vision d'Ézéchiel,
vers 1518. Florence,
Galleria Palatina
di Palazzo Pitti

coudées n'était donc pas une simple affirmation verbale, mais *un fait* qui s'était vraiment produit, et que Dieu avait prédisposé ainsi pour nous permettre d'en donner une interprétation allégorique. Le Temple *devait* donc se prêter à une reconstitution réaliste, sans quoi cela aurait signifié que les Saintes Écritures nous avaient menti.

Que l'on essaie maintenant, un mètre à la main, un tableau de conversion des unités de mesure à disposition et le texte biblique sous les yeux, de construire une maquette du Temple… Les auteurs médiévaux qui tentèrent de le faire ne pouvaient d'ailleurs même pas s'appuyer sur un outil de conversion des unités de mesure, sans compter les déformations de données résultant parfois de la multiplicité des traductions et des transcriptions de traductions. Toutefois, même un architecte contemporain aurait des difficultés à transformer ces instructions verbales en projet dessiné.

Et voici que dans son *In visionem Ezechielis* (*Sur la vision d'Ézéchiel*), pour parvenir à rendre visible le « *quasi*-édifice » décrit par le prophète, Richard de Saint-Victor s'emploie à refaire des calculs et à multiplier les plans et les coupes, après avoir décidé que lorsque deux mesures ne coïncident pas, l'une doit être rapportée à la totalité de l'édifice et l'autre à une seule de ses parties ; il accomplit ainsi une tentative désespérée (et vouée à l'échec) de transformer le quasi-édifice en bâtiment qu'un maître maçon médiéval aurait pu construire. Sans même parler des luxuriantes réinterprétations proto-baroques de Prado et Villalpando (1596).

Toutes ces reconstitutions étaient vouées, d'un point de vue archéologique, à l'insuccès, et d'autres commentateurs se résignèrent à parler du Temple en se référant à ses seules significations mystiques, ce qui leur permettait de laisser jouer leur fantaisie sans devoir tenir compte de projets architecturaux réalisables. On pouvait aussi donner libre cours à son imagination : ainsi, certains enlumineurs médiévaux conféraient à l'édifice l'aspect d'une cathédrale gothique ; par ailleurs, toute une littérature maçonnique naquit autour du mythe d'Hiram, le constructeur du Temple assassiné par ses ouvriers qui voulaient lui arracher ses secrets de maître maçon ; on citera enfin la légende des Templiers, certes apparus en qualité de chevaliers du Temple de Jérusalem, mais qui s'étaient contentés de prendre possession de la mosquée d'al-Aqsa, jugeant qu'elle se dressait sur l'emplacement du Premier Temple.

Dans tous ces cas, le Temple de Salomon, qui fut sans aucun doute, dans une certaine mesure, un édifice réel, devint légendaire, et tous les efforts des siècles suivants visèrent à le reconstituer, du moins en imagination, et non pas à le retrouver. Les fidèles de trois religions se rendent aujourd'hui encore sur son esplanade, comme s'il s'y dressait toujours : les Juifs prient le long du Mur des lamentations, dernier vestige du Temple d'Hérode détruit par Titus ; les chrétiens accordent toute leur attention au Saint-Sépulcre ; les musulmans fréquentent la mosquée d'Omar, encore

Hans Memling, *Triptyque de Jan Floreins*, panneau central avec l'*Adoration des Mages*, 1474-1479. Bruges, Memling Museum

intacte mais construite au VIIe siècle après Jésus-Christ et baptisée Dôme du Rocher : mais le Premier Temple reste à jamais perdu.

D'OÙ VENAIENT (ET OÙ FURENT ENSEVELIS) LES ROIS MAGES ? Aucune légende ne nous est plus familière que celle des Rois mages. Elle a inspiré d'innombrables chefs-d'œuvre artistiques et, dans le même temps, un nombre infini de rêves enfantins – de sorte que personne ne se demande plus s'ils ont réellement existé : c'est là une question pour historiens, pour biblistes ou pour mythographes. Quoi qu'il en soit, leur apparition fugitive dans l'histoire se situe entre deux lieux légendaires, celui de leur origine et celui de leur sépulcre.

Concernant les documents historiques, l'évangile selon saint Matthieu est la seule source chrétienne canonique à relater l'épisode où ils apparaissent. Or, non seulement saint Matthieu ne nous dit pas qu'ils étaient au nombre de trois, mais il ne précise même pas qu'il s'agissait de rois ; il se contente de faire allusion à leur voyage en provenance de l'Orient avec une étoile pour guide, à leur offrande d'or, d'encens et de myrrhe, et à leur refus de révéler à Hérode l'endroit où se trouvait l'Enfant. Le texte évangélique permettrait tout au plus de déduire qu'ils étaient trois parce qu'ils avaient apporté trois cadeaux à Jésus.

Seule la tradition ultérieure vit en eux des rois, et s'efforça de localiser leur origine dans quelque pays oriental précis ; il est par ailleurs question d'eux dans les évangiles apocryphes. On trouve aussi une référence aux trois rois dans certains documents arabes : au IXe siècle, l'encyclopédiste al-Tabari mentionnait par exemple les dons qu'ils avaient faits, et citait comme source l'écrivain du VIIe siècle Wahb ibn Munabbih.

D'autre part, quel que soit l'auteur de l'évangile selon saint Matthieu, ce livre fut écrit vers la fin du Ier siècle ; par conséquent, à l'époque de la naissance de Jésus, saint Matthieu, ou celui qui se cache sous ce nom, n'était pas encore né et ne pouvait donc pas s'appuyer sur une expérience directe. On peut en conclure qu'avant même la rédaction du texte évangélique, des informations sur les Rois mages circulaient, d'une manière ou d'une autre, y compris dans les milieux préchrétiens. **Jean de Hildesheim** (leur biographe tardif du XIVe siècle) plaçait l'origine de leur voyage dans les recherches en astronomie menées sur le mont Vaus, dit aussi mont Victorial, et qui n'est autre que le Sabalân, la cime la plus haute de l'Adarbaïgan, dans l'ancien empire arménien. Selon la tradition, des prêtres et des astrologues zoroastriens gravissaient cette montagne pour y attendre l'apparition d'une étoile que les prophéties rattachaient à la venue d'une divinité sur terre. Le mot mage descend en effet du terme grec *magos-magoï*, qui se référait sans doute à des prêtres du zoroastrisme persan, comme cela apparaît par exemple chez Hérodote, et comme le laisse aussi entendre l'allusion évangélique à l'observation des étoiles ; mais il pouvait également signifier « hommes sages » – même si, dans d'autres textes du Nouveau Testament, tels les Actes des Apôtres, il désigne des sorciers (voir le cas de Simon le Mage). Les Mages provenaient donc sans doute de Perse, mais ils pouvaient aussi venir de Chaldée ; Jean de Hildesheim les dit originaires des Indes, mais il y incluait aussi la Nubie ; leur zone géographique de provenance s'élargit ainsi d'une façon déconcertante – y compris parce que Jean de Hildesheim avait établi un lien entre l'histoire de leur voyage et le royaume du Prêtre Jean[1] : tout cela nous ramène en tout cas à quelque contrée d'Extrême-Orient, comme le voulait aussi la tradition à l'époque où l'hagiographe rédigeait son ouvrage. Cette même tradition est en revanche demeurée presque constante sur un point : le groupe des Rois mages était, selon toute probabilité, formé d'un Blanc, d'un Arabe et d'un Noir, de manière à suggérer l'universalité de la Rédemption.

À propos de leur nombre, les auteurs ont laissé libre cours à leur imagination : on a parfois parlé de deux rois, parfois au contraire de douze, à savoir Hormidz, Jazdegard, Peroz, Hor, Basander, Karundas, Melkon, Gaspard, Fadizzarda, Bithisarea, Melichior et Gataspha. En Occident, l'idée selon laquelle ils étaient trois (Gaspard, Melchior et Balthazar) a fini par s'imposer, mais ils s'appelaient, pour l'Église catholique éthiopienne, Hor, Basanater et Karsudan, et, pour les chrétiens de Syrie, Larvandad, Hormisdas et Gushnasaph ; dans la *Concordia evangelistarum* (1150) de Zacharie le Chrysopolitain, ils étaient devenus Appelius, Amerus et Damascus, ou, sous une forme hébraïque, Magalath, Galgalath et Saracin.

Leur royauté (voir plus loin l'étroite fusion entre royauté et sacerdoce opérée à propos de Melchisédech) s'affirma ensuite dans les usages liturgiques, lorsque l'on établit un lien entre la fête de l'Épiphanie et la prophétie du Psaume 72 (10-11) : « Les rois de Tarsis et des îles rendront tribut. Les rois de Saba et de Seba feront offrande ; tous les rois se prosterneront devant lui, tous les païens le serviront. »

Mais l'histoire de leur sépulture est peut-être plus intéressante encore. Marco Polo prétend avoir visité leurs tombeaux dans la ville de Saba. Mais on dispose de témoignages historiques antérieurs d'un siècle au voyageur vénitien. Lorsque, en 1162, Frédéric Barberousse conquit et fit détruire Milan, la basilique Saint-Eustorge abritait un sarcophage (qui existe encore, mais qui est vide) censé contenir les dépouilles des trois rois. À en croire la tradition, l'évêque Eustorge avait voulu, au IVe siècle, être enseveli à leurs côtés ; il avait alors fait venir leurs corps de la basilique Sainte-Sophie de Constantinople, où sainte Hélène les avait transportés après les avoir retrouvés au cours d'un pèlerinage en Terre sainte. On disait

[1]. Voir le chapitre 4, consacré aux merveilles de l'Orient.

auparavant qu'ils avaient été enterrés en Perse, où Marco Polo pensait justement les avoir découverts.

Le ministre de Frédéric, Rainald von Dassel, connaissait la valeur économique potentielle d'une relique, lorsque l'on faisait d'une ville la destination de pèlerinages ininterrompus ; après avoir identifié les Rois mages à Milan, il fit transporter leurs squelettes en la cathédrale de Cologne, où l'on peut, de nos jours encore, admirer leur châsse. Les Milanais se plaignirent longtemps de ce vol (voir à ce sujet les récriminations de **Bonvesin de la Riva**) et s'efforcèrent, en vain, de récupérer les précieuses reliques ; il fallut attendre 1904 pour que l'archevêque de Milan fît réinstaller solennellement en la basilique Saint-Eustorge quelques fragments osseux de ces dépouilles vénérées (deux péronés, un tibia et une vertèbre), offerts par l'archevêque de Cologne. Mais de nombreuses localités s'enorgueillissent d'en avoir obtenu des morceaux durant leur transport d'Italie en Allemagne ; les tombeaux des Rois mages (un os ou un cartilage chacun) se sont donc multipliés. Pèlerins durant leur vie, ils sont devenus vagabonds après leur mort, engendrant ainsi une multiplicité de cénotaphes.

Paolo Veronese,
La Reine de Saba. 1580-1588.
Turin, Galleria Sabauda

La reine de Saba

ANCIEN TESTAMENT
1 Rois, 10, 1 et sq.

La reine de Saba avait entendu parler de la renommée que Salomon devait au nom du Seigneur; elle vint le mettre à l'épreuve par des énigmes. Elle arriva à Jérusalem avec une suite très imposante, avec des chameaux chargés d'aromates, d'or en grande quantité et de pierres précieuses. Arrivée chez Salomon, elle lui parla de tout ce qui lui tenait à cœur. Salomon lui donna la réponse à toutes ses questions : aucune question ne fut si obscure que le roi ne pût donner de réponse. La reine de Saba vit toute la sagesse de Salomon, la maison qu'il avait bâtie, la nourriture de sa table, le logement de ses serviteurs, la qualité de ses domestiques et leurs livrées, ses échansons, les holocaustes qu'il offrait dans la Maison du Seigneur, et elle en perdit le souffle. Elle dit au roi : « C'était bien la vérité que j'avais entendu dire dans mon pays sur tes paroles et sur ta sagesse. Je n'avais pas cru à ces propos tant que je n'étais pas venue et que je n'avais pas vu de mes yeux ; or voilà qu'on ne m'en avait pas révélé la moitié ! Tu surpasses en sagesse et en qualité la réputation dont j'avais entendu parler. Heureux tes gens, heureux tes serviteurs, eux qui peuvent en permanence rester devant toi et écouter ta sagesse. Béni soit le Seigneur, ton Dieu, qui a bien voulu te placer sur le trône d'Israël ; c'est parce que le Seigneur aime Israël à jamais qu'il t'a établi roi pour exercer le droit et la justice. » Elle donna au roi cent vingt talents d'or, des aromates en très grande quantité et des pierres précieuses. Il n'arriva plus jamais autant d'aromates qu'en donna la reine de Saba au roi Salomon.

Les navires de Hiram qui avaient transporté l'or d'Ofir avaient aussi rapporté du bois de santal en très grande quantité et des pierres précieuses. Avec ce bois de santal, le roi fit des appuis pour la Maison du Seigneur et la maison du roi, ainsi que des cithares et des harpes pour les chanteurs. Il n'arriva plus jamais de bois de santal, on n'en a plus vu jusqu'à aujourd'hui.

Le roi Salomon accorda à la reine de Saba tout ce qu'elle eut envie de demander, sans compter les cadeaux qu'il lui fit comme seul pouvait en faire le roi Salomon. Puis elle s'en retourna et s'en alla dans son pays, elle et ses serviteurs. Le poids de l'or qui parvenait à Salomon en une seule année était de six cent soixante-six talents d'or, sans compter ce qui provenait des voyageurs, du trafic des commerçants, de tous les rois de l'Occident et des gouverneurs du pays.

Le roi Salomon fit deux cents grands boucliers en or battu pour lesquels il fallait six cents sicles d'or par bouclier, et trois cents petits boucliers en or battu pour lesquels il fallait trois mines d'or par bouclier. Le roi les déposa dans la maison de la Forêt du Liban. Le roi fit un grand trône d'ivoire qu'il revêtit d'or affiné. Ce trône avait six degrés et un dossier arrondi ; il avait des accoudoirs de chaque côté du siège. Deux lions se tenaient à côté des accoudoirs, et douze lions se tenaient de chaque côté, sur les six degrés. On n'a rien fait de semblable dans aucun royaume. Toutes les coupes du roi Salomon étaient en or, et tous les objets de la maison de la Forêt du Liban, en or fin : aucun n'était en argent ; on n'en tenait aucun compte au temps du roi Salomon. Car le roi avait sur la mer des navires de Tarsis qui naviguaient avec ceux de Hiram et, tous les trois ans, les navires de Tarsis revenaient chargés d'or et d'argent, d'ivoire, de singes et de paons. Le roi Salomon devint le plus grand de tous les rois de la terre en richesse et en sagesse. Toute la terre cherchait à voir Salomon afin d'écouter la sagesse que Dieu avait mise dans son cœur. Chacun apportait son offrande : objets d'argent et objets d'or, vêtements, armes, aromates, chevaux et mulets ; et cela chaque année.

Les dimensions du temple

ANCIEN TESTAMENT
Ézéchiel, 40-41

La vingt-cinquième année de notre déportation, au début de l'année, le dix du mois, quatorze ans après la chute de la ville, le même jour exactement, la main du Seigneur fut sur moi. Il m'emmena là-bas. Dans des visions divines, il m'emmena en terre d'Israël ; il me déposa sur une très haute montagne, sur laquelle, au sud, il y avait comme les édifices d'une ville. Il m'emmena là-bas ; et voici : un homme ; son aspect était comme l'aspect du bronze. Il avait à la main comme un cordeau de lin ainsi qu'une canne à mesurer. Il se tenait à la porte. […] Et voici : le mur extérieur, tout autour du temple. Dans la main de l'homme, une canne à mesurer

Santi di Tito, *L'Édification du Temple de Salomon*, XVIᵉ siècle. Florence, église de la Santissima Annunziata chapelle de la Compagnia di San Luca

de six coudées – d'une coudée et un palme. Il mesura l'épaisseur de la construction: une canne; la hauteur: une canne. Il vint vers la porte qui fait face à l'orient, il en monta les marches; il mesura le seuil de la porte: une canne en profondeur – pour chaque seuil, une canne en profondeur. Les loges: une canne en longueur et une canne en largeur; entre les loges, cinq coudées. Le seuil de la porte, du côté du vestibule de la porte, depuis l'intérieur: une canne. Il mesura le vestibule de la porte: huit coudées; ses piliers: deux coudées, le vestibule de la porte étant situé vers l'intérieur. Les loges de la porte orientale: trois d'un côté, trois de l'autre; mêmes dimensions pour les trois, et mêmes dimensions pour les piliers, de part et d'autre. Il mesura la largeur de l'ouverture de la porte: dix coudées; la profondeur de la porte: treize coudées. Il y avait un intervalle devant les loges; cet intervalle était d'une coudée de part et d'autre – les loges: six coudées d'un côté et six coudées de l'autre. Il mesura la porte, d'un fond à l'autre des loges; largeur: vingt-cinq coudées, chaque entrée étant en face d'une autre entrée. Il mesura le vestibule:

vingt coudées; quant au vestibule de la porte, le parvis l'entourait. Le passage donnait sur la façade de la porte; jusqu'à la façade du vestibule – côté intérieur de la porte: cinquante coudées. Des fenêtres grillagées sur les loges et sur leurs piliers, du côté intérieur de la porte, tout autour; de même pour le vestibule, des fenêtres tout autour, du côté intérieur. Et sur chaque pilier, des palmes.
Il me fit entrer dans le parvis extérieur; et voici: des salles avec un dallage; elles étaient aménagées, tout autour du parvis: trente salles sur ce dallage. Le dallage, sur le côté des portes, correspondait à la largeur des portes: c'était le dallage intérieur. Il mesura la distance, du devant de la porte inférieure jusqu'à la façade extérieure du parvis intérieur: cent coudées. Voilà pour l'est. Quant au nord, il mesura la longueur et la largeur de la porte qui fait face au nord, sur le parvis extérieur. Ses loges – trois d'un côté et trois de l'autre –, ses piliers et son vestibule étaient de mêmes dimensions que ceux de la première porte; sa longueur: cinquante coudées; largeur: vingt-cinq coudées. Ses fenêtres, son vestibule et ses palmes étaient de mêmes dimensions que ceux de la porte qui fait face à l'orient; on y montait par sept marches; le vestibule était en face. Il y avait une porte au parvis intérieur, face à la porte nord, comme à celle de l'est; l'homme mesura, d'une porte à l'autre: cent coudées. Il me fit aller en direction du sud; et voici: il y avait une porte, en direction du sud. Il mesura ses piliers, son vestibule: mêmes dimensions que les autres. La porte et son vestibule avaient des fenêtres tout autour, semblables aux autres fenêtres; longueur: cinquante coudées; largeur: vingt-cinq coudées. Sept marches y accédaient face à son vestibule. Il y avait des palmes, de part et d'autre, sur ses piliers. Le parvis intérieur avait une porte en direction du sud; il mesura d'une porte à l'autre, en direction du sud: cent coudées.
Il me fit entrer dans le parvis intérieur par la porte sud et il mesura cette porte: mêmes dimensions que les autres. Ses loges, ses piliers et son vestibule: mêmes dimensions que les autres. La porte et son vestibule avaient des fenêtres, tout autour; longueur: cinquante coudées; largeur: vingt-cinq coudées. – Des vestibules l'entouraient; longueur: vingt-cinq coudées; largeur: cinq coudées. Son vestibule donnait sur le parvis extérieur; il y avait des palmes sur ses piliers; huit marches y accédaient. […] **[41]** Il me fit entrer dans la grande salle; il mesura les piliers: six coudées de large d'un côté, et six coudées de large de l'autre – largeur de la tente. La largeur de l'entrée: dix coudées; les parois latérales de l'entrée: cinq coudées d'un côté et cinq coudées de l'autre. Il mesura la longueur de la salle: quarante coudées; la largeur: vingt coudées. Pénétrant à l'intérieur, il mesura le pilier de l'entrée: deux coudées; l'entrée: six coudées; les parois latérales de l'entrée: sept coudées. Il mesura la longueur de la pièce: vingt coudées; la largeur: vingt coudées, face à la grande salle; puis il me dit: «C'est le lieu très saint.»

Il mesura le mur du temple: six coudées; largeur de l'annexe: quatre coudées, tout autour de la Maison. Les chambres annexes: les unes au-dessus des autres; il y en avait trois étages de trente; elles s'enfonçaient dans le mur qui formait l'annexe de la Maison tout autour, de manière à s'encastrer; mais elles ne s'encastraient pas dans le mur de la Maison. Ces chambres allaient en s'élargissant, étage par étage: augmentation faite au détriment du mur, étage par étage, tout autour de la Maison. C'est pourquoi la Maison s'élargissait vers le haut. De l'étage inférieur on montait à l'étage intermédiaire vers celui d'en haut. Et je vis tout autour de la Maison une élévation, d'une canne entière, à la base des chambres annexes; un soubassement de six coudées. Largeur du mur formant l'annexe, à l'extérieur: cinq coudées; quant à l'espace laissé entre les annexes de la Maison et les salles, largeur: vingt coudées tout autour de la Maison. Entrées des annexes, vers l'espace libre : une entrée en direction du nord et une entrée en direction du sud ; largeur de l'espace libre : cinq coudées tout autour. L'édifice faisant face à la cour, du côté de la mer, largeur : soixante-dix coudées ; le mur de l'édifice, largeur : cinq coudées tout autour ; sa longueur : quatre-vingt-dix coudées. Il mesura la Maison ; longueur : cent coudées ; la cour, l'édifice et ses murs, longueur : cent coudées. Largeur de la façade de la Maison et de la cour, vers l'est : cent coudées. Il mesura la longueur de l'édifice, du côté de la cour qui est derrière, ainsi que ses galeries, de part et d'autre : cent coudées. La grande salle à l'intérieur, les vestibules donnant sur le parvis, les seuils, les fenêtres grillagées, les galeries, tout autour sur trois côtés, face au seuil, étaient de bois de sehif : tout autour, du sol jusqu'aux fenêtres ; les fenêtres aussi étaient couvertes. Jusqu'au-dessus de l'entrée, jusqu'à l'intérieur de la Maison, ainsi qu'à l'extérieur et sur tout le mur, tout autour, à l'intérieur et à l'extérieur, on avait ménagé un espace pour y faire des chérubins et des palmes : une palme entre deux chérubins ; chaque chérubin avait deux faces : une face d'homme, tournée vers la palme, d'un côté, et une face de lion, vers la palme, de l'autre : l'ensemble effectué sur toute la Maison, tout autour. Du sol jusqu'au-dessus de l'entrée, sur le mur de la grande salle, on avait fait des chérubins et des palmes. La grande salle avait des montants carrés. Devant le lieu saint, ce qu'on voyait avait l'aspect d'un autel de bois, haut de trois coudées ; sa longueur : deux coudées ; il avait ses pièces d'angles ; son socle et ses parois étaient en bois. L'homme me dit : « C'est la table qui est devant le Seigneur. » Il y avait une double porte à la grande salle et, au lieu saint, une double porte ; les portes avaient deux battants pivotants : deux pour une porte et deux battants pour l'autre. On avait fait sur les portes de la grande salle des chérubins et des palmes, comme ceux qu'on avait faits sur les murs. Un auvent de bois s'appuyait sur la façade du vestibule, à l'extérieur. Des fenêtres grillagées et des palmes se trouvaient de part et d'autre, sur les côtés du vestibule, sur l'annexe de la Maison et sur les auvents.

D'où venaient les mages ?

MATTHIEU, 2, 1-14
(La visite des mages)

Jésus étant né à Bethléem de Judée, au temps du roi Hérode, voici que des mages venus d'Orient arrivèrent à Jérusalem et demandèrent : « Où est le roi des Juifs qui vient de naître ? Nous avons vu son astre à l'Orient et nous sommes venus lui rendre hommage. » À cette nouvelle, le roi Hérode fut troublé, et tout Jérusalem avec lui. Il assembla tous les grands prêtres et les scribes du peuple, et s'enquit auprès d'eux du lieu où le Messie devait naître. « À Bethléem de Judée, lui dirent-ils, car c'est ce qui est écrit par le prophète : Et toi, Bethléem, terre de Juda, tu n'es certes pas le plus petit des chefs-lieux de Juda : car c'est de toi que sortira le chef qui fera paître Israël, mon peuple. » Alors Hérode fit appeler secrètement les mages, se fit préciser par eux l'époque à laquelle l'astre apparaissait, et les envoya à Bethléem en disant : « Allez vous renseigner avec précision sur l'enfant ; et, quand vous l'aurez trouvé, avertissez-moi pour que, moi aussi, j'aille lui rendre hommage. » Sur ces paroles du roi, ils se mirent en route ; et voici que l'astre, qu'ils avaient vu à l'Orient, avançait devant eux jusqu'à ce qu'il vînt s'arrêter au-dessus de l'endroit où était l'enfant. À la vue de l'astre, ils éprouvèrent une très grande joie. Entrant dans la maison, ils virent l'enfant avec Marie, sa mère, et, se prosternant, ils lui rendirent hommage ; ouvrant leurs

HISTOIRE DES LIEUX DE LÉGENDE

Les Rois Mages, VIe siècle après Jésus-Christ. Ravenne, Basilique Sant'Apollinare Nuovo

coffrets, ils lui offrirent en présent de l'or, de l'encens et de la myrrhe. Puis, divinement avertis en songe de ne pas retourner auprès d'Hérode, ils se retirèrent dans leur pays par un autre chemin.

Après leur départ, voici que l'ange du Seigneur apparaît en songe à Joseph et lui dit : « Lève-toi, prends avec toi l'enfant et sa mère, et fuis en Égypte ; restes-y jusqu'à nouvel ordre, car Hérode va rechercher l'enfant pour le faire périr. » Joseph se leva, prit avec lui l'enfant et sa mère, de nuit, et se retira en Égypte.

JEAN DE HILDESHEIM
(vers 1310-1375)
Les Rois mages : l'histoire des trois bienheureux Rois, V-VII (1364 ; La Renaissance du livre, 2001)

Il convient de savoir qu'autour des royaumes et des terres de ces trois Rois se trouvent les trois Indes et que tous leurs territoires sont constitués en majeure partie d'îles, pleines d'horribles marais, dans lesquels poussent des joncs si robustes qu'ils en font des maisons et des navires. Et dans ces terres et îles poussent des plantes différentes des autres, de telle sorte que passer d'une île à l'autre est chose difficile et périlleuse. […]

Dans la première des Indes, donc, se trouvait le royaume de Nubie sur lequel régnait Melchior. Il possédait également l'Arabie,

où sont situés le mont Sinaï et la mer Rouge, à travers laquelle il est facile de naviguer de la Syrie et de l'Égypte (vers l'Inde). Mais le Sultan ne permet pas qu'au prêtre Jean, seigneur des Indes, parvienne une quelconque lettre des rois Chrétiens, afin d'éviter que ceux-ci n'ourdissent entre eux des conspirations. Pour le même motif, le prêtre Jean veille à ce que personne ne traverse ses territoires pour aller chez le Sultan. Et en conséquence, celui qui veut se rendre en Inde est obligé de faire un long et laborieux détour à travers la Perse. Ceux qui ont traversé la mer Rouge racontent que son fond est de couleur rouge, de telle sorte que l'eau, à la surface, semble être du vin rouge, bien qu'en fait elle soit de la même couleur que toute autre eau. Et elle est salée, et si transparente que l'on peut voir, sur ses hauts fonds, les pierres et les poissons. Sa largeur est d'à peu près quatre ou cinq milles, sa forme est triangulaire et elle reflue de l'océan. Elle s'étend plus largement du côté d'où partirent les fils d'Israël, quand ils la traversèrent à sec. Il en sort un autre fleuve, navigable, qui permet de rejoindre l'Égypte à partir de l'Inde. Toute la terre d'Arabie est elle aussi rougeâtre, et les roches, les bois et tous les produits de la région sont en général de couleur rouge. On y trouve un or excellent sous la forme de minces filons et, en outre, sur une montagne on trouve une veine d'émeraude que l'on extrait à grand peine et avec beaucoup d'ingéniosité. Cette terre d'Arabie appartenait autrefois, entièrement, au prêtre Jean, mais elle est à présent presque intégralement sous la domination du Sultan. Toutefois le Sultan continue à verser pour elle un tribut au prêtre Jean, pour avoir la permission de laisser passer pacifiquement les marchandises qui viennent de l'Inde, ainsi que d'autres régions.
La seconde Inde fut le royaume de Godolie, sur lequel régnait Balthazar, qui offrit l'encens au Seigneur. Il possédait également le royaume de Saba, où croissent en particulier de nombreux nobles aromates et l'encens qui suinte de certains arbres comme la gomme. La troisième Inde est le royaume de Tharsis, sur lequel régnait Gaspard, qui offrit la myrrhe, et sous la domination duquel se trouvait aussi l'île d'Egriseule, où repose le corps de saint Thomas. Là, plus qu'en aucun autre lieu, croît la myrrhe en grande quantité, sur des plantes qui ressemblent à des épis grillés. Les trois Rois de ces trois royaumes apportèrent au Seigneur ces présents, tirés des produits de leurs terres, d'où le passage de David : « Les Rois de Tharsis et de l'île offriront des présents, les Rois des Arabes et de Saba apporteront des dons. » Dans ce passage ne sont pas mentionnés les noms des royaumes plus importants, car chacun des trois Rois possède deux royaumes : Melchior est roi de Nubie et des Arabes, Balthazar roi de Godolie et de Saba, Gaspard est roi de Tharsis et de l'île d'Egriseule.

Marco Polo et la tombe des mages

MARCO POLO (1254-1324)
La Description du monde, XXX-XXXI
(1298 ; Livre de poche, 2012)

C'est en Perse que se trouve la cité de Saveh d'où partirent les trois rois quand ils vinrent adorer Jésus-Christ, car ils sont ensevelis dans cette cité dans trois tombeaux très grands et très beaux. Sur chaque tombeau il y a une maison carrée très bien nettoyée et ils sont les uns à côté des autres. Les corps sont encore tout intacts avec cheveux et barbe. L'un se nommait Gaspard, le second Balthazar, le troisième Melchior. Ledit messager Marco Polo interrogea beaucoup les gens de cette cité sur ces trois mages, mais il ne trouva personne qui sût lui en dire un mot, si ce n'est seulement qu'il s'agissait de trois rois qui furent ensevelis là, jadis. Mais

Nicolas de Verdun, *Châsse des Rois Mages*, 1181. Cologne, Cathédrale

au bout de trois journées il apprit ce que je vous dirai. Il trouva un village appelé Kalaï Atachparastan, ce qui veut dire en français « village des adorateurs du feu », nom bien justifié, car les gens de ce village adorent le feu. Et je vous dirai quelle raison ils donnent de l'adorer. Jadis les trois rois de cette contrée allèrent adorer un prophète qui venait de naître et ils emportèrent trois offrandes, de l'or, de l'encens et de la myrrhe, pour savoir si ce prophète était dieu, roi ou médecin; car ils dirent que s'il prenait l'or, il serait roi, s'il prenait l'encens, il serait dieu, et s'il prenait la myrrhe, il serait médecin. Or il arriva que quand ils furent arrivés là où l'enfant était né, le plus jeune des trois entra le premier et trouva l'enfant du même âge que lui, il ressortit et exprima son étonnement; après, entra le second, d'âge moyen, et il lui sembla aussi de son âge à lui, il ressortit en manifestant son étonnement; puis entra le dernier et le plus âgé, il lui arriva exactement comme aux deux autres et il ressortit tout pensif. Quand ils furent tous trois réunis, chacun dit ce qu'il avait vu et trouvé, ils exprimèrent leur étonnement et tombèrent d'accord pour entrer tous trois en même temps.
Ils entrèrent et trouvèrent l'enfant de l'âge qu'il avait, soit de treize jours, ils l'adorèrent et lui offrirent l'or, l'encens et la myrrhe. L'enfant reçut ces trois offrandes, puis il leur donna une boîte fermée et les trois rois par-

tirent pour rentrer dans leurs contrées. Quand ils eurent chevauché plusieurs journées, ils voulurent voir ce que l'enfant leur avait donné, ils ouvrirent la boîte et trouvèrent une pierre dedans. Quand ils la virent, ils se demandèrent, stupéfaits, ce que pouvait bien être ce que l'enfant leur avait donné et quel en était le sens. Et le sens tenait à ce que, quand ils présentèrent leurs offrandes à l'enfant, il les prit toutes trois et qu'ils se dirent que puisqu'il les avait prises toutes trois, il était dieu, vrai roi et vrai médecin; et c'était pour que la foi qui était née en eux fût dure comme une pierre dure. C'est ainsi qu'ils eurent de l'enfant la pierre qui avait ce sens, parce qu'il savait le fond de leurs pensées. Mais eux, qui ne savaient pas que cette pierre avait ce sens, la jetèrent dans un puits, et aussitôt descendit du ciel un feu ardent qui descendit dans le puits où la pierre avait été jetée. Quand les trois rois virent cette merveille, ils demeurèrent tout stupéfaits et se repentirent beaucoup d'avoir jeté la pierre, car ils comprirent alors son sens qui était grand et bon. Ils prirent aussitôt de ce feu, l'emportèrent dans leur pays et le mirent dans une de leurs églises qui était très belle et très riche. On l'y fait toujours brûler et on l'adore comme un dieu. Tout ce qu'on sacrifie, on le fait cuire avec une flamme prise à ce feu et, s'il arrive d'aventure que le feu s'éteigne, les gens se rendent dans les cités des environs qui ont la même religion, s'y font donner du feu et le portent dans leurs églises. Voilà pourquoi les gens de cette contrée adorent le feu. Il arrive même parfois qu'ils voyagent bien dix journées pour chercher ce feu. C'est le récit que firent ceux de ce village audit messire Marco Polo et ils lui certifièrent que les choses s'étaient passées ainsi et que l'un des trois rois l'avait été d'une cité nommée Saveh, le second d'Aved et le troisième de ce village qui adore le feu avec toute la région.

Le vol des mages

BONVESIN DE LA RIVA
(vers 1240-1315)
Les Grandeurs de la cité de Milan

Notre excellente cité est donc à louer pour sa constante et véritable fidélité. II. Après la destruction des murs de Frédéric Ier, et en punition de sa fidélité (ô honte, ô douleur!), les ennemis de l'Église volèrent à la cité de Milan les dépouilles des trois Mages, qui y avaient été apportées par saint Eustorge en 314. Telle fut toute la récompense de nos peines: pour avoir fidèlement combattu les rebelles contre l'Église, nous avons subi la perte de ce trésor! Malheur aux citoyens de cette terre, qui, bien qu'ainsi spoliés, préfèrent s'entre-détruire plutôt que de chercher par quelle voie ils pourront réparer leur honte et, en faisant prévaloir la loi canonique, récupérer dans la gloire la richesse dont on les a privés! S'il m'était permis de parler avec messeigneurs les pasteurs de cette ville, je leur dirais plutôt: «Malheur aux archevêques de cette terre, car, à cause de leur désintérêt, la force de l'épée de l'Église n'a pas encore recouvré les reliques, ces reliques perdues non par la faute des citoyens, mais pour la défense de l'Église, en vertu d'une absolue et inébranlable fidélité!» Car depuis le jour où cette cité a été fondée – en 504 avant la naissance de notre Sauveur, lisons-nous, soit deux cents ans après la fondation de Rome–, jamais, me semble-t-il, elle n'a été dépouillée d'un aussi grand titre de gloire.

3

LES TERRITOIRES D'HOMÈRE
ET LES SEPT MERVEILLES DU MONDE

Page de gauche :

William-Adolphe Bouguereau, *Nymphes et satyres*, vers 1873. Williamstown, Massachusetts, Sterling & Francine Clark Art Institute

Ci-contre :

Andrea Mantegna, *Le Parnasse*, 1497. Paris, Musée du Louvre

La géographie de la mythologie grecque – l'Attique, l'Olympe, les fleuves, les lacs, les forêts, la mer – n'a presque pas de secrets pour nous. Pourtant, l'imagination des Grecs n'a cessé de transformer le moindre aspect du monde connu en lieu de légende. Elle a rempli l'Olympe de dieux, et peuplé de nymphes les plans d'eau et les monts : les Oréades, nymphes des montagnes ; les Dryades, qui vivaient dans des plantes ; les Hydriades, nymphes aquatiques ; les Néréides, nymphes de la mer ; les Crénées et les Pégées, nymphes des sources, et enfin les nymphes célestes, telles les Pléiades. Sans oublier les satyres, les héros et de nombreuses divinités mineures associées à un lieu… La totalité de l'univers hellénique pourrait donc susciter des recherches

Annibale, Agostino et Ludovico Carracci, *Jason conquiert la Toison d'or*, XVIe siècle.
Bologne, Palazzo Fava

Annibale, Agostino et Ludovico Carracci, *La Construction du navire Argo*, XVIe siècle.
Bologne, Palazzo Fava

sur les territoires légendaires, si la plupart d'entre eux ne nous étaient déjà familiers, bien que désormais désertés par les créatures divines d'autrefois.

Il y a peu à fantasmer sur les endroits où se dressaient Troie et le palais d'Agamemnon, et nous avons des idées assez claires sur la localisation de la Colchide, rejointe par Jason dans sa quête de la Toison d'or.

De nombreux touristes se rendent à Argos ou à Mycènes, mais ces villes vivent pourtant d'une manière autonome dans notre imaginaire, et se caractérisent par les mêmes propriétés que les contrées inexistantes.

Dosso Dossi,
La Magicienne Circé,
XVIe siècle.
Rome, Galleria Borghese

On continue donc à discuter de l'emplacement des lieux visités par Ulysse au cours de ses pérégrinations. On sait qu'ils devraient pour ainsi dire se trouver à portée de main, entre la mer Ionienne et le détroit de Gibraltar, mais on débat encore de la question de savoir à quels espaces réels correspondaient ceux de l'*Odyssée*.

LE MONDE D'ULYSSE Parcourons à nouveau le périple d'Ulysse, en nous efforçant de situer ses péripéties sur un atlas contemporain. Après avoir passé sept ans sur l'île d'Ogygie, prisonnier de la nymphe Calypso, il s'enfuit et aborde, à la suite d'une tempête, sur l'île des Phéaciens.

Il devrait s'agir de Schérie, près de l'Ithaque actuelle. Le fils de Laërte y raconte à Alcinoos toutes ses aventures précédentes : le débarquement chez les Lotophages, peut-être sur les côtes libyennes ; la captivité chez Polyphème, qui vivait sans doute en Sicile ; l'étape sur l'île d'Éole ; l'arrivée sur le territoire des Lestrygons, de monstrueux cannibales habitant les côtes de la Campanie ; le séjour sur l'île de la magicienne Circé et sur le mont qui porte son nom, dans le Latium, où le héros reste un an ; l'entrée sur le territoire des Cimmériens et le voyage outre-tombe ; le passage près de l'île des Sirènes, dans le golfe de Naples, puis entre Charybde et Scylla (le détroit de Messine) ; la halte en Trinacrie, où paissent les bœufs du Soleil ; le refuge, après un terrible naufrage, à Ogygie, sur les côtes marocaines, où Ulysse demeure longtemps l'amant et le prisonnier de Calypso. Viennent ensuite les quelques jours passés sur l'île des Phéaciens et le retour à Ithaque.

On peut retracer ce périple sur une carte contemporaine. Toutefois, étaient-ce vraiment là les étapes du voyage d'Ulysse ? De nos jours, le touriste qui aborde la Grèce par voie maritime ressent une émotion « homérique » lorsqu'il aperçoit Ithaque de loin. Mais l'Ithaque actuelle est-elle vraiment celle d'Ulysse ? Bien que le géographe Strabon ait proposé cette identification au Ier siècle après Jésus-Christ, pour de nombreux chercheurs modernes, les descriptions d'Homère sont incompatibles avec l'aspect montagneux de l'île, que le poète qualifie au contraire de plate. On a donc avancé l'hypothèse selon laquelle l'île d'Ulysse aurait plutôt été Leucade.

Si l'on n'est même pas parvenu à localiser la patrie du héros, le lecteur n'aura aucun mal à imaginer ce qu'il en est des autres territoires mentionnés dans l'*Odyssée*.

La reconstitution des quatre-vingts théories les plus bizarres sur l'itinéraire d'Ulysse (Wolf 1990) laisse penser qu'on doit sans doute à Ortelius, au XVIe siècle, une première tentative d'en offrir une représentation cartographique, publiée dans son *Parergon*. On y constate d'emblée que pour l'auteur, le voyage d'Ulysse se déploya sur un périmètre très restreint et ne serait pas allé au-delà de la Sicile (demeure des Lotophages) et de la péninsule italienne, qui inclurait aussi bien le pays des Cimmériens que l'île de Calypso ; quant à Ogygie, elle quitte les côtes marocaines pour se retrouver plus ou moins

Pier Francesco Cittadini, dit Il Milanese, *Ulysse et Circé*, XVIIe siècle. Autrefois Galleria Fondantico de Tiziana Sassoli

Arnold Böcklin, *Ulysse et Calypso*, 1882. Bâle, Kunstmuseum

3. LES TERRITOIRES D'HOMÈRE ET LES SEPT MERVEILLES DU MONDE

Le Navire d'Ulysse et de ses compagnons, mosaïque, IIIe siècle après Jésus-Christ. Tunis, Musée national du Bardo

dans l'actuel golfe de Tarente, ce qui expliquerait comment un naufragé parti de là aurait pu, tôt ou tard, atteindre Schérie. À ce sujet, Ortelius suivait des indications qui se référaient peut-être à des sources antiques situant Ogygie aux environs de Crotone, en Calabre.

 Toutefois, en 1667, Pierre Duval traça une carte où les Lotophages apparaissaient sur les côtes africaines. Si l'on passe maintenant aux différentes reconstitutions du XIXe siècle, on y trouve Ogygie dans les Balkans, et les royaumes des Cimmériens et de Calypso sur la mer Noire. Non content de défendre l'hypothèse selon laquelle Homère aurait été une femme, Samuel Butler (1897) situait Ithaque en Sicile, et plus précisément à Trapani ; un auteur écrivant sous le pseudonyme d'Eumaios (1898) affirmait de son côté qu'Ulysse avait navigué tout autour de l'Afrique et découvert l'Amérique – mais on tend à considérer que cette affirmation obéissait à des intentions de parodie.

 La course à la reconstitution des voyages du héros s'est poursuivie jusqu'à nos jours : Hans Steuerwald (1978) le fait parvenir jusqu'en Cornouailles et en Écosse, et le vin produit dans l'île de Circé serait donc, selon lui, du pur whisky écossais ; le sinologue Hubert Daunicht (1971), après avoir relevé plusieurs analogies entre l'*Odyssée* et certains récits chinois, élargit le périple du personnage homérique à la Chine, au Japon et à la Corée ; Christine Pellech (1983) a quant à elle prétendu qu'Ulysse avait découvert le détroit de

Eumaios,
Ulisses as circumnavigator of Africa and discoverer of America, 1898.
Paris, Bibliothèque Nationale de France

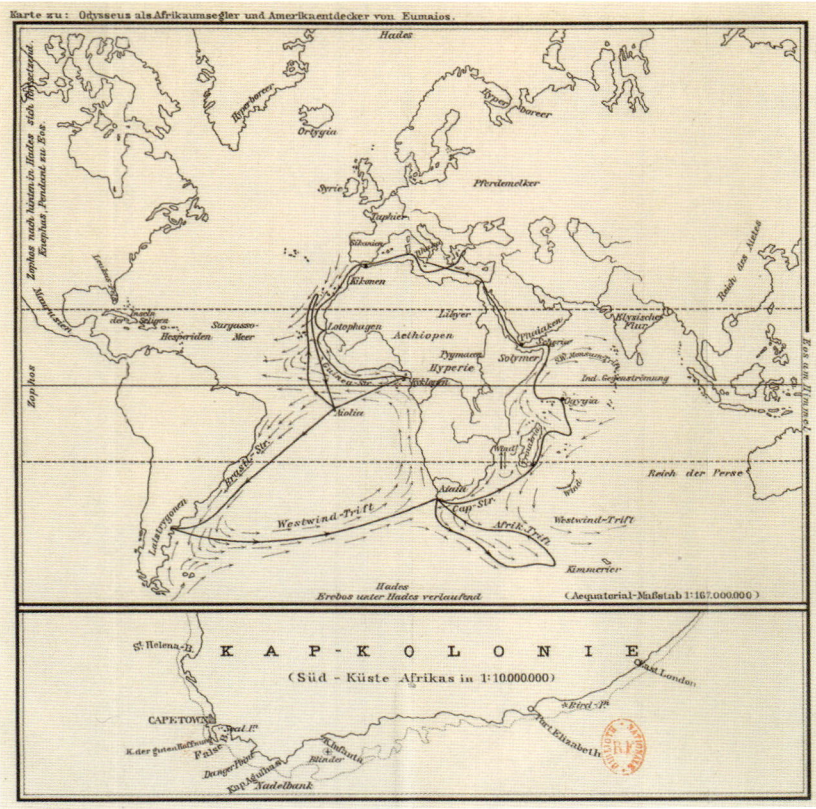

Magellan et l'Australie. Plus près de nous, Felice Vinci (1995) a déplacé tous les voyages de l'*Odyssée* du bassin méditerranéen à la mer Baltique.

Si de telles théories sont vraiment au nombre de quatre-vingts, on pourrait en rester là et se contenter de rappeler la plus citée d'entre elles (elle inspira même l'*Ulysse* de Joyce, qui transpose la totalité du périple sur la durée d'une journée passée à Dublin) : celle des différents livres de Victor Bérard, traducteur français de l'*Odyssée*, et dont on mentionnera au moins *Les Navigations d'Ulysse*.

Selon Bérard, le récit homérique se fondait sur des voyages effectués en Méditerranée par les Phéniciens ; sa reconstitution fut toutefois critiquée car, bien qu'il eût effectivement navigué le long des routes maritimes dont il parlait, il l'avait fait sur une embarcation moderne, qui ne permettait pas de comprendre combien de temps Ulysse avait mis pour se rendre d'un lieu à un autre. Quoi qu'il en soit, Bérard situait les Lotophages

Maître de l'Assomption de la Madeleine Johnson, *Les Aventures d'Ulysse : le combat contre les Lestrygons*, XIII-XIVe siècle, New York, Vassar College Poughkeepsie, The Frances Lehman Loeb Art Center

sur la côte tunisienne, le Cyclope aux alentours du Vésuve, l'île d'Éole à Stromboli, les Lestrygons au nord de la Sardaigne, le royaume de Circé près du mont homonyme, Charybde et Scylla sur le détroit de Messine, Calypso à Gibraltar ; il proposait en outre d'identifier l'île des Phéaciens et Corfou, l'île du Soleil et la Sicile, Ithaque et l'île de Thiaki, près du golfe de Corinthe.

C'est dans l'ouvrage de Frau (2002) que s'opéra le renversement polémique le plus spectaculaire : à la lumière d'une relecture des textes

classiques, le chercheur y conteste l'idée selon laquelle, pour l'auteur de l'*Odyssée*, les colonnes d'Hercule auraient correspondu au détroit de Gibraltar. Cette identification remonterait en effet à l'époque hellénistique, et résulterait d'une tentative d'élargir vers l'Occident ce monde que l'expédition d'Alexandre le Grand venait d'étendre vers l'Orient. À l'époque archaïque, la perception de la Méditerranée navigable était beaucoup plus étroite : toute la partie occidentale était tenue par les Phéniciens et ignorée des Grecs, et on aurait donc donné le nom de colonnes d'Hercule au détroit de Sicile, entre l'île et

Les Lestrygons attaquent les navires d'Ulysse, 40-30 avant Jésus-Christ. Cité du Vatican, Biblioteca Vaticana.

la côte africaine. Tous les voyages d'Ulysse se seraient par conséquent déroulés en Méditerranée orientale, et la Sardaigne aurait été la légendaire Atlantide (voir plus loin, à ce propos, le chapitre consacré à ce continent « disparu »).

Pour Frau, le monde d'Ulysse était plus restreint qu'on ne l'avait cru par le passé ; pour Vinci[1], au contraire, le héros homérique aurait accompli son périple dans le grand nord. À l'issue d'une minutieuse reconstitution de descriptions d'événements et de noms de lieux, Vinci en vient en effet à la conclusion que les aventures racontées par Homère (ou par celui qui se dissimule derrière ce nom) se sont déroulées en mer Baltique et dans les pays scandinaves. Cette hypothèse découle de la théorie selon laquelle, à l'âge du bronze, des populations nordiques auraient émigré en mer Égée ; elles auraient ensuite traduit leurs anciennes légendes en termes méditerranéens.

Le présent ouvrage n'a pas pour objet d'établir l'itinéraire effectif du véritable parcours d'Ulysse. Sur le fondement d'indications relevant encore

1. Vinci, Felice 1995, *Omero nel Baltico. Le origini nordiche dell'Odissea e dell'Iliade*, Rome, Palombi (4e édition, 2003).

Double page suivante :
Jan Bruegel l'Ancien,
Ulysse et Calypso,
xviᵉ – xviiᵉ siècle.
Collection particulière

du mythe, le ou les poètes ont inventé. Le voyage relaté dans l'*Odyssée* est une très belle légende, et toutes les tentatives de le reconstruire sur une carte géographique moderne ont à leur tour créé autant de nouvelles légendes. L'une de celles que l'on a citées plus haut est peut-être vraie, ou vraisemblable, mais l'aspect le plus fascinant de la question tient au fait que tout au long des siècles, on est resté ensorcelé par un voyage qui n'eut jamais lieu. Quel que soit l'endroit où vivait Calypso, beaucoup ont rêvé d'y passer quelques années de douce captivité.

LES SEPT MERVEILLES DU MONDE Parmi les sites légendaires du monde antique, il faudrait aussi mentionner les Sept Merveilles du monde : les **jardins suspendus de Babylone**, où l'on raconte que la reine Sémiramis cueillait des roses fraîches en toute saison ; le **colosse de Rhodes**, une gigantesque sculpture en bronze installée sur le port de l'île ; le **mausolée d'Halicarnasse** ; le **temple d'Artémis à Éphèse** ; le **phare d'Alexandrie** ; la **statue de Zeus à Olympie**, sculptée par Phidias ; la **pyramide de Khéops**, à Gizeh. On dispose à leur sujet de textes de **Pausanias**, de **Pline**, de **Valère Maxime**, d'**Aulu-Gelle** et même de **Jules César**, dont chacun cite et décrit une de ces merveilles. Tout cela laisse penser que même si elles n'étaient pas aussi extraordinaires que le veut la tradition, elles ont en tout cas réellement existé.

Celle dont on parla le plus fut le temple d'Artémis, car à en croire la légende, un certain Érostrate l'aurait incendié afin d'acquérir un renom éternel ; il faut hélas reconnaître que ce scélérat a atteint son objectif, même si la célébrité posthume dont il jouit reste sujette à caution.

La seule des sept merveilles à avoir résisté au temps est toutefois la pyramide de Khéops. Mais bien qu'elle soit parvenue jusqu'à nous, c'est aussi celle qui a suscité le plus de légendes, précisément à l'époque moderne, et qui ne cesse de le faire. Elle existe donc encore de nos jours et on peut la visiter, mais des « **pyramidologues** » ont créé un mythe autour d'elle, et imaginé une sorte de pyramide parallèle, qui n'a de réalité que dans l'imagination des chasseurs de mystères.

3. LES TERRITOIRES D'HOMÈRE ET LES SEPT MERVEILLES DU MONDE

77

Francesco Hayez, *Ulysse à la cour d'Alcinoos*, vers 1814. Naples, Gallerie nazionali di Capodimonte

Le palais d'Alcinoos

HOMÈRE (fin du VIII-IXᵉ siècle av. J.-C.)
L'Odyssée, VII (GF-Flammarion, 2009)

Ulysse allait cependant vers le palais fameux d'Alcinoos ; que de pensées agitaient son cœur, quand il s'arrêtait avant d'arriver au seuil de bronze ! Il y avait comme un éclat de soleil ou de lune sur la haute maison du magnanime Alcinoos. De bronze étaient les murs qui s'élevaient à droite et à gauche, du seuil au fond, et qu'entourait une corniche d'émail bleu. D'or étaient les portes qui enfermaient la solide maison, et des montants d'argent étaient fixés dans un seuil de bronze. D'argent était le linteau et d'or l'anneau. D'or et d'argent étaient de chaque côté les chiens, qu'Héphaistos avait sculptés avec une savante adresse pour garder la maison du magnanime Alcinoos, immortels et toujours à l'abri de la vieillesse. À l'intérieur de la grand-salle des sièges étaient adossés au mur à droite et à gauche du seuil jusqu'au fond, et sur eux avaient été jetées de légères housses en fin tissu, ouvrages des femmes. C'est là que s'asseyaient les chefs des Phéaciens, buvant et mangeant ; car ils pouvaient le faire tout le long de l'année. De jeunes garçons en or se dressaient sur des piédestaux bien construits, et tenaient en leurs mains des flambeaux allumés, pour éclairer la nuit les convives dans la salle. […]
Hors de la cour et près de la porte est un grand verger de quatre arpents ; une enceinte l'enclôt en long et en large. Là poussent de grands arbres florissants, poiriers, grenadiers, pommiers aux fruits éclatants, figuiers domestiques et luxuriants oliviers. Jamais leurs fruits ne meurent ni ne manquent, hiver ni été ; ils donnent toute l'année. Toujours le souffle du Zéphyr fait pousser les uns, mûrir les autres ; sans répit mûrissent la poire après la poire, la pomme après la

pomme, le raisin après le raisin, la figue après la figue. Plus loin est planté le fertile vignoble ; dans une pièce chaude, en terrain plat, le raisin sèche au soleil ; dans l'autre, des vendangeurs cueillent le raisin et d'autres fleurs, tandis que sur les autres les grappes commencent à rougir. Plus loin, contre leur dernier rang, des plates-bandes portent des légumes variés, verts toute l'année. Dans le potager coulent deux sources : l'une s'épand dans tout le jardin, l'autre envoie ses eaux sous le seuil de la cour vers la haute maison ; c'est là que les gens de la ville viennent chercher l'eau. Tels étaient les dons magnifiques des dieux dans le manoir d'Alcinoos.

Ulysse a navigué près de chez lui

SERGIO FRAU
Le Colonne d'Ercole. Un'inchiesta
(Les Colonnes d'Hercule. Une enquête)
[2002]

Qui a situé les colonnes d'Hercule à Gibraltar, et quand ? Est-il vrai que le « Far West » des Grecs de l'Antiquité commençait seulement là-bas ? Les détroits situés entre Malte, la Sicile et la Tunisie – ce canyon sous-marin secret entièrement entouré de rochers et de bancs de sable, presque à fleur d'eau, propices aux embuscades – offrent-ils une alternative possible ? […] Ou bien des lieux situés aux environs de Reggio di Calabria et du détroit de Messine ? La situation n'y est pas tellement meilleure : deux monstres terribles, Charybde et Scylla, y montent la garde… Plus on lit, en effet, et plus le Canal se remplit d'êtres effrayants : il s'agit là d'une des régions de la Méditerranée à plus haute concentration de monstres, de tragédies, de naufrages, que l'on ait jamais imaginées ou décrites. Autant de chimères ? […] À propos des monstres, des terreurs et des risques encourus, tous situés dans la zone du Canal de Sicile, Homère au contraire force la dose. Il ne se refuse aucun des récits qui devaient occuper les soirées dans les ports méditerranéens de l'époque… Du temps d'Homère, quand on entendait de telles histoires, tout le monde ne comprenait qu'une seule chose : la mer de Sicile […] Par conséquent, si tous ces savants – qui, au bout du compte, en savent vraiment long sur les Grecs – ont raison, cette imposante foule bruyante de fils et de filles de l'Océan placés là, au-delà de Gibraltar, où ils n'auraient pu être utiles à personne, cette multitude de personnages et toute sa succession embrouillée, à quoi servaient-elles ? Et, surtout, à qui ? Pourquoi donc garder à l'esprit des fleuves du Maroc, des golfes du Sénégal ou des Hespérides de l'Atlantique, puisqu'on n'y allait pas ? que l'on tremblait à la seule idée de franchir le Canal d'Otrante ? […] En somme, où commençait vraiment l'Océan effroyable d'Homère ? Au-delà de Gibraltar, vraiment ? C'est impensable. Et de fait, personne ne le pense.

Ulysse a navigué loin de chez lui

FELICE VINCI
Omero nel Baltico
(Homère en Mer baltique) [2003]

Après la fin de la dernière ère glaciaire, plusieurs phases climatiques se sont succédé en Europe du nord ; leurs principaux traits caractéristiques sont sommairement reportés ci-dessous, avec une attention particulière pour la végétation :
- Préboréal récent (vers 10 000 – 7 000 avant Jésus-Christ) : le climat est froid, continental ; diffusion de la sapinette, de l'aulne et du noisetier
- Boréal (7 000 – 5 500 avant Jésus-Christ) : l'été est chaud et l'hiver relativement doux

HISTOIRE DES LIEUX DE LÉGENDE

- Subatlantique (5 500 – 2 000 avant Jésus-Christ) : climat plus chaud que lors de la phase boréale, l'été est chaud, l'hiver doux et humide ; diffusion des bois de chênes
- Subboréal (2 000 – 500 avant Jésus-Christ) : le climat devient plus continental et se refroidit ; diffusion du sapin et du hêtre.

Concernant notre sujet, nous nous intéresserons surtout à la phase « subatlantique » – elle correspond à l'optimum climatique postglaciaire, qui atteignit son apogée vers 2 500 avant Jésus-Christ et dura jusqu'aux environs de l'an 2 000 avant Jésus-Christ – et à la phase suivante, plus froide. Comme nous l'indique le professeur Lavosia Zambotti, l'optimum climatique constitua, du point de vue climatologique, la meilleure époque que les pays scandinaves aient jamais connue, ce qui explique le haut niveau de culture qu'ils atteignirent alors, vers 2 500 avant Jésus-Christ […]

M.O. Mac Carthy,
Carte du monde d'Homère,
1849.
New York, Public Library

À ce stade, il n'est pas difficile d'imaginer que les navigateurs très habiles de l'Âge du bronze exploitèrent les conditions exceptionnellement favorables offertes par le plein épanouissement de l'optimum climatique (lequel, comme on l'a vu plus haut, atteignit son apogée vers le milieu du IIIe millénaire avant Jésus-Christ), et qu'ils surent parcourir par voie de mer des distances parfois considérables. […]

Le véritable contexte géographique de l'*Iliade* et de l'*Odyssée* ne s'identifie donc pas à la Méditerranée, mais au nord de l'Europe. Les sagas qui sont à l'origine de ces deux poèmes proviennent de baltique et de Scandinavie, où l'Âge de bronze connut son plein épanouissement durant le IIe millénaire avant Jésus-Christ et où l'on peut, de nos jours encore, reconnaître plusieurs sites homériques, parmi lesquels Troie et Ithaque ; après la fin de l'optimum climatique, ces sagas furent introduites en Grèce par les grands navigateurs qui, au XVIe siècle avant Jésus-Christ, fondèrent la civilisation mycénienne : ils reconstruisirent en Méditerranée leur monde d'origine, où s'étaient déroulées la guerre de Troie et les autres légendes de la mythologie grecque, et ils perpétuèrent de génération en génération, les transmettant ainsi aux époques suivantes, le souvenir des temps héroïques et des exploits accomplis par leurs ancêtres dans leur patrie perdue. Telles sont, résumées à l'extrême, les conclusions de notre recherche. Après avoir pris acte des absurdités auxquelles aboutit la localisation en Méditerranée des poèmes homériques, de leurs rapports problématiques avec la géographie mycénienne, de leur dimension européo-barbare (Piggou), de la provenance nordique probable de la civilisation mycénienne (Nilsson), cette recherche a pris pour point de départ l'indication de Plutarque sur la situation septentrionale de l'île d'Ogygie : telle fut la clef qui nous a ouvert en grand les portes du monde d'Homère, car elle nous a permis d'entreprendre une reconstitution minutieuse dont les résultats attestent le bien-fondé de l'hypothèse initiale. Ce point de vue – qui répond aussi au critère de « falsifiabilité » énoncé par Popper – ne se contente pas d'apporter enfin des réponses adaptées aux questions des Anciens, et de démentir la vieille opinion selon laquelle « Homère était un poète mais pas un géographe » ; il complète en outre de manière tout à fait naturelle les découvertes récentes des spécialistes sur les poèmes homériques et la civilisation mycénienne, et permet aussi de les rassembler en une vision unitaire cohérente, réalisant ainsi une synthèse sans cela impossible.

La reconstitution des espaces homériques apparaît des plus significatives aussi bien pour le site de Troie que pour celui d'Ithaque ; on dispose en effet à leur sujet d'une grande quantité d'éléments de comparaison, puisqu'ils forment les cadres respectifs de l'*Iliade* et de l'*Odyssée* : et le seul fait d'avoir retrouvé Doulichion, la mystérieuse « île longue » si souvent mentionnée par Homère – correctement située face à un « Péloponnèse » plat et à un groupe d'îles correspondant parfaitement aux indications des deux poèmes – pourrait constituer en soi un argument non négligeable en faveur de la validité de notre théorie. Nous avons en outre constaté que les deux poèmes se déroulent dans des cadres différents, mais en un certain sens complémentaires : grâce au catalogue des navires, le premier nous a permis de reconstituer dans leur intégralité les établissements achéens en Mer baltique datant du Premier âge du bronze ; le second, à travers les pérégrinations d'Ulysse, offre un tableau extrêmement vivant et cohérent des informations que ces populations antiques possédaient sur le « monde extérieur », fascinant mais semé d'embûches. On citera par exemple la grande marée de l'Atlantique, qu'Homère introduit en deux occasions, et sous des aspects tout à fait opposés : d'abord menaçants, dans le cas du terrible gouffre de Charybde, puis au contraire bienveillants, lorsque cette marée aide le héros à mettre pied à terre et le conduit en lieu sûr, à l'embouchure du fleuve de Schérie. On pourrait aussi mentionner toute une série de phénomènes singuliers, telles les longues journées estivales du pays des Lestrygons, qui préfigurent à leur tour, encore plus au nord, la dimension arctique de l'île de Circé, où, durant l'été, le soleil ne se couche jamais, et où se tiennent les « danses de l'aurore ». En bref, les indications géographiques que l'on peut tirer de l'univers homérique, pris dans sa totalité, peuvent être cataloguées autour de quatre grands « regroupements » : le monde d'Ithaque (dans les îles danoises), les aventures d'Ulysse (dans l'Atlantique nord), le monde de Troie (au sud de la Finlande) et celui des Achéens (le long des côtes de la Mer baltique). Chacun d'eux présente d'extraordinaires correspondances avec leurs milieux respectifs identifiés en Europe du nord, par opposition aux incongruités de la localisation méditerranéenne traditionnelle ; et pour chacun d'eux, on peut établir un cadre météorologique systématiquement froid, brumeux et perturbé, en plein accord avec le contexte nordique. En outre, les nuits blanches des hautes latitudes permettent de résoudre le problème des deux jours de bataille ininterrompue entre les Achéens et les Troyens, et leur concomitance avec la crue du Scamandre et du Simoïs est parfaitement conforme aux régimes saisonniers des fleuves nordiques.

Les jardins suspendus de Babylone

PHILON DE BYZANCE
(fin du IIIᵉ siècle av. J.-C.)
Les sept merveilles du monde (texte cité par J. et E. Romer, *Les sept merveilles du monde*, Lebaud, 1996)

Ce que l'on appelle le Jardin suspendu, avec ses plantes, croît dans les airs. Les racines des arbres forment comme un toit au-dessus du sol. Des piliers de pierre soutiennent le jardin par-dessous et tout le secteur sous le jardin est occupé par les bases gravées des piliers. Des poutres de bois de palmier sont disposées avec fort peu d'espaces entre elles. Le bois du palmier est le seul type de bois qui ne pourrisse pas. Lorsque ces poutres sont saturées [d'eau] et soumises à forte pression, elles se recourbent en arche vers le haut et nourrissent les capillaires des racines [de la végétation], accueillant dans leurs propres fentes des racines qui leur sont étrangères.
Une grande masse de terre est accumulée en couche épaisse sur le sommet de ces poutres. Au-dessus croissent des arbres à larges feuilles et des arbres de jardin, et l'on trouve des fleurs de toutes sortes – en bref, tout ce qui plaît le plus aux yeux et dont on peut se réjouir. Le jardin est cultivé comme on le fait au sol. De façon très semblable à ce qui se passe sur un terrain normal, on y voit le travail de gens qui plantent et repiquent ; on passe la charrue au-dessus de la tête de ceux qui se promènent sous la colonnade de soutènement. Tandis que l'on se promène au bord du jardin, la terre du dessus reste pure, comme dans les régions les plus fertiles. Des aqueducs apportent de l'eau courante depuis le haut : dans un sens, le courant suit la pente douce d'une colline, dans l'autre l'eau remonte, sous pression, par un système de vis sans fin ; les mécanismes adéquats font que l'eau circule en permanence, en spirale. L'eau se répand dans de grands réservoirs et irrigue tout le jardin. Elle baigne les racines des plantes profondément dans la terre et maintient celle-ci humide. C'est la raison pour laquelle l'herbe est toujours verte et les feuilles des arbres poussent continuellement [?], nourries par la rosée, sur les branches tendres.

Les Jardins suspendus de Babylone, lithographie, vers 1886. Collection particulière

Louis de Caullery, *Le Colosse de Rhodes*, XVIIᵉ siècle. Paris, Musée du Louvre

3. LES TERRITOIRES D'HOMÈRE ET LES SEPT MERVEILLES DU MONDE

Exemptes de toute soif, les racines pompent l'eau qui filtre et forment des enchevêtrements serrés sous le sol, préservant l'ensemble des arbres développés en excellente santé. C'est un chef-d'œuvre somptueux, vraiment royal, et qui renverse les lois de la nature, car les fruits de l'agriculture sont suspendus au-dessus de la tête des spectateurs.

Le colosse de Rhodes

PLINE L'ANCIEN (Ie siècle)
Histoire naturelle, XXXIV, 18, 41-42
(Belles lettres, 1983)

Mais le plus admiré de tous était le colosse du Soleil à Rhodes, œuvre de Charès de Lindos, élève de Lysippe nommé ci-dessus. Cette statue avait soixante-dix coudées de haut ; au bout de soixante-six ans, un tremblement de terre la renversa, mais, abattue, elle excite encore l'admiration. Peu d'hommes peuvent en embrasser le pouce ; les doigts sont plus grands que la plupart des autres statues. De vastes cavernes sont béantes dans ses membres rompus ; on voit à l'intérieur les énormes pierres dont l'artiste s'était servi pour lester sa statue lorsqu'il l'érigeait. Elle a coûté, dit-on, douze ans de travail et trois cents talents, produit de la vente du matériel abandonné par le roi Démétrios lorsqu'il leva par lassitude le siège de Rhodes. Il y a dans la même ville cent autres colosses, plus petits, mais dont chacun suffirait à illustrer le lieu où il se trouverait [...].

Le mausolée d'Halicarnasse

AULU-GELLE (IIe siècle)
Les nuits attiques, X, 18
(Belles lettres, 1978)
(Histoire d'Artémise, et du concours auquel ont participé auprès du tombeau de Mausole des écrivains célèbres.)

Artémise, dit-on, aima Mausole son mari au-delà de tous les amours fabuleux et plus qu'on ne peut croire d'une affection humaine. Or Mausole était, selon Cicéron, roi du pays de Carie, selon certains historiens grecs, préfet de la province, les Grecs l'appellent satrape. Lorsque ce Mausole fut atteint par la mort et enterré après des funérailles grandioses dans les lamentations et les bras de sa femme, celle-ci, Artémise, brûlant de douleur et du regret de son mari, mélangea ses os et ses cendres à des parfums, les réduisit en poudre, les délaya dans de l'eau et les but, donnant, dit-on, beaucoup d'autres preuves d'un violent amour. Dans l'immense désir d'un travail de nature à perpétuer le souvenir de son mari, elle fit bâtir aussi ce tombeau qui a été très célébré et jugé digne de compter entre les sept merveilles de tous les pays. En dédiant ce monument consacré aux dieux Mânes de Mausole, Artémise instaure un agon, c'est-à-dire un concours d'éloquence à la louange de celui-ci et elle offre des récompenses très considérables en argent et autres choses de valeur. Pour lutter dans cet éloge vinrent, dit-on, des hommes célèbres par leur talent et leur éloquence prestigieuse, Théopompe, Théodecte, Naucrates ; il y en a même qui ont rapporté qu'Isocrate en personne avait participé au concours. Mais on jugea que Théopompe l'avait emporté. Il était disciple d'Isocrate.

Wilhelm van Ehrenberg, *Le Mausolée d'Halicarnasse*, XVIIᵉ siècle. Saint-Omer, Musée de l'Hôtel Sandelin

La construction du temple d'Artémis à Éphèse

PLINE L'ANCIEN
Histoire naturelle, XXXVI, 21, 1-3
(Belles lettres, 1981)

C'est un sujet de réelle admiration pour la splendeur du génie grec que ce temple de Diane à Éphèse que l'Asie tout entière mit cent vingt ans à construire. On l'éleva sur un terrain marécageux, afin qu'il ne pût ressentir les effets des tremblements de terre ni craindre les crevasses du sol. Mais on ne voulut pas non plus que les fondations d'une telle masse fussent logées dans un terrain glissant et peu stable, aussi étendit-on un lit fait de charbons tassés et ensuite de toisons de laine. L'ensemble du temple a une longueur de quatre cent vingt-cinq pieds, une largeur de deux cent vingt-cinq.
Il comporte cent vingt-sept colonnes élevées chacune par un roi; trente-six parmi elles furent sculptées, dont l'une par Scopas.
Ce fut l'architecte Chersiphron qui présida à l'ouvrage. Le plus merveilleux de l'affaire est qu'il ait pu faire hisser la masse énorme de l'architrave. Il obtint ce résultat en faisant entasser des paniers pleins de sable, de façon qu'au-dessus des sommets des colonnes courût un plan incliné de pente légère, puis, en faisant vider peu à peu les paniers situés le plus bas. De la sorte, par une progression insensible, l'ouvrage se mit en place. La plus grande difficulté qu'il rencontra concerna le linteau même qu'il voulait faire reposer sur la porte. La masse était, en effet, très grande et ne reposait pas

sur son assise. L'ingénieur désespéré pensa à se suicider. Selon la tradition, alors que, fatigué et occupé par ces pensées, il prenait un repos nocturne, la déesse à qui était destiné le temple se présenta à lui et l'exhorta à vivre : elle avait mis la pierre en place. C'est en effet ce qu'on put voir le lendemain. Il semblait que le propre poids du bloc lui eût fait prendre la bonne place. Pour les autres ornements de ces monuments, il faudrait plusieurs livres pour les décrire et ils ne visent en rien à prendre la nature pour modèle.

L'incendie du temple

VALÈRE MAXIME (Iᵉ siècle)
Faits et paroles mémorables, VIII, 14, 5
(Paleo, 2006)

Mais voici une passion pour la gloire, qui va jusqu'au sacrilège. Il s'est trouvé un homme qui s'avisa de mettre le feu au temple de Diane, à Éphèse, afin que la destruction d'un si magnifique ouvrage répandît son nom dans tout l'univers. Il avoua ce dessein extravagant, lorsqu'il fut sur le chevalet. Les Éphésiens avaient sagement aboli, par un décret [d'amnistie], la mémoire d'un homme si exécrable ; mais Théopompe, écrivain des plus éloquents, l'a nommé dans ses livres d'histoires. (Av. J.-C. 355.)

La statue de Zeus à Olympie

PAUSANIAS LE PÉRIÉGÈTE (IIᵉ siècle)
Description de la Grèce, V, 11, 1-10
(Belles lettres, 2002)

Le dieu [Zeus] est assis sur un trône d'or et d'ivoire. Il porte sur la tête une couronne d'or qui imite des rameaux d'olivier. Il tient dans la main droite une Victoire, elle aussi d'ivoire et d'or, elle a la tête ceinte d'un bandeau et d'une couronne. Dans sa main gauche, il y a un sceptre orné de fleurs faites de toutes sortes de métaux, l'oiseau posé sur le sceptre est l'aigle. Les chaussures et le manteau du dieu sont aussi en or. Sur le manteau on a incrusté des représentations d'animaux et dans l'ordre des fleurs des lys. Le trône est incrusté d'or et de pierres et incrusté aussi d'ébène et d'ivoire et on y a peint des animaux qui sont entremêlés et on y a sculpté des statues. Quatre Victoires dans l'attitude de la danse à chaque pied du trône, et par terre, deux autres sont adossées à chaque pied. Sur chacun des pieds de devant, il y a des enfants enlevés par des sphinges thébaines, et sous les sphinges, Apollon et Artémis massacrent de leurs flèches les enfants de Niobé. Entre les pieds du trône il y a quatre barreaux qui relient un pied à l'autre. Le barreau qui est directement en face de l'entrée porte sept statues. Il y en avait une huitième dont on ne sait comment elle a disparu. Ce sont des représentations des épreuves anciennes aux concours, car les épreuves des enfants <…> n'étaient pas encore établies à l'époque de Phidias. Celui qui se ceint la tête d'un bandeau est à ce qu'on dit le portrait de Pantarkès, et Pantarkès est ce jeune homme d'Élide dont Phidias était l'amant. Pantarkès remporta la victoire à la lutte dans la catégorie enfants à la quatre-vingt-sixième Olympiade. Sur les autres barreaux, il y a le bataillon d'Héraclès combattant les Amazones. Le nombre des combattants des deux camps se monte à ving-neuf. Et Thésée est rangé au nombre des alliés d'Héraclès. […] Tout en haut du trône, Phidias a représenté au-dessus de la tête de la statue d'un côté les Charites (*Grâces*), de l'autre les Heures, trois dans chaque groupe. Ce sont les filles de Zeus selon la tradition épique. Homère dans l'*Iliade* [Chant V] a représenté les Heures préposées à la garde du ciel comme des gardes à la cour d'un roi.

3. LES TERRITOIRES D'HOMÈRE ET LES SEPT MERVEILLES DU MONDE

Wilhelm van Ehrenberg,
*Les Sept merveilles
du monde : Le Temple
d'Artémis à Éphèse*,
XVIIᵉ siècle.
Collection particulière

Quant au tabouret qui se trouve sous les pieds de Zeus, – ce qu'on appelle en Attique un thranion (*petit banc*) –, il porte des lions d'or et la représentation du combat de Thésée et des Amazones, la première action de bravoure athénienne contre des adversaires qui n'étaient pas de leur race. Sur le socle soutenant le trône et toute la parure de Zeus, il y a des représentations en or : Hélios monté sur son char et il y a Zeus et Héra, <…> et, près de lui, Charis (*Grâce*). Hermès lui succède, et Hestia à Hermès. Après Hestia se trouve Éros accueillant Aphrodite qui surgit de la mer et Peithô couronne Aphrodite. Sont aussi représentés Apollon avec Artémis, Athéna et Héraclès, et au bord du trône enfin Amphitrite et Poséidon, et Séléné menant, je crois, un cheval ; mais au dire de certains la déesse circule à mulet et non à cheval, et ils racontent à propos du mulet une histoire qui est assurément quelque peu absurde. Connaissant les dimensions en hauteur et en largeur du Zeus d'Olympie, telles qu'on les a écrites, je n'en ferai pas éloge à ceux qui les ont mesurées, car les dimensions qu'ils ont données sont bien inférieures à l'impression que la statue donne aux spectateurs, trait, qui, dit-on, fait du dieu lui-même un témoin de l'art de Phidias. De fait, au moment où la statue était achevée, Phidias pria le dieu de lui signifier si son œuvre était à son goût : sur le champ, dit-on, la foudre creusa un trou dans le sol à l'endroit où il y avait encore de mon temps une hydrie pour ornement, celle de bronze. Tout le sol qui se trouve devant la statue est pavé de marbre, non pas blanc, mais noir.

Fischer von Erlach,
Johann Bernhard,
La Statue de Zeus à Olympie,
gravure, 1721.
Collection particulière

Le phare d'Alexandrie

JULES CÉSAR
(100-44 av. J.-C.)
La Guerre civile, III, 112
(Belles lettres, 2003)

Le Phare est une très haute tour, dans une île, une merveille d'architecture, et qui tire son nom de l'île elle-même. C'est cette île qui, située vis-à-vis d'Alexandrie, en crée le port ; mais les anciens rois ont construit dans la mer un môle de neuf cents pas de long qui constitue un chemin étroit et un pont, l'unissant ainsi à la place. Dans cette île sont des maisons particulières appartenant à des Égyptiens, et qui forment une agglomération aussi importante qu'une ville. Tout navire, où que ce soit, qu'une fausse manœuvre ou le mauvais temps fait un peu dévier de sa route, est régulièrement mis au pillage par les habitants, véritables pirates. D'autre part, si ceux qui occupent le Phare s'y opposent, il est impossible aux vaisseaux, à cause de l'étroitesse du goulet, de pénétrer dans le port.

Les pyramidologues

UMBERTO ECO
« Sur les usages pervers des mathématiques » (2011)

L'expédition napoléonienne en Égypte ayant rendu les pyramides plus accessibles aux savants, on entreprit toute une série de reconstitutions et de mesurages, en particulier sur celle de Khéops : on n'y avait retrouvé aucune momie de pharaon (et aucun trésor) dans la Chambre du roi ; bien qu'il eût été plus raisonnable de penser que dès l'avènement des musulmans, les pyramides avaient été mises à sac, on se mit à supposer que celle de Khéops n'était pas du tout, ou en tout cas pas seulement, un tombeau, mais un immense laboratoire mathématique et astronomique dont les dimensions devaient transmettre à la postérité un savoir scientifique possédé par ses anciens constructeurs et ensuite perdu ; ce savoir fut peut-être ignoré des Égyptiens eux-mêmes, dans la mesure où, selon certains pyramidologues, les premiers bâtisseurs du monument venaient de beaucoup plus loin dans le temps et dans l'espace, voire d'une autre planète.

En l'état actuel de nos connaissances, la pyramide de Khéops mesure environ 230 mètres par côté (il existe de légères différences d'un côté à l'autre, dues, entre autres, à l'érosion des pierres et à l'absence de leur revêtement en plaques lisses, emporté par les musulmans pour construire des mosquées) et 146 mètres de hauteur. Elle apparaît indubitablement orientée sur les quatre points cardinaux (avec une approximation inférieure à un dixième de degré), et il semble qu'à travers un de ses couloirs d'entrée, on pouvait apercevoir ce qui, à l'époque de sa construction, était l'Étoile polaire. Cela n'a rien de surprenant, car les Anciens furent des observateurs attentifs du ciel, et de Stonehenge aux cathédrales chrétiennes, ils se montrèrent toujours très sensibles aux questions d'orientation.

En tout état de cause, le problème consistait à déterminer les unités de mesure qu'avaient utilisées les Égyptiens : car si l'on calculait qu'une certaine longueur correspond, en unités actuelles, à 666 mètres ou 666 centimètres, il serait on ne peut plus hasardeux d'en déduire que les Égyptiens voulaient ainsi se référer au chiffre apocalyptique de la Bête, puisque la même longueur, exprimée en coudées, n'aurait pas eu la moindre connotation.

Au début du XIXe siècle, un certain John Taylor, qui n'avait d'ailleurs jamais vu les pyramides et se fondait sur les dessins d'autres auteurs, avait découvert qu'en divisant le périmètre de la pyramide par le double de sa hauteur (ou bien en divisant la longueur de sa base par sa hauteur et en multipliant le résultat par 2), on obtenait une valeur très proche de π. À partir de cette trouvaille, Taylor calcula que le rapport entre la hauteur et le périmètre était égal au rapport entre le rayon polaire de la Terre et sa circonférence.

Ces découvertes exercèrent une profonde influence, vers 1865, sur l'astronome écossais Charles Piazzi Smyth, qui dédia d'ailleurs à Taylor son ouvrage *Our Inheritance in the Great Pyramid* (*Notre héritage de la Grande Pyramide*). Smyth calcula, on ne sait trop sur quels fondements, que la coudée sacrée égyptienne (environ 63 cm) était formée de 25 « pouces pyramidaux », qui correspondaient admirablement au pouce anglais. Piazzi Smyth consacre en effet un chapitre entier de son livre à critiquer l'artificialité républicaine et antichrétienne du système métrique décimal français et à faire l'éloge du caractère naturel et de la conformité aux lois divines du système anglais. Or, le périmètre de la pyramide de Khéops correspondrait à un total de 36 506 pouces pyramidaux. En insérant, Dieu sait pourquoi, une virgule décimale, on obtient le nombre exact de jours de l'année solaire (365,06). Un disciple de Piazzi nommé Flinders Petrie (qui semble pourtant avoir insinué, par la suite, qu'il avait vu un jour son maître limer les pierres angulaires d'une galerie pour les faire correspondre à ses calculs) confirma le résultat du nombre π en découvrant que la Chambre du roi en fait elle aussi apparaître un, dans le rapport entre sa longueur et son périmètre.

En multipliant par 3,14 la longueur de la Chambre du roi (mesurée en pouces pyramidaux), on obtient à nouveau 365,42, soit à peu près le nombre de jours d'une année. Comme le montre une carte de Piazzi (voir p. 95), le méridien et le parallèle qui se croisent à la pyramide (30o de latitude nord et 31o de longitude est) couvriraient plus de terre ferme que tous les autres, comme si les Égyptiens avaient voulu placer le monument au centre du monde habité.

Entre les résultats de Piazzi et ceux des pyramidologues ultérieurs, on a donc pu soutenir que la hauteur de l'édifice, multipliée par 1 million, équivalait à la distance minimale entre la Terre et le Soleil (c'est-à-dire 146 millions de kilomètres, au lieu de 147). Le poids de la pyramide, multiplié par

HISTOIRE DES LIEUX DE LÉGENDE

Le Phare d'Alexandrie, lithographie, XIXᵉ siècle. Londres, O'Shea Gallery

1 milliard, constitue quant à lui une bonne approximation de celui de la Terre. De surcroît, en multipliant par 2 la longueur des quatre côtés de la pyramide, on obtient presque exactement une mesure équivalant à un soixantième de degré à la latitude de l'équateur. Et la hauteur moyenne des continents au-dessus de la mer est presque la même que celle de la pyramide. Enfin, la courbure de ses murs (imperceptible à l'œil nu) est identique à celle de la Terre. En conclusion, la pyramide de Khéops, dite aussi Grande pyramide de Gizeh, correspond à l'échelle 1:43.200 de la Terre. On notera que même s'ils ne disposaient pas d'une notion mathématique précise du nombre d'or, les architectes médiévaux conçurent, avec leur seul instinct d'artisan, des structures où l'on a ensuite trouvé des exemples de « divine proportion ». Gustav Fechner, un psychologue du XIXᵉ siècle, a par ailleurs démontré que si l'on présente des cartes de visites de différents formats à des sujets ignorant tout des mathématiques, la plupart d'entre eux choisiront instinctivement celles où le rapport entre les côtés correspond au nombre d'or. Par conséquent, si le cerveau humain est fait de manière à apprécier des proportions données, les Égyptiens pouvaient très bien avoir une certaine capacité à s'en tenir à tels ou tels rapports, même si leurs connaissances mathématiques étaient moins avancées que celles des Assyriens et des Babyloniens, et que leur géométrie leur servait uniquement à déterminer les surfaces cultivables en fonction des crues du Nil – les pratiques de leurs architectes se fondaient d'ailleurs sans doute sur de tels procédés. Il est vrai que le nombre π, ou en tout cas une valeur très proche (à savoir 3,1605), apparaît sur le papyrus Rhind, qui date du XXᵉ siècle avant Jésus-Christ ; mais les constructeurs de pyramides se servaient selon toute probabilité de roseaux pour leurs mesurages, ce qui expliquerait pourquoi les résultats obtenus étaient fatalement approximatifs. Enfin, on a avancé l'hypothèse selon laquelle les mesures étaient prises sous forme de multiples d'une roue ; si tel était bien le cas, le rapport entre diamètre et circonférence (le nombre π) devait apparaître automatiquement. Admettons donc que ce nombre π entre ici pour quelque chose. Il reste qu'à en croire les pyramidologues, les Égyptiens auraient voulu nous transmettre, à travers la pyramide de Khéops, une encyclopédie complète de données scientifiques qu'ils ne pouvaient connaître.

Piazzi Smyth n'était pas égyptologue mais astronome, et il avait des notions insuffisantes d'histoire des sciences. À dire vrai, il manquait aussi de sens commun. Il suffit par exemple de penser à sa thèse sur la position centrale de la pyramide au sein des terres émergées : elle oblige en effet à supposer que les Égyptiens disposaient des mêmes cartes géographiques que nous, et qu'ils connaissaient la localisation exacte des États-Unis et de la Sibérie, abstraction faite de l'existence du Groenland et de l'Australie ; or, aucune découverte n'a permis de montrer que les Égyptiens aient jamais tracé une carte fiable. En outre, ils ne pouvaient pas non plus connaître la hauteur moyenne des continents au-dessus du niveau de la mer. Et même si l'hypothèse de la sphéricité de la Terre avait déjà fait son chemin à l'époque des Présocratiques (plusieurs siècles, en tout cas, après la construction des pyramides), on peut douter que les Égyptiens aient eu des idées très précises sur la courbure réelle et la circonférence de notre planète : c'est seulement au IIIᵉ siècle avant Jésus-Christ qu'Ératosthène donna une bonne approximation de la longueur du méridien terrestre.

Quant à la distance entre le soleil et la Terre, il fallut attendre de disposer d'instruments de mesure adaptés. Je ne prétends pas que les Égyptiens aient cru, comme Épicure, que le soleil n'était pas plus grand

3. LES TERRITOIRES D'HOMÈRE ET LES SEPT MERVEILLES DU MONDE

qu'il semble l'être, et qu'il avait donc un diamètre d'une trentaine de centimètres ; mais en tout état de cause, ils ne possédaient pas les instruments adéquats, et ils se seraient de toute façon trompés d'au moins un million de kilomètres.

Enfin, les calculs qui assimilent le poids de la pyramide et celui de la Terre sont impossibles à vérifier, puisque de nos jours encore, nous ne savons pas avec précision si toutes les parties du monument sont réellement pleines…

Dans un passage de son livre, Piazzi écrit ceci : « De son sommet à sa base, la Grande Pyramide mesure 161 milliards de pouces égyptiens. Combien d'âmes humaines ont-elles vécu sur Terre depuis Adam ? Une bonne approximation se situe entre 153 et 171 milliards » (*Our Inheritance in the Great Pyramid*, Londres, 1880, p. 583). Mais si ladite pyramide était censée prévoir le nombre des habitants de la Terre pour les siècles à venir, pourquoi donc aurait-elle dû s'arrêter à l'époque de Piazzi Smyth et ne pas prolonger son calcul, à toutes fins utiles, d'environ un millénaire ?

Poursuivant son raisonnement sur le fondement de ces principes scientifiques, Piazzi Smyth découvrit des correspondances linéaires et volumétriques entre le sarcophage découvert dans la Chambre du roi, l'Arche de Noé et l'Arche d'alliance (laquelle, à ma connaissance, n'a jamais été vue que par Indiana Jones) : il jugeait en effet exactes les dimensions indiquées par la Bible, et traduisait sans la moindre hésitation les coudées hébraïques en coudées égyptiennes.

Mieux encore, les rapports entre les longueurs des couloirs de la pyramide révélaient même, à ses yeux, certaines dates fatidiques, par exemple celle de l'Exode (1553 avant Jésus-Christ), mais aussi, la distance temporelle entre l'Exode et la Crucifixion devant être de 1485 ans, celle de la mort de Jésus. D'autres calculs, dus aux suiveurs de Smyth, révèlent que si l'on additionne les longueurs des deux accès à la Chambre du roi, on obtient le nombre de poissons pêchés par les disciples de Jésus. En outre, comme on attribue au mot grec signifiant « poisson » (*ichtus*) la valeur numérique 1224, il est aisé d'en déduire que 1224 équivaut à 153 multiplié par 8. Pourquoi par 8 ? Parce que, bien entendu, il s'agit du nombre qui, si l'on s'en sert pour diviser 1224 après avoir essayé les sept nombres précédents, est le seul qui permet d'obtenir 153. Et si 1224 n'était divisible par aucun nombre capable de donner 153 ?

Il va de soi que l'on n'aurait pas jugé cet exemple pertinent et qu'on ne l'aurait pas cité. De la même manière, certains pyramidologues ont calculé que le nombre exact de jours vécus par Jésus sur la Terre serait de 12 240, soit 10 x 8 x 153. Il suffisait ici de multiplier 1 224 par 10, pour le diviser ensuite par 80 : la manœuvre consistait simplement à établir que la vie de Jésus avait bien duré 12 240 jours, un résultat qu'aucun texte biblique ne suggère, même de loin. Car si le Christ a vécu 33 ans, on obtient, en multipliant ce chiffre par 365, 12 045 ; et même si son année de naissance avait été bissextile, il n'y en aurait eu, en 33 ans, que neuf autres, ce qui aboutirait tout au plus à 12 054 jours ; mais comme sa dernière année d'existence s'arrête à Pâques, le chiffre global ne peut être qu'inférieur.

Le fait est qu'avec les chiffres, on peut faire tout ce qu'on veut. À l'occasion justement d'un débat sur les découvertes des pyramidologues, l'architecte Jean-Pierre Adam a mené une expérience sur un kiosque vendant des billets de loterie, près de chez lui. La longueur de la tablette était de 149 centimètres, soit un cent-milliardième de la distance entre la Terre et le soleil. La hauteur de la partie postérieure, divisée par la largeur de la fenêtre, donnait 176/56, soit 3,14. La hauteur de la partie antérieure étant de 19 décimètres, elle équivalait

Double page précédente :
Les Pyramides de Gizeh, gravure, 1837. Florence, Archivi Alinari

Calculs sur la position parfaite de la Grande Pyramide, in Charles Piazzi Smyth, *Our Inheritance in the Great Pyramid*, Londres, 1880

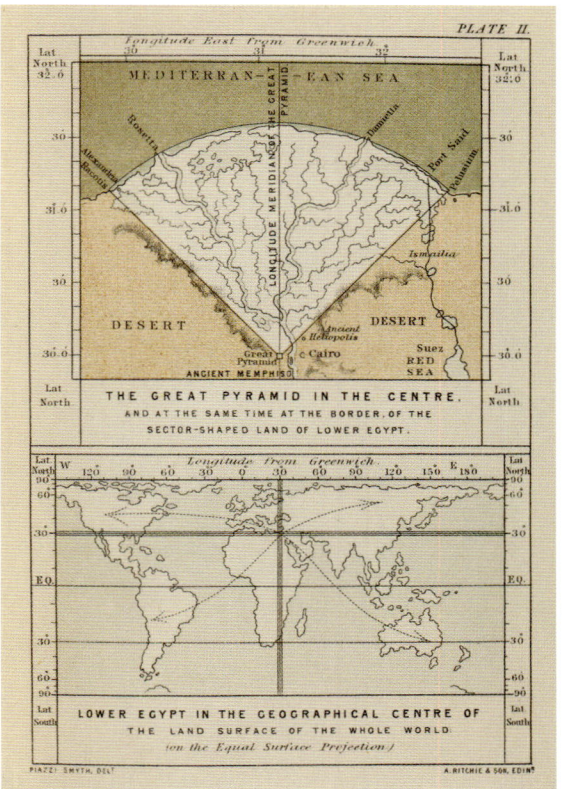

donc au nombre d'années du cycle lunaire grec. La somme des hauteurs des deux arêtes antérieures et des deux arêtes postérieures donnait (190 × 2) + (176 × 2) = 732, date de la bataille de Poitiers. L'épaisseur de la tablette était de 3,10 centimètres et la largeur du cadre de la fenêtre de 8,8 centimètres. En remplaçant les nombres entiers par la lettre alphabétique correspondante, on obtient $C_{10}H_8$, la formule chimique de la naphtaline.

4

LES MERVEILLES DE L'ORIENT, D'ALEXANDRE LE GRAND AU PRÊTRE JEAN

Page de gauche :
Barthélemy l'Anglais, détail des *Animaux imaginaires avec un griffon au centre*, XVᵉ siècle. Amiens, Bibliothèque Municipale

L'ORIENT DES ANCIENS Le monde grec a toujours été fasciné par l'Orient. Dès l'époque d'Hérodote (vers 475 avant Jésus-Christ), la Perse était reliée par des voies commerciales à l'Inde et à l'Asie centrale, et les conquêtes d'Alexandre ouvrirent de nouveaux chemins aux Grecs, jusqu'à la vallée de l'Indus (au-delà de l'actuel Afghanistan). Néarque, un amiral du grand conquérant, traça une route allant du delta de l'Indus au golfe Persique, et par la suite, l'influence hellénistique s'étendit même au-delà. Mais qui sait ce que les soldats et les marchands racontaient à leur retour ? Bien que l'on eût désormais visité ces territoires, leurs explorations avaient été précédées de nombreuses légendes qui survécurent au long des siècles, même lorsque, au Moyen Âge, des voyageurs plus fiables, tels Jean de Plan Carpin ou Marco Polo, eurent rédigé d'amples récits de leurs voyages. En somme, de l'Antiquité à la fin du Moyen Âge, les livres sur les merveilles ou *mirabilia* de l'Orient devinrent un genre littéraire qui survivait à toute découverte géographique.

Au IVᵉ siècle avant Jésus-Christ, Ctésias de Cnide en avait écrit un sur les merveilles de l'Inde ; son ouvrage est perdu, mais les créatures extraordinaires abondent dans l'*Histoire naturelle* de **Pline** (Iᵉʳ siècle après Jésus-Christ), qui inspira une myriade de compendiums ultérieurs, depuis les *Collectanea rerum memorabilium* (*Recueils de choses mémorables*) de Solin, au IIIᵉ siècle, jusqu'au livre de Martianus Capella sur les arts libéraux, *De nuptiis Philologiae et Mercurii* (*Les Noces de la Philologie et de Mercure*), entre le IVᵉ et le Vᵉ siècle.

Au IIᵉ siècle après Jésus-Christ, dans son *Histoire véritable,* Lucien de Samosate mettait en scène, certes pour parodier la crédulité tradition-

4. LES MERVEILLES DE L'ORIENT, D'ALEXANDRE LE GRAND AU PRÊTRE JEAN

Page de gauche :
Alexandre le Grand sur sa machine volante, illustration extraite du *Roman d'Alexandre*. 1486, Ms 651, Chantilly, Musée Condé.

Ci-contre :
Raban Maur, Détail du *De universo seu De rerum naturis* (*De l'univers ou De la nature des choses*), XIe siècle. Cassino, Archivio dell'Abbazia di Montecassino, Cod. Casin. 132

nelle, des hippogriffes, des oiseaux aux ailes en feuille de laitue, des minotaures et des puces sagittaires aussi grandes que douze éléphants[1].

Quoi qu'Alexandre le Grand ait réellement vu, les récits fantastiques consacrés à ses voyages ne cessèrent de fasciner les hommes du Moyen Âge : ainsi, dans le **Roman d'Alexandre** (dont plusieurs versions latines circulèrent à partir du IVe siècle, mais qui s'inspirait de sources grecques remontant au Pseudo-Callisthène du IIIe siècle après Jésus-Christ), le conquérant macédonien visitait des contrées mirobolantes et se voyait contraint d'affronter des populations terrifiantes.

À travers les diverses aventures prêtées à Alexandre, on vit ainsi se développer un sous-genre des *mirabilia* de l'Orient, à savoir la liste ou la description des monstres que l'on pouvait y rencontrer ; on en trouve par exemple chez saint Augustin, **Isidore de Séville** ou encore Mandeville.

Ces mêmes êtres fabuleux, animaux ou humanoïdes, peuplèrent les encyclopédies médiévales sous l'influence du *Physiologue*, rédigé en grec entre le IIe et le IIIe siècle de notre ère, traduit plus tard en latin et en plusieurs langues orientales, et qui recense une quarantaine d'animaux, d'arbres et de plantes. Après avoir décrit ces êtres, le *Physiologue* montre comment et pourquoi chacun d'eux véhicule un enseignement éthique et théologique. Ainsi, le lion qui, selon la légende, efface ses propres traces avec sa queue pour échapper aux chasseurs, devient le symbole du Christ, qui efface les péchés des hommes.

Voilà pourquoi on continua à décrire ces créatures tout au long du Moyen Âge, dans divers bestiaires, lapidaires et herbiers, mais aussi dans des « encyclopédies » conçues sur le modèle de Pline, depuis le *Liber*

1. Sur les *mirabilia* médiévaux, voir Le Goff 1985, Tardiola 1991, Zaganelli 1990 et 1993.

99

Alexandre le Grand chevauchant deux griffons, mosaïque, 1163-1166. Otrante, Cathédrale, nef centrale

monstruorum de diversis generibus (*Livre des différents genres de monstres*, VIIIe siècle) ou le *De rerum naturis* (*La Nature des choses*) de Raban Maur (IXe siècle), jusqu'aux grandes compilations des XIIe et XIIIe siècles, comme le *De imagine mundi* (*L'Image du monde*) d'Honoré d'Autun, le *Liber de natura rerum* (*Livre de la nature des choses*) de Thomas de Cantimpré, le *De naturis rerum* (*La Nature des choses*) d'Alexandre Neckam, le *De proprietatibus rerum* (*Les Propriétés des choses*) de Barthélemy l'Anglais, le *Speculum naturale* (*Miroir naturel*) de Vincent de Beauvais, et enfin le *Trésor* de **Brunetto Latini**. Les hommes du Moyen Âge étaient convaincus que le monde était un grand livre écrit de la main de Dieu, où toute créature vivante, animale et végétale, de même que la moindre pierre, était porteuse d'une signification supérieure ; il leur était donc nécessaire de peupler l'univers d'êtres dotés des propriétés les plus disparates, afin de pouvoir entrevoir, à travers ces caractéristiques, une signification allégorique. Au XIIe siècle, Alain de Lille avertissait ainsi son lecteur : « Chaque créature de l'univers – tel un livre ou un tableau – est pour nous comme un miroir – de notre vie, de notre mort –, de notre condition, de notre sort – fidèle symbole. » (*Rhythmus alter*)

Du reste, les notions d'Orient et d'Inde étaient à l'époque très vagues : d'un côté, on parvenait jusqu'à l'extrémité orientale de l'Asie, où les cartes plaçaient le Paradis terrestre (voir plus loin le chapitre qui lui est consacré) ; de l'autre, un des premiers textes sur les *mirabilia* (peut-être écrit en grec au VIe siècle, puis traduit en latin au VIIe), connu sous les titres de *Lettre à l'empereur Hadrien*, **De rebus in Oriente mirabilibus** (*Des choses admirables de l'Orient*) ou encore *Les Merveilles de l'Inde*, parle quant à lui d'un voyage accompli entre la Perse, l'Arménie, la Mésopotamie, l'Arabie et l'Égypte. Et comme on va le voir, la légende déplaça le royaume du Prêtre Jean, avec beaucoup de désinvolture, de l'Extrême-Orient à l'Éthiopie.

LE ROYAUME DU PRÊTRE JEAN Dans sa *Chronica, sive historia de duabus civitatibus* (*Chronique, ou Histoire des deux cités, celle des hommes, celle de Dieu*), Othon de Freising raconte qu'en 1145, à l'occasion d'une visite rendue au pape Eugène III dans le cadre d'une ambassade arménienne, l'évêque Hugues de Gabala lui aurait parlé d'un certain Jean, « *rex et sacerdos* » (roi et prêtre) chrétien nestorien et descendant des Rois mages, et l'aurait incité à lancer une seconde croisade contre les infidèles.

En 1165, le texte destiné à être appelé la **Lettre du Prêtre Jean** commença à circuler. Adressée à l'empereur d'Orient Manuel Comnène, elle était parvenue aussi au pape Alexandre III et à Frédéric Barberousse ; elle dut impressionner ses destinataires, puisqu'en 1177, le pontife envoya une missive au monarque mythique, par l'intermédiaire de son médecin Philippe : il l'y exhortait à renoncer à l'hérésie nestorienne et à se soumettre à l'Église de Rome. On sait peu de chose sur ce Philippe, et on ignore s'il parvint jusqu'au prêtre et si ce dernier répondit ; mais l'ensemble de l'épisode révèle en tout cas l'intérêt que la lettre attribuée à Jean était susceptible de présenter, non seulement sur le plan religieux, mais encore d'un point de vue politique.

Elle indiquait en effet qu'en Extrême-Orient, par-delà les régions occupées par les musulmans, ces territoires que les croisés s'étaient efforcés de soustraire à la domination des infidèles, mais qui étaient repassés sous

Le Prêtre Jean, in Hartmann Schedel, *Liber Chronicorum* (*Chroniques de Nuremberg*), 1493

leur joug, un royaume chrétien florissant était gouverné par un personnage extraordinaire, le *Presbyter Johannes, rex potentia et virtute dei et domini nostri Jesu Christi* (Prêtre Jean, roi par la puissance et la vertu de Dieu et de Notre Seigneur Jésus-Christ).

S'il existait un royaume chrétien au-delà des territoires contrôlés par les musulmans, on pouvait envisager un rattachement de l'Orient lointain à l'Église romaine d'Occident : toutes les entreprises d'expansion et d'exploration s'en trouvaient du même coup légitimées. Traduite et paraphrasée à maintes reprises au cours des siècles suivants, en plusieurs langues et différentes versions, la missive revêt une importance décisive pour l'élargissement de la chrétienté occidentale. Une lettre de Jacques de Vitry, adressée en 1221 au pape Honorius III, fait ainsi du Prêtre Jean une sorte d'allié messianique, capable de renverser la situation militaire en faveur des croisés ; en revanche, lors de la septième croisade, à en croire l'*Histoire de saint Louis* rédigée par Joinville, Louis IX voyait plutôt en lui un adversaire potentiel, et comptait davantage sur une alliance avec les Tartares. À l'époque du couronnement de Charles Quint à Bologne, au XVIe siècle, on parlait encore du Prêtre Jean comme d'un éventuel allié pour la reconquête du Saint-Sépulcre.

4. LES MERVEILLES DE L'ORIENT, D'ALEXANDRE LE GRAND AU PRÊTRE JEAN

Maître de Boucicaut, *Le Messager de Gengis Khan demande au Prêtre Jean la main de sa fille*, illustration extraite du *Livre des Merveilles*. Paris, Bibliothèque Nationale de France, Ms.fr.2810, fol. 26r

Sa légende ne cessa d'être reprise à leur compte par des auteurs qui citaient sa lettre sans s'interroger sur sa véridicité. **Jean de Mandeville**, à qui l'on doit un ouvrage intitulé *Voyages, ou Traité des choses les plus merveilleuses et les plus remarquables qui soient au monde*, mentionne son royaume. Mandeville n'avait jamais bougé de chez lui, et il écrivait presque soixante-dix ans après que Marco Polo eut poussé son expédition jusqu'au Cathay. Mais à ses yeux, parler de géographie revenait encore à décrire non pas des êtres existants, mais des êtres qui *devaient exister*, même si certaines de ses pages laissent penser que ses sources incluaient, entre autres, les textes du témoin oculaire qu'avait été Marco Polo. On ne saurait pour autant affirmer que Mandeville ne racontait que des mensonges : ainsi, il parle du caméléon comme d'un animal qui change de couleur, mais il ajoute qu'il ressemble à une chèvre.

Il est intéressant de comparer les visions de Sumatra, de la Chine méridionale et de l'Inde respectivement offertes par Mandeville et Marco Polo. Un noyau commun reste en grande partie identique chez les deux auteurs, mais Mandeville peuple encore ces régions d'animaux et de monstres humanoïdes rencontrés dans des livres antérieurs au sien.

103

Vers le milieu du XIVe siècle, le royaume du Prêtre Jean se déplaça d'un Orient imprécis vers l'Afrique, et cette utopie encouragea, à n'en pas douter, l'exploration et la conquête de ce continent. Enfin, les Portugais crurent pouvoir identifier ledit royaume à l'Éthiopie, qui constituait de fait un empire chrétien, même s'il était moins riche et féerique que celui décrit dans la fameuse lettre. On se reportera par exemple à la relation de **Francisco Álvares** (*Verdadera informaçam das terras do Preste Joam das India* [*Vraie information des États du Prêtre Jean*], 1540), qui avait séjourné en Éthiopie entre 1520 et 1526, en tant que membre d'une délégation portugaise.

Comment naquit et à quoi visait la lettre du Prêtre Jean ? Il s'agissait peut-être d'un document de propagande anti-byzantine, produit dans les *scriptoria* de Frédéric Ier (elle emploie en effet des expressions assez méprisantes envers l'empereur d'Orient), ou encore d'un de ces exercices rhétoriques qui plaisaient tant aux doctes de l'époque, peu sensibles à la question de savoir si ce qu'ils donnaient pour vrai l'était effectivement. Mais le problème ne tient pas tant à l'origine de ce texte qu'à sa réception. Par le biais d'une fantasmagorie géographique, un projet politique a peu à peu pris corps. En d'autres termes, le fantasme évoqué par quelque scribe fantaisiste a servi d'alibi à l'expansion du monde chrétien vers l'Afrique et l'Asie, et de soutien amical au « fardeau de l'homme blanc ». Un des éléments qui contribuèrent à son succès fut l'existence de descriptions d'un territoire peuplé d'êtres monstrueux de toutes sortes, riche en matériaux précieux, en palais splendides et autres prodiges, dont les extraits publiés dans l'anthologie du présent volume peuvent donner une idée. Quel qu'ait été l'auteur de la lettre, il connaissait toute la littérature antique sur les merveilles de l'Orient, et sut exploiter, avec une grande habileté narrative et rhétorique, une tradition légendaire remontant à plus de mille cinq cents ans. Surtout, il écrivait pour un public que l'Orient fascinait, en particulier pour ses richesses inouïes, mirage d'abondance aux yeux d'un monde en grande partie dominé par la pauvreté [2].

La lettre du Prêtre n'était-elle donc qu'un tissu de mensonges ? Certes, elle réunissait tous les stéréotypes sur l'Orient fabuleux ; mais elle disait aussi quelque chose de vrai sur la présence, entre le Proche-Orient et l'Asie, sinon d'un royaume, du moins de nombreuses communautés chrétiennes, les communautés nestoriennes. Elles adhéraient en effet à la

[2]. Sur les différentes versions de la lettre et sa fortune, voir Zaganelli 1990.

doctrine de Nestorius, patriarche de Constantinople (vers 381–451) : selon lui, deux personnes distinctes, l'homme et le dieu, coexistaient en Jésus-Christ ; Marie était seulement la mère de la personne humaine, et il fallait donc lui refuser le titre de Mère de Dieu. Cette doctrine avait été condamnée pour hérésie, mais l'Église nestorienne avait connu une vaste diffusion en Asie, de la Perse au Malabar et à la Chine.

Comme on le verra plus loin, lorsque les grands voyageurs médiévaux parvinrent jusqu'en Mongolie et au Cathay, les peuples autochtones leur parlèrent, au cours de leurs expéditions, d'un certain Prêtre Jean. Ces populations éloignées n'avaient assurément jamais lu sa lettre, mais sa légende devait au moins circuler parmi les communautés nestoriennes qui, pour renforcer leur identité, se vantaient d'une telle descendance comme d'un titre de noblesse, afin de manifester leur orgueil de chrétiens établis en terre païenne.

Le dernier élément d'explication de la fascination exercée par la lettre tient à ce que Jean s'y proclamait à la fois *rex et sacerdos*, roi et prêtre. L'assimilation de la royauté et du sacerdoce, fondamentale dans la tradition judéo-chrétienne, se réfère à la figure de Melchisédech, roi de Salem et prêtre du Très-Haut, auquel Abraham lui-même rend hommage. Il apparaît principalement dans la Genèse (14, 17-20) : « Quand Abraham revint après avoir battu Kedor-Laomer et les rois qui étaient avec lui, le roi de Sodome alla à sa rencontre dans la vallée de Shavé (c'est la vallée du Roi). Melchisédech, roi de Salem, apporta du pain et du vin ; il était prêtre du Dieu Très-Haut. Il prononça cette bénédiction : Béni soit Abraham par le Dieu Très-Haut qui créa ciel et terre, et béni soit le Dieu Très-Haut qui a livré tes ennemis entre tes mains. Et Abraham lui donna la dîme de tout. »

Dans la mesure où il offre du pain et du vin, on a vu d'emblée en Melchisédech une préfiguration du Christ, et c'est à ce titre qu'il est cité à plusieurs reprises par saint Paul, qui, lorsqu'il définit Jésus comme « prêtre pour le monde éternel, selon l'ordre de Melchisédech » (Épître aux Hébreux, 5, 6), annonce son retour en tant que Roi des Rois. Plus près de nous, lors de l'Audience générale du 18 février 1987, Jean-Paul II déclara : « Le nom de Christ, qui, comme nous le savons, est l'équivalent grec du mot Messie, c'est-à-dire Oint, inclut, selon la tradition de l'Ancien Testament, non seulement le caractère "royal" que nous avons traité dans la catéchèse précédente, mais encore un caractère "sacerdotal" […] Cette unité connut sa première expression, sorte de prototype et d'anticipation, en Melchisédech, roi de Salem et mystérieux personnage contemporain d'Abraham. »

L'auteur de la lettre du Prêtre Jean avait lui aussi présente à l'esprit cette idée de royauté sacerdotale et de sacerdoce royal – et cela explique pourquoi on attribuait à cet empereur lointain le titre de *presbyter* (prêtre).

LES LÉGENDES ET LES VOYAGEURS Les premiers voyageurs qui poussèrent réellement leurs expéditions jusqu'en Orient et qui rédigèrent un compte-rendu de leur périple parlent eux aussi du Prêtre Jean, bien que de manière vague et en rapportant des informations recueillies en chemin.

Jean de Plan Carpin partit en 1245 à destination de l'Empire mongol, à travers la Pologne et la Russie ; dans sa *Storia dei Mongoli* (*Histoire des Mongols*), il raconte que Gengis Khan envoya un de ses fils à la conquête de l'Inde mineure, dont les habitants étaient des Sarrasins à la peau sombre, appelés Éthiopiens. Mais il se dirigea ensuite vers l'Inde majeure et s'y heurta à l'opposition du roi de ce pays, « communément appelé le Prêtre Jean », qui avait fait fabriquer des fantoches en cuivre contenant du feu, assis sur des chevaux et masquant des hommes équipés de soufflets. Lorsqu'ils étaient entrés en collision avec l'ennemi, ses hommes avaient actionné leurs soufflets, et les chevaux adversaires avaient alors été brûlés par le feu grégeois (V, 12).

Guillaume de Rubrouck effectua quant à lui un voyage en Mongolie en 1253 ; il se montre souvent quelque peu sceptique envers les légendes qu'il écoute (« on m'a par ailleurs raconté qu'au-delà du Cathay, il existe une région où on ne vieillit jamais […] on m'a assuré que c'est la vérité, mais je n'y crois pas », XXIX, 49). Il entendit lui aussi parler d'un certain roi Jean, un nestorien censé régner sur le peuple des Naïmans, mais il suppose qu'on racontait sur lui « des choses dix fois plus grandes qu'elles ne le sont en réalité », car les nestoriens ont pour caractéristique [dit-il] de monter en épingle des racontars sensationnels à partir de rien. Il finit par admettre qu'il traversa ses terres, « mais personne ne savait rien de lui, à l'exception de quelques nestoriens » (XVII, 2). **Marco Polo**, qui explora l'Orient jusqu'à la Chine entre 1271 et 1310, et qui parle du Prêtre Jean dans au moins deux

4. LES MERVEILLES DE L'ORIENT, D'ALEXANDRE LE GRAND AU PRÊTRE JEAN

Marco Polo en voyage sur la Route de la soie, carte catalane, XIVᵉ siècle. Paris, Bibliothèque Nationale de France.

chapitres du *Million*, s'inspira selon toute probabilité de la même tradition. Il ne se vante cependant pas d'avoir pénétré dans son royaume, et relate des récits entendus au cours de son voyage. Au chapitre 32 de son livre, consacré à Tenduc, il indique que cette province orientale, désormais soumise à la domination du Grand Khan, a pour monarques les descendants du Prêtre Jean, et il se contente de parler des batailles menées par ses descendants. Le Prêtre Jean était donc pour lui un personnage du passé.

Odoric de Pordenone, qui accomplit son voyage en 1330, manifeste le même scepticisme ; dans *Sulle cose conosciute* (*Sur les choses connues*), il écrit ainsi : « Lorsque nous quittâmes le Cathay en direction de l'ouest […] nous naviguâmes pendant environ un mois, et atteignîmes ensuite les contrées du Prêtre Jean, qui ne correspondent pas du tout à ce qu'on en dit. Leur ville principale est Cossaios, et il s'agit d'un petit territoire en proie au désordre ; la célébrité de ce prêtre Jean lui vient de ses liens de parenté avec le Grand Khan, car il a pris pour épouse une de ses filles. À ce que

j'ai compris, il n'y avait rien là de très important, et nous n'y sommes donc restés que peu de temps. »

    Toutefois, la persistance de cette légende en Asie nous indique que la lettre du Prêtre Jean, malgré toute sa fausseté, s'inspirait d'informations exotiques et témoignait de traditions orientales encore inconnues en Occident.

    Pour le reste, on pourrait penser que ceux qui avaient vraiment visité ces terres, au sujet desquelles on s'était auparavant contenté de raconter des fables, offraient un témoignage fidèle de ce qu'ils avaient réellement vu, et non pas de ce qu'ils auraient désiré voir. Mais souvent, même ces

La Dame à la licorne, tapisserie, 1484-1500. Paris, Musée National du Moyen Âge et Thermes de Cluny

Albrecht Dürer, *Rhinocéros*, gravure sur bois, 1515, don du roi de Lisbonne à l'empereur Maximilien Ier. Collection particulière

voyageurs fiables ne parvenaient pas à se soustraire à l'influence des légendes dont ils avaient pris connaissance avant leur départ.

Chez Marco Polo, on voit ainsi se manifester une sorte de tension entre ce que la tradition lui suggérait de voir et ce qu'il voyait en réalité. Le cas des licornes, qui lui apparurent à Java, est de ce point de vue tout à fait caractéristique. Un homme du Moyen Âge n'aurait en effet jamais remis en question l'existence de cet animal – en 1567 (voir Shepard 1930), le voyageur élisabéthain Edward Webbe en vit encore trois, dans le sérail du Sultan, en Inde et même à l'Escurial de Madrid ; au XVIIe siècle, le missionnaire jésuite Jerónimo Lobo en vit une en Abyssinie, et John Belle en vit encore une autre en 1713. Marco Polo savait que, selon la légende, la licorne était un animal blanc et doux, doté, cela va de soi, d'une longue corne sur le front, et qu'elle était attirée par les vierges. On disait d'ailleurs que pour la capturer, il fallait placer une jeune fille pure sous un arbre, que l'animal irait poser sa tête sur son giron, et que les chasseurs pourraient alors s'en emparer. Comme l'avait écrit Brunetto Latini, « lorsque la licorne voit la jeune fille, sa nature l'oblige à se diriger aussitôt vers elle, et à renoncer à toute sa fierté… ».

Marco Polo pouvait-il ne pas chercher de licornes ? Il les chercha donc et les trouva, car il était enclin à poser sur les choses le regard de la

HISTOIRE DES LIEUX DE LÉGENDE

Blemmyes, sciapodes et monocles, in Maître de Boucicaut, *Livre de Merveilles*, XVᵉ siècle. Paris, Bibliothèque Nationale de France

4. LES MERVEILLES DE L'ORIENT, D'ALEXANDRE LE GRAND AU PRÊTRE JEAN

tradition. Mais après avoir regardé, et vu, en se fondant sur la culture du passé, voilà qu'il se met à réfléchir en témoin véridique, capable de critiquer les stéréotypes de l'exotisme. Il reconnaît en effet que les licornes qu'il a vues sont quelque peu différentes des gracieux chevreuils blancs à petite corne en spirale qui apparaissent sur les armoiries de la couronne anglaise. Ayant en réalité eu sous les yeux des rhinocéros, il est amené à admettre que les licornes ont « des poils de buffles et des pieds d'éléphants », que leur corne est noire et grosse et leur langue rugueuse, que leur tête ressemble à celle d'un sanglier et qu'en définitive, « cette bête est assez laide à voir. Contrairement à ce que l'on dit chez nous, elle ne se laisse pas prendre par des pucelles, bien au contraire ». Car si le *Million* est dominé par la curiosité, il ne l'est en revanche jamais par un émerveillement forcé, et encore moins par l'effarement.

Marco Polo prend les crocodiles pour de gros serpents dotés uniquement de pattes antérieures, mais on ne saurait exiger de lui une observation trop rapprochée. Et il nous parle d'une manière très crédible du pétrole et du carbone fossile. Certes, il entendit des voix mystérieuses dans le désert de Lop, mais je mets le lecteur au défi d'aller y chevaucher pendant des semaines et des semaines[3].

Il donne parfois l'impression d'inventer des légendes, à l'instar de ses prédécesseurs et de ses successeurs, comme quand il parle du musc, un parfum exquis que l'on trouve sous le nombril, dans une « glande » ou un abcès, d'un animal semblable à une chatte. Pourtant, cet animal existe vraiment en Asie : il s'agit du *moschus moschiferus* (porte-musc de Sibérie), une sorte de cerf dont les dents correspondent précisément à la description de Marco Polo, et dont le derme abdominal, à l'avant de l'ouverture préputiale, sécrète un musc au parfum très pénétrant. En outre, seule la version toscane du *Million* le compare à « une chatte » ; la version originale française indique, à juste titre, qu'il ressemble à une gazelle. Par ailleurs, l'auteur parle aussi de la salamandre, mais il précise qu'il s'agit d'un tissu en amiante, et non pas de l'animal, cher aux bestiaires, censé vivre et se prélasser dans le feu. « Voilà ce que sont les salamandres, et tout le reste n'est que fable. »

Marco Polo s'efforce donc de contrôler son imagination. Pourtant, dans une version postérieure du *Million*, le *Livre des merveilles* aujourd'hui conservé à la Bibliothèque nationale de Paris, lorsqu'il décrit le royaume

3. Cf. Geiger 2009 : lorsqu'elles se trouvent dans un « environnement extrême » (par exemple des sommets de montagnes ou des déserts), même les personnes normales peuvent ressentir la présence d'êtres mystérieux, ou encore avoir des hallucinations visuelles ou auditives.

de Coilu, sur la côte du Malabar, et qu'il mentionne une population qui récolte le poivre et, dans la version toscane, le « *myrobolan emblica* » (sorte de prune utilisée comme épice ou comme drogue médicinale), comment l'enlumineur représente-t-il les habitants du Malabar ? L'un est un Blemmye, c'est-à-dire un de ces êtres fabuleux sans tête dont la bouche se situe au niveau de l'estomac, l'autre un Sciapode, étendu à l'ombre de son unique pied, et le troisième un Monocle : exactement ce que le lecteur du manuscrit s'attendait à trouver dans cette région. Or, ces trois monstres sont totalement absents du texte de Marco Polo. L'auteur y écrit simplement que les habitants de Coilu sont noirs, qu'ils se promènent nus, que leur contrée abonde en lions noirs, en perroquets blancs au bec rouge et en paons ; et il ajoute, avec l'élégante froideur qui le caractérise lorsqu'il rend compte de mœurs peu usitées chez les bons chrétiens, qu'ils ont un sens très limité de la moralité et qu'ils épousent dans la plus grande indifférence leurs cousines, leurs belles-mères ou leurs belles-sœurs.

Pourquoi l'enlumineur se permet-il d'ajouter ces trois êtres, absents de l'univers du *Million* ? Parce que lui-même et ses lecteurs étaient encore liés à la légende des *mirabilia* orientaux.

On a par ailleurs fait remarquer (voir Olschki 1937) que plusieurs descriptions de palais orientaux données par les grands voyageurs semblent calquées sur celle de la demeure du Prêtre Jean. L'abondance de pierres précieuses, d'ors et de cristaux y est bien entendu prédominante ; toutefois, ce que Marco Polo dit du palais impérial correspond à des sources chinoises en ce qui concerne son extérieur, mais pas quant à son intérieur, qu'il n'avait sans doute vu qu'en passant ; il a donc dû recourir à des modèles littéraires, que lui-même ou son scribe Rustichello avait à l'esprit. À propos de la grande salle de ce même palais, Odoric de Pordenone parle de vingt-quatre colonnes d'or ; la lettre du Prêtre Jean en mentionnait cinquante, mais lorsque Guillaume de Rubrouck décrit la demeure de Mangu Khan, il évoque simplement deux ordres de colonnes, sans parler d'or. Il s'agissait sans doute de colonnes en bois, agrémentées de quelques dorures. Et ce devait aussi être le cas de celles qui avaient frappé l'esprit d'Odoric, lequel avait toutefois en tête le Prêtre Jean.

LES AUTOMATES Les automates comptent parmi les merveilles dont les voyageurs parlaient souvent. La culture hellénistique en regorgeait et les machines décrites dans les *Spiritalia* (*Pneumatiques*) de Héron d'Alexandrie (Ier–IIe siècle avant Jésus-Christ) témoignent de l'intérêt que l'on éprouva dès cette époque pour les organismes automoteurs combinant des forces motrices naturelles (descente des poids et chute de l'eau) et artificielles (expansion de l'air réchauffé) : c'était par exemple le cas d'un autel où le feu, en portant à ébullition un récipient d'eau, provoquait une vapeur qui allait actionner sous terre un autre mécanisme servant à ouvrir les portes d'un temple. Réalisés dans les faits ou restés à l'état de projets, ces prodiges de la culture alexandrine inspirèrent d'un côté le monde byzantin, et de l'autre le monde islamique.

On se souvenait ainsi de la présence, sur le marché de Gaza, d'une monumentale horloge byzantine décrite au VIIe siècle par Procope, et dont le sommet était décoré d'une tête de Gorgone qui roulait des yeux quand l'heure sonnait. Plus bas, douze fenêtres marquaient les heures nocturnes, et douze portes s'ouvraient d'heure en heure, au passage d'une statue d'Hélios, pour laisser sortir Héraclès, qu'un aigle volant venait couronner. Pour le Moyen Âge occidental, Byzance aussi faisait partie de l'Orient : ainsi, au Xe siècle, dans son *Antapodosis* (*Rétribution*), **Liutprand de Crémone** – qui avait pourtant décrit avec beaucoup d'aigreur, lorsqu'il avait été ambassadeur impérial à Constantinople, l'empereur Nicéphore II et sa cour – donne une description étonnée et admirative d'un trône prodigieux qui, au rugissement de deux grands lions disposés sur ses marches, se dressait mécaniquement, tandis que l'empereur, au fur et à mesure de son avancée, revêtait de nouveaux habits.

On dispose par ailleurs de nombreux témoignages sur l'intérêt des musulmans pour les automates : les traductions arabes de l'œuvre de Héron ; le souvenir d'un arbre automoteur en or et en argent ayant appartenu au calife de Bagdad al-Mamun ; l'horloge hydraulique que Haroun al-Rachid aurait envoyée en cadeau à Charlemagne, et dont les sphères métalliques marquaient les heures en tombant dans une cuvette, couronnée de douze fenêtres dont sortaient douze figures de cavaliers.

Entre 1204 et 1206, un savant arabe expert en mécanique, nommé al-Jazari, rédigea un *Livre de la connaissance des mécanismes ingénieux* : il en

Système de pompage de l'eau, in Al-Djazari, *Livre de la connaissance des mécanismes ingénieux*, 1206. Istanbul, Palais de Topkapi

4. LES MERVEILLES DE L'ORIENT, D'ALEXANDRE LE GRAND AU PRÊTRE JEAN

Page de gauche :
Villard de Honnecourt,
Livre de Portraiture,
vers 1230,
Paris, Bibliothèque Nationale
de France

Ci-contre :
Horloge à eau, in Al-Djazari,
*Livre de la connaissance
des procédés mécaniques,* 1206.
Istanbul, Palais de Topkapi

reste quelques dessins, qui attestent des progrès accomplis dans la construction d'automates.

Des artisans capables d'en fabriquer ne manquaient cependant pas non plus en Occident ; la légende attribue par exemple au pape Sylvestre II (999-1003) la création d'une tête en or parlante, qui murmurait des conseils secrets.

À en croire les *Otia imperialia* (*Divertissements pour un empereur*) de Gervais de Tilbury (XIIIe siècle), un certain Virgile, évêque de Naples, aurait inventé une mouche mécanique qui protégeait contre les insectes les comptoirs des bouchers de la ville, et l'on disait d'Albert le Grand qu'il avait construit une sorte de robot en fer, qui ouvrait la porte à ses invités. Dans son *Livre de portraiture*, Villard de Honnecourt (XIIIe siècle) dessina plusieurs mécanismes automatiques. En la cathédrale de Strasbourg, une horloge fabriquée au XIVe siècle montrait les Mages s'inclinant devant la Vierge et l'Enfant, et les romans de chevalerie évoquent des automates de différentes sortes.

Leur charme étant si puissant, il fallait à plus forte raison en découvrir dans l'Orient fabuleux, y compris parce que la lettre du Prêtre Jean promettait des automates extraordinaires. Ainsi, Odoric de Pordenone vit une pomme de pin en jade, entourée de fils d'or, dont sortaient quatre serpents, eux aussi en or, laissant s'échapper à travers leur gueule des liquides divers ; il vit aussi des paons en or qui paraissaient vivants et qui secouaient les ailes lorsque quelqu'un battait des mains (et il se demandait si c'était là l'effet d'un art diabolique ou de quelque mécanisme souterrain). Le trône que Jean de Plan Carpin vit chez l'empereur des Tartares Cuyuc Khan, tout en ivoire et orné d'or, de pierres précieuses et de perles (*Histoire des Mongols*, IX, 35), n'était peut-être pas automoteur, mais il présentait de fortes similitudes avec le trône byzantin décrit par Liutprand.

À la cour de Mangu Khan, à Caracorum, Guillaume de Rubrouck vit un arbre en argent dont les racines étaient formées de quatre lions, eux aussi en argent ; chacun d'eux crachait du lait de jument. Quatre serpents dorés jaillissaient de la cime de l'arbre, enveloppaient le tronc de leur queue et laissaient s'écouler respectivement du vin, du lait, un breuvage à base de miel et de la bière de riz. Toujours au sommet de l'arbre, un ange tenant une trompette à la main se dressait au milieu des quatre reptiles. Lorsqu'on manquait de boisson, le chef des échansons enjoignait à l'ange de jouer de sa trompette ; un homme dissimulé dans une niche soufflait alors dans un conduit secret menant jusqu'à l'ange, qui se mettait à jouer ; des serviteurs versaient ensuite, dans chacun des quatre tuyaux reliés aux serpents, les boissons requises, que les échansons recueillaient à leur sortie desdits tuyaux pour les offrir aux convives. Merveille orientale, certes, mais Guillaume savait que l'artisan de ces prodiges était un orfèvre français, un certain Guillaume Buchier. De nombreuses merveilles de l'Orient venaient donc en réalité d'Occident, qui ne les ignorait pas ; mais cela n'avait au fond que peu d'importance, l'aspect excitant de la question consistant justement à les découvrir dans des pays lointains qui préservaient la part du rêve.

Des marionnettistes, un évêque, un antipape, le roi au lit, in copie (XIXe siècle) de l'*Hortus Deliciarum* (*Le Jardin des délices*) de Herrade de Landsberg, 1169-1175. Versailles, Bibliothèque Municipale

4. LES MERVEILLES DE L'ORIENT, D'ALEXANDRE LE GRAND AU PRÊTRE JEAN

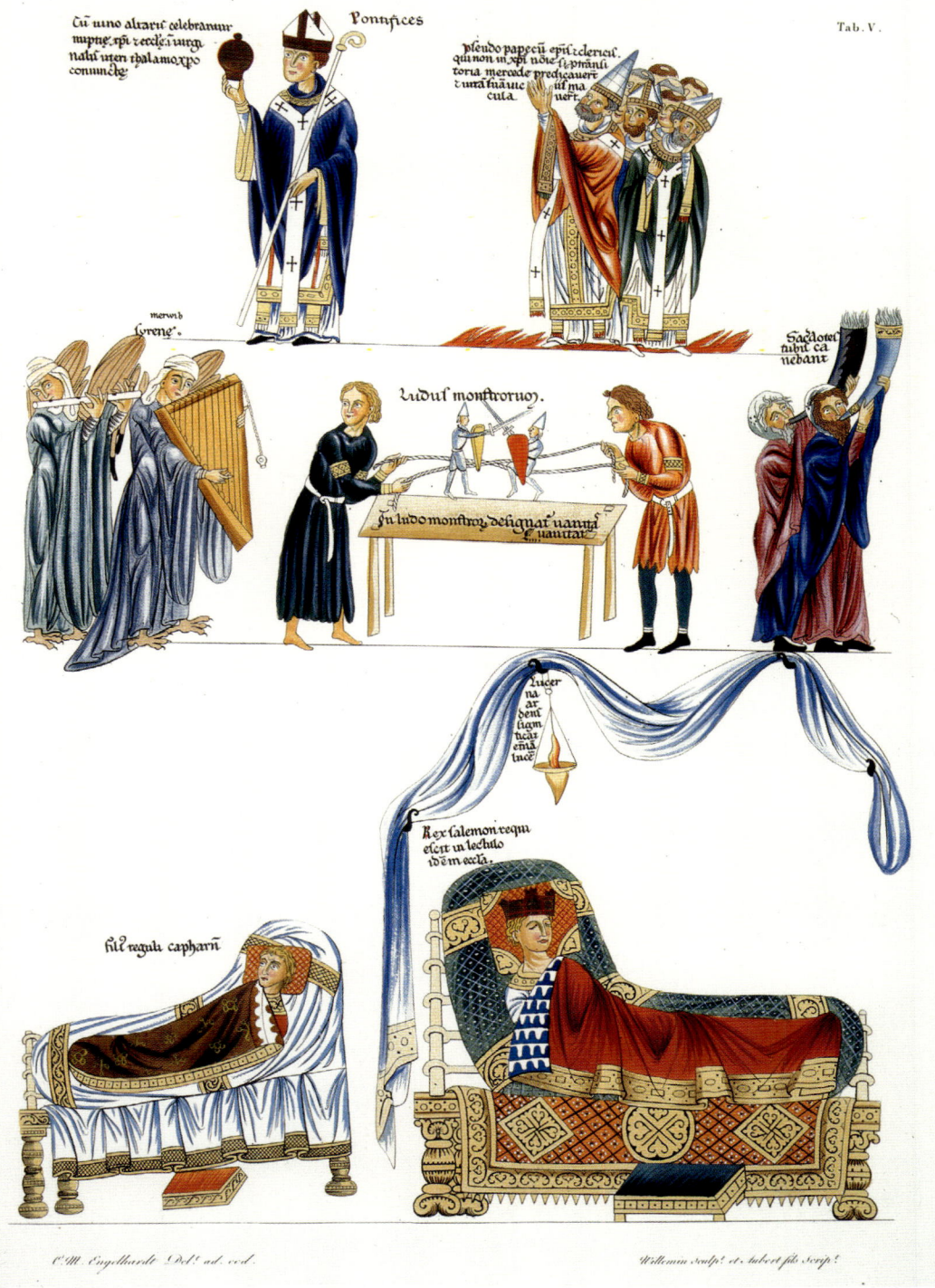

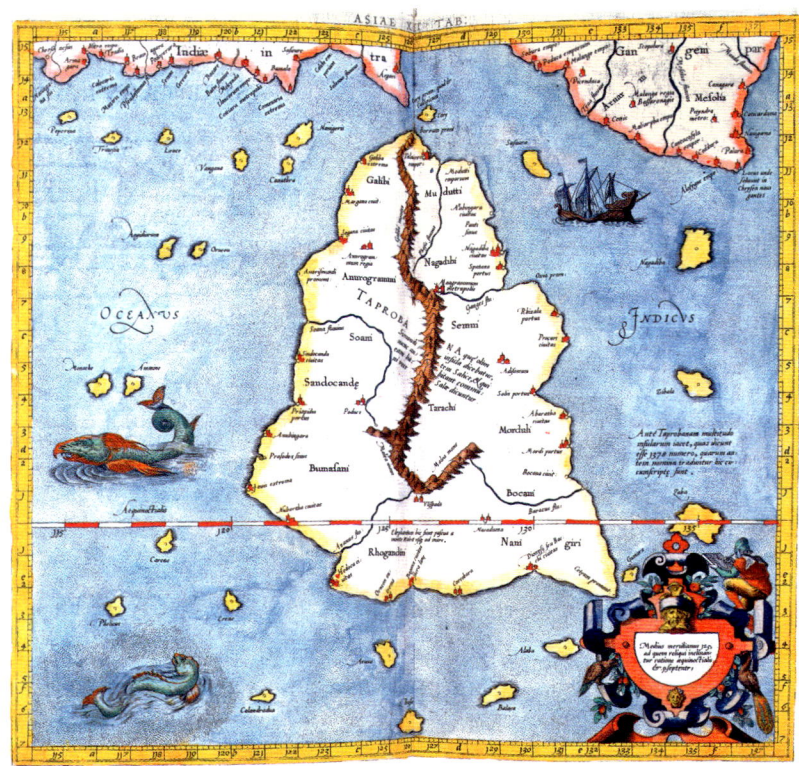

L'Île de Taprobane,
in Gerard Mercator,
Universalis tabula iuxta Ptolemeum (*Atlas universel d'après Ptolémée*), 1578.
Londres,
Geographical Society

Page de droite :
Sebastian Münster,
L'Île de Taprobane, 1574

TAPROBANE L'histoire de l'île de Taprobane permet de se faire une idée des perplexités antiques et médiévales quant à la réalité des choses dans l'Orient mystérieux.

Ératosthène, Strabon, Pline, Ptolémée et Cosmas Indicopleustès avaient parlé de cette île. Selon Pline, elle fut découverte à l'époque d'Alexandre le Grand ; auparavant, on la désignait du terme vague de « terre des Antichtones », et on la considérait comme un « autre monde ». Les cartes de Ptolémée, du moins dans leurs éditions du XVIe siècle, permettent de déduire que l'île de Pline n'était autre que Ceylan. Dans son *De situ orbis* (*Description de la Terre*), Pomponius Mela se demandait s'il s'agissait d'une île ou du prolongement d'un autre monde, comme Pline en avait émis l'hypothèse ; on la trouve par ailleurs mentionnée chez des auteurs orientaux.

Isidore de Séville, qui la situait lui aussi au sud de l'Inde, se contentait de dire qu'elle était riche en pierres précieuses et

4. LES MERVEILLES DE L'ORIENT, D'ALEXANDRE LE GRAND AU PRÊTRE JEAN

qu'on y connaissait deux étés et deux hivers. Mais sur une carte dite du Pseudo-Isidore, elle apparaît à l'extrémité orientale du globe, à l'emplacement précis du Paradis terrestre. Et de fait, comme l'a montré une reconstitution d'**Arturo Graf**, le sépulcre d'Adam se serait trouvé, selon une certaine légende, à « Ceylan ».

Le problème vient de ce que l'on a longtemps cru que Taprobane et Ceylan étaient deux îles différentes, et cette duplication apparaît nettement dans les récits de voyage de **Mandeville**, qui en parle dans deux chapitres séparés. Il n'indique pas la localisation exacte de Ceylan, mais il précise que sa circonférence est d'au moins huit cents milles, et que son territoire « regorge à tel point de serpents, de dragons et de crocodiles, qu'aucun homme n'ose y habiter. Les crocodiles sont des sortes de serpents, jaunes et à symétrie radiaire sur le dos, dotés de quatre pattes, de petites fesses et d'ongles aussi gros que des griffes ou des éperons. Certains mesurent cinq bras de longueur, d'autres six, huit, voire dix ».

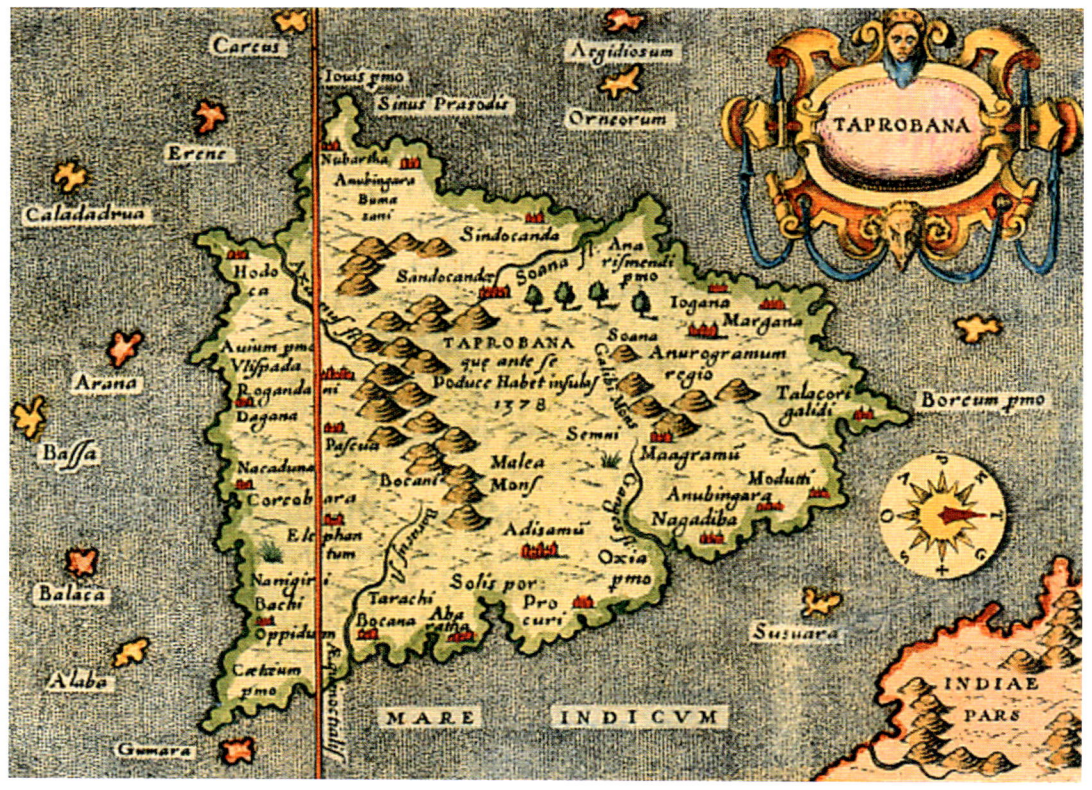

Tommaso Porcacchi, *L'Île de Taprobane*, Venise, vers 1590

En revanche, pour Mandeville, Taprobane se situait près du royaume du Prêtre Jean, les saisons y faisaient alterner deux étés et deux hivers, et d'énormes montagnes d'or s'y dressaient, gardées par des fourmis géantes (voir le passage cité dans l'anthologie).

À partir de là, de cartographe en cartographe, Taprobane tourna comme une toupie d'un endroit à un autre de l'océan Indien, tantôt seule et tantôt en binôme avec Ceylan. Au XVe siècle, le voyageur Niccolò de' Conti l'identifiait à Sumatra, mais on la trouve parfois située entre Sumatra et l'Indochine, à proximité de Bornéo.

Dans *L'isole più famose del mondo* (*Les Îles les plus célèbres du monde*, 1590), Tommaso Porcacchi nous parle d'une Taprobane aux richesses abondantes, de ses éléphants et de ses immenses tortues, mais aussi d'une caractéristique attribuée par Diodore de Sicile à ses habitants, censés avoir une sorte de langue fourchue (« double jusqu'à la racine et séparée en deux parties ; ils parlent à l'un avec la première et à un autre avec la seconde »).

Après avoir rapporté plusieurs informations traditionnelles, l'auteur s'excusait toutefois auprès de ses lecteurs de n'avoir trouvé nulle part l'indication exacte de la situation géographique de Taprobane, et concluait en ces termes : « Toutefois, bien que de nombreux auteurs anciens et modernes aient parlé de cette île, je n'en ai trouvé aucun qui en définisse les frontières : il faut donc m'excuser moi aussi si je manque ici à ma précision habituelle. » Quant à l'identification avec Ceylan, Porcacchi reste dubitatif : « On l'appela d'abord (à en croire Ptolémée) Simondi, puis Salice, et enfin Taprobane ; mais les modernes en sont arrivés à la conclusion que son nom actuel est Sumatra, même si, selon plusieurs d'entre eux, Taprobane ne correspondrait pas à Sumatra, mais à Ceylan […] Toutefois, toujours selon certains auteurs modernes, aucun des anciens n'a su localiser Taprobane correctement : ils soutiennent même que là où ces derniers l'ont située, il n'existe aucune île dont on puisse croire qu'il s'agit bien d'elle. »

Ainsi, peu à peu, Taprobane passa du statut d'île excédentaire à celui d'île inexistante : Thomas More, qui plaça son Utopie « entre Ceylan et l'Amérique », la traite comme telle, et Tommaso Campanella y érigea sa Cité du Soleil.

L'orient d'Hérodote

HÉRODOTE (vers 480-420 av. J.-C.)
Histoires, III, 99-108
(Belles lettres, 1960)

D'autres Indiens, qui habitent à l'Orient de ceux-là, sont nomades, mangeurs de chairs crues ; on les appelle Padéens. Voici quelles sont, à ce qu'on dit, leurs coutumes. Quand un des leurs tombe malade, homme ou femme, si c'est un homme, les hommes les plus liés avec lui le tuent, alléguant que, si la maladie le consume, ses chairs sont gâtées pour eux ; lui nie être malade ; mais eux refusent de le croire, le mettent à mort et s'en régalent ; pareillement, si c'est une femme qui tombe malade, les femmes qui ont avec elle les relations les plus familières se conduisent de la même façon que les hommes. Car quiconque est parvenu à la vieillesse est immolé et sert à un festin. Mais peu nombreux sont ceux qui entrent ici en ligne de compte, vu que, auparavant, toute personne qui tombe malade est tuée. D'autres Indiens ont ces autres mœurs : ils ne tuent rien qui soit vivant, ils ne sèment rien, ils n'ont pas coutume d'avoir des maisons, ils se nourrissent d'herbages et ont une graine légumineuse de la grosseur d'un grain de millet dans une cosse que la terre produit d'elle-même ; ils recueillent cette graine, la font bouillir avec la cosse et s'en nourrissent. […] Tous ces Indiens que j'ai énumérés s'accouplent publiquement, comme les bêtes ; et ils sont tous de la même couleur, voisine de celle des Éthiopiens. La semence qu'ils émettent en s'unissant aux femmes n'est pas, comme chez les autres hommes, blanche, mais noire comme leur teint […].

Or donc, dans cette région déserte et dans ces sables, il y a des fourmis, de moins grande taille que des chiens, mais plus grandes que des renards ; on en peut voir en effet à la résidence du roi des Perses, qui viennent de cette région où on les a prises à la chasse. Ces fourmis, en creusant leurs demeures sous terre, rejettent en haut du sable, comme le font les fourmis de Grèce, auxquelles d'ailleurs elles ressemblent tout à fait par l'apparence ; et le sable qu'elles rejettent est mêlé d'or. C'est pour chercher ce sable que les Indiens vont en expédition dans le désert ; chacun attelle trois chameaux, à droite et à gauche un mâle attaché au moyen d'une longe, qu'il tire par côté, au milieu une femelle ; et lui-même monte sur celle-ci, ayant pris soin de l'arracher, pour l'atteler, à des petits aussi jeunes que possible, car les chameaux des Indiens ne sont pas inférieurs aux chevaux pour la rapidité et, indépendamment de cela, sont beaucoup plus capables de porter des fardeaux. […] Donc, dans un tel équipage et avec un tel attelage, les Indiens partent à la conquête de l'or, ayant fait leurs calculs pour être en train de l'enlever à l'heure où les chaleurs sont les plus fortes ; car, par la grande chaleur, les fourmis disparaissent sous terre. […] Lors donc qu'ils sont arrivés sur les lieux avec des sacs, les Indiens emplissent ces sacs de sable, et prennent en toute hâte le chemin du retour ; car les fourmis, averties, disent les Perses, par l'odorat, les poursuivent. Elles vont, dit-on, avec une vitesse que n'égale aucun autre animal, si bien que, si les Indiens ne prenaient de l'avance pendant que les fourmis se rassemblent, aucun d'eux ne serait sauvé. Alors, les chameaux mâles étant moins rapides à la course que les femelles, on les détache quand ils se font traîner, pas tous les deux en même temps ; quant aux femelles, se souvenant des petits qu'elles ont laissés, elles ne manifestent aucune mollesse. Voilà comment les Indiens, à ce que les Perses racontent, se procurent la plus grande quantité de leur or ; ils en ont d'autre, en moindre quantité, qu'ils extraient des mines de leur pays. […]

Tout cela, sauf la myrrhe, n'est pas conquis sans peine par les Arabes. Pour l'encens, ils le récoltent en faisant des fumigations avec le styrax, le styrax que les Phéniciens exportent

4. LES MERVEILLES DE L'ORIENT, D'ALEXANDRE LE GRAND AU PRÊTRE JEAN

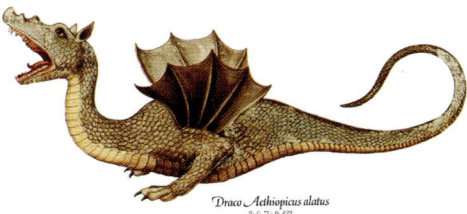

Monstres, in Ulisse Aldovrandi, *Monstrorum Historia* (*Histoire des monstres*), Bologne, Ferroni, 1698

Pol de Limbourg, illustration extraite des *Très riches heures du duc de Berry* (détail), XVe siècle. Chantilly, Musée Condé

chez les Grecs ; car les arbres qui portent cet encens sont gardés par des serpents ailés, de petite taille, de couleurs diverses, qui se tiennent en grand nombre autour de chaque arbre, ceux-là mêmes qui attaquent l'Égypte ; rien autre chose ne les chasse loin des arbres que la fumée du styrax.

Les Arabes disent aussi que la terre entière serait remplie de ces serpents s'il ne leur arrivait le même genre d'accidents que je savais arriver aux vipères. J'imagine que la divine providence, étant, comme il est naturel de le penser, pleine de sagesse, a créé prolifiques toutes les espèces d'humeur timide et qui sont bonnes à manger, pour empêcher qu'elles ne viennent à disparaître à force d'être dévorées, et au contraire peu fécondes les espèces féroces et nuisibles.

Particularités prodigieuses et incroyables pour beaucoup de gens

PLINE L'ANCIEN
Histoire naturelle, VII, 1, 6-2, 27 (Belles Lettres, 1977)

Certaines particularités [des coutumes et des mœurs des peuplades vivant loin de la mer] paraîtront, je n'en doute pas, prodigieuses et incroyables à beaucoup de gens. Qui, en effet, a cru aux noirs de l'Éthiopie, avant de les voir ? Qu'est-ce qui ne paraît pas merveilleux, quand on en prend connaissance pour la première fois ? Combien de choses n'a-t-on pas déclarées impossibles avant leur réalisation ! C'est que la nature, dans sa force et dans sa majesté, dépasse à chaque instant nos prévisions, si, du moins, nous la scrutons en détail, sans nous contenter d'une vue d'ensemble. Ne rappelons pas les paons ni les tigres et les panthères à la robe mouchetée, ni les bigarrures de tant d'animaux ; il est un fait qui paraît insignifiant, mais qui a une portée immense : l'existence de tant d'idiomes humains, de tant de langues, de tant de parlers si variés qu'un homme passe à peine pour un homme aux yeux d'un étranger. […]
Il existe, nous l'avons indiqué, des peuplades scythes, et en grand nombre, qui se nourrissent de chair humaine. Cela nous paraîtrait peut-être invraisemblable, si nous ne songions qu'au beau milieu du monde et en Sicile [et en Italie], il a existé des populations

Sciapode et autres créatures monstrueuses, in Ulisse Aldovrandi, *Monstrorum Historia* (*Histoire des monstres*), Bologne, Ferroni, 1698

Monstres, illustration extraite de Conrad von Megenberg, *Das Buch der Natur* (*Le Livre de la nature*), Augsbourg, 1482

aussi monstrueuses, les Cyclopes et les Lestrygons et que, tout récemment, les populations transalpines avaient coutume de sacrifier des hommes: ce qui n'est pas tellement éloigné de les manger. Tout près de ces Scythes, qui sont tournés vers le nord, non loin de l'endroit où se lève l'Aquilon et qu'on appelle sa caverne, au lieu dit ãçò êëâéèñïí[1], on signale les Arimaspes, que nous avons cités, qui se distinguent par un œil unique au milieu du front. Ils sont continuellement en guerre, autour des mines, avec les griffons, espèce d'animaux ailés, tels que les dépeint la tradition, qui extraient l'or des galeries souterraines et mettent autant d'acharnement à le garder que les Arismaspes à le ravir : telle est la version de plusieurs auteurs, dont les plus illustres sont Hérodote et Aristée de Proconnèse. Au-delà d'autres Scythes anthropophages, dans une grande vallée du mont Imavus, il y a une région appelée Abarimon, où vivent, dans les bois, des hommes, qui ont la plante des pieds tournée à rebours, sont d'une rapidité extraordinaire et errent à l'aventure avec les bêtes. [...]
Ce sont surtout les contrées de l'Inde et de l'Éthiopie qui fourmillent de merveilles. Les animaux les plus grands naissent dans l'Inde. La preuve, c'est que les chiens y sont de plus grande taille qu'ailleurs. Quant aux arbres, ils sont si hauts, dit-on, qu'il est impossible de lancer des flèches par-dessus leur cime — la fécondité du sol, le climat du ciel, l'abondance des eaux y font (le croira qui voudra) qu'un seul figuier peut abriter des escadrons de cavalerie — les roseaux y sont si hauts que chaque entre-nœud fournit un esquif capable de porter jusqu'à trois hommes. Le fait est que nombre d'indigènes dépassent la taille de cinq coudées, ne crachent jamais, n'ont jamais mal à la tête, aux dents, ou aux yeux, rarement en d'autres parties du corps : si heureux est le régime solaire qui leur vaut cet endurcissement. Leurs philosophes, qu'on appelle gymnosophistes, restent, du lever au coucher, à contempler le soleil en le fixant de leurs yeux et, pendant toute la journée, ils se tiennent alternativement sur un pied dans les sables brûlants. Selon Mégasthène, il existe, sur la montagne appelée Nulus, des hommes qui ont les pieds tournés à rebours et huit doigts à chaque pied ; et sur plusieurs

1. « Geskleithron » ou « Geselitos » selon les traductions : le « verrou de la terre », que la tradition mythique situe à l'extrémité du monde.

montagnes, il existe une race d'hommes à tête de chien, vêtus de peaux de bête, qui aboie au lieu de parler et qui, armée de griffes, chasse le gibier et les oiseaux pour sa subsistance ; elle comptait plus de cent vingt mille hommes au moment du récit de l'auteur. Ctésias signale encore une population de l'Inde, où les femmes n'accouchent qu'une fois dans leur vie et où les enfants ont aussitôt des cheveux blancs. Le même auteur cite une race d'hommes, appelés Monocoles en raison de leur jambe unique, qui sont doués d'une agilité surprenante pour le saut ; on les appelle également, dit-il, Sciapodes, parce qu'au fort des chaleurs ils se couchent par terre sur le dos, pour se protéger par l'ombre de leur pied ; il ajoute qu'ils ne sont pas très éloignés des Troglodytes et que, plus à l'ouest de ces derniers, se trouvent des hommes sans cou, qui ont les yeux dans les épaules.
Il existe aussi des satyres dans les montagnes des Indes tournées vers l'orient (c'est la région dite des Catarcludes) : ce sont des êtres extrêmement agiles, qui courent tantôt à quatre pattes, tantôt le buste redressé et qui ont une figure humaine ; en raison de leur rapidité, on ne peut les prendre que vieux ou malades. Tauron mentionne les Choromandes, une peuplade qui vit dans les bois : ils sont privés de voix, émettent d'affreux cris stridents, ont le corps velu, les yeux glauques et des dents de chiens. […] Mégasthène cite, parmi les Nomades de l'Inde, une peuplade qui a seulement des trous à la place des narines et des jambes aussi souples que le corps des serpents : elle porte le nom de Scirates. Aux confins de l'Inde, il signale, sur le côté oriental, aux alentours de la source du Gange, la peuplade des Astomes, qui sont privés de bouche, sont velus sur tout le corps et qui s'habillent avec un duvet de feuilles ; ils vivent de l'air qu'ils respirent et des parfums qu'ils aspirent par les narines. Ils ne prennent ni nourriture ni boisson, se contentent des divers parfums des racines, des fleurs et des pommes des bois, qu'ils emportent avec eux si le voyage doit se prolonger pour ne pas manquer d'odeur à respirer ; une senteur un peu trop forte leur ôte la vie sans difficulté. Au-delà de cette peuplade, à l'extrémité des montagnes, on mentionne les Trispithames et les Pygmées, qui ne dépassent pas trois spithames en hauteur, c'est-à-dire trois empans ; ils jouissent d'un climat salubre, d'un printemps perpétuel, protégés qu'ils sont de l'aquilon par les montagnes ; ils sont harcelés par les grues, si l'on en croit Homère. La légende veut que, montés sur le dos des béliers et des chèvres, armés de flèches, ils descendent, au printemps, en colonne compacte jusqu'à la mer pour détruire les œufs et les petits de ces oiseaux ; cette expédition dure trois mois ; autrement, ils ne pourraient tenir tête à la prolifération des grues ; leurs cabanes sont construites avec de la boue, des plumes et des coquilles d'œufs.

Les aventures d'Alexandre

PSEUDO-CALLISTHÈNE
(II ou IIIe siècle)
Le Roman d'Alexandre, II, 33
(Belles lettres, 1992)

« Puis nous levâmes le camp et nous engageâmes dans une contrée verdoyante, où vivaient des hommes farouches, semblables à des géants, trapus, avec des regards flamboyants, lançant des éclairs à la façon de lions. À côté d'eux vivaient encore d'autres êtres appelés Ochlites, totalement glabres, hauts de quatre coudées et larges comme une lance. Et dès qu'ils nous virent, ils nous coururent sus. Ils étaient ceints de peaux de lions, extrêmement forts et très agiles à livrer combat sans armes de guerre. Nous nous mîmes à les combattre, et eux à nous battre de gourdins, de sorte qu'ils tuèrent aussi beaucoup des nôtres. Pour moi, redoutant qu'ils nous fissent battre en retraite, j'ordonnai d'allumer du feu dans la forêt ; dès qu'ils

virent le feu, ces guerriers, pourtant d'une extrême vigueur, prirent la fuite. Ils nous tuèrent cependant cent quatre-vingts soldats. Le jour suivant, je voulus aller jusqu'à leurs antres et nous y trouvâmes des bêtes féroces attachées à leurs portes, comme des lions. Mais ils avaient trois yeux. […]
Puis nous levâmes le camp et allâmes jusqu'aux Mèlophages, où nous vîmes un homme velu sur toutes les parties du corps, d'une taille immense et qui nous fît peur. Et j'ordonne qu'on se saisisse de lui. Tombé entre nos mains, il nous dévisageait farouchement. J'ordonne alors qu'on lui présente une femme nue. Mais il s'en empara et se mit à la dévorer. Comme les soldats s'élançaient pour la lui arracher, il se prit à jacasser dans son langage, et, en l'entendant, ses autres congénères sortirent de leur marais pour nous attaquer, au nombre d'environ dix mille guerriers. Notre expédition ne comptait que quarante mille hommes, et j'ordonne donc de mettre le feu <au marais, et à la vue> du feu, ils prirent la fuite. Nous les poursuivîmes et en capturâmes trois, qui, pour avoir seulement refusé toute nourriture huit jours durant, moururent. Ils étaient dépourvus de raison humaine, mais aboyaient au contraire comme les chiens.

Les monstres de l'orient

ISIDORE DE SÉVILLE
(entre 560 et 570-636)
Étymologies, XI, 3

[12] De même qu'au sein des peuples il existe des individus monstrueux, l'ensemble du genre humain comprend des populations de monstres, comme les Géants, les Cynocéphales, les Cyclopes, et bien d'autres encore. [13] Si les Géants – *Gigantes* – sont ainsi nommés, c'est en vertu d'une étymologie grecque : les Grecs considèrent les Géants comme des *Gégéneis*, ou des *Terrigènes*, ce qui veut dire qu'ils sont nés de la Terre, car, selon la légende, la Terre les aurait enfantés à partir de son immense masse, et pareils à elle. Or, ils appellent la Terre Gê et les membres d'une race Géneis. Le peuple les nomme donc aussi fils de la Terre, mais leur origine est incertaine. [14] C'est à tort que certains, ignorants des Saintes Écritures, pensent qu'avant le déluge les anges prévaricateurs se sont unis avec les filles des hommes et que de ces unions sont nés les Géants, des hommes d'une taille et d'une force extraordinaires, dont la terre se serait remplie. [15] Les Cynocéphales portent ce nom parce qu'ils ont une tête de chien et que leurs aboiements les rattachent davantage au règne animal qu'à l'humanité. Ils naissent en Inde, [16] de même que les Cyclopes, ainsi nommés parce qu'on pense qu'ils n'ont qu'un œil au milieu du front. On les appelle aussi Agriophagites, parce qu'ils ne se nourrissent que de la chair d'animaux sauvages. [17] Aux dires de certains, la Libye abriterait les Blemmyes : des hommes-troncs sans tête, avec la bouche et les yeux sur la poitrine. D'autres créatures verraient le jour sans tête ni cou et auraient les yeux sur les épaules. [18] On a écrit qu'en Extrême-Orient existaient des races au visage monstrueux : sans nez, avec la face informe et totalement plate, ou avec la lèvre inférieure si proéminente que, lorsqu'ils dorment, ils s'en couvrent le visage pour se protéger de l'ardeur du soleil. D'autres ont la bouche comme cousue, et ne se nourrissent que par un petit orifice, au moyen d'une tige d'avoine. On dit que certains n'ont pas de langue et ne communiquent que par signes et gestes. [19] On parle aussi des Panotii, qui vivraient aux abords de la Scythie et auraient de si grandes oreilles qu'elles leur couvriraient tout le corps. (En grec, *pan* veut dire tout et *ota* désigne les oreilles.) [20] Les Artabatites d'Éthiopie se déplacent à quatre pattes et en courbant la tête comme des brebis ; aucun d'entre eux, à ce qu'on dit, ne dépasserait

L'Homme-aigle, réélaboration d'une enluminure du *Roman d'Alexandre*, 1338. Oxford, Bodleian Library

l'âge de quarante ans. [21] Les Satyres sont des homoncules au nez crochu, au front cornu et aux pieds de bouc; saint Antoine en a vu un dans la solitude de son désert. Interrogé par le serviteur de Dieu, il lui répondit: «Je suis un mortel, de ceux qui habitent aux confins du désert et que les Gentils, trompés par de nombreuses erreurs, appellent Faunes ou Satyres.» [22] On décrit aussi des hommes des bois, que certains appellent Faunes ficaires. [23] À ce qu'on rapporte, la race des Sciapodes vivrait en Éthiopie: des créatures à une jambe, mais capables de courir par bonds à une vitesse étonnante. Si les Grecs leur ont donné ce nom, c'est parce qu'aux périodes les plus chaudes ils se couchent sur le dos en se faisant de l'ombre avec leur énorme pied, car *skia* veut dire «ombre». [24] Les Antipodes, qui habitent la Libye, ont la plante des pieds à l'envers: au-dessus du pied, et avec huit orteils. [25] Les Hippopodes se rencontrent en Scythie; ils ont forme humaine, mais des pieds de cheval. [26] On dit qu'en Inde vit un peuple appelé les Macrobioi, dont les individus mesurent douze pieds de haut. En Inde aussi vivrait un autre peuple d'hommes hauts seulement d'une coudée, que les Grecs appellent les Pygmées (nom qui dérive du mot coudée) et dont nous avons parlé plus haut (§ 7). Ils occupent les régions montagneuses de l'Inde, non loin de l'océan. En Inde toujours, on parle d'un peuple de femmes qui conçoivent dès l'âge de cinq ans et ne dépassent pas l'âge de huit ans.

Le basilic

BRUNETTO LATINI
(vers 1220-1294)
Le Livre du Trésor, (V, 3) « Du basilic »
(dans *Bestiaires du Moyen Âge*, édition de Gabriel Bianciotto, Stock, 1995)

Le *basilic* est le roi des serpents. Il est empli de venin à tel point que celui-ci ressort à l'extérieur du corps et brille sur sa peau ; même sa vue et l'odeur qu'il exhale sont chargées de venin qui se répand aussi bien loin que près : il en corrompt l'air, et fait crever les arbres ; et le basilic est tel que de son odeur, il tue les oiseaux dans leur vol, et que de sa vue il tue les hommes quand il les regarde ; cependant, les Anciens affirment qu'il ne fait aucun mal à celui qui voit le basilic avant que celui-ci ne l'ait vu. Sa taille est d'un demi-pied, son corps porte des taches blanches, et il a une crête semblable à celle d'un coq. Lorsqu'il avance, la moitié antérieure de son corps est dressée tout droit, et l'autre moitié est disposée comme chez les autres serpents. Et si féroce que soit le basilic, il est tué par les belettes, bêtes un peu plus grandes qu'une souris et au ventre blanc. Et sachez qu'Alexandre en rencontra ; il fit faire alors de grandes ampoules de verre, où entraient des hommes qui pouvaient voir les basilics alors que ceux-ci ne les voyaient pas, et qui les tuaient de leurs flèches ; et c'est par une telle ruse qu'il en fut délivré et qu'il en délivra son armée.

Mirabilia orientalia

Des merveilles de l'Orient
(ou : *Lettre de l'empereur Hadrien sur les merveilles de l'Orient*) [VIe siècle]

L'Arabie s'étend jusqu'à ces confins, incultes en raison de la présence de serpents qui naissent en ces régions menant à la mer Rouge : on les appelle les cérastes, ils ont des cornes pareilles à celles d'un bélier, et, quand ils s'en servent pour frapper un homme, ils le tuent. Le poivre y croît en abondance, gardé par ces mêmes serpents, et que les hommes recueillent à maturité pour leur industrie. Pour y parvenir, ils incendient les terres, en sorte que les serpents, fuyant le feu, se réfugient sous terre pour échapper aux flammes. Voilà pourquoi le poivre est noir, et pourquoi c'est ainsi qu'on le consomme, bien que par nature le poivre soit blanc.

De Babylone à la colonie en passant par Sidon, la distance est de trois cents stades à travers des étendues stériles à cause des serpents. […] C'est là que naissent les Quinocéphales, qui ont des crinières de cheval, d'immenses dents très puissantes, et soufflent le feu. En allant vers l'Égypte, on trouve une île abritant des hommes barbus jusqu'aux genoux, qu'on appelle les Ichtophages parce qu'ils se nourrissent de poissons crus. Il y a sur cette île un fleuve nommé Gargerus, au-delà duquel naissent les fourmis qu'on désigne sous le nom de Myrmidons, de la taille d'un chiot, avec six cents pattes pareilles à celles d'une langouste et des dents de chien. Ces Myrmidons gardent les gisements d'or et vivent sous terre, d'où ils sortent régulièrement vers la lumière ; lorsqu'ils voient un homme ou un animal, ils le dévorent jusqu'aux os, et sont si rapides à la course qu'on pourrait croire qu'ils volent. Du lever du soleil jusqu'à la cinquième heure, ils restent sous terre et fouissent l'or ; puis ils sortent, et c'est ainsi que de cette région, l'homme, par son ingéniosité, parvient à extraire le précieux métal. Les chercheurs y amènent de nombreux chameaux et chamelles avec leurs petits, laissent les petits attachés au bord du fleuve et traversent le flot avec les bêtes adultes ; puis, une fois arrivés au bon endroit, ils chargent les chamelles avec l'or. Celles-ci, dans leur hâte de retrouver leurs

4. LES MERVEILLES DE L'ORIENT, D'ALEXANDRE LE GRAND AU PRÊTRE JEAN

Maître de Boucicaut, *La Récolte du poivre*, in *Le Livre des merveilles du monde*, XVe siècle. Paris, Bibliothèque Nationale de France

petits, retraversent le fleuve plus vite que si elles couraient, tandis que les hommes, voyant la troupe des fourmis géantes se lancer à leur poursuite, abandonnent les chameaux mâles et enfourchent les chamelles pour fuir. Les fourmis tombent sur les chameaux et les dévorent, ce qui les retarde, puis elles ne peuvent traverser les eaux. C'est ainsi que l'or de cette province a été exploité, ce qui a donné lieu à la fondation de la colonie.

C'est le Nil qui remplit le fleuve Brison et le pousse vers le sud, où s'étend l'Égypte irriguée par ce même Nil. Là se trouve une région que les Égyptiens nomment le lac Mara, où le Nil donne naissance au Brison. On y rencontre de très nombreux éléphants, mais aussi des hommes aux jambes longues de douze pieds et aux pieds de la même longueur, ainsi que le reste du corps. Leurs bras sont tout blancs jusqu'aux épaules, leurs oreilles noires, leurs pieds rouges, et ils ont la tête ronde et un long nez. Ces hommes se transforment pour un temps en oiseaux du ciel et vont déposer dans vos pays leurs petits, qu'on appelle les cigognes. Dans cette même région naissent des bêtes semblables par la couleur à des chevaux, aux pattes de lion, grandes comme un bâtiment de douze pieds de long. Si l'on veut chasser cette bête, elle préférera sucer son propre sang plutôt que de faire du mal au chasseur qui veut la capturer, car elle est tout à fait inoffensive. On l'appelle l'yppofoge.

Il y a au milieu du Brison une autre île, où naissent des hommes sans tête, qui ont les yeux et la bouche sur la poitrine. Ils mesurent douze pieds de haut et douze pieds de large, et leur corps est de la couleur de l'or. Sur cette île naissent aussi des dragons immenses, longs de cent cinquante pieds, plus épais que les plus puissantes colonnes, qui ont peut-être vu le jour dans le Brison ou dans le Nil.

Lettre du Prêtre Jean
(vers 1165)

Le Prêtre Jean, par la puissance de Dieu et de notre Seigneur Jésus-Christ roi des rois et seigneur des seigneurs de toute la terre, à Manuel, gouverneur des Romains, souhaitant qu'il jouisse d'une bonne santé et traverse le monde afin de s'enrichir.
On a fait savoir à notre majesté que vous affectionnez notre excellence et qu'il était mention de notre altesse chez vous. Puis nous avons appris de notre ambassadeur que vous vouliez nous envoyer quelques bagatelles divertissantes et amusantes dont notre justice serait charmée. Comme je suis humain, je les accepte volontiers, et nous vous faisons parvenir, par notre ambassadeur, certaines choses de chez nous, car nous voulons et désirons savoir si vous avez la vraie foi avec nous et si vous croyez à tous égards en notre Seigneur Jésus-Christ. […] [M]oi, le Prêtre Jean, je suis le seigneur des seigneurs et en toutes les richesses qui sont sous le ciel, en vertu et en pouvoir je surpasse tous les rois de la terre entière. Soixante-douze rois nous sont tributaires. […]
Notre magnificence règne dans les trois Indes, et notre pays s'étend de l'Inde ultérieure, où repose le corps de l'apôtre saint Thomas, en passant par le désert au lever du soleil, pour descendre à Babylone déserte près de la tour de Babel. […] Dans notre terre naissent et se nourrissent des éléphants, des dromadaires, des chameaux, des hippopotames, des crocodiles, des méthagallinaires, des camétheternes, des thinsirètes, des panthères, des onagres, des lions blancs et rouges, des ours blancs, des merles blancs, des cigales muettes, des griffons, des tigres, des lamies, des hyènes, des bœufs sauvages, des sagittaires, des hommes sauvages, des hommes cornus, des faunes, des satyres et des femmes de la même espèce, des Pygmées, des cynocéphales, des géants dont la taille est de quarante aunes, des monocles, des cyclopes et l'oiseau nommé phénix, et presque chaque sorte d'êtres vivants sous le ciel.
[…]
Notre terre ruisselle de miel et abonde de lait. Dans un certain pays en notre possession ne nuit aucun venin, ni ne coasse la grenouille babillarde; nul scorpion ne s'y trouve, et le serpent n'y rampe dans l'herbe. Les animaux venimeux ne peuvent demeurer dans cette localité ni blesser autrui. Parmi les païens, dans une certaine province en notre possession, coule un fleuve qui s'appelle Idonus. Provenant du Paradis, ce fleuve déploie ses courbes par toute cette province en divers cours, et là on trouve comme pierres naturelles des émeraudes, des saphirs, des escarboucles, des topazes, des chrysolithes, des onyx, des béryls, des améthystes, des sardoines et davantage de pierres précieuses. Au même endroit pousse une herbe appelée assidios, dont la racine, si quelqu'un la porte contre le corps, chasse l'esprit immonde et contraint ce dernier à dire qui il est et d'où il vient et quel est son nom. […]

Dans les régions les plus reculées de la Terre, vers le sud, nous possédons une grande île inhabitable, où pendant toute l'année, deux fois par semaine, Dieu fait pleuvoir une grande quantité de manne, que les peuples environnants recueillent et mangent. […] Ils ne pratiquent ni le labourage, ni les semailles, ni la moisson, ils ne travaillent en aucune manière la terre pour en faire sortir son fruit le plus doux.
La manne a vraiment pour leur palais le goût qu'elle avait pour celui des fils d'Israël, durant leur sortie d'Égypte. En vérité, ils ne connaissent pas d'autre femme que leur épouse. Ils n'éprouvent ni envie ni haine, vivent en paix et ne se font pas de procès les uns aux autres à propos de leurs biens; ils n'ont pas de chef au-dessus d'eux,

Abraham Ortelius, *L'Empire du Prêtre Jean*, in *Theatrum Orbis Terrarum* (*Le Théâtre du monde*), 1564, détail. Bâle, Universitätsbibliothek

à l'exception de celui que nous leur envoyons pour percevoir le tribut qui nous est dû. Chaque année, ils versent en effet à Notre Majesté un tribut de cinquante éléphants et d'autant d'hippopotames, tous chargés de pierres précieuses et d'or de coupelle. Car les hommes de cette terre possèdent une grande quantité de pierres précieuses et d'or rouge. Ils se sustentent uniquement de nourriture céleste et vivent tous cinq cents ans. Toutefois, parvenus à l'âge de cent ans, ils rajeunissent et reprennent des forces en buvant par trois fois l'eau d'une source jaillie à la racine d'un arbre situé en ce lieu. [...] Après avoir pris ou bu l'eau à trois reprises, ils se défont et se libèrent à tel point de leur vieillesse, pour ainsi dire, de cent ans, qu'ils donnent sans aucun doute l'impression de ne pas en avoir plus de trente ou quarante. Ainsi, tous les cent ans, immanquablement, ils rajeunissent et subissent une transformation totale. Par la suite, lorsqu'ils atteignent l'âge de cinq cents ans, ils meurent; comme le veut la coutume de cette population, ils ne sont pas enterrés mais transportés sur l'île dont nous avons parlé plus haut, puis hissés sur les arbres qui s'y trouvent, et dont les feuillages, qui ne tombent en aucune saison, sont très touffus. Leur ombre est des plus agréables et les fruits de ces arbres exhalent un parfum d'une grande suavité. La chair de ces défunts ne bleuit pas, n'entre pas en putréfaction, ne macère pas, ne devient ni cendre ni poussière ; de même qu'elle était fraîche et colorée de leur vivant, elle demeurera inviolée jusqu'à l'époque de l'Antéchrist, comme l'a affirmé un prophète.

À une distance de trois jours de cette mer se situent certaines montagnes, d'où descend de la même façon un fleuve de pierres sans eau, et il coule à travers notre terre jusqu'à la mer de sable. Il coule durant trois jours par semaine, et de petites et de grandes pierres glissent dedans et entraînent du bois jusqu'à la mer de sable, et après que le fleuve se jette dans la mer, les pierres et le bois se fondent et n'apparaissent plus. Et tant qu'il coule, personne ne peut le traverser. Pendant les quatre autres jours, la traversée est possible. [...]

De l'autre côté du courant de pierres se trouvent les dix tribus juives qui, bien qu'elles désignent leur propre roi, sont pourtant nos serfs et tributaires de notre excellence.

Dans une autre de nos provinces près de la zone torride vivent des vers qui dans notre langue s'appellent des salamandres. Ces vers ne peuvent subsister que dans le feu, et ils s'enveloppent d'un cocon à l'instar d'autres vers qui produisent la soie. Les dames de notre palais travaillent avec soin ce cocon, dont nous avons des vêtements et des tissus entièrement à la disposition de notre excellence. Ces tissus ne se lavent que dans le feu fortement attisé. Notre sérénité abonde en or, argent, pierres précieuses, éléphants, dromadaires, chameaux et chiens. Notre mansuétude accueille tous les visiteurs et pèlerins étrangers. Nul pauvre ne vit parmi nous. On ne trouve ni voleur ni larron chez nous, et ni l'adulateur ni l'avarice n'ont place ici. Il n'y a pas de discorde entre nous. Nos hommes regorgent de toutes les richesses. [...]

Or le palais que notre sublimité habite, copie du palais destiné à Gundophore, roi des Indiens, par l'apôtre Thomas, est complètement semblable à ce dernier édifice, dans ses salles ainsi que dans sa disposition générale. [...]

Nous avons un autre palais, non de plus larges proportions mais d'une hauteur et d'une beauté supérieures, établi suite à une révélation échue avant notre naissance à notre père, qui était nommé Quasideus en raison de la sainteté et de la justice qui régnaient particulièrement en lui.

C'est qu'il lui fut dit dans son sommeil : « Construis un palais pour ton fils qui te sera né prochainement et qui sera le roi des rois terrestres et le seigneur des seigneurs de toute la terre. Et ce palais réunira en lui la grâce de Dieu de la façon suivante : personne ne tombera malade le jour où il entrera, personne n'aura faim, et celui qui demeurera ne mourra pas. Dans cet édifice naîtra, en plus, une source, plus savoureuse et plus parfumée que chaque autre chose dans le monde, qui ne sortira jamais du palais, mais elle coulera du coin où elle naîtra à travers le palais vers l'autre coin en face, et là, la terre l'absorbera, et sous la terre elle retournera à son origine, comme le sol qui retourne sous la terre de l'Occident vers l'Orient. Or dans la bouche de celui qui la dégustera, elle aura le goût de tout ce qu'il désire manger et boire. De fait, elle emplira le palais d'une odeur spéciale comme si toutes sortes de drogues, d'aromates et de parfums s'y accumulaient et se mélangeaient, à un degré plus élevé que partout ailleurs. Si, en effet, quelqu'un goûte de cette source pendant trois ans et trois mois et trois semaines et trois jours et trois heures, trois fois tous les jours à jeun, à des intervalles de trois heures, non avant ou après ces trois heures mais dans l'espace de temps entre la première et la dernière heure, il ne mourra pas, à coup sûr, avant trois cents ans, trois mois, trois semaines, trois

Le Prêtre Jean, illustration extraite de Conrad Grünenberg Wappenbuch, *Codex Germaniae Monacensis 145*, 1483. Munich, Bayerische Staatsbibliothek

jours et trois heures, et il aura toujours l'âge de sa première jeunesse. […]

Puis, si vous demandez pourquoi —considérant que le Créateur du monde nous a rendu de loin le plus puissant et le plus glorieux de tous les mortels— notre sublimité ne permet pas qu'on la nomme avec un titre plus digne que la prêtrise, votre sagesse ne doit pas être étonnée. Dans notre cour nous avons plusieurs servants s'occupant des offices divins et pourvus de titres et d'offices plus dignes et plus importants que nous, quant à la dignité ecclésiastique. En effet, notre sénéchal est primat et roi, notre échanson est archevêque et roi, notre chambellan est évêque et roi, notre maréchal est roi et archimandrite, le maître cuisinier est roi et abbé. Dès lors, notre altesse n'a pas cru bon de se nommer avec les mêmes titres ou de se décorer avec les mêmes rangs dont notre cour semble abonder, et pour cette raison elle a préféré par modestie être appelée par un nom mineur et un grade inférieur.

À présent nous ne saurions vous relater plus de notre gloire et puissance. Mais si vous venez chez nous, vous direz que nous sommes vraiment le seigneur des seigneurs de toute la terre. Pour le moment vous devez vous contenter de savoir ceci, que notre pays s'étend d'un côté sur environ quatre mois de marche en largeur, et de l'autre côté nul ne peut savoir jusqu'où se prolonge notre domination. Si vous pouvez compter les étoiles du ciel et le sable de la mer, vous pouvez vous figurer nos domaines et notre puissance.

La version de Mandeville

JEAN DE MANDEVILLE
(XIVe siècle)
Voyage autour de la Terre, XXX
(Belles lettres, 1993)

Le Prêtre Jean a sous son autorité beaucoup de royaumes, d'îles et de peuples divers. Son pays est très bon et très riche, mais pas autant que celui du Grand Chan [Khan]. Car les marchands ne vont pas aussi facilement acheter des marchandises en sa terre qu'en la terre du Grand Chan parce qu'elle est trop loin. D'autre part, ils trouvent dans l'île de Cathay tout ce dont ils ont besoin, épices, drap d'or ou marchandises et, bien qu'ils aient un meilleur marché dans la terre du Prêtre Jean, ils redoutent la longueur de la route et les grands périls sur la mer dans ces régions. Car il y a en bien des endroits de grands rochers de pierre d'aimant qui, par nature, attirent à eux le fer et s'il passe un navire où il y ait des clous ou des bandes de fer, ces rochers les attirent aussitôt à eux et jamais ils ne peuvent repartir. Moi-même j'ai vu en mer au loin une sorte de grande île où il y avait des arbrisseaux, des épines, des ronces en grande quantité et les marins nous dirent que c'étaient tous les navires qui avaient été arrêtés par les rochers d'aimant et, de la pourriture qui était dans les

navires, ces arbrisseaux, ces épines, ces ronces et quantité d'herbes avaient poussé. Il y a de ces rochers en beaucoup d'endroits aux environs, c'est pour cela que les marchands n'osent y aller s'ils ne connaissent très bien la route ou s'ils n'ont un bon pilote. Ils craignent la longueur du chemin [et prennent les marchandises dans l'île de Cathay qui est plus proche]. […]
Dans la terre du Prêtre Jean, il y a bien des choses diverses et beaucoup de pierres précieuses si grandes et si larges qu'on peut en faire de la vaisselle pour la maison, des plats, des écuelles, des hanaps et bien d'autres merveilles qui seraient trop longues à mettre par écrit.
[…]
Dans ce désert, il y a beaucoup d'hommes sauvages, cornus et hideux qui ne parlent pas, mais grognent comme des pourceaux. Il y a quantité de chiens sauvages et de perroquets qu'ils appellent dans leur langue *psytakes*. Certains parlent bien, naturellement, ils saluent les gens qui passent dans le désert et parlent aussi parfaitement qu'une personne. Ceux qui parlent bien ont cinq doigts à chaque pied. Il y en a d'autres qui n'ont que trois doigts à chaque pied et ceux-là parlent peu ou pas et, s'ils parlent, c'est inintelligible, car ils ne font que crier.

Relation d'Álvares

FRANCISCO ÁLVARES
(vers 1465-1541)
Vraie Information des États du prince Jean, LXXXII (1540)

[…] Nous eûmes loisir de voir Prêtre Jean, assis sur une estrade surélevée de six degrés et fort richement paré : ce seigneur était couronné d'un beau diadème, dont une partie était en or et le reste en argent ; il tenait une croix d'or à la main et avait le visage couvert d'un voile de taffetas bleu, qu'il baissait ou relevait ; en sorte que, parfois, on voyait entièrement son visage, et, d'autres fois, il le recouvrait soudainement. À sa droite se tenait un page vêtu de soie, tenant une croix d'argent ornée de figures en relief, qu'on ne distinguait pas clairement d'où nous étions. Mais depuis, j'ai eu cette croix en main et pu examiner sa fabrication et sa forme. En haut, Prêtre Jean était habillé d'un riche vêtement de drap d'or surfrisé (?), par-dessus une chemise de soie à manches larges, à la façon des ducs, et, de la ceinture aux pieds, d'un riche drap d'or et de soie fine, pareil à un tablier ou à un devantier épiscopal tendu. Il était assis en majesté, tel qu'on dépeint Dieu le Père sur les fresques. Outre le page qui tenait la croix, il y en avait un autre de chaque côté, une épée nue à la main. L'aspect, la stature et le teint de Prêtre Jean montrent qu'il est jeune : non trop noir, mais couleur de châtaigne, avec des gestes et un maintien de fort bonne grâce, de taille moyenne et pouvant être âgé d'environ vingt-trois ans. Il a le visage rond, de grands yeux, le nez aquilin, et sa barbe commence à poindre ; sa contenance et sa magnificence attestent qu'on a affaire à un grand seigneur, ce qu'il est en vérité.

On ne peut savoir quand il doit partir, ni où il veut aller ; mais toute la cour s'arrête où l'on

Jean de Mandeville, *Créatures monstrueuses*, in *Le Livre des merveilles du monde*, XIVe siècle

voit sa tente blanche dressée, et les courtisans s'installent où on leur enjoint, d'un côté ou de l'autre, loin ou près de celle-ci. […] Il chevauchait à découvert, sa couronne sur la tête, entouré seulement de tentures rouges tendues derrière lui et de très hautes et longues bandes de tissu, au milieu desquelles il se trouvait. Ceux qui les portaient se tenaient du côté extérieur et les soutenaient avec des lances levées ; à l'intérieur des tentures allaient six pages, nommés *Legameneos*, ce qui veut dire « faire-valoir » ; parce que la mule de Prêtre Jean, qu'ils conduisent, a le chanfrein bellement et richement orné, et que la bride à son menton est tenue au moyen de deux cordons de soie à gros (*mot illisible*), par deux des pages, l'un à droite, l'autre à gauche, qui conduisent la mule de Sa Majesté. À leur suite, deux autres marchent en gardant la main sur le cou de la mule, et deux autres en gardant la main sur sa croupe. Hors des tentures, devant Prêtre Jean, marchent vingt pages principaux, en ordre parfait ; et, devant eux, six chevaux, très beaux et richement harnachés, dont chacun est mené par quatre hommes en tenue de parade, deux aux rênes, deux derrière, les mains sur la croupe, de même que les pages conduisent la mule de Prêtre Jean. Devant ces chevaux marchent six mules sellées et bridées, également menées par quatre hommes, autour desquels s'avancent vingt dignitaires de la cour, sur leur mule, leur bedaine déliée autour de leur personne. [Et nous autres Portugais, nous marchions derrière eux, à la place qu'on nous avait assignée. Outre ceux dont j'ai parlé, il n'y a personne, à pied ou à cheval, qui ose s'approcher, fût-ce de loin.]

Le témoignage de Marco Polo

MARCO POLO
La Description du monde, LXIII-LXVII
(1298 ; Livre de poche, 2012)

Karakoroum est une cité qui mesure trois milles, elle fut la première cité que les Tartares eurent quand ils sortirent de leur contrée. Et je vous raconterai complètement comment ils eurent pour la première fois un seigneur. Il faut savoir que les Tartares demeuraient au nord du côté des Djurtchet. Dans cette contrée il y a de grandes plaines, mais il n'y a pas d'agglomérations telles que des cités et villages. Mais il y avait de bons pâturages, de grands fleuves et beaucoup de rivières – une contrée très belle et grande. Mais les gens n'avaient pas de seigneur. Ils payaient tribut à un grand seigneur qu'on nommait dans leur langue Ong-Khan, ce qui veut dire en français Prêtre Jean – et c'était le Prêtre Jean dont tout le monde vante le grand pouvoir. Le tribut qu'il avait d'eux, c'était une bête sur dix, et ainsi il avait le dixième de tous leurs biens. Or il arriva qu'ils devinrent très nombreux. Quand Prêtre Jean vit qu'ils étaient aussi nombreux, il eut peur qu'ils ne lui fissent du tort, il se dit qu'il les disperserait dans plusieurs contrées et il leur envoya à cette fin un de ses généraux. Quand les Tartares virent ça, ils en furent très affligés, ils partirent tous ensemble de cette contrée et se rendirent par un désert vers le nord : ainsi Prêtre Jean ne pouvait leur faire du mal, ils lui étaient rebelles et ne lui payaient pas de tribut. C'est ainsi que restèrent un certain temps les gens de ce pays.

Or il arriva qu'en l'an 1187 les Tartares firent un nouveau roi nommé dans leur langue Gengis Khan. C'était un homme d'une grande valeur, d'une grande intelligence et d'un grand courage. J'ajoute que, quand il eut été élu roi, tous les Tartares du monde vinrent le trouver quand ils le surent et ils le tinrent pour leur seigneur. Il les gouverna très bien. Que vous dire ? Tant de Tartares arrivèrent que c'était prodigieux. Quand le seigneur vit tant de monde, il fit rassembler une quantité

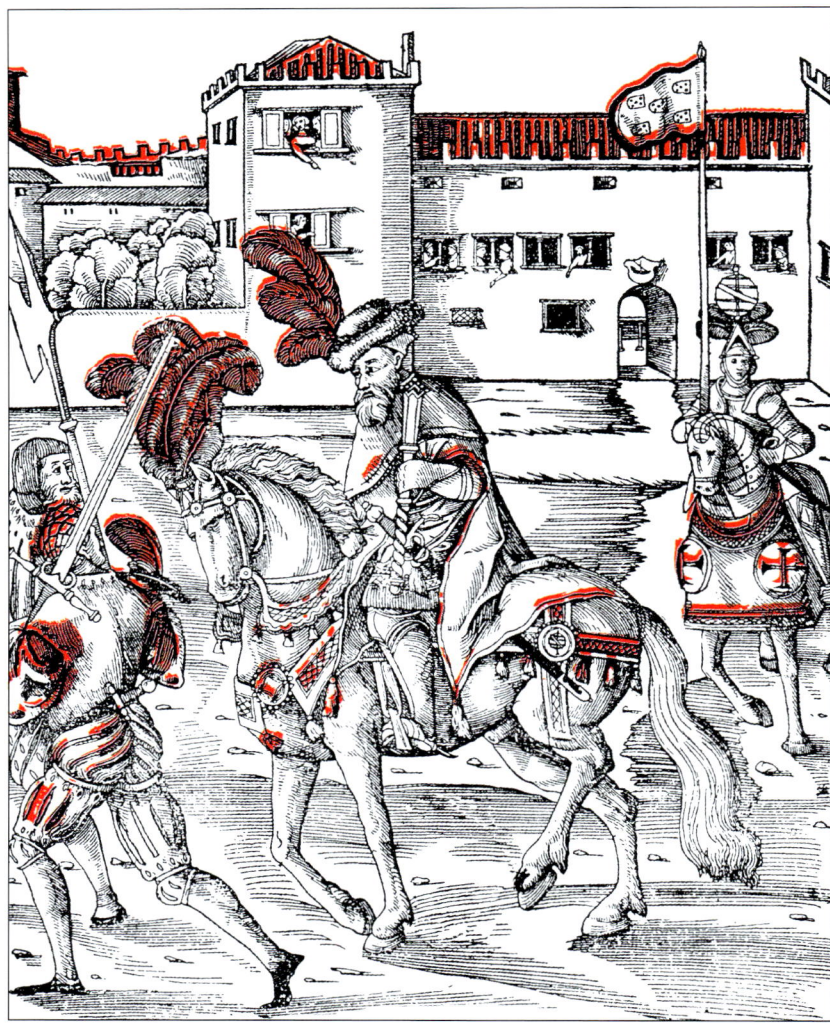

Le Prêtre Jean, gravure, 1540, in Francisco Álvares, *Verdadeira informação das terras do Preste João das Indias* (*Relation véridique sur les terres du Prêtre Jean aux Indes*)

d'armes, arcs, flèches et autres armes de leur façon et il conquit toute cette région, soit bientôt huit pays. Quand il les avait conquis, il ne faisait ni mal aux vaincus ni dommage à leurs biens, mais il laissait une partie de ses hommes sur le territoire et il emmenait le reste de ses gens avec lui; c'est ainsi qu'il conquit maint pays. Quand ceux qui avaient été conquis voyaient qu'il les épargnait et les protégeait contre tous et qu'ils ne subissaient aucun dommage, tant il était généreux, ils allaient volontiers avec lui et ils lui étaient loyaux. Quand il eut rassemblé tant de gens que toute la terre en était couverte, il résolut de conquérir une grande partie du monde, il envoya ses émissaires au Prêtre Jean – c'était en l'an 1200 – et lui fit dire qu'il voulait avoir sa fille pour femme. Quand le Prêtre Jean entendit que Gengis Khan lui demandait sa fille, il le prit avec hauteur et dit aux émissaires : « N'a-t-il pas honte de demander ma fille pour femme ? Il sait bien pourtant qu'il est mon vassal et mon serf. Rentrez chez vous et dites-lui que je ferais brûler ma fille avant de la lui donner pour femme et que, déloyal et traître comme il est envers son seigneur, il mérite la mort. » Puis il dit aux émissaires qui allaient partir de ne plus se présenter devant lui. Ils partirent aussitôt et se hâtèrent tant qu'ils arrivèrent chez leur seigneur et lui dirent tout ce que Prêtre Jean lui faisait savoir sans rien omettre.

Quand Gengis Khan entendit la réponse injurieuse que Prêtre Jean lui faisait porter, il en eut le cœur si gonflé de fureur que peu s'en fallut qu'il n'éclatât dans sa poitrine, car c'était un homme extrêmement fier. Au bout d'un moment il parla et dit, si haut que tous ceux qui l'entouraient l'entendirent, qu'il ne serait plus leur seigneur s'il n'obtenait réparation de l'insulte que Prêtre Jean lui avait faite – et ce si chèrement que jamais insulte ne serait pareillement réparée ; il allait bientôt lui montrer s'il était son serf ! Alors il convoqua ses armées et tous ses gens, il fit les plus grands préparatifs qu'on eût jamais vus et fit savoir au Prêtre Jean qu'il se préparât à se défendre. Quand Prêtre Jean sut qu'il marchait contre lui avec tant d'hommes, il prit l'affaire de haut et dit que ce n'étaient pas des guerriers. Toutefois il fit préparer tous ses gens et s'employa à de grands préparatifs afin que, si l'autre arrivait, il le fît prendre et mettre à mort. Sachez-le, il réunit une telle armée, formée de tant de sortes de gens venus de partout, que ce fut la plus grande merveille du monde. C'est ainsi qu'ils se préparaient les uns et les autres. Que vous dire de plus ? Gengis Khan, le seigneur des Tartares, se rendit avec toute sa grande armée dans une plaine grande et belle, appelée Tenduc, qui était au Prêtre Jean. C'est là qu'il installa son armée et je vous dis qu'ils étaient une telle multitude qu'on ne pouvait en savoir le nombre. Il apprit que Prêtre Jean arrivait, il en fut très heureux parce que la place était si belle, si grande, si large pour livrer bataille ;

aussi l'attendait-il très volontiers et désirait-il beaucoup son arrivée. Mais l'histoire cesse de parler de Gengis Khan et revient au Prêtre Jean et à ses hommes.

L'histoire dit que, quand Prêtre Jean sut que Gengis Khan marchait sur lui avec son armée, il alla à sa rencontre avec ses forces et fit tant qu'il arriva dans la plaine de Tenduc où il installa son armée à vingt milles seulement de celle de Gengis Khan. Chacune des armées se reposa deux jours afin qu'ils soient plus frais et dispos pour la bataille. Voilà donc comment les deux armées se trouvaient dans cette plaine de Tenduc.

Ces deux jours passés, quand les armées se furent bien reposées, les deux camps s'armèrent, ils combattirent avec acharnement et ce fut la plus grande bataille qui fut jamais vue et il y eut beaucoup de pertes de part et d'autre. Mais en définitive, Gengis Khan remporta la bataille, Prêtre Jean fut tué dans la bataille et à partir de ce jour il perdit toute sa terre [...].

L'automate byzantin

LIUTPRAND DE CRÉMONE
(vers 920-972)
Ambassades à Byzance, Première ambassade (949-950), *Antapodosis*, Livre VI (Anacharsis, 2005)

Il y a, à Constantinople, à côté du palais, une demeure admirablement grande et belle, que les Grecs [...] appellent Magnaura, quasiment « magna aura »[1]. C'est cette demeure que Constantin ordonna de préparer, à la fois pour les ambassadeurs d'Hispanie, qui étaient arrivés peu auparavant, et pour Lieutefredus et moi, de la façon suivante : il y avait, devant le siège de l'empereur, un arbre de bronze, doré néanmoins,

---

1. « Souffle puissant ».

sur les branches duquel se trouvaient différentes espèces d'oiseaux, également en bronze doré et chaque oiseau, selon son espèce, émettait un chant différent. Le trône de l'empereur, quant à lui, était fait avec un tel art qu'il semblait tantôt humble, tantôt hors du commun, et sublime au premier coup d'œil. Des lions d'une taille immense, de bois ou de bronze, je ne sais, en tout cas tout couverts d'or, semblaient monter la garde; frappant le sol de leur queue, ils rugissaient, et dans leurs gueules ouvertes, on voyait bouger leurs langues. Je fus introduit dans cette pièce, porté sur les épaules de deux eunuques, devant l'Empereur. Et lorsque j'arrivai, les lions rugirent et les oiseaux se mirent à chanter chacun selon son espèce, mais je ne fus pas saisi par la terreur ou l'admiration: en effet j'avais été mis au courant par ces gens qui connaissaient bien l'endroit. Par trois fois je me penchai pour adorer l'Empereur, puis je levais la tête, et je vis

Système de pompage de l'eau, in Al-Djazari, *Le Livre de la connaissance des procédés mécaniques*, 1206. Istanbul, Palais de Topkapi

l'Empereur, qui m'avait semblé auparavant d'une taille raisonnable, assis en hauteur à une distance modérée du sol ; et bientôt je le vis s'asseoir, portant d'autres vêtements, au niveau du plafond de la demeure ; je ne pus comprendre comment cela s'était produit, à moins peut-être qu'il n'ait été porté par un *argalio*, cet engin dont on se sert pour soulever les troncs d'arbre.

La taprobane de Mandeville

JEAN DE MANDEVILLE
Voyage autour de la Terre, XXXIII
(Belles lettres, 1993)

Vers la partie orientale de la terre du Prêtre Jean, il y a une grande île belle et bonne appelée Taprobane, c'est un pays splendide et très plantureux. Son roi est très riche et est soumis au Prêtre Jean. On nomme toujours le roi par élection. Il y a dans cette île deux étés et deux hivers, on fait deux fois la moisson des blés et en toutes saisons les jardins sont verts et fleuris. Il demeure là de bonnes gens raisonnables et il y a parmi eux des Chrétiens qui sont si riches qu'ils ne savent ce qu'ils ont. […]
Près de cette île, il y a deux autres îles, appelées l'une Orille et l'autre Argire, dont toute la terre est faite de mines d'or et d'argent. Ces îles se trouvent à l'endroit où la mer Rouge se sépare de la mer Océane. On ne voit en ces îles nulle étoile qui brille clairement, sinon une, très claire, qu'ils appellent Canopos. Et on n'y voit pas la lune en tout son parcours, sauf quand elle est au second quartier.
Il y a aussi dans l'île de Taprobane de grandes montagnes d'or que les fourmis gardent très soigneusement, elles l'affinent et séparent l'or pur des impuretés. Ces fourmis sont aussi grandes que des chiens, de sorte que les gens n'osent approcher de ces montagnes, car les fourmis les assailliraient. Ils ne peuvent pas avoir de cet or, sinon avec grande ruse. Quand il fait très chaud, les fourmis se cachent en terre de l'heure de tierce jusqu'à l'heure de none. Les gens prennent alors des chameaux, des dromadaires, des juments et d'autres bêtes, et vont les charger tranquillement. Puis ils s'enfuient avant que les fourmis ne sortent de terre. D'autres fois, quand le temps n'est pas assez chaud pour que les fourmis se cachent en terre, ils agissent d'une autre manière. Ils prennent des juments qui ont de petits poulains et mettent sur ces juments deux récipients, comme de petites huches ; elles sont vides, ouvertes par-dessus et pendent presque jusqu'à terre. Puis ils les envoient paître dans ces montagnes en gardant les poulains avec eux. Quand les fourmis voient les huches, elles y montent et entrent dedans et comme, par nature, elles ne laissent rien de vide autour d'elles, ni un creux, ni de la terre ou autre choses, elles remplissent ces huches d'or. Et quand les gens pensent que les juments sont assez chargées, ils font sortir les poulains et les font hennir. Aussitôt, les juments s'en retournent en courant vers leurs poulains. Et ils déchargent les juments et ont ainsi de l'or en grande quantité, car les fourmis supportent bien que des bêtes aillent autour d'elles, mais elles ne supportent pas les hommes.

Le sépulcre d'Adam à Ceylan

ARTURO GRAF
« Le mythe du Paradis terrestre », III, in *Miti, leggende e superstizioni del Medio Evo* (1892-1893)

Selon une autre opinion, qui fut très répandue aussi bien en Occident qu'en Orient, où elle survit encore, Adam et Ève vécurent leurs années d'exil sur l'île de Serendib, ou Ceylan. Il s'agit sans aucun doute d'une croyance d'origine mahométane, ou plus exactement d'une croyance bouddhiste transformée par les mahométans ; voici comment. Les bouddhistes croyaient, et croient toujours, que le Bouddha séjourna quelque temps sur une montagne de l'île de Ceylan, appelée Langka par les brahmanes du continent ; qu'il y mena une vie contemplative ; et que lorsqu'il s'éleva jusqu'au ciel, il laissa sur la roche l'empreinte de son pied, visible de tous. Usant d'un procédé très fréquent dans l'histoire des légendes, les mahométans rapportèrent à Adam ce que l'on racontait du Bouddha, et les deux traditions continuèrent par la suite à coexister. Dans le compte rendu de ses voyages, Marco Polo nous apporte à ce sujet un étrange témoignage. Il rapporte en effet que sur l'île de Ceylan, au sommet d'une haute montagne accessible uniquement à l'aide de chaînes, il existe un sépulcre que les Sarrasins disent être celui d'Adam, et les idolâtres (c'est-à-dire les bouddhistes) celui de Sergamon Borcam. La suite du récit montre que ce Sergamon n'est autre que le Bouddha lui-même, qui fut sujet, comme on le sait, à une autre transformation du même ordre, lorsqu'il devint le saint Josaphat de la légende chrétienne.

Les Arabes désignèrent la montagne du nom de Mont Rahud, et le premier de leurs écrivains à mentionner cette légende semble avoir été Soliman. Edrisi, qui rédigea son traité de géographie à la cour du roi Roger II de Sicile, en 1154, et qui certifie, entre autres choses, avoir visité la grotte des Sept Dormants, près d'Éphèse, et d'avoir vu leurs corps, morts ou endormis (son texte n'est pas clair à ce propos), entourés d'aloès, de myrrhe et de camphre, Edrisi relate lui aussi la légende de la montagne, qu'il appelle el-Rahuk. À l'en croire, les brahmanes racontent que l'on trouve, au sommet de cette même montagne, l'empreinte du pied d'Adam, lumineuse et d'une longueur de soixante-dix coudées. De là, Adam serait parvenu d'un seul pas jusqu'à la mer, pourtant située à deux ou trois journées de voyage. Les mahométans ajoutent qu'après avoir été chassé du Paradis, Adam échoua sur l'île de Serendib, où il mourut après avoir accompli un pèlerinage au futur emplacement de La Mecque. On trouve aussi une description de la montagne dans les voyages d'Ibn-Battuta. La légende passa ensuite d'Orient en Occident, et des mahométans aux chrétiens ; le mont de Ceylan, baptisé plus tard Pic d'Adam par les Portugais, devint alors célèbre. Eutychios, le patriarche d'Alexandrie mort en 940, dit seulement qu'Adam fut chassé sur une montagne de l'Inde, mais il s'agit toujours de celle de Ceylan. Odoric de Pordenone le décrit succinctement ; selon lui, il existait en son sommet un lac, que les habitants de l'île prétendaient formé des larmes versées par Adam et Ève à la mort d'Abel. Le récit de Jean de Marignol est plus détaillé et plus explicite. L'ange de Dieu prit Adam et le déposa sur la montagne de Ceylan ; l'empreinte du pied d'Adam, d'une longueur de deux empans et demi, y resta alors, par miracle, imprimée sur le marbre. L'ange déposa Ève au sommet d'une autre montagne, située à quatre petites journées de voyage de la première ; les deux pécheurs demeurèrent séparés, en proie au deuil, pendant quarante jours ; à l'issue de cette période, l'ange ramena Ève auprès d'Adam, désormais plongé dans le désespoir. Outre l'empreinte du pied d'Adam, il y avait, sur la première montagne : une statue assise, dont la main droite désignait l'Occident ; la maison d'Adam ; une source aux eaux très pures, dont on pensait qu'elles provenaient du Paradis et qui contenaient des pierres précieuses, formées, à en croire les insulaires, des larmes d'Adam ; un jardin rempli d'arbres aux fruits succulents. De nombreux pèlerins visitaient ce lieu saint. Vers la fin du XVIIe siècle, Vincenzo Coronelli disait encore qu'Adam était enseveli au sommet de

4. LES MERVEILLES DE L'ORIENT, D'ALEXANDRE LE GRAND AU PRÊTRE JEAN

Le Pic d'Adam,
gravure, 1750

la montagne, et qu'on y voyait un lac constitué des larmes versées par Ève sur la mort d'Abel. Cette dernière affirmation était en contradiction avec une autre croyance, qui ne semble toutefois pas avoir été très répandue. Selon Burcard de Mont-Sion, déjà mentionné plus haut, il existait, sur le flanc d'une montagne de la vallée d'Hébron, une caverne où Adam et Ève pleurèrent la mort d'Abel pendant cent ans ; on pouvait encore y voir les lits où ils avaient dormi, ainsi que la source dont ils avaient bu les eaux. Si elle fut placée au sommet de la montagne de Ceylan, la sépulture d'Adam fut aussi localisée en plusieurs autres endroits.

5

LE PARADIS TERRESTRE, LES ÎLES FORTUNÉES ET L'ELDORADO

Page de gauche :

École lombarde,
Le Jardin d'amour, dit aussi
*Le Jardin de la fontaine
de jouvence*, in *De Sphaera*,
xve siècle.
Modène, Biblioteca Estense,
Ms. Lat. 209 DX2 14 c. 10 r

Ci-contre :

Jacob de Backer,
Le Jardin d'Éden, vers 1580.
Bruges, Groeningemuseum

Les merveilles de l'Orient incluaient aussi le Paradis terrestre. Dans la culture judéo-chrétienne, c'est la **Bible** qui nous en parle, lorsque, dans la **Genèse**, elle décrit le lieu de délices où avaient été placés Adam et Ève, et raconte la manière dont ils en furent chassés, après le péché originel : Dieu « bannit l'homme et il posta devant le jardin d'Éden les chérubins et la flamme du glaive fulgurant pour garder le chemin de l'arbre de la vie ». Après cela, le Paradis terrestre devint un lieu de nostalgie, que chacun voudrait retrouver mais qui demeure l'objet d'une recherche infinie.

Commun à de nombreuses religions, ce lieu rêvé où l'on vivait, à l'origine du monde, dans un état de béatitude et d'innocence ensuite perdu, représente souvent une sorte d'antichambre du Paradis céleste.

Le jaïnisme, l'hindouisme et le bouddhisme mentionnent tous trois le mont Meru, dont jaillissent quatre fleuves (de même que le Pishôn,

145

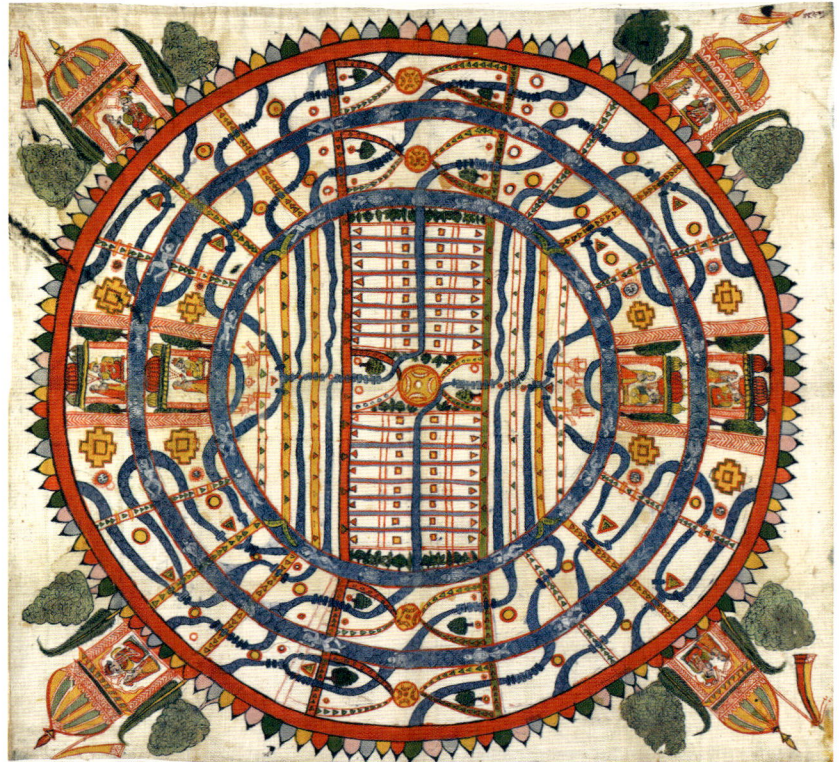

Carte cosmologique de Jaïn, gouache sur toile, vers 1890. Washington, Library of Congress

le Gihôn, le Tigre et l'Euphrate prenaient leur source dans le Paradis biblique) et sur lequel se dressent la demeure des dieux et l'ancienne patrie de l'homme. Dans le poème du *Mahabharata*, le dieu Indra se bâtit la ville mobile d'Indraloka, qui présente de nombreux points communs avec l'Éden. Les légendes taoïstes (*Lieh tzu* ou *Traité du vide parfait*, vers 300 après Jésus-Christ) racontent le rêve d'un lieux merveilleux où il n'existait ni rois ni sujets, où tout se déroulait dans la spontanéité la plus naturelle. Ses habitants entraient dans l'eau sans se noyer, n'étaient pas blessés si on les flagellait et s'élevaient dans les airs comme s'ils avaient marché sur le sol. Les mythes égyptiens parlent d'un âge heureux, où s'était peut-être profilé pour la première fois le songe du jardin des Hespérides. Le paradis des Sumériens s'appelait Dilmun, et ni les maladies ni la mort n'y existaient. Aux yeux des taoïstes, les montagnes du Kunlun constituaient le site du Paradis terrestre. Les mythologies chinoise et japonaise mentionnent toutes deux le mont Penglai, que les légendes localisent en des endroits différents :

5. LE PARADIS TERRESTRE, LES ÎLES FORTUNÉES ET L'ELDORADO

Lucas Cranach l'Ancien, *L'Âge d'or*, vers 1530. Munich, Alte Pinakothek

Paolo Fiammingo, *Amours à l'âge d'or*, 1585. Vienne, Kunsthistorisches Museum

la douleur et l'hiver en sont absents ; de grandes tasses de riz et de grands verres de vin ne s'y vident jamais ; des fruits magiques permettent d'y guérir de toutes les maladies et, bien entendu, on y jouit d'une éternelle jeunesse. Les Grecs et les Romains racontaient des fables sur l'Âge d'or et les règnes heureux de Kronos et de Saturne : selon **Hésiode**, les hommes vivaient alors libres de toute préoccupation, demeuraient jeunes pour l'éternité, se nourrissaient des fruits de la terre sans avoir à la travailler et mouraient comme en s'endormant.

Lucas Cranach l'Ancien, *Le Paradis*, 1530. Dresde, Gemäldegalerie Alte Meister

On voit déjà apparaître chez Pindare le thème des îles Fortunées (destiné à se développer au Moyen Âge et au-delà), où étaient censés vivre les justes déjà passés par trois réincarnations terrestres ; en outre, on trouve aussi bien chez Homère que chez **Virgile** la description des Champs Élysées, demeure des bienheureux. Horace y fait lui aussi allusion, en référence justement aux inquiétudes de la société romaine après les guerres civiles, comme échappatoire à une réalité déplaisante.

Dans le **Coran**, les caractéristiques du Paradis céleste se révèlent très proches de celles des différents Paradis terrestres de la tradition occidentale : les bienheureux y habitent des jardins de délices, en compagnie de splendides jeunes filles et au milieu d'une abondance de fruits et de boissons. Cette image inspira la merveilleuse architecture islamique des jardins, lieux de fraîcheur où gargouillent des jets d'eau.

En somme, il semble que dans chaque culture, le monde de la réalité quotidienne apparaissant souvent douloureux et invivable, on ait rêvé d'une terre heureuse où les hommes auraient autrefois résidé – et où ils

Le Paradis terrestre, détail (à gauche) de la *Mappa Mundi* (*Carte du monde*) d'Ebstorf, vers 1234

pourraient peut-être retourner un jour. Comme l'a rappelé Arturo Graf (1892-1893) dans une étude devenue classique sur le mythe du Paradis terrestre, certains chercheurs auraient même avancé l'hypothèse selon laquelle le mythe édénique refléterait « le souvenir brouillé d'une condition sociale primitive, antérieure à l'établissement de la propriété foncière ».

Mais revenons à l'Éden biblique. Selon la tradition, il se situait en Orient, et même dans l'Orient le plus lointain, là où le soleil se lève. Toutefois, sa localisation n'était pas sans ambiguïté : cet Orient ne ressemblait en effet nullement à une région extrême, puisque parmi les quatre fleuves prenant leur source dans le jardin du Paradis, il y avait le Tigre et l'Euphrate, qui irriguaient la Mésopotamie et ne coulaient donc pas à l'extrême périphérie du monde, mais presque en son centre. Néanmoins, comme ils pouvaient aussi naître dans des terres très éloignées, les cartes médiévales plaçaient le jardin d'Éden dans une Inde imprécise et lointaine (voir à ce propos les textes de **saint Augustin** et d'**Isidore de Séville**).

Jacopo Bassano, *Le Paradis terrestre*, 1573. Rome, Galleria Doria Pamphilij

Domenico di Michelino, *Dante et son poème*, xve siècle. Florence, Cathédrale

Cosmas Indicopleustès, dont nous avons déjà mentionné la géographie discutable, représentait sur une de ses cartes des terres situées au-delà de l'océan, et donc en dehors du monde connu, où les hommes auraient habité avant le déluge et qui auraient aussi abrité le Paradis terrestre. La plupart des cartes médiévales (voir par exemple l'Apocalypse de Silos) localisent le Paradis à l'intérieur du cercle de l'océan, mais au xive siècle, celle de Hereford lui donne l'aspect d'une île circulaire, aux confins du monde habité.

Dante l'imagina en revanche au sommet de la montagne du Purgatoire, et par conséquent dans un hémisphère inconnu aux hommes de son temps. D'autres encore le placèrent sur des territoires identifiés à l'Atlantide (nous en reparlerons dans le chapitre sur ce continent disparu) et enfin aux îles Fortunées. Quant à **Mandeville**, d'ordinaire très enclin aux descriptions mirobolantes, voici que, face au mystère de l'Éden, notre affabulateur avoue, pour une fois, ne l'avoir jamais vu.

Au xive siècle, après avoir été envoyé en mission sur les terres du Grand Khan des Tartares, Jean de Marignol indique, dans son *Chronicon*, que le

5. LE PARADIS TERRESTRE, LES ÎLES FORTUNÉES ET L'ELDORADO

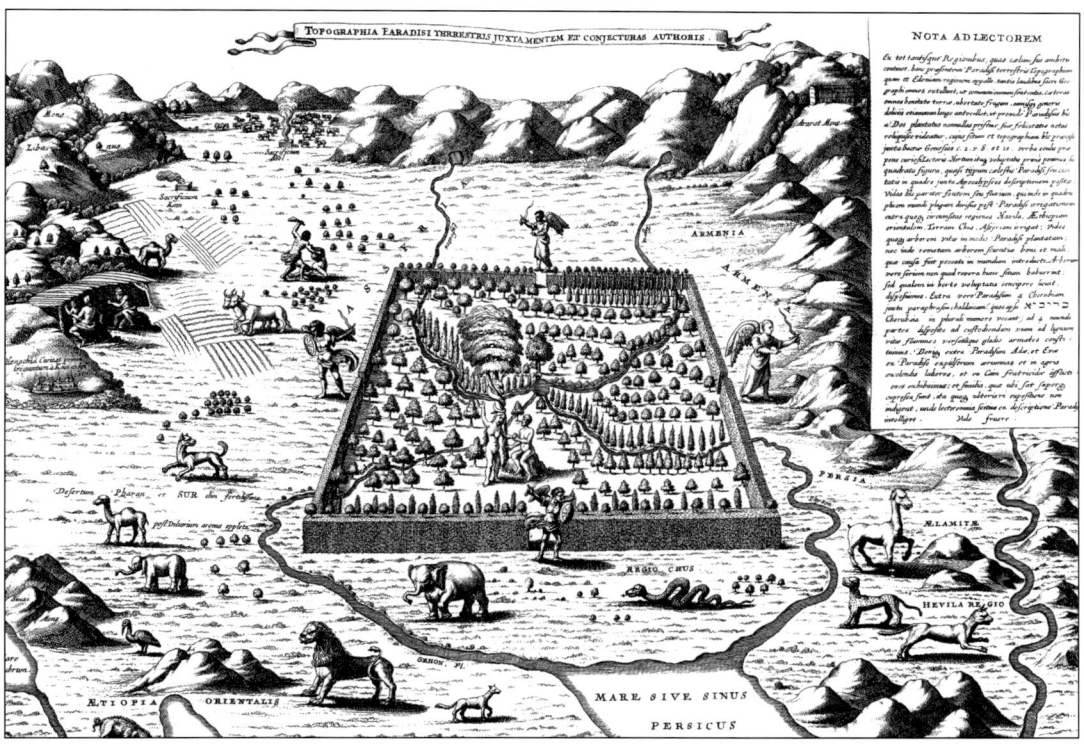

Athanasius Kircher, *Topographia Paradisi* (*Topographie du Paradis*), illustration extraite d'*Arcae Noe* (*L'Arche de Noé*), 1675

Paradis se trouve à quarante milles de l'île de Ceylan, d'où l'on entendrait le fracas de ses chutes d'eau – et de fait, à en croire de nombreux auteurs, l'eau des fleuves du Paradis tomberait d'une telle hauteur que son vacarme aurait rendu sourds tous les habitants des régions limitrophes.

Le jardin d'Éden fit par ailleurs l'objet de visites à l'occasion de plusieurs *visions*, des textes où il est question de personnages ayant parcouru, en rêve ou en réalité, les royaumes d'outre-tombe, et ayant donc vu ledit jardin. De telles visions existent en grand nombre, et beaucoup d'entre elles précèdent le voyage dans l'autre monde de Dante Alighieri. Il s'agit de la *Vita di san Maccario romano* (*Vie de saint Macaire le Romain*), du *Viaggio di tre santi monaci al paradiso terrestre* (*Voyage de trois saints moines au Paradis terrestre*), de la vision de **Thurcill**, de la *Visione di Tugdalo* (*Vision de Tondale*) et enfin du *Tractatus de Purgatorio sancti Patricii* (*Traité du Purgatoire de saint Patrick*), autrement dit de la légende du puits de **saint Patrick** : lorsqu'il y pénétra (en Irlande), un certain chevalier Owein parcourut d'abord les lieux de tourment des damnés, pour parvenir ensuite au jardin d'Éden, où les hommes de bien vivent dans un état de béatitude après avoir presque entièrement purgé leurs peines de purification, en attendant d'accéder au Paradis céleste.

De Tertullien aux docteurs de la scolastique, on discuta longtemps de la question de savoir si le Paradis devait se situer dans des zones torrides, et donc loin du monde connu, ou bien au contraire dans des zones tempérées, susceptibles de lui assurer sa douceur climatique. D'une manière générale, l'hypothèse de la zone tempérée l'emporta, et saint Thomas soutenait (à la question 102 de la première partie de sa *Summa theologiae* [*Somme théologique*]) l'opinion suivante : « Ceux qui placent le Paradis sur la ligne de l'équateur pensent que cette région est des plus tempérées, soit à cause de l'égalité du jour et de la nuit tout au long de l'année, soit parce que le soleil ne s'en éloigne jamais beaucoup, évitant ainsi de causer un froid excessif, soit parce qu'on n'y connaît pas, comme ils le disent, de chaleurs extrêmes ; car le soleil, bien qu'il passe à l'aplomb de la tête des habitants, ne reste que peu de temps dans cette position. Toutefois, Aristote déclare expressément que la chaleur de cette région la rend inhabitable [...]. Quoi qu'il en soit, nous devons considérer que le Paradis terrestre se trouve en un lieu très tempéré, soit à l'équateur, soit ailleurs. »

Dans tous les cas, on pensait que l'Éden occupait une position très élevée, car il n'aurait sans cela pas pu survivre au Déluge universel – et l'on verra plus loin les curieuses conséquences que Christophe Colomb tira de cette opinion. Dans l'*Orlando furioso* (*Roland furieux*), afin de trouver un lieu plus élevé que tous les autres, l'**Arioste**, libre de toute préoccupation théologique, conduisit Astolphe et son hippogriffe jusqu'à un Paradis terrestre situé sur le chemin menant à la Lune.

L'ÎLE DE SAINT BRANDAN Toutefois, une seconde tradition localisait le Paradis terrestre en Occident, et beaucoup plus au nord. Cette tradition naquit, ou se renforça, avec un texte du XIᵉ siècle, la *Navigatio sancti Brendani* (*Navigation de saint Brandan*). Ce moine irlandais, qui vécut vers le VIᵉ siècle, leva l'ancre en direction de l'ouest à bord d'un frêle *curragh* (une barque dont la charpente en bois était recouverte de fines couches de cuir) ; selon la légende, en faisant route sur des nacelles de ce type, le moine et ses compagnons seraient parvenus jusqu'en Amérique, ou bien auraient retrouvé l'Atlantide.

Saint Brandan, détail de la *Carte du monde* de Pierre Descelliers, 1546. Manchester, John Rylands University Library

Accompagné de ses marins mystiques, **saint Brandan** toucha de nombreuses îles : celle des oiseaux ; celle de l'Enfer ; celle, réduite à l'état de rocher isolé en pleine mer, où est enchaîné Judas ; celle enfin qui avait déjà trompé Sinbad : un jour à peine après l'arrivée du saint, lorsque l'équipage y allume des feux, il s'aperçoit que l'île s'irrite, et qu'il s'agit en réalité d'un terrible monstre marin appelé Jasconius.

Mais l'île qui excita le plus l'imagination de la postérité est celle des Bienheureux, lieu de toutes les délices et de toutes les suavités, que nos navigateurs abordèrent après sept ans de péripéties[1].

Cette île des Bienheureux ne pouvait que provoquer un désir irrépressible, de sorte que tout au long du Moyen Âge, et encore à la Renaissance, on crut fermement à son existence. Elle apparaît ainsi sur des cartes, par exemple celle que traça Paolo Toscanelli pour le roi du Portugal, ou encore sur la mappemonde d'Ebstorf. Elle se situe parfois à la latitude de l'Irlande, mais descend vers le sud sur les cartes plus modernes, à la hauteur des Canaries, ou îles Fortunées, et il s'établit souvent une confusion entre ces dernières et l'île dite de saint Brandan ; on l'identifie parfois à l'archipel de Madère et parfois à une

1. Saint Brandan ne parle pas expressément de Paradis terrestre, mais d'une « terre promise des saints » ; néanmoins, plusieurs vulgarisateurs médiévaux y reconnurent l'Éden (voir à ce sujet Scafi 2006, p. 41-42 de l'édition italienne).

Jasconius pris pour une île, estampe, 1621

autre île fantôme, telle la mythique Antilia, comme dans l'*Arte del navegar* (*Art de la navigation*) publié par Pierre de Médine au XVIe siècle. Sur le globe de Behaim, qui date de 1492, elle est placée beaucoup plus à l'ouest et près de l'équateur. À cette époque, elle avait déjà pris le nom d'île Perdue, *insula Perdita*.

Dans son *De imagine Mundi* (*De l'image du monde*), Honoré d'Autun la décrit comme la plus amène des îles : « Il existe, sur l'Océan, une île dite Perdue, la plus belle qui soit sur la Terre par son aménité et sa fertilité ; elle reste inconnue des humains. Et même lorsqu'on la découvre par hasard, on ne la retrouve plus par la suite ; voilà pourquoi on la qualifie de Perdue. » Au XIVe siècle, Pierre Bersuire parle dans les mêmes termes des îles Fortunées, nommées ainsi par certains « parce qu'on n'y a parfois accosté que sous l'effet du hasard et de la fortune, mais si l'on veut ensuite y retourner, on n'y parvient pas ».

Beaucoup cherchèrent cette île Perdue et jamais retrouvée, surtout après que la découverte du cap de Bonne-Espérance et de l'Amérique eut enflammé les esprits d'une fièvre d'explorations ; certains prétendirent avoir au moins déterminé sa position ; en conséquence, lorsque, le 4 juin 1519, par le traité d'Évora, Emmanuel de Portugal renonça, en faveur de l'Espagne, à tous ses droits sur les Canaries, l'île Perdue ou Cachée fut expressément comprise dans sa renonciation. En 1569, Gérard Mercator la faisait encore figurer sur sa carte.

À l'époque contemporaine, Guido Gozzano[2] a exprimé son sentiment de nostalgie pour l'île Non Trouvée.

LE PARADIS AU NOUVEAU MONDE En vertu d'une convention désormais bien établie, on fait coïncider la fin du Moyen Âge avec la découverte de l'Amérique, en 1492 ; Christophe Colomb est donc perçu comme le premier homme du monde moderne. Mieux encore, selon une croyance populaire qui a la vie dure, il aurait été le premier à soutenir, contre l'hostilité générale, que la Terre est ronde. Il s'agit là d'une sottise, puisque – comme nous l'avons vu dans le premier chapitre – les Grecs savaient déjà que notre planète est sphérique, et la culture médiévale (du moins celle des doctes) avait accepté cette idée sans difficulté. Colomb pensait, comme tout le monde, que la Terre était ronde ; et de même que tous ses contemporains, il croyait qu'elle se tenait immobile au centre de l'univers, l'hypothèse héliocentrique de Copernic n'ayant été publiée dans le *De revolutionibus orbium coelestium* (*Sur les révolutions des orbes célestes*) que cinquante ans après la découverte de l'Amérique. En outre, les calculs de Colomb sur les dimensions du globe étaient faux – et ses adversaires avaient raison de penser que la distance entre l'Espagne et les premières régions du Levant, que le navigateur voulait rejoindre par l'ouest, était trop grande pour pouvoir être parcourue (bien entendu, ni eux ni lui ne supposaient que le continent américain se dressait sur cette étendue océanique).

Le premier protagoniste de la modernité fut donc en réalité un des derniers personnages du Moyen Âge, enclin, cela va de soi, à interpréter les Saintes Écritures à la lettre. Une des idées fixes du Génois, dans sa tentative d'atteindre ce qu'il croyait être l'Extrême-Orient, consistait en effet à y retrouver le Paradis terrestre.

Il avait été profondément influencé par l'*Imago mundi* (*Image du monde*) du cardinal Pierre d'Ailly (on possède encore son exemplaire personnel, où ses annotations manuscrites apparaissent en marge), un livre qui reprenait tous les lieux communs sur le jardin d'Éden. En plusieurs occasions, dans ses récits de voyage, **Colomb** croit reconnaître la Terre promise

2. Voir dans l'anthologie le passage correspondant au chapitre 12, consacré à la Terre australe.

sur des territoires recouverts de forêts riches en fruits et peuplés d'oiseaux multicolores. De plus, convaincu qu'elle se trouvait sur une hauteur capable de toucher le ciel, il exposa aux souverains d'Espagne l'hypothèse stupéfiante selon laquelle la Terre n'aurait pas été complètement ronde mais se serait allongée, dans la partie qu'il avait découverte, en forme de poire.

Après Colomb, la théorie d'une localisation du Paradis terrestre en territoire américain fut reprise par Antonio de León Pinelo (1556) dans *El Paraíso en el Nuevo Mundo* (*Le Paradis au Nouveau Monde*). La découverte de l'Amérique avait en effet suscité une vaste discussion sur les origines de sa population autochtone, et beaucoup avaient défendu la thèse d'une émigration des descendants de Noé. Toutefois, loin de soutenir que les Amérindiens provenaient de Méditerranée, Pinelo défendait l'hypothèse inverse : à l'en croire, ils habitaient le continent américain avant le Déluge, et c'est là-bas que Noé avait construit son Arche, laquelle, ayant été conçue sous la forme d'une galère de vingt-huit mille vingt-cinq tonnes, avait pu franchir l'Océan et parvenir en Arménie, sur le mont Ararat. Le voyage aurait duré de novembre 1625 à novembre 1626 (après la Création du monde) : partie de la cordillère des Andes, l'Arche aurait atteint le continent asiatique à proximité de la Chine, pour rejoindre ensuite le Gange, puis l'Arménie ; elle aurait parcouru une distance totale de trois mille six cent cinq lieues. Tous ces éléments obligeaient à conclure que le Paradis terrestre se trouvait dans le Nouveau Monde, et Pinelo démontrait que les quatre fleuves qui y prenaient leur source n'étaient pas ceux mentionnés par la Bible, mais le Río de la Plata, le Río des Amazones, l'Orénoque et la Magdalena.

Toutefois, dans les faits, il semble bien qu'à compter de cette époque, plus personne ne chercha le Paradis terrestre sur le nouveau continent. Plus prudent que Colomb, Amerigo Vespucci se contenta d'observer qu'une certaine lande très fertile « ressemblait » au Paradis terrestre, sans se compromettre davantage.

LE PARADIS EN PALESTINE Plus tard, on est allé chercher le Paradis entre l'Afrique et l'Asie. Dans son *Traité de la situation du Paradis terrestre* (1691), Pierre-Daniel Huet prit en considération, avec un certain scepticisme, toutes les hypothèses, y compris celle, assez fantaisiste, selon laquelle l'Éden aurait correspondu à la ville de Hédin, en Artois, et qui se fondait sur la simple similitude entre les mots « Hédin » et « Éden ». Au bout du compte, Huet penchait plutôt pour la Mésopotamie, et en particulier pour la rive orientale du Tigre ; il joignit d'ailleurs à son livre une carte très détaillée des différents lieux en question.

Dans son commentaire des livres de l'Ancien et du Nouveau Testament, Dom Calmet (1706) plaçait quant à lui le Paradis terrestre en Arménie.

L'hypothèse la plus fascinante fut cependant celle qui consistait à localiser l'Éden sur la seule véritable Terre promise, à savoir la Palestine. Ainsi, dans ses *Preadamitae* (*Préadamites*), après avoir calculé que les chronologies orientales faisaient remonter l'origine du monde bien plus loin que la Bible, Isaac de La Peyrère (1665) en conclut que la création d'Adam et la venue du Christ n'avaient concerné que le Proche-Orient, tandis que sur les autres territoires, les choses s'étaient passées différemment et avec plusieurs millénaires d'avance. Il était donc inutile d'imaginer le Paradis terrestre sur des terres lointaines, où les gens avaient bien d'autres préoccupations, et il fallait se limiter à prendre en compte la zone située entre l'Égypte et l'Euphrate.

Or, localiser l'Éden dans des contrées inexplorées permettait de l'imaginer très grand ; mais s'il se trouvait au Proche-Orient, comment pouvait-il avoir de si petites dimensions, encaissé entre le désert et la mer ? Si Adam n'avait pas péché, l'Éden aurait en effet dû accueillir toute l'humanité future, et puisque le Seigneur avait ordonné aux premiers hommes de se multiplier, lorsque le nombre des descendants d'Adam aurait augmenté outre mesure, où auraient-ils habité ? Auraient-ils été chassés du Paradis terrestre ? Tous ces problèmes, qui n'avaient rien de négligeable, occupent des pages et des pages d'analyse des textes sacrés.

Comme pour témoigner de la force du mythe, l'Éden

Pierre-Daniel Huet, *Traité de la situation du Paradis terrestre*, frontispice, Paris, 1691

réapparut plus tard en Afrique ; ainsi, dans son monumental *Il Paradiso in terra* (*Le Paradis sur terre*), Scafi (2006) rappelle qu'en plein XIXe siècle, lorsque le docteur Livingstone, plus missionnaire qu'explorateur, partit à la recherche des sources du Nil, il était convaincu que s'il les avait atteintes, il aurait du même coup découvert l'emplacement du Paradis terrestre.

L'ELDORADO Le Proche-Orient ne se montrant pas des plus prodigues en richesses naturelles, le désir d'une terre meilleure que celle où l'on était condamné à vivre ramena vers le Nouveau Monde les utopistes, les explorateurs et les aventuriers. Et l'on vit alors apparaître un autre mythe, celui d'un Éden laïc nommé Eldorado.

Rappelons ici que les habitants de plusieurs Paradis terrestres étaient immortels, ou du moins vivaient très longtemps, et que de nombreux récits mentionnent aussi une source d'éternelle jeunesse. Hérodote avait par exemple déjà parlé d'une source souterraine située en Éthiopie (on croyait à l'époque que les Éthiopiens, et plus généralement les populations d'Afrique centrale, bénéficiaient d'une longévité considérable), mais les légendes ultérieures évoquaient une source censée jaillir dans le jardin d'Éden, qui non seulement guérissait les maladies, mais rajeunissait de surcroît ceux qui s'y baignaient. Dans le *Roman d'Alexandre*, il est question d'une Eau de la Vie, une fontaine mythique qu'on ne pouvait atteindre qu'après avoir dépassé les « Terres obscures » de l'Abkhazie ; des auteurs arabes s'étaient d'ailleurs eux aussi intéressés aux péripéties d'Alexandre le Grand.

De nombreuses légendes chinoises mentionnent cette source miraculeuse ; dans un conte populaire coréen, deux pauvres paysans la découvrent par hasard : en y buvant une gorgée d'eau, ils redeviennent aussitôt jeunes. Le mythe survécut tout au long du Moyen Âge, pour se déplacer ensuite en Amérique. Juan Ponce de León prétendit y devenir le missionnaire de la source de jeunesse éternelle. Il était en effet à bord des navires conduits par Colomb jusqu'à Hispaniola (l'actuelle Haïti), où les Indiens lui avaient déclaré qu'il existait, sur une île, une fontaine capable de rendre la jeunesse. Sa localisation demeurait toutefois approximative et allait de la côte septentrionale de l'Amérique du Sud à la Floride, en passant par les Caraïbes. Entre 1512 et 1513, Ponce de León navigua en vain entre toutes ces régions ; il reprit ensuite ses recherches jusqu'en 1521, date à

Murshid al-Shirazi, feuille extraite de Nizami, *Khamsa* : au recto, *Khizr et Ilyas (Elias) près de la fontaine de vie* ; au verso, *Alexandre à la recherche de la fontaine de vie*, 1548. Washington, Smithsonian Libraries

Double page suivante :
Nicolas Poussin, *Le Printemps ou le Paradis terrestre*, 1660-1664. Paris, Musée du Louvre

laquelle il fut blessé, sur les côtes de la Floride, d'une flèche indienne qui provoqua une infection dont il mourut à Cuba.

Mais le mythe de la source ne disparut pas avec lui : l'Anglais Walter **Raleigh** (1596) entreprit ainsi plusieurs explorations afin d'identifier cet Eldorado.

Lorsque de telles recherches n'intéressaient désormais plus personne, le thème fut repris avec ironie par Voltaire dans **Candide**, pour servir de critique à notre monde.

L'emplacement de la source donna naissance à de nombreuses lubies sur l'*hortus conclusus* (jardin enclos), aussi fermé que l'Éden après l'expulsion d'Adam, mais abondant encore en délices. Et l'on retrouve par exemple l'écho du mythe édénique, transformé en fable païenne sensuelle et diabolique, dans la *Jérusalem délivrée* du Tasse, lorsque l'auteur décrit le jardin où la magicienne Armide retient Renaud prisonnier des liens de l'amour.

Mais nous empiétons ici sur le territoire des lieux fictifs romanesques, qui seront abordés dans le dernier chapitre.

Au commencement

Genèse, 2, 7-15

Le Seigneur Dieu modela l'homme
avec de la poussière prise du sol.
Il insuffla dans ses narines l'haleine de vie,
et l'homme devint un être vivant.
Le Seigneur Dieu planta un jardin
en Éden, à l'orient, et il y plaça l'homme
qu'il avait formé. Le Seigneur Dieu fit
germer du sol tout arbre d'aspect attrayant
et bon à manger, l'arbre de vie au milieu
du jardin et l'arbre de la connaissance
de ce qui est bon ou mauvais.
Un fleuve sortait d'Éden pour irriguer le
jardin ; de là il se partageait pour former
quatre bras. L'un d'eux s'appelait Pishôn :
c'est lui qui entoure tout le pays de Hawila

Jean-Auguste-Dominique Ingres, *L'Âge d'or*, 1862. Cambridge, Fogg Art Museum

5. LE PARADIS TERRESTRE, LES ÎLES FORTUNÉES ET L'ELDORADO

Scène des Champs Élysées, en hommage à la jeune défunte Octavia Paolina. Fresque sur enduit provenant de l'hypogée des Octavii, Roma-Ottavia. Détail avec Hermès Psychopompe, la jeune défunte et des enfants cueillant des roses, IIIe siècle après Jésus-Christ. Rome, Museo Nazionale Romano (Palazzo Massimo alle Terme)

où se trouve l'or – et l'or de ce pays est bon – ainsi que le bdellium et la pierre d'onyx. Le deuxième fleuve s'appelait Guihôn ; c'est lui qui entoure tout le pays de Koush. Le troisième fleuve s'appelait Tigre ; il coule à l'orient d'Assour. Le quatrième fleuve, c'était l'Euphrate. Le Seigneur Dieu prit l'homme et l'établit dans le jardin d'Éden pour cultiver le sol et le garder.

Genèse, 3, 23-24

Le Seigneur Dieu l'expulsa du jardin d'Éden pour cultiver le sol d'où il avait été pris. Ayant chassé l'homme, il posta les chérubins à l'orient du jardin d'Éden avec la flamme de l'épée foudroyante pour garder le chemin de l'arbre de vie.

L'âge d'or

HÉSIODE (VIIIe siècle av. J.-C.)
Les travaux et les jours (Arléa, 2012)

D'or fut la race des hommes périssables que les Immortels, habitants de l'Olympe, créèrent la première. En ce temps-là, Cronos régnait au ciel : les hommes vivaient comme des dieux, le cœur libre de soucis, à l'abri des peines et de la misère. Ils ignoraient même la vieillesse et, bras et jambes toujours vigoureux, ils trouvaient leur plaisir dans les banquets, bien loin de tous les maux. Quand ils mouraient, c'était comme gagnés par le sommeil. Ils disposaient de tous les biens. La terre, féconde, produisait d'elle-même un fruit abondant et généreux ; et eux, paisibles et tranquilles, administraient leurs domaines et vivaient dans l'opulence. Maintenant que la terre a recouvert cette race, ils sont devenus de bons génies par la volonté du grand Zeus ; vivant parmi les mortels, ils veillent sur eux en leur dispensant les richesses. Tel est le royal honneur qu'ils ont obtenu.

Mahomet visite le Paradis terrestre, illustration du manuscrit persan *Miraj Nama*, XVᵉ siècle, Paris, Bibliothèque Nationale de France

Les champs élysées

VIRGILE (vers 70-19 av. J.-C.)
L'Énéide, VI, 633-647
(GF-Flammarion, 2011)

Elle [la Sibylle, la prêtresse de Phébus] avait dit, et tous deux, s'avançant du même pas à travers les ténèbres de la route, franchissent rapidement l'espace intermédiaire et approchent des portes. Énée devance la prêtresse à l'entrée, répand sur son corps une eau fraîche, et fixe le rameau au seuil qui lui fait face.
Ces devoirs accomplis et le présent offert à la déesse, ils arrivent dans de riants parages, aux délicieuses pelouses de bois fortunés, au bienheureux séjour. Un éther plus large revêt ces lieux d'une lumière de pourpre. Les ombres y ont leur soleil et leurs constellations. Les unes, sur le gazon, s'exercent à la palestre, mesurent leurs forces au jeu, et luttent sur le sable fauve ; les autres frappent la terre en des chœurs cadencés et chantent des vers. Le prêtre de Thrace [Orphée], en longue robe, fait parler harmonieusement les sept notes du chant et fait vibrer sa lyre tantôt sous ses doigts et tantôt sous son plectre d'ivoire.

Le paradis du Coran

Coran, XLVII, 16/17

Voici le tableau du paradis qui a été promis aux hommes pieux : des ruisseaux dont l'eau ne se gâte jamais, des ruisseaux de lait dont le goût ne s'altérera jamais, des ruisseaux de vin, délices de ceux qui en boiront.
Des ruisseaux de miel pur, toutes sortes de fruits, et le pardon des péchés.

Le paradis de Saint-Augustin

SAINT AUGUSTIN
La genèse au sens littéral, VIII, I-VII
(Institut d'études augustiniennes, 2001)

Je n'ignore pas que maintes gens ont dit maintes choses sur le paradis. Néanmoins il y a, sur ce point, comme trois grandes opinions. La première est celle de ceux qui ne veulent voir dans le paradis qu'une réalité corporelle ; la seconde, celle de ceux qui n'y voient qu'une réalité spirituelle ; la troisième, celle de ceux pour lesquels le paradis est à la fois réalité corporelle et réalité spirituelle. Pour le dire en bref, j'avoue que cette troisième opinion a ma faveur.
[…] Pareillement, il faut comprendre que le paradis où Dieu le [Adam] plaça n'est pas autre chose qu'un endroit déterminé de la terre, où pût habiter l'homme terrestre.

À propos de ces fleuves, ai-je mieux à faire qu'à confirmer que ce sont de vrais fleuves, non des fleuves en figure qui seraient, non pas des fleuves réels, mais des noms signifiant quelque autre chose ? Ces fleuves en effet sont bien connus dans les pays qu'ils traversent et le renom s'en est étendu presque dans toutes les nations. Bien plus, puisqu'il est certain que ces fleuves existent encore – deux d'entre eux ont changé de nom depuis les temps anciens, de même qu'on appelle Tibre aujourd'hui le fleuve jadis appelé Albula : le fleuve en effet que l'Écriture nomme le Géon est celui qu'aujourd'hui on appelle le Nil, et celui qu'elle appelle le Phison est celui qu'aujourd'hui on appelle le Gange ; quant aux deux autres, le Tigre et l'Euphrate, ils ont gardé leur nom d'autrefois […].

Le paradis d'Isidore

ISIDORE DE SÉVILLE
Étymologies, XIV, 3 (Belles lettres, 2011)

Le Paradis est un lieu situé dans la région orientale, dont le nom se rend du grec en latin par *hertus* («jardin»). Par ailleurs en hébreu, il s'appelle Éden, ce qui se traduit par *deliciae* («délices») dans notre langue. La combinaison des deux significations donne «le jardin des délices». Il est, en effet, planté de toutes sortes de bois et d'arbres fruitiers, il a aussi l'arbre de la vie. Ni froid, ni chaleur n'y existent, mais un climat toujours tempéré. De son centre jaillit une source qui arrose tout le bois et se divise en quatre fleuves qui y prennent naissance. L'accès à ce lieu a été fermé après le péché de l'homme car de tous les côtés, le paradis est entouré d'une romphée [épée] flamboyante, c'est-à-dire encerclé d'un mur de feu, de sorte que ses flammes atteignent presque le ciel. En outre, les chérubins, c'est-à-dire la garde des anges, sont disposés au-dessus des flammes de la romphée pour éloigner les mauvais esprits ; les flammes chassent les hommes, les anges chassent les mauvais anges pour que l'accès au paradis reste fermé à tout péché commis par la chair et par l'esprit.

Le paradis de Mandeville

JEAN DE MANDEVILLE
Voyage autour de la Terre, XXXIII
(Belles lettres, 1993)

Du Paradis, je ne saurais vous parler convenablement, car je ne suis jamais allé si loin parce que je n'en étais pas digne. Mais comme j'en ai entendu parler par les plus sages de par-delà, je vous en parlerai volontiers.
Le Paradis terrestre est, dit-on, la plus haute terre du monde ; elle est si haute qu'elle touche presque le cercle de la lune par lequel la lune fait son tour. Elle est si haute que le fleuve de Noé n'a pu l'atteindre alors qu'il recouvrit toute la terre du monde tout autour, dessus et dessous, sauf le Paradis. Le Paradis est tout enclos d'un mur et on ne sait de quoi il est fait. Il semble que le mur soit couvert de mousse et il n'apparaît ni pierre ni autre chose dont les murs soient faits. Le mur s'étend du midi vers le nord, il n'y a qu'une entrée qui est fermée par un feu ardent de sorte qu'aucun homme mortel ne peut y entrer.
[...]
Sachez que nul homme mortel ne peut aller vers ce Paradis ni en approcher. Par terre, nul ne pourrait y aller à cause des bêtes sauvages qui sont dans les déserts, à cause des montagnes et des rochers où nul ne pourrait passer et à cause des lieux ténébreux, qui sont nombreux. Et nul ne pourrait y aller par les rivières, car l'eau court avec tant de force, puisqu'elle vient de si haut et fait de si grandes vagues qu'aucun navire ne pourrait les remonter. Et l'eau mugit et fait si grand bruit et si grande tourmente que l'on ne peut s'entendre l'un l'autre dans le navire, même en criant de l'un à l'autre le plus haut possible.

Adam et Ève chassés du Paradis, in Clm 15709, fol. 171v, Munich, Bayerische Staatsbibliothek

5. LE PARADIS TERRESTRE, LES ÎLES FORTUNÉES ET L'ELDORADO

La vision de Thurcill

MATTHIEU PARIS
(vers 1200-1259)
La grande chronique d'Angleterre, IV
(Paleo, 2003)

Dans la grande basilique, se trouvaient de magnifiques demeures où résidaient les âmes des justes, plus blanches que la neige. Leurs visages et leurs couronnes brillaient éclairés comme par des rayons d'or. Chaque jour, à heure fixe, ils entendaient les concerts des cieux : on eût dit les accords réunis de tous les instruments connus. Cette harmonie, par sa douceur suave, anime et nourrit tous ceux qui habitent dans ce temple, aussi bien que s'ils étaient alimentés par les mets les plus délicats. Les âmes qui restaient en dehors de la basilique, dans le vestibule, n'étaient pas encore dignes d'entendre ces célestes concerts. [...]
Thurcill et ses guides se dirigèrent bientôt vers la plaine qui s'étendait à l'orient du temple, et parvinrent dans un lieu délicieux, émaillé des fleurs les plus variées ; les plantes, les arbres et les fruits y exhalaient de suaves parfums. Ce lieu était arrosé par une fontaine limpide, qui se partageait en quatre ruisseaux de liqueur et de couleurs différentes. Au-dessus de cette fontaine s'élevait un arbre superbe, dont les rameaux étaient immenses et la hauteur prodigieuse.
Cet arbre était abondamment chargé de fruits de toute espèce qui charmaient la vue et l'odorat. Sous cet arbre, près de la fontaine, était suspendu un homme dont les formes étaient belles et gigantesques. Il était revêtu depuis les pieds jusqu'à la poitrine d'une tunique de diverses couleurs, tissée avec un art infini ; d'un œil qui semblait rire et de l'autre, il semblait pleurer. « Tu vois, dit saint Michel, le premier père du genre humain, Adam : en riant d'un œil, il manifeste la joie qu'il ressent pour l'ineffable glorification de ceux de ses enfants qui doivent être sauvés ; en pleurant de l'autre, il annonce la douleur que lui causent ceux de ses enfants qui doivent être repoussés et damnés par le jugement du Dieu de justice. Le vêtement dont il est couvert ne forme pas encore une tunique complète : c'est le vêtement d'immortalité et de gloire dont il a été dépouillé à cause de sa première désobéissance. Mais depuis Abel, le juste d'entre ses fils, jusqu'aujourd'hui, ce vêtement a été refait par les générations de justes qui se sont succédé. Selon que ces élus ont brillé par différentes vertus ce vêtement s'est composé de diverses couleurs. Quand le nombre des élus sera complet, la robe de gloire et d'immortalité sera aussi achevée ; alors le monde finira. »

Le purgatoire de Saint Patrick

Le Purgatoire de saint Patrick, (IX, 54-56)
v. 1488-1594
(fin du XIIe siècle ;
traduction revue de Marie de France,
Peeters, 1995)

Il [le chevalier] vit devant lui un mur
   immense,
s'élevant très haut dans les airs.
Nul ne pourrait exprimer ni décrire
l'extraordinaire beauté de ce mur,
ni la manière ni la matière
   dont il était fait.
Il y avait dans ce mur une porte,
que, de loin, il apercevait.
Elle était faite de métal précieux
et ornée de façon merveilleuse :
de superbes pierres
précieuses et de grands prix y étaient
   incrustées.
Le chevalier était émerveillé
par cette porte qu'il contemplait

5. LE PARADIS TERRESTRE, LES ÎLES FORTUNÉES ET L'ELDORADO

Jérôme Bosch, *Visions de l'au-delà : le Paradis terrestre et la montée à l'empyrée*, XVe siècle. Venise, Palazzo Grimani.

HISTOIRE DES LIEUX DE LÉGENDE

Gustave Doré,
Roger sur l'hippogriffe,
illustration
pour le *Roland furieux*

et de l'éclat qui en émanait
et qui jaillissait des pierres précieuses.
Il se hâta de s'en approcher.
À une distance d'au moins une
  demi-lieue,
il la vit s'ouvrir pour lui.
Lorsqu'il en fut tout proche,
il sentit une odeur
si douce et si délicieuse
que, si tout ce qui a existé ou existe
  en ce monde
avait été transformé en arôme,
cela n'aurait pu égaler en rien ce parfum.
Grâce à la douceur de cette odeur
qui lui emplit le corps,
le chevalier recouvra toute sa force.
Il lui sembla que par les vertus
  de cette odeur
disparaissait toute la souffrance
qu'il avait éprouvée dans les tourments.

Quand il s'approcha de la porte,
il vit un pays resplendissant
où brillait une clarté plus éclatante
que celle du soleil en été.
Il souhaita ardemment y entrer. […]
Une telle clarté resplendissait
  dans ce pays
qu'il pouvait à peine ouvrir les yeux :
de même que le soleil en plein jour
éclipse la lueur des étoiles,
[de même] la grande luminosité
  de ce pays,
à son avis, rendrait terne
la lumière du soleil
dans son plus grand éclat.
Il ne pouvait juger des limites
de ce pays plein de douceur,
sauf la distance parcourue depuis l'entrée
  et pour autant qu'on¹ le lui montrait.
Ce pays ressemblait à un pré
rempli de fleurs, d'arbres,
d'herbes parfumées
et de superbes fruits rares.
Le chevalier avait le cœur si rempli
de la douceur du parfum,
qu'il pensait en être
nourri pour l'éternité.

Astolphe au paradis terrestre

L'ARIOSTE (1474-1533)
Roland furieux, XXXIV, 51-55
(Folio Gallimard, 2003)

Au milieu de la plaine, surgit un palais
qui semble brûler d'une flamme vive, tellement il projette, tout autour de lui, de
splendeur et de lumière inconnue aux
mortels.
Astolphe dirige lentement son destrier
vers le palais dont l'enceinte mesure plus
de trente milles ; il admire de tout côté
ce beau pays, et trouve le monde que nous
habitons mauvais et misérable, en butte
à la colère du ciel et de la nature, auprès
de celui-ci qui est si suave, si resplendissant, si riant.
En approchant du palais lumineux, il reste
frappé d'étonnement ; les murailles sont
tout entières d'une seule pierre précieuse,
plus vermeille et plus resplendissante que
l'escarboucle. […]
Sur le seuil éclatant de cette heureuse
demeure, un vieillard s'avance vers le duc.
Il est revêtu d'un manteau rouge et d'une
robe blanche, dont l'une peut être comparée au lait, l'autre à la pourpre. Ses cheveux
sont blancs ; ses joues sont couvertes d'une
épaisse barbe blanche qui descend sur la
poitrine. Et son aspect est si vénérable
qu'on le prendrait pour un des élus du
paradis.
Il aborde d'un air joyeux le paladin, qui
est descendu respectueusement de cheval,
et lui dit : « Baron, qui par la volonté divine
est monté jusqu'au paradis terrestre, bien
que tu ne saches pas pourquoi tu as fait
le chemin, ni dans quel but tu es venu,
tu peux croire que ce n'est pas sans un

1. Une foule qui l'accueille.

La Navigation de saint Brandan, XIIIe siècle. Collection particulière

éclatant miracle que tu es arrivé de l'hémisphère arctique. »

L'île de saint Brandan

La Navigation de saint Brandan [Xe siècle]

Après avoir navigué sur le nuage pendant une heure, ils virent, lorsqu'ils en sortirent, une grande lumière aussi claire que celle du soleil, qui ressemblait à une aurore d'un jaune éclatant et vif; à mesure qu'ils avançaient, cette clarté augmentait tellement qu'ils s'en émerveillaient au plus haut point, et qu'ils voyaient beaucoup mieux, dans le ciel, des étoiles qu'on ne peut voir ailleurs, ainsi que le mouvement des sept planètes ; et une telle lumière avait envahi le firmament que le soleil en était devenu inutile. Saint Brandan demanda d'où provenait une telle quantité de lumière, et s'il existait, dans ces régions, un autre soleil, plus grand, plus beau et plus brillant que
le nôtre ; son interlocuteur lui répondit ceci : « Cette lumière qui semble ici si grande est celle d'un autre soleil, qui ne ressemble pas à celui qui nous apparaît

La Terre de Colomb en forme de poire, illustration extraite de William Fairfield Warren, *Paradise Found* (*Le Paradis trouvé*), 1885

parmi les signes du ciel. Et le soleil à l'origine de cette lumière ne quitte jamais son emplacement, il est plus haut et cent mille fois plus brillant que celui qui tourne autour de nous ; et de même que la lune reçoit son éclairage du soleil, le soleil qui illumine le monde est à son tour éclairé par cet autre soleil […]. »

Plus leur navigation progressait, plus ils voyaient le ciel gagner en beauté, l'air en limpidité et la lumière du jour en éclat ; ils entendaient les oiseaux déployer leurs chants de leurs voix douces et variées ; à la vue, au son et à l'aspect de tant de choses précieuses, saint Brandan et ses moines éprouvaient une telle joie, un tel réconfort et une telle délectation que tant de douceur leur faisait presque sortir l'âme du corps […].

Après avoir rendu grâces à Dieu, ils débarquèrent et virent une terre rendue plus précieuse que n'importe quelle autre par sa beauté et par les choses merveilleuses, gracieuses et agréables, qui s'y trouvaient : des fleuves limpides et précieux aux eaux très douces, fraîches et suaves ; divers arbres portant des fruits rares ; des roses, des lys, des violettes et d'autres fleurs, et encore des herbes, toutes odoriférantes […]. Et il y avait aussi de petits oiseaux qui chantaient, bien en mesure, des mélodies d'une grande douceur et d'une extrême suavité, de sorte qu'on avait l'impression d'être au printemps. Il y avait des routes et des chaussées toutes bien tracées, selon les techniques les plus diverses, et aussi des pierres précieuses, et tant de bonnes choses que cela réjouissait le cœur de tous ceux qui les voyaient, et encore des animaux domestiques ou sauvages, qui allaient et venaient selon leur bon plaisir, vivant tous ensemble paisiblement, sans vouloir se faire le moindre mal […] Il y avait des vignes et des tonnelles regorgeant toujours de raisins rares, au goût extraordinaire […] Saint Brandan ayant demandé la raison

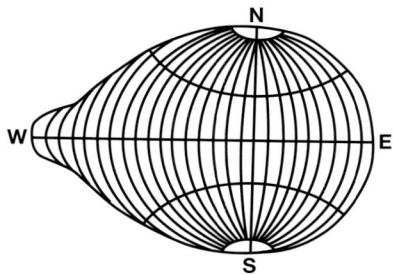

de la présence en ce lieu de tant de choses si belles, si remarquables et si bonnes, le procureur lui fit cette réponse : « Au commencement du monde, Notre Seigneur Dieu créa ce lieu sur l'emplacement le plus haut de la Terre, et son altitude lui permit d'échapper aux eaux du Déluge […] En outre, la roue du ciel et des étoiles tourne plus près de ce lieu que de n'importe quel autre […] Il ne connaît donc jamais de ténèbres et tous les rayons du soleil y parviennent en ligne droite… Personne ici ne commet de péchés, ni mortels ni véniels, et ne fait quoi que ce soit de contraire à son devoir […]. »

La terre en forme de poire

CHRISTOPHE COLOMB
(1451-1506)
Relations de voyage et autres écrits, 1494-1505 (La Découverte, 2002)

J'ai toujours lu que le monde – terre et eau – était sphérique, et les autorités et les expériences que Ptolémée et tous les autres ont décrites sur ce point prouvent et enseignent cela aussi bien par les éclipses de Lune que par les autres démonstrations qu'ils font depuis l'Orient jusqu'à l'Occident, et par l'élévation du pôle, du nord au midi. À ce moment, je trouvai, comme je l'ai dit, une telle dissemblance à ces vues que je réexaminai cette idée du monde et trouvai qu'il n'était pas rond de la manière qu'on le décrit, mais de la forme d'une poire qui serait toute très ronde, sauf à l'endroit où se trouve la queue qui est le point le plus élevé ; ou bien encore, comme une balle très ronde sur un point de laquelle serait posé comme un téton de femme, et que la partie de ce mamelon fût la plus élevée et la plus voisine du ciel, et située sous la ligne équinoxiale en cette mer Océane, à la fin de l'Orient. [...]

Et il est fort de raison que cela soit ainsi, car le Soleil, quand Notre Seigneur le fit, était sur le premier point de l'Orient, et ce fut là en Orient que jaillit la première lumière, là où est l'extrême élévation de ce monde. Et bien qu'Aristote ait pensé que la partie du monde la plus élevée et la plus voisine du ciel était le pôle antarctique ou la région qui est au-dessous, d'autres savants le combattent disant que c'est la région qui est sous le pôle arctique. Pour ces raisons, il paraît qu'ils entendaient qu'une partie de ce monde devrait être plus proche et plus favorisée du ciel que toute autre, mais ils ne comprirent pas qu'elle se trouvait sous la ligne équinoxiale de la façon que j'ai dite. Et ce n'est pas merveille, parce que de cet hémisphère on ne savait rien de sûr, mais seulement de très vagues suppositions et par conjectures [...].

Je ne trouve pas ni n'ai jamais trouvé un écrit des Latins ou des Grecs qui, d'une manière certaine, dise en quel point de ce monde est le Paradis terrestre. Je ne l'ai vu non plus sur aucune mappe-monde, sinon situé avec autorité d'argument. Certains le plaçaient là où sont les sources du Nil, en Éthiopie, mais d'autres parcoururent toutes ces terres et n'y trouvèrent ni la température ni l'élévation vers le ciel telles qu'ils pussent admettre qu'il était là et que les eaux du déluge y fussent arrivées qui le recouvrirent, etc. [...]

J'ai déjà dit ce que je pensais de cet hémisphère et de sa forme, et je crois que si je passais sous la ligne équinoxiale, en arrivant là, au point le plus élevé, je trouverais une température plus douce et d'autres différences entre les étoiles et dans les eaux. Ce n'est pas que je croie navigable le point extrême de l'éminence, ni que s'y trouve de l'eau, ni qu'on puisse y accéder. Je suis convaincu que là est le Paradis terrestre, où personne ne peut arriver si ce n'est par la volonté divine. [...]

Je ne conçois pas que le Paradis terrestre ait la forme d'une montagne abrupte, comme les écrits à son propos nous le montrent, mais bien qu'il est sur ce sommet, en ce point que j'ai dit, qui figure le mamelon de la poire, où l'on s'élève, peu à peu, par une pente prise de très loin. Je crois que personne ne pourrait atteindre ce sommet, ainsi que je l'ai dit, que cette eau peut venir de là, bien que ce soit loin, et qu'elle va se jeter là d'où je viens où elle forme un lac. Ce sont là de grands indices du Paradis terrestre, car la situation est conforme à l'opinion qu'en ont lesdits saints et savants théologiens. Et les signes sont très sûrs d'eux-mêmes, car je n'ai jamais lu, ni ouï dire, que pareille quantité d'eau douce fût ainsi à l'intérieur de l'eau salée et voisinant avec elle.

Walter Raleigh au pays d'Eldorado

SIR WALTER RALEIGH
(vers 1552-1618)
El Dorado (1595 ; Utz, 1993)

Les Espagnols qui ont vu Manoa, la cité impériale de Guyane, qu'ils appellent El Dorado pour son ampleur, ses richesses et son excellente situation, m'ont assuré qu'elle surpassait toutes les autres villes du monde, tout du moins tel qu'il est connu

5. LE PARADIS TERRESTRE, LES ÎLES FORTUNÉES ET L'ELDORADO

Théodore de Bry,
Grands voyages,
Francfort, 1590

de la nation espagnole. Elle est bâtie sur un lac d'eau salée long de deux cents lieues comme la mer Caspienne. La comparaison avec le Pérou, tel qu'on peut connaître ce pays par les récits de Francisco López et d'autres, nous permet de nous convaincre de son existence. Afin que l'on puisse juger de l'un par l'autre, il m'a semblé intéressant de citer ici un passage du chapitre 120 de l'*Histoire générale des Indes* de López dans lequel il décrivait la magnificence de la cour de Huayana Capac, ancêtre de l'empereur de Guyane : « Tous les objets de sa maison, tous les couverts et ustensiles de cuisine étaient d'or et d'argent, excepté quelques plus humbles faits d'argent et de cuivre pour lesquels la robustesse du métal était requise. Il conservait dans sa garde-robe des statues d'or creuses qui ressemblaient à des géants et des figures en grandeur naturelle de tous les animaux, oiseaux, arbres et plantes que la terre a portés, et de tous les poissons de la mer et des eaux de son royaume. Il avait aussi des cordes, des bourses, des armoires et des coffres d'or et d'argent, des entassements de lingots d'or qui ressemblaient à du bois de chauffage. Enfin il n'y avait rien dans son pays qui n'ait été contrefait en or. Et cependant on disait que dans une île, près de la Puna, les Incas possédaient un verger où ils allaient se détendre quand ils désiraient prendre l'air de la mer et où tout était en or et en argent, plantes, fleurs et arbres. Jamais personne n'avait encore vu pareille invention et magnificence. En outre, l'empereur possédait à Cuzco une quantité infinie d'or et d'argent non travaillés, qui fut perdue à la mort de Huascar, car les Indiens la dissimulèrent lorsqu'ils virent que les Espagnols s'en emparaient et l'emportaient en Espagne. » […]

Mais j'étais également très désireux de connaître la vérité sur ces femmes guerrières, auxquelles certains croient et d'autres non. […] Ces Amazones possèdent de grandes quantités de ces plaques d'or qu'elles acquièrent principalement en échange de pierres vertes que les Espagnols appellent *piedras hígadas* et que nous utilisons pour soigner la rate et qui sont aussi appréciées pour la maladie de la pierre. J'ai eu l'occasion d'en voir plusieurs en Guyane où chaque roi ou cacique en possèdent une, que le plus souvent leurs femmes portent et qu'ils considèrent comme des bijoux de grande valeur.

Candide au pays d'Eldorado

VOLTAIRE (1694-1778)
Candide ou L'optimisme, XVII-XVIII
(GF-Flammarion, 2007)

Il mit pied à terre avec Cacambo auprès du premier village qu'il rencontra. Quelques enfants du village, couverts de brocarts d'or tout déchirés, jouaient au palet à l'entrée du bourg ; nos deux hommes de l'autre monde s'amusèrent à les regarder : leurs palets étaient d'assez larges pièces rondes, jaunes, rouges, vertes, qui jetaient un éclat singulier. Il prit envie aux voyages d'en ramasser quelques-uns ; c'était de l'or, c'était des émeraudes, des rubis, dont le moindre aurait été le plus grand ornement du trône du Mogol. « Sans doute, dit Cacambo, ces enfants sont les fils du roi du pays qui jouent au petit palet. » Le magister du village parut dans ce moment pour les faire rentrer à l'école. « Voilà, dit Candide, le précepteur de la famille royale. »

Les petits gueux quittèrent aussitôt le jeu, en laissant à terre leurs palets et tout ce qui avait servi à leurs divertissements. Candide les ramasse, court au précepteur et les lui présente humblement, lui faisant entendre par signes que leurs Altesses Royales avaient oublié leur or et leurs pierreries. Le magister du village, en souriant, les jeta par terre, regarda un moment la figure de Candide avec beaucoup de surprise, et continua son chemin. […]

Aussitôt deux garçons et deux filles de l'hôtellerie, vêtus de drap d'or, et les cheveux renoués avec des rubans, les invitent à se mettre à la table de l'hôte. On servit quatre potages garnis chacun de deux perroquets, un contour bouilli qui pesait deux cents livres, deux singes rôtis d'un goût excellent, trois cents colibris dans un plat, et six cents oiseaux-mouches dans un autre ; des ragoûts exquis, des pâtisseries délicieuses ; le tout dans des plats d'une espèce de cristal de roche. Les garçons et les filles de l'hôtellerie versaient plusieurs liqueurs faites de cannes de sucre. […]

Quand le repas fut fini, Cacambo crut, ainsi que Candide, bien payer son écot en jetant sur la table de l'hôte deux de ces larges pièces d'or qu'il avait ramassées ; l'hôte et l'hôtesse éclatèrent de rire, et se tinrent longtemps les côtés. Enfin ils se remirent : « Messieurs, dit l'hôte, nous voyons bien que vous êtes des étrangers ; nous ne sommes pas accoutumés à en voir. Pardonnez-nous si nous nous sommes mis à rire quand vous nous avez offert en payement les cailloux de nos grands chemins. Vous n'avez pas sans doute de la monnaie du pays, mais il n'est pas nécessaire d'en avoir pour dîner ici. Toutes les hôtelleries établies pour la commodité du commerce sont payées par le gouvernement. Vous avez fait mauvaise chère ici, parce que c'est un pauvre village ; mais partout ailleurs vous serez reçus comme vous méritez de l'être. » […]

« […] Le royaume où nous sommes est l'ancienne patrie des Incas, qui en sortirent très imprudemment pour aller subjuguer une partie du monde, et qui furent enfin détruits par les Espagnols.
« Les princes de leur famille qui restèrent dans leur pays natal furent plus sages ; ils ordonnèrent, du consentement de la nation, qu'aucun habitant ne sortirait jamais de notre petit royaume ; et c'est ce qui nous a conservé notre innocence et notre félicité. Les Espagnols ont eu une connaissance confuse de ce pays, ils l'ont appelé El Dorado, et un Anglais, nommé le chevalier Raleigh, en a même approché il y a environ cent années ; mais, comme nous sommes entourés de rochers inabordables et de précipices, nous avons toujours été jusqu'à présent à l'abri de la rapacité des nations de l'Europe, qui ont une fureur inconcevable pour les cailloux et pour la fange de notre terre, et qui, pour en avoir, nous tueraient tous jusqu'au dernier. »

Le jardin d'Armide

LE TASSE (1544-1595)
La Jérusalem délivrée, XVI, 9-27
(GF-Flammarion)

À travers mille tortueux sentiers, les deux guerriers arrivent enfin au jardin enchanté : il offre à leur vue des eaux dormantes et des ruisseaux qui roulent sur un sable d'argent leur mobile cristal, des fleurs, des arbustes, des gazons, des coteaux que le soleil dore de sa lumière, des vallons que couvre un ombrage délicieux, des grottes et des forêts d'éternelle verdure : l'art qui créa ces beautés y ajoute encore par les soins qu'il prend de se cacher.
À l'heureux désordre qui règne en ces lieux, on croirait qu'ils doivent tout à la nature ; on croirait du moins que la nature a voulu jouer l'art et l'imiter à son tour. L'air docile aux lois d'Armide porte partout une chaleur féconde, et appelle dans les rameaux la sève obéissante : avec des fruits toujours mûrs, les arbres donnent des fleurs toujours nouvelles.
Sur le même tronc, sous la même feuille, la figue mûrit à côté de la figue naissante ; la pomme qui jaunit voit croître une pomme encore verte : la vigne sur les coteaux élance ses rameaux tortueux, et près d'une grappe qui fleurit étale une grappe déjà toute brillante d'un divin nectar.
Les oiseaux amoureux, sous des berceaux de verdure, soupirent leurs plaisirs et leurs peines : les ondes et les feuilles, mollement agitées par les zéphyrs, s'accordent à leur ramage, et leur harmonieux murmure accompagne leurs chants.
Parmi ces chantres ailés, il en est un dont le plumage est varié de mille couleurs : son bec a l'éclat de la pourpre ; sa langue forme des sons qui ressemblent aux nôtres ; il commence à chanter, tous se taisent pour l'entendre, et les vents dans les airs retiennent leurs haleines.

[…]
Cueillons la rose dès le matin, le soir elle sera fanée : cueillons la rose d'amour ; aimons tandis que nous pouvons être aimés à notre tour. »
Il se tait : tous les oiseaux reprennent leur ramage : les tourterelles redoublent leurs baisers amoureux : tout brûle, tout s'enflamme. Le chêne et le laurier, les arbustes et les plantes, la terre même et les eaux, tout respire l'amour et ressent sa puissance.
Au milieu de cette tendre mélodie, au milieu de tant d'objets voluptueux, les deux guerriers s'avancent : toujours plus austères, ils ferment leurs âmes à l'attrait du plaisir : leurs yeux errent à travers le feuillage : un nouvel objet a frappé leur vue : ils croient voir… ils voient Armide et son amant.

Elle est couchée sur le gazon ; Renaud est couché dans ses bras.
Son voile ne couvre plus l'albâtre de son sein ; ses cheveux épars sont le jouet des zéphyrs ; elle languit d'amour : sur ses joues enflammées, brille une sueur voluptueuse qui l'embellit encore. Dans ses prunelles humides pétille le feu du plaisir. Tel brille un rayon de lumière dans le cristal des eaux. Sa tête est penchée sur Renaud, qui, renversé dans ses bras, a les yeux attachés sur les siens.
De ses regards avides, il dévore son amante, et, en la dévorant, il se mine et se consume. Elle s'incline vers lui, elle lui donne des baisers de flamme, elle en couvre et ses yeux et ses lèvres ; il lui semble que son âme s'envole et passe dans le sein de son amante. Les deux guerriers,

Giovanni Battista Tiepolo, *Renaud et Armide*, 1753. Würzburg Residenz, Bayerische Schlösserverwaltung

de l'asile qui les cache, contemplent leurs jeux et leur ivresse.

[…]

Armide sourit, mais toujours elle s'admire et compose sa parure ; elle rappelle sur sa tête ses cheveux errants, les entrelace, les tresse, les arrondit en boucles ; et leurs fleurs qu'elle y mêle brillent comme l'émail enchâssé dans l'or. Elle marie la rose aux lis de son sein, et se couvre de son voile. Le paon superbe étale avec moins de complaisance l'orgueil de son plumage. Iris est moins belle, quand son humide écharpe se dore des rayons du soleil. Mais rien n'égale l'éclat de sa ceinture : elle-même travailla ce merveilleux tissu ; nulle autre main que la sienne n'eût pu allier ensemble les matières qui le composent.

Là sont les tendres dédains, les attrayants refus, l'ivresse de la volupté, son calme heureux, le sourire, les mots entrecoupés, les larmes du plaisir, les baisers et les soupirs ; elle-même, à un feu magique, les avait unis et confondus. Jamais elle ne quitte sa ceinture : la nuit, dans les bras du repos, elle est autour d'elle ; Amour quand il la réveille l'y laisse encore, et n'en est que plus heureux.

Enfin, elle donne à Renaud un tendre… un dernier baiser ; le jour la rappelle dans son palais pour s'y livrer à ses magiques mystères. Son amant ne peut suivre ses pas, ni pénétrer dans sa retraite : enchaîné dans ces jardins enchantés, il y erre tout le jour au milieu des bois, et seul avec les animaux qui les habitent.

Mais, quand l'ombre avec le silence revient favoriser les amoureux larcins, un même asile les rassemble et devient le confident de leur bonheur.

6

L'ATLANTIDE, MU ET LA LÉMURIE

Ci-contre :

Athanasius Kircher,
L'Atlantide,
illustration extraite
du *Mundus subterraneus*
(*Monde souterrain*),
Amsterdam, 1664

Page de droite :

Jules Verne, illustration pour
Vingt mille lieues sous les mers,
chapitre IX, « L'Atlantide »,
1869-1870

Double page suivante :

Thomas Cole, *La Destruction de l'empire*, 1836. New York, Collection of the New York Historical Society.
L'image était destinée à être une représentation des ruines de l'Atlantide.

De tous les territoires légendaires, l'Atlantide est celui qui a le plus stimulé, au fil des siècles, l'imagination des philosophes, des savants et des chercheurs de mystères (cf. **Albini** 2012). Et bien entendu, ce mythe n'a fait que se renforcer à mesure que croissait la conviction qu'un continent disparu avait réellement existé, et qu'il était difficile d'en retrouver les traces parce qu'il était enfoui au fond de la mer. L'hypothèse selon laquelle certaines terres de notre planète autrefois émergées auraient par la suite disparu n'a certes rien d'extravagant. En 1915, Alfred Wegener formula la théorie de la dérive des continents, et l'on considère aujourd'hui qu'il y a deux cent vingt-cinq millions d'années, l'ensemble des terres émergées constituait un seul et unique continent, la Pangée, qui commença ensuite (il y a environ deux cents millions d'années) à se scinder, donnant ainsi peu à peu naissance aux continents tels que nous les connaissons aujourd'hui. Au cours de ce processus, de nombreuses Atlantides auraient donc pu apparaître puis disparaître.

6. L'ATLANTIDE, MU ET LA LÉMURIE

Les premiers textes dont nous disposons à ce propos sont deux dialogues de **Platon**, le *Timée* et le *Critias* (ce dernier est hélas demeuré inachevé, et s'interrompt précisément à l'endroit où il semblait promettre de nouvelles révélations sur ce monde évanoui dans le néant).

De toute évidence, Platon se réfère à des mythes antérieurs à son époque, et il cite un récit de Solon sur des révélations recueillies auprès de savants égyptiens ; bien qu'il ne mentionne pas l'Atlantide, Hérodote (Ve siècle avant Jésus-Christ) avait déjà parlé des Atlantes comme d'une population d'Afrique du Nord composée de végétariens qui ne rêvaient jamais. Mais les deux textes de Platon constituent de fait les seules sources susceptibles de nous servir de point de départ.

Celui du *Timée* est le plus synthétique. Le philosophe y indique qu'au-delà des Colonnes d'Hercule (que l'on a longtemps identifiées au détroit de Gibraltar, même si l'on a récemment proposé des localisations alternatives), et donc sur l'Océan, il existait une île plus vaste que la Libye et l'Asie mineure réunies, dénommée Atlantide. Il s'y était formé une immense et admirable puissance dont la domination s'étendait aussi à des régions situées en deçà des Colonnes : la Libye (jusqu'à l'Égypte) et la partie de l'Europe allant jusqu'à la Tyrrhénie. « À un moment donné, cette puissance concentra toutes ses forces, se jeta d'un seul coup sur votre pays, sur le nôtre et sur tout le territoire qui se trouve à l'intérieur du détroit, et elle entreprit de les réduire en esclavage. C'est alors, Solon, que votre cité révéla sa puissance aux yeux de tous les hommes en faisant éclater sa valeur et sa force ; car, sur toutes les autres cités, elle l'emportait par la force d'âme et pour les arts qui interviennent dans la guerre. D'abord, à la tête des Grecs, puis seule par nécessité, puisqu'abandonnée par les autres, elle fut exposée à des périls extrêmes, mais elle vainquit les envahisseurs, dressa un trophée, permit à ceux qui n'avaient jamais été réduits en esclavage de ne pas l'être, et libéra, sans réserve aucune, les autres, tous ceux qui, comme nous, habitent à l'intérieur des Colonnes d'Héraclès. Mais, dans le temps qui suivit, se produisirent de violents tremblements de terre et des déluges. En l'espace d'un seul jour et d'une seule nuit funestes, toute votre armée fut engloutie d'un seul coup sous la terre, et l'île Atlantide s'enfonça pareillement sous la mer. De là vient que, de nos jours, là-bas, la mer reste impraticable et inexplorable, encombrée qu'elle est par la boue que, juste sous la surface de l'eau, l'île a déposée en s'abîmant[1]. »

---

[1]. Platon, *Timée*, 25b-d. [Traduction utilisée : Platon, *Timée. Critias*, présentation et traduction de Luc Brisson, Paris, Flammarion, GF, 5e édition corrigée et mise à jour, 2001, p. 112. N.d.T.]

6. L'ATLANTIDE, MU ET LA LÉMURIE

École de Giulio Romano, *Salle des Chevaux : Montagne dans un labyrinthe d'eau*, XVIe siècle. Mantoue, Palazzo Te

Selon l'hypothèse de Pierre Vidal-Naquet (2005), ce récit de la guerre d'Athènes contre l'Atlantide ferait allusion à une Athènes primitive, telle que Platon aurait souhaité la voir perdurer, mais devenue ensuite une puissance impérialiste à l'issue des guerres médiques. Toutefois, comme en d'autres chapitres du présent ouvrage, nous n'avons pas à nous occuper ici des problèmes infinis posés par certains textes, mais de la façon dont la légende a tour à tour situé l'Atlantide dans les lieux les plus inattendus et les plus impensables.

Le récit platonicien exerça une influence immédiate sur plusieurs auteurs classiques. Aristote ne nomme pas l'Atlantide, mais dans un passage du *Traité du ciel* (II, 4), qui semble avoir inspiré Colomb, il soutient qu'en raison de la sphéricité de la Terre, la région des Colonnes d'Hercule confine avec l'Inde, et que le fait que les deux rivages de l'Océan avaient été autrefois réunis était prouvé par la présence, sur ses deux côtes, d'éléphants (or, dans sa description de l'Atlantide, Platon avait mentionné ces animaux). En outre,

HISTOIRE DES LIEUX DE LÉGENDE

Représentation idéale du mystérieux temple de l'Atlantide, illustration extraite de Manly P. Hall, *The Secret Teachings of All Ages* (*Les Enseignements secrets de tous les âges*), 1928

dans les *Météorologiques* (II, 1), Aristote écrit que la boue met les espaces marins situés au-delà des Colonnes à l'abri du vent, et reprend ainsi l'idée du *Timée* selon laquelle l'île, en sombrant, avait laissé des fonds fangeux.

Le texte de Platon servit aussi de référence à **Diodore de Sicile** (Ier siècle avant Jésus-Christ), à **Pline l'Ancien** (Ier siècle après Jésus-Christ) et, plus ou moins à la même période, à Philon d'Alexandrie. Dans sa *Vie de Solon*, Plutarque (Ier–IIe siècle après Jésus-Christ) regrette que le *Critias* s'arrête juste au moment où le lecteur commence à prendre goût à cette histoire.

Le mythe fut aussi repris par des auteurs chrétiens comme Tertullien ; dans sa *Philippique* (dont nous ne connaissons que des fragments), Théopompe de Chios, un contemporain de Platon, avait quant à lui parodié le *Critias* en parlant de la Méropide, une île située au-delà de l'océan Atlantique dont les habitants étaient deux fois plus grands et vivaient deux fois plus longtemps que les hommes normaux ; sept siècles plus tard, dans sa *Varia Historia* (III, 18), **Élien le Sophiste** reprit cette parodie à son compte, mais de manière plus détaillée.

Au Ve siècle après Jésus-Christ, dans son commentaire du *Timée*, Proclus inclinait à penser que l'Atlantide avait bel et bien existé, mais il notait par ailleurs (76, 10) que, même si « d'autres disent que l'Atlantide est une fable, une fiction dénuée de réalité », ce mythe contenait « une indication sur les vérités éternelles », et qu'il transmettait donc « un sens caché ».

Au VIe siècle après Jésus-Christ, Cosmas Indicopleustès parlait encore de l'Atlantide (dans le sillage du *Timée*), mais par la suite, et tout au long du Moyen Âge, plus personne ne semble avoir été fasciné par cette légende. À la Renaissance, Marsile Ficin, Girolamo Fracastoro et Giovan Battista Ramusio (1556) en reparlèrent et la situèrent en Amérique ; de même, dans son *Historia general de las Indias* (*Histoire générale des Indes*), Francisco López de Gómara (1554) montra que les territoires récemment découverts semblaient correspondre à merveille au récit platonicien, et il émit l'hypothèse selon laquelle les habitants de l'Atlantide auraient été les Aztèques. Quant à **Francis Bacon** (1627), qui n'avait pas donné par hasard à son utopie le titre de *Nova Atlantis* (*Nouvelle Atlantide*), il déclara sans ambiguïté, à propos des royaumes du Pérou et du Mexique, que l'Amérique était bien l'Atlantide des anciens.

Toutefois, **Montaigne** avait judicieusement remarqué que ce ne pouvait pas être le cas, puisque l'Amérique n'était pas une île, mais un continent encore intact.

D'autres auteurs, comme Bartolomé de Las Casas (1551-1552), associèrent l'Atlantide aux tribus perdues d'Israël, ouvrant ainsi la voie à ceux qui, bien plus tard, devaient hasarder une identification entre l'île disparue et la Palestine : cette idée réapparut à maintes reprises au moins jusqu'à l'*Essai historique et critique sur les Atlantiques* de Karl Friedrich Baer (1762) ; à l'en croire, l'océan Atlantique n'était autre que la mer Rouge, et il fallait donc reconnaître, dans la destruction de la civilisation atlantique, celle de Sodome et Gomorrhe.

Il est impossible de dresser la liste de tous ceux qui, d'une manière ou d'une autre, ont cité l'Atlantide. Le père Athanasius Kircher (1665), qui en a tracé la carte la plus célèbre, la situait plus ou moins à l'emplacement des Canaries, et pensait que sa disparition était due à des éruptions volcaniques (il en parle d'ailleurs dans son *Mundus subterraneus* [*Monde souterrain*], qui traite de ce sujet).

Une nouveauté apparut avec la publication de l'*Atlantica sive Manheim, vera Japheti posterorum patria* (*L'Atlantique ou Manheim, véritable patrie des descendants de Japhet*), d'Olaus Rudbeck (1679-1702). Naturaliste et anatomiste, recteur de l'université d'Uppsala, correspondant de Descartes, Rudbeck était un chercheur sérieux et son Atlantis intéressa Newton – qui d'ailleurs, toujours prêt à se lancer dans des explorations liées à l'occultisme, se référa souvent à l'Atlantide dans sa *Chronology of Ancient Kingdoms* (*Chronologie des anciens royaumes*), publiée posthume en 1728. Pour Rudbeck, les Atlantes auraient habité la Suède, où s'était établi Atlas, fils de Japhet et par conséquent petit-fils de Noé, et les runes nordiques auraient précédé l'alphabet phénicien. L'auteur suédois inaugurait ainsi la glorification des Hyperboréens en tant que peuple élu, destiné par la suite à produire tant de mythes sur la puissance aryenne (voir le chapitre consacré à Thulé et à l'Hyperborée).

Giambattista Vico (1744) tourna en dérision les idées de Rudbeck, et polémiqua aussi contre les théories de plusieurs auteurs de son temps, selon qui la langue de leur pays constituait la descendance directe, voire l'origine, de celle d'Adam[2]. La critique des mythes nationalistes opérée par Vico n'empêcha cependant pas Angelo Mazzoldi

2. Voir à ce propos Eco 1993.

Olaus Rudbeck montre la position de l'Atlantide, image tirée du frontispice d'*Atlantica sive Manheim*, Uppsala, 1679

(1840) d'identifier l'Atlantide à la péninsule italienne.

Mais revenons à l'hypothèse nordique et scandinave. La théorie de Rudbeck fut en effet reprise dans les *Lettres sur l'Atlantide de Platon* de Jean-Sylvain Bailly (1779), qui situait même l'île originaire encore plus au nord que la Suède elle-même, en Islande ou au Groenland, sur le Spitzberg, dans le Svalbard ou en Nouvelle-Zemble. Bailly s'en prenait ainsi à Voltaire (ses *Lettres* ne purent cependant pas parvenir au « grand homme », mort avant de les recevoir) : car dès 1756, dans l'*Essai sur les mœurs et l'esprit des nations*, cet adversaire vénéré avait écrit que si l'Atlantide avait jamais existé, elle aurait dû correspondre à l'île de Madère.

D'ailleurs, entre le XVIIe et le XVIIIe siècle, on vit s'affirmer un autre type de réflexion, accompagnée cette fois de prétentions scientifiques, sur la localisation éventuelle de l'île mythique ; Ciardi (2002) parle à ce propos de « seconde jeunesse de l'Atlantide ». Il s'agit d'une série de recherches sur l'âge possible de la Terre, ouvertement opposées aux chronologies bibliques et fondées sur de nouvelles analyses de fossiles, ainsi que sur des tentatives de stratigraphie géologique. Dans cette perspective, le mythe platonicien était perçu comme un témoignage sur des mouvements telluriques effectifs qui avaient, au fil des millénaires, transformé le visage de la planète ; un débat s'était même ouvert à ce propos entre « neptunistes » et « plutonistes » (l'Atlantide avait-elle été détruite par l'eau ou par des éruptions volcaniques ?).

Passant ainsi du mythe à la géologie et à la paléontologie, l'Atlantide intéressa des savants tels que Buffon, Cuvier, Alexander von Humboldt et même Darwin. Mais il nous faut revenir à la légende.

Car tandis que les hommes de science relisaient prudemment Platon, les occultistes et les chercheurs de mystères continuaient à sévir.

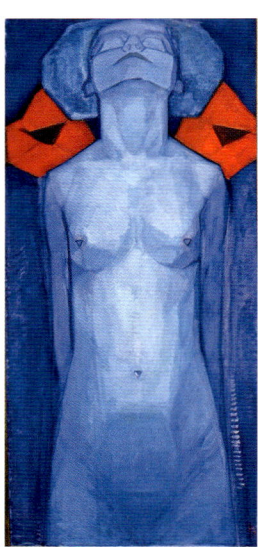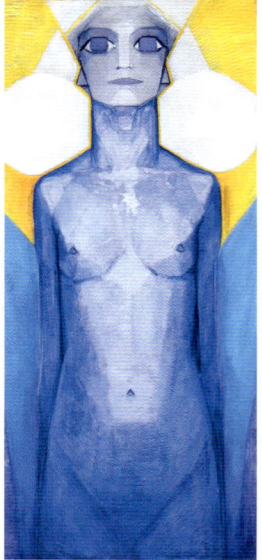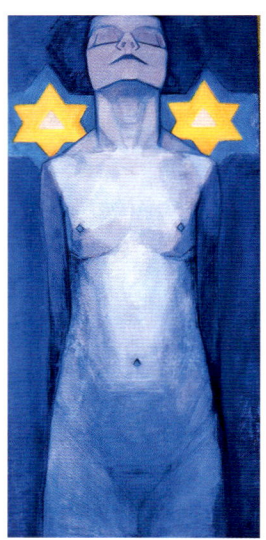

Piet Mondrian, *Évolution*, 1911. La Haye, Gemeentemuseum Den Haag

William Blake considérait ainsi que l'Angleterre, de même que l'Amérique, était à la fois l'héritière de l'Atlantide et la demeure des tribus d'Israël. Quant aux deux maîtres de l'ésotérisme du XIXe siècle, Antoine Fabre d'Olivet (voir le passage cité dans l'anthologie du chapitre sur Thulé et l'Hyperborée) et la théosophe **Madame Blavatsky** (*Isis dévoilée*, 1877), ils ne pouvaient manquer de rêver de l'Atlantide.

Par ailleurs, dans *Vingt Mille Lieues sous les mers* (1870), on assiste à la découverte sous-marine de ce monde englouti par les flots ; le célèbre roman de **Jules Verne** n'a pas de prétentions autres que narratives, mais il contient une description plus prégnante que tout texte mystériosophique, une sorte de parfaite illustration des fantaisies platoniciennes.

Toutefois, l'auteur qui revitalisa plus que tout autre le mythe de l'Atlantide, et que n'importe quel adepte de ce même mythe cite encore de nos jours, fut Ignatius Donnelly (1882), avec son *Atlantis*. Quelques années plus tard, dans son *Great Cryptogram* (*Grand cryptogramme*, 1888), cet homme à la crédulité imperturbable devait se distinguer, sinon comme le premier, du moins comme le plus célèbre intervenant de la controverse dite « Bacon-Shakespeare », durant laquelle on s'efforça de prouver (d'aucuns continuent d'ailleurs à le faire de nos jours) que l'auteur des pièces de Shakespeare aurait été Francis Bacon. Donnelly se perdit, à cette occasion, en analyses vertigineuses de cryptogrammes, c'est-à-dire de messages dissimulés dans les textes du dramaturge, où Bacon se serait manifesté comme leur véritable créateur.

On ne pouvait s'attendre à moins dans ses textes sur l'Atlantide ; il suffira ici de lui laisser la parole et de citer les premières lignes de son livre : « Il a jadis existé dans l'océan Indien, face à l'entrée de la Méditerranée, une grande île, vestige d'un continent atlantique et connue dans le monde antique sous le nom d'Atlantide ; la description qu'en a donnée Platon n'est pas, comme on l'a longtemps supposé, une fable, mais une histoire authentique. L'Atlantide est la région où, pour la première fois, l'homme s'émancipa de la barbarie pour atteindre la civilisation, et elle devint, au fil des siècles, une nation peuplée et puissante, dont les membres essaimèrent sur les plages du golfe du Mexique, sur les rives du Mississippi et de l'Amazonie, sur la côte pacifique de l'Amérique du Sud, en Méditerranée, sur la côte occidentale de l'Europe et de l'Afrique, sur la mer Baltique, la mer Noire et la mer Caspienne, et dans toutes les régions qui furent peuplées de nations civilisées. L'Atlantide fut le véritable monde antédiluvien : le jardin d'Éden, celui des Hespérides, les Champs Élysées, le jardin d'Alcinoos, le Mésomphalos, l'Olympe, l'Asgard des traditions de nations antiques – de sorte qu'elle représente le souvenir universel d'un grand pays, où l'humanité primitive habita durant des siècles dans la paix et le bonheur. Les dieux et les déesses des anciens Grecs, des Phéniciens, des Hindous et des Scandinaves, furent tout simplement les rois, les reines et les héros de l'Atlantide, et les hauts faits qu'on leur attribue constituent un souvenir confus d'événements historiques réels. La mythologie de l'Égypte et du Pérou représentait la religion originelle de l'Atlantide, fondée sur le culte du soleil. Car la plus ancienne colonie établie par les Atlantes fut sans doute l'Égypte, dont la civilisation fut une reproduction de la leur. L'Europe doit à l'Atlantide le développement de l'âge du bronze, et les Atlantes furent aussi les premiers à travailler le fer. L'alphabet phénicien, père de tous les alphabets européens, est issu d'un alphabet des Atlantes, qu'ils exportèrent aussi chez les Mayas d'Amérique centrale. L'Atlantide fut la demeure d'origine de la famille des nations aryennes ou indo-européennes, mais aussi des peuples sémitiques, et peut-être également des races touraniennes. Elle périt lors d'une terrible convulsion de la nature, lorsque l'île tout entière sombra dans l'Océan, avec la quasi-totalité de ses habitants ; seules quelques personnes parvinrent à s'enfuir sur des navires et des radeaux,

et apportèrent aux nations de l'Orient et de l'Occident des informations sur l'effroyable catastrophe ; ces informations ont survécu jusqu'à nos jours sous la forme de légendes relatives à la Grande Inondation et au Déluge, chez diverses nations de l'Ancien et du Nouveau Monde. »

Afin de conférer une valeur scientifique à sa théorie, Donnelly avait étudié tous les tremblements de terre et tous les engloutissements de proportions catastrophiques survenus au cours de l'histoire, les raz de marée qui avaient provoqué la disparition d'îles en Islande, à Java, à Sumatra, en Sicile ou au large de l'océan Indien, et enfin le tremblement de terre de Lisbonne. Selon lui, à l'époque où l'Atlantide était encore une terre émergée, il existait des îles qui la reliaient d'un côté à l'Europe, et de l'autre à l'Amérique.

Au XXe siècle, peut-être sous l'influence de Donnelly, ou peut-être pour d'autres raisons, on a cherché les ruines de l'Atlantide ou d'une de ses colonies à Tartessos (une cité ibérique disparue, dont il est question aussi bien dans la Bible que chez Hérodote), sans obtenir de résultats probants, mais aussi dans le Sahara, sous le sable. On a par ailleurs imaginé que les Berbères des montagnes de l'Atlas, avec leur peau blanche, leurs yeux bleus et leurs cheveux blonds, étaient les survivants de la disparition de l'Atlantide ; l'ethnologue Leo Frobenius est même parti à sa recherche plus au sud encore,

6. L'ATLANTIDE, MU ET LA LÉMURIE

Le Départ de la flotte, détail de la fresque d'Akrotiri, Théra, 1650-1500 avant Jésus-Christ. Athènes, Musée archéologique national

jusqu'au Niger. On a en outre pensé à l'île de Théra, en Méditerranée, qui avait été engloutie au XVe siècle avant Jésus-Christ et dont la partie restante correspondrait à l'actuelle Santorin.

Enfin, on a longtemps parlé de la carte tracée en 1513 par l'amiral turc Piri Reis (Piri Ibn Haji Mehmed) sur une peau de gazelle (cf. Cuoghi 2003). Ce document présente un immense intérêt cartographique, mais beaucoup ont cru y voir une représentation de l'Antarctique (que l'amiral ne pouvait connaître), tandis que les « atlantologues » y reconnurent une image de l'Atlantide, placée entre la Terre de Feu et une Terra incognita [3] – sans que rien justifie cette interprétation.

Certains ont établi un lien entre la disparition de l'Atlantide et le prétendu mystère du triangle des Bermudes : à en croire une légende contemporaine, plusieurs avions et navires s'y seraient en effet abîmés ; toutefois, selon les experts, le nombre d'accidents survenus dans ledit Triangle n'est en rien supérieur à celui de toute autre région à haute densité de circulation aéronavale. Mais on a aussi parlé d'une source d'énergie encore active dans les ruines englouties de l'Atlantide, ou bien de perturbations électromagnétiques et d'anomalies gravitationnelles, causées par le cataclysme qui frappa l'île dans l'Antiquité ; selon une autre hypothèse, ses

3. Voir à ce propos le chapitre 12, consacré aux îles Salomon et à la Terre australe.

habitants auraient survécu dans une ville sous-marine qui existerait toujours dans les profondeurs du Triangle, et il faudrait leur attribuer les disparitions supposées ; on peine pourtant à s'expliquer les raisons qui pourraient les pousser à pratiquer cette forme de piraterie.

Comme on pouvait s'y attendre, le souvenir obsessionnel des pages de Platon a stimulé la production d'hypothèses sur d'autres continents disparus, parmi lesquels la Lémurie : Donnelly y avait déjà fait allusion, et elle constituerait un autre berceau de la race humaine. Elle se serait située entre l'Australie, la Nouvelle-Guinée, les îles Salomon et les Fidji ; mais pour d'autres « lémurologues », elle aurait uni l'Afrique et l'Asie. Les scientifiques ont cependant prouvé que dans le Pacifique et l'océan Indien, il n'existe aucune formation géologique susceptible de lui correspondre.

L'intrépide Madame Blavatsky ne pouvait manquer d'en parler, elle qui avait vu dans les Lémuriens certains de ces « Grands Initiés » dont les ésotéristes font toujours l'objet de leurs redécouvertes.

Un proche parent de la Lémurie (à tel point que les deux noms se réfèrent souvent au même territoire) est le continent Mu. Au XIXe siècle, l'abbé Charles Étienne Brasseur entreprit de traduire un codex maya en lui appliquant la méthode de déchiffrement (totalement erronée) conçue au XVIe siècle par Diego de Landa. Il crut comprendre (à tort) que ce manuscrit parlait d'une terre qui aurait été engloutie lors d'un cataclysme, et traduisit par « Mu » une série de symboles dont le sens lui échappait. Son idée fut d'abord reprise par

Page de droite :

Carte de l'amiral Piri Reis, 1513. Istanbul, Topkapi Biblioteca Serail

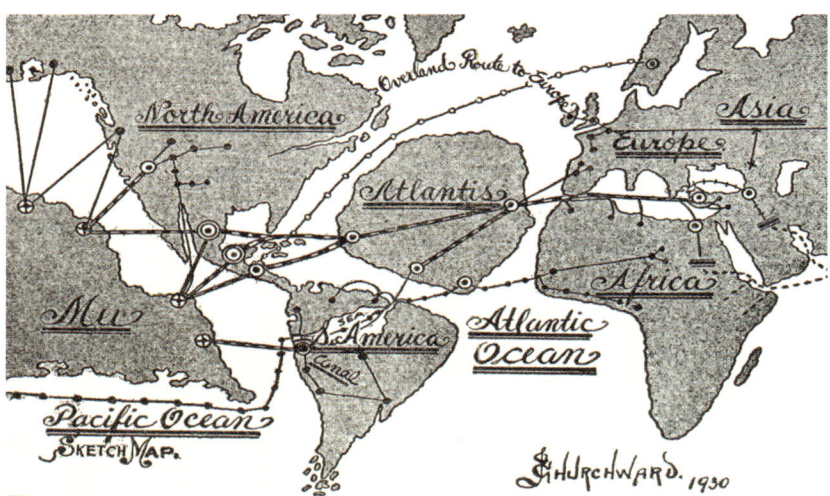

Ci-contre :

James Churchward, *The Children of Mu* (*Les Enfants de Mu*), 1931, éd. Ives Washburn (15-1930-c.png)

6. L'ATLANTIDE, MU ET LA LÉMURIE

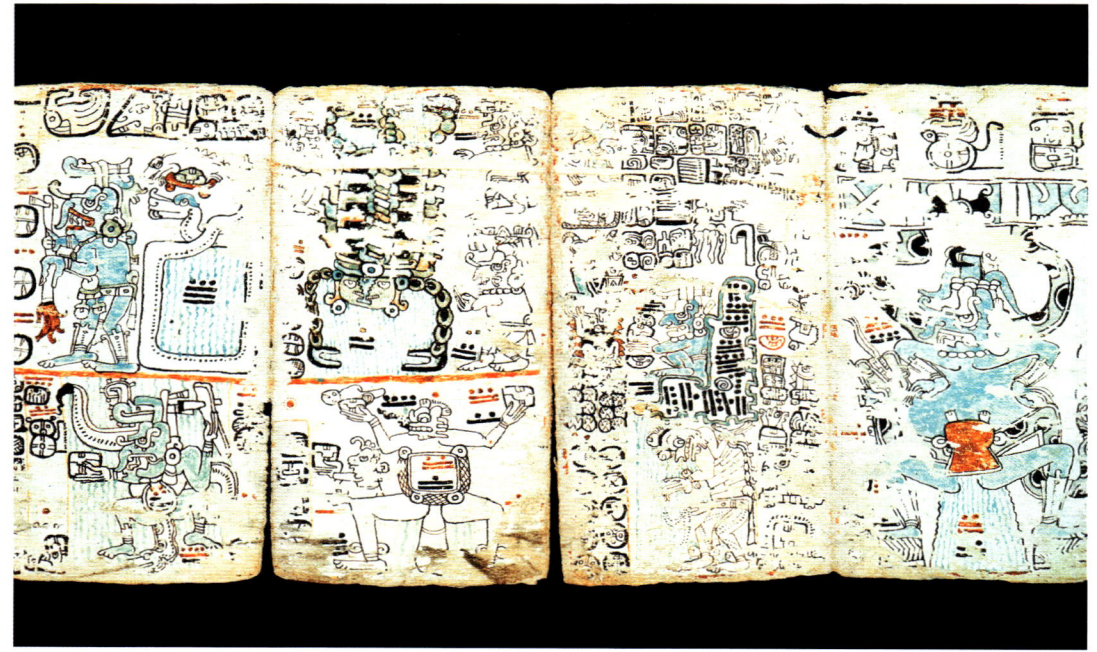

Fragment du *Codex Tro-cortesiano II* (*Codex de Madrid*), vers 900-1521. Madrid, Museo de America

Augustus Le Plongeon (1896), puis, de manière plus développée, par le colonel James Churchward, dont on mentionnera *The Lost Continent of Mu* (*Mu, le continent perdu*, 1926) : un prêtre indien aurait montré à l'auteur des tablettes antiques parlant de l'origine de l'humanité et rédigées par de supposés « Frères sacrés », originaires d'un continent situé en Asie du Sud-Est.

À en croire ces tablettes, l'espèce humaine serait apparue sur le continent Mu, qu'habitaient diverses tribus gouvernées par un roi nommé Ra-Mu. Sa population se composait surtout de membres d'une race blanche qui avait ensuite exporté dans le monde entier la science, la religion et le commerce. Comme tous les continents des origines, Mu avait subi des éruptions volcaniques et des raz de marée, et avait été submergé par les flots il y a treize mille ans, avant même l'Atlantide (une de ses colonies), qui ne devait subir le même sort que mille ans plus tard.

Enfin, le 20 octobre 1912, Paul Schliemann, petit-fils de l'archéologue qui avait mis au jour les ruines de Troie, à l'évidence désireux de rivaliser avec son grand-père, publia dans le *New York American* des révélations sur sa découverte de l'Atlantide, qui s'avérèrent ensuite n'être qu'un *hoax*, un canular – on avança même, par la suite, l'hypothèse selon laquelle Paul n'aurait

Révélations de Paul Schliemann, in *New York London Budget*, 17 novembre 1912

absolument pas été le petit-fils du grand archéologue.

Toutes ces fantaisies s'appuient souvent sur l'existence de pyramides et de ziggourats aussi bien en Égypte ou au Proche-Orient que dans des cultures asiatiques et amérindiennes. Cela ne prouve pourtant pas grand-chose : des structures en forme d'accumulation peuvent en effet avoir été inventées de manière autonome par différentes cultures, puisqu'elles correspondent à la manière dont le sable se dispose sous l'effet du souffle des vents ; de même, les structures en gradins résultent souvent d'érosions normales, et la forme des arbres pouvait suggérer partout celle de la colonne. Mais pour les chercheurs de mystères, si des mégalithes et des blocs monolithiques obtenus grâce à une technique d'encastrement sont aussi répandus en Amérique du Sud, en Égypte, au Liban, en Israël, au Japon, en Amérique centrale, en Angleterre et en France, cela prouve qu'ils constitueraient l'héritage d'une civilisation plus ancienne.

L'Atlantide avait aussi séduit plusieurs occultistes gravitant dans l'orbite du parti nazi. On se rapportera à ce propos au chapitre du présent ouvrage consacré à Thulé et à l'Hyperborée, mais il vaut la peine de rappeler d'ores et déjà que selon la théorie de la glace éternelle développée par Hans Hörbiger, la submersion de l'Atlantide et de la Lémurie aurait coïncidé avec la capture de la Lune par la Terre. Dans *Atlantis, die Urheimat der Arier* (*L'Atlantide, patrie primitive des Aryens*, 1922), Karl Georg Zschätzsch avait parlé d'une race dominante « nordico-atlante » ou « aryano-nordique », et cette idée fut reprise par l'un des principaux théoriciens du racisme nazi, Alfred Rosenberg. On raconte aussi qu'en 1938, Heinrich Himmler aurait organisé une expédition au Tibet, afin de retrouver les dépouilles des habitants blancs de l'Atlantide. Julius Evola (1934), autre théoricien de la suprématie hyperboréenne, traça quant à lui une carte idéale des migrations de la « race boréale » : l'une allait du nord au sud, l'autre d'est en ouest, et l'Atlantide était conçue comme un cercle formé à l'image de celui du pôle. Le sud, en revanche, était

L'Atlantide de Georg Wilhelm Pabst, 1932

censé conserver des traces de la Lémurie, « dont certaines populations nègres et australes peuvent être considérées comme les derniers vestiges crépusculaires ». De manière plus générale, Evola indique que « là où l'on rencontre des races inférieures liées au démonisme chtonien et mêlées à la nature animale, il reste, sous des formes mythologisées, des souvenirs de luttes qui soulignent toujours l'opposition entre un type divin-lumineux (élément de dérivation boréale) et un type obscur non divin ».

En conclusion, de même que le Graal (voir le chapitre sur ce thème), l'Atlantide s'est déplacée au fil des siècles entre les lieux les plus impensables : non seulement, comme on l'a vu plus haut, des Açores à l'Afrique du Nord, de l'Amérique à la Scandinavie, de l'Antarctique à la Palestine, mais aussi, à en croire d'autres archéologues ou soi-disant tels, dans la mer des Sargasses, en Bolivie, au Brésil ou en Andalousie.

Plus récemment, Sergio Frau (2002) a soutenu que les Colonnes d'Hercule ne devaient pas se trouver à Gibraltar mais dans le détroit de Sicile ; l'Atlantide correspondrait donc, dans ce cas, à la Sardaigne, où l'on a découvert une inscription phénicienne (*b-Trshsh*) qui pourrait se lire « Tartessos » – de sorte que même la colonie mythique des Atlantes devrait être déplacée d'Espagne en Sardaigne. On pourrait certes objecter que l'Atlantide a disparu et que la Sardaigne est toujours à sa place, mais Frau rappelle que cette dernière aurait effectivement subi des raz de marée susceptibles de faire naître la légende de sa destruction par la mer. D'autre part, s'il est vrai que les Grecs ne franchirent jamais le détroit de Sicile, Platon n'aurait eu lui aussi que des idées très vagues sur une île encore prospère au moment où il écrivait le *Timée* et le *Critias*.

Quoi qu'il en soit, le mythe de l'Atlantide a provoqué un regain d'intérêt pour d'autres civilisations disparues. L'une d'elles est la ville d'Ys

Hugo Pratt, illustration extraite de *Mu, la cité perdue*, 1988

charme, en statues dorées. On a tiré de ce roman plusieurs films, dont celui de Pabst (1932), mais aussi un certain nombre de bandes dessinées.

Parmi d'autres bandes dessinées célèbres inspirées soit de l'Atlantide, soit de Mu, on citera : *The Mysterious Flame of Queen Loana* (*La Mystérieuse Flamme de la reine Loana*), de Lyman Young, épisode de la série consacrée à Tim Tyler et Spud (en français Raoul et Gaston) ; *L'Énigme de l'Atlantide* (1957), d'Edgar P. Jacobs, qui appartient au cycle des aventures de Blake et Mortimer ; et enfin, parmi celles de Corto Maltese, *Mu, la città perduta* (*Mu, la cité perdue*, 1988), d'Hugo Pratt.

L'Atlantide.
Pour une bibliographie atlantologique

ANDREA ALBINI
Atlantide. Nel mare dei testi, Gênes, Italian University Press, 2012, p. 32-34.

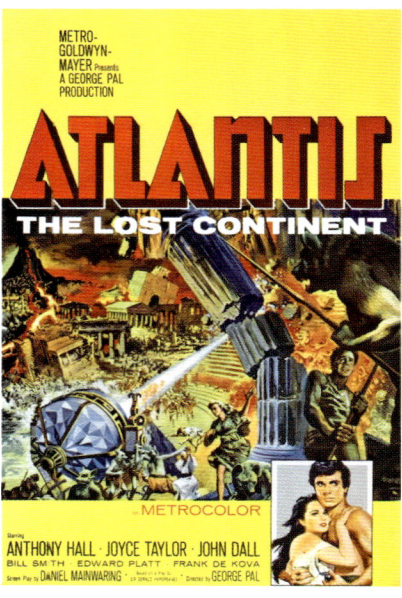

Affiche du film de George Pal, *Atlantis the lost continent* (*Atlantis, Terre engloutie*), 1961

Il existe une quantité impressionnante de livres, d'articles et de documents relatifs à l'Atlantide. En 2004, la chercheuse Chantal Foucrier écrivait que les sites internet sur le sujet mentionnaient environ 90 000 pages. À l'époque, ce chiffre était sans doute déjà sous-estimé : une recherche effectuée en mai 2010 sur le moteur de recherche Google, pour les pages en anglais, renvoyait à environ 23 000 000 de pages indexées. De manière analogue, la liste des citations en langue espagnole aboutissait à un chiffre d'environ 1 200 000, celle des citations en allemand à 1 800 000, celle des citations en italien à 463 000 et celle des citations en français à 380 000 [...]. Il est tout aussi impressionnant de relever la consistance du nombre d'ouvrages imprimés consacrés à l'Atlantide et parus au fil des siècles. En 1841, dans ses *Studies on the Timaeus of Plato* (*Études sur le Timée de Platon*), Thomas Henri Martin indiquait plusieurs dizaines de contributions sérieuses à la littérature sur le sujet : à côté d'elles, il existait sans aucun doute toute une série de publications plus extravagantes. Quant à leurs auteurs, dans un classique des études critiques sur l'Atlantide publié pour la première fois en 1954, Lyon Sprague de Camp en dressa une liste alphabétique de 216 noms : après les avoir baptisés du nom d'« atlantistes », il précisa leur profession, l'année où ils avaient écrit sur le sujet et leurs déductions à ce propos. Seuls 37 de ces auteurs en étaient parvenus à la conclusion que le récit sur l'Atlantide se référait à un lieu « imaginaire » ou « d'une existence douteuse », ou encore à une « allégorie » ; tous les autres en revanche indiquaient une localisation réelle. Ce déséquilibre en faveur des défenseurs d'une « théorie géographique » devient compréhensible si l'on se souvient qu'au sein des études classiques, historiques ou philosophiques, les spécialistes de Platon sont peu portés à prendre son récit sur l'Atlantide assez au sérieux pour lui consacrer davantage qu'une simple allusion.

Dans leur *Bibliographie de l'Atlantide et des questions connexes*, parue en 1926, Claude Roux et Jean Gattefossé recensent 1 700 références comprenant des sujets géographiques, ethnographiques et relatifs à des migrations anciennes sur tous les continents, mais aussi des informations sur les déluges, les traditions antiques et la dérive des continents. Ces sujets sont très hétérogènes par rapport au thème du récit platonicien *stricto sensu*, mais il faut tenir compte du fait que cette dispersion représente une constante des livres sur l'Atlantide, même si l'on y retrouve des thématiques récurrentes. Ce phénomène reçut en 1989 une confirmation supplémentaire lorsque Pierre Jarnac, un essayiste français chercheur de trésors engloutis, écrivit qu'avec tous les livres publiés sur l'Atlantide, on pourrait construire un monument de plus de 5 000 ouvrages.

Le récit de *Critias*

PLATON
Critias, 113b-121c
(GF-Flammarion, 1992)

Comme on l'a dit plus haut, en parlant du partage auquel avaient procédé les dieux, ils divisèrent la terre tout entière ici en lots plus étendus, là en lots moins étendus, où ils instituèrent en leur propre honneur sanctuaires et sacrifices. C'est ainsi que Poséidon ayant reçu en partage l'île Atlantide, installa les enfants qu'il avait eus d'une femme mortelle en un lieu de cette île que je vais décrire. Du côté de la mer, vers le milieu de la côte de l'île entière, il y avait une plaine, qui, raconte-t-on, était la plus belle de toutes les plaines et qui avait toute la fertilité désirable. Or, dans cette plaine, encore une fois au milieu, il y avait à une distance d'environ cinquante stades une montagne partout d'altitude médiocre. Sur cette montagne, avait établi sa demeure un des hommes qui là-bas à l'origine étaient nés de la terre. Son nom était Événor et il vivait avec une femme du nom de Leucippe. Ils donnèrent naissance à une fille unique, Clitô. La jeune fille avait déjà atteint l'âge nubile, lorsque sa mère et son père moururent. Poséidon la désira et s'unit avec elle; et la hauteur sur laquelle elle habitait, il en abattit tout alentour les pentes pour en faire une solide forteresse, établissant les uns autour des autres, de plus en plus grands, des anneaux de terre et de mer, deux de terre et trois de mer, lesquels étaient, comme s'il eût fait marcher un tour de potier, de tous côtés équidistants du centre de l'île, rendant ainsi inaccessible aux humains l'île centrale; il n'y avait encore en effet ni navires ni navigation. Puis, ce fut Poséidon lui-même qui donna sa parure au milieu de l'île, chose qui lui fut facile, précisément parce qu'il était dieu. Il fit jaillir de dessous la terre deux sources, l'une d'eau chaude et l'autre d'eau froide, qui coulaient d'une fontaine, et il fit pousser de la terre une nourriture variée et en quantité suffisante.

[…] D'Atlas donc naquit une race nombreuse et honorée; toujours l'aîné était roi et transmettait la royauté à l'aîné de ses rejetons, de sorte que chez eux la royauté se maintint pendant plusieurs générations. Ils possédaient des richesses en une abondance telle que jamais sans doute n'en posséda avant eux aucune lignée royale et que dans l'avenir nulle n'arrivera facilement à en posséder; en outre, ils disposaient de tout ce que pouvaient fournir et la cité et le reste du pays. Car, si beaucoup de choses venaient du dehors, en raison de l'étendue de leur puissance, c'était l'île qui fournissait la plupart des choses qui sont nécessaires à la vie.

En premier lieu, tous les métaux, durs ou malléables, extraits du sol par le travail de la mine, sans parler de celui dont il ne subsiste aujourd'hui que le nom, mais dont en ce temps-là il y avait plus que le nom, la substance même, l'orichalque[1], que l'on extrayait de la terre en maints endroits de l'île; c'était en ce temps-là le métal le plus précieux après l'or. De même tout ce qu'une forêt peut fournir à ceux qui travaillent le bois, tout cela l'île le produisait en abondance. Par ailleurs, pour ce qui est des animaux, elle fournissait une nourriture suffisante aux espèces domestiques et aux espèces sauvages; en particulier, l'espèce des éléphants y était largement représentée. C'est qu'une pâture s'offrait à satiété non seulement aux autres animaux, tous ceux qui vivent dans les lacs, les marais et les fleuves et tous ceux qui par ailleurs vivent sur les montagnes et dans les plaines, mais aussi

---

1. Métal légendaire.

Dante Ignazio, *Neptune*, détail de la fresque représentant *La Ligurie*, 1560. Cité du Vatican, Musei Vaticani, Galleria delle carte geografiche

de façon similaire à l'éléphant, qui naturellement est le plus gros et le plus vorace. [...] Or, les habitants de l'Atlantide qui recevaient de leur sol toutes ces richesses construisaient les temples, les demeures royales, les ports et les arsenaux de la marine et mettaient en valeur tout le reste du pays, suivant le plan que voici.

Dans un premier temps, sur les bras de mer circulaires, qui entouraient l'antique cité maternelle, ils jetèrent des ponts, ouvrant ainsi une voie de communication à la fois vers l'extérieur et vers les demeures royales. Ces demeures royales, ils les avaient dès l'origine élevées là où le dieu et leurs ancêtres avaient établi les leurs. Chaque souverain, recevant la demeure de son prédécesseur, embellissait ce palais que son prédécesseur avait embelli et continuait de renchérir autant qu'il le pouvait sur son prédécesseur, pour arriver à donner à leur ouvrage une beauté et des dimensions dont la seule vue frapperait de stupeur.

De fait, ils creusèrent en partant de la mer un canal de trois plèthres de large, cent pieds de profondeur et cinquante stades de long[2] et ils le percèrent jusqu'au bras de mer le plus extérieur ; grâce à ce canal, ils donnèrent aux navires le moyen de remonter de la mer vers ce bras de mer, comme vers un port après avoir ouvert dans ce cercle un goulet assez grand pour permettre aux plus grands vaisseaux d'y pénétrer. Et en particulier, dans les anneaux de terre, qui séparaient les anneaux d'eau de mer, à la hauteur des ponts, ils pratiquèrent des ouvertures qui devaient permettre à une seule trière à la fois de passer d'un anneau à l'autre, et ils couvrirent ces passages de toits qui se trouvaient être assez hauts pour que la navigation soit possible en dessous, car les bords des tranchées dépassaient d'une hau-

2. Environ 90 mètres de large, 30 de profondeur et 0,8 km de longueur.

teur suffisante le niveau de la mer. Or, le plus grand des cercles, celui où pénétrait la mer, était large de trois stades, et l'enceinte de terre qui lui faisait suite était de la même largeur. Des deux autres enceintes, celle d'eau était large de deux stades, tandis que celle de terre avait pour sa part une largeur égale à la précédente qui était d'eau. Enfin, l'enceinte d'eau qui entourait l'île centrale n'avait qu'un stade de largeur. Quant à l'île, dans laquelle s'élevaient les demeures royales, elle avait un diamètre de cinq stades. Autour de celle-ci et des anneaux, et de part et d'autre de leur pont, dont la largeur était d'un plèthre, ils bâtirent un mur de pierre, tout en dressant sur les ponts des tours et des portes qui chaque fois interdisaient l'accès à qui venait de la mer. La pierre fut extraite de dessous la périphérie de l'île centrale et de dessous les enceintes, à l'extérieur et à l'intérieur ; elle était blanche, noire ou rouge. Et en même temps qu'ils extrayaient la pierre, ils en profitèrent pour aménager dans les creux un double bassin pour navires, dont le rocher lui-même constituait la voûte. Et pour ce qui est des constructions, les unes étaient simples, alors que dans les autres ils mêlèrent les sortes de pierre et tissèrent ainsi pour l'agrément des ensembles bariolés, ce qui donnait à ces constructions un agrément naturel. En outre, le mur qui entourait l'enceinte extérieure, ils en revêtirent tout le tour de cuivre, qui lui fit comme un enduit, alors que le mur de l'enceinte intérieure fut tapissé d'étain fondu. Quant au mur qui entourait l'acropole elle-même, ils le garnirent d'orichalque, qui avait des reflets de feu.

[…]

Voilà quelle était l'ampleur et quelle était la nature de la puissance qui existait à cette époque dans cette contrée et voici la raison véritable pour laquelle le dieu, d'après ce qu'on raconte, l'assembla pour la diriger contre nos contrées. Pendant de nombreuses générations, tant que la nature du dieu domina en eux, les rois restèrent dociles à la voix de leurs lois et gardèrent de bonnes dispositions à l'égard du principe divin auquel ils étaient apparentés. Leurs façons de penser étaient pleines de vérité et de grandeur, à tous égards ; ils se comportaient avec une mansuétude accompagnée de modération aussi bien à l'égard des constantes vicissitudes de l'existence que les uns à l'égard des autres. Aussi, dédaignant toutes choses à l'exception de la vertu, faisaient-ils peu de cas de leur prospérité et supportaient-ils à la façon d'un fardeau léger la masse de leur or et de leurs autres biens. Au contraire, comme ils ne se laissaient pas griser par la mollesse qu'entraîne la fortune, ils ne tombaient pas, pour avoir perdu la maîtrise d'eux-mêmes, dans les égarements de la mauvaise conduite. Mais, avec la vue claire de l'homme qui reste sobre, ils considéraient que tous ces avantages s'accroissent par une amitié réciproque unie à la vertu, tandis que le zèle et l'estime qu'on leur porte font perdre ces biens en même temps que la vertu. Voilà par suite de quel raisonnement et grâce à la présence de quelle nature divine, tous les avantages que nous avons auparavant passés en revue s'accroissaient pour eux.

Mais, quand l'élément divin vint à s'étioler en eux, parce que cet élément avait été abondamment mélangé et souvent avec l'élément mortel, et quand le caractère humain vint à prédominer, alors, désormais impuissants à supporter le poids de la prospérité qui était la leur, ils tombèrent dans l'inconvenance, et, aux yeux de celui qui fait preuve de discernement, ils apparurent moralement laids, parce qu'ils avaient laissé se corrompre les biens les plus beaux qui viennent de ce qu'il y a de plus noble, tandis qu'aux yeux qui n'arrivent pas à discerner quel genre de vie correspond véritablement au bonheur, ils parurent à ce moment-là être parfaitement beaux et heureux, alors qu'ils étaient remplis d'injuste cupidité et d'excès. Le dieu des dieux, Zeus, lui qui règne en s'appuyant sur des lois, comprit, parce qu'il avait le pouvoir de connaître ce genre de choses, à quel point de dépravation en était venue une race excellente, et il voulut leur appliquer un châtiment afin de les faire réfléchir et de les ramener à plus de modération. À cet effet, il réunit tous les dieux, dans leur plus noble demeure, qui se trouve au centre de l'univers et qui a vue sur tout ce qui participe du devenir. Et, les ayant rassemblés, il dit… *[ici s'interrompt le récit de Platon]*

Les Atlantes

DIODORE DE SICILE
(Iᵉ siècle av. J.-C.)
Bibliothèque historique, III, LVI
(Belles lettres, 1989)

Mais, puisque nous avons fait mention des Atlantes, nous pensons qu'il ne sera pas hors de propos d'exposer en détail les légendes qui ont cours chez eux au sujet de la naissance des dieux […]. Les Atlantes donc, qui habitent les régions qui bordent l'Océan et qui possèdent une terre prospère, passent pour différer de leurs voisins par une grande piété et une grande bienveillance envers les étrangers, et ils affirment que les dieux sont nés chez eux. Et d'après eux, le plus célèbre des poètes grecs [Homère, *Iliade*, XIV, 200-201] est également de ces avis, dans les vers où il fait dire à Héra :
J'irai, en effet, voir les limites de la terre fertile, Océan, de qui sont nés les dieux et Théthys, leur mère.
Les Atlantes racontent qu'Ouranos fut le premier à régner chez eux, qu'il rassembla dans l'enceinte d'une ville les hommes qui, jusqu'alors, vivaient dispersés et qu'il mit un terme à l'ignorance de toute légalité et à la vie digne de bêtes fauves que menaient ses sujets en découvrant l'usage des fruits cultivés, leur conservation et nombre d'autres choses utiles ; il conquit aussi presque toute la terre habitée et, en particulier, les régions du couchant et du nord. Devenu un observateur attentif des astres, il prédit beaucoup d'événements qui allaient arriver dans l'univers ; il enseigna aussi à la foule à mesurer l'année par le cours du soleil et les mois par la lune et il lui apprit le retour annuel des saisons. C'est pourquoi la multitude, qui ignorait l'ordre éternel des astres et qui admirait l'accord des événements avec les prédictions d'Ouranos, comprit que celui qui avait donné cet enseignement participait de la nature des dieux et, quand il eut quitté les hommes, elle lui attribua des honneurs immortels à cause de ses bienfaits et de sa connaissance des astres ; elle transféra son nom à l'univers, autant parce qu'il semblait avoir eu connaissance intime des levers et des couchers des astres et de tous les phénomènes de l'univers que pour surpasser ses bienfaits par l'importance des honneurs et elle l'appela pour l'éternité roi de toutes choses.

PLINE L'ANCIEN
Histoire naturelle, II, XC-XCII
(Belles lettres, 1951)

Car la nature a aussi formé des îles de cette manière : elle a séparé la Sicile de l'Italie, Chypre de la Syrie, l'Eubée de la Béotie, Atalante et Macria de l'Eubée, Besbicus de la Bithynie, Leucosia du promontoire des Sirènes.
En revanche elle a enlevé des îles à la mer et les a rattachées à la terre […].
La nature a fait disparaître entièrement certaines terres : avant tout, si nous en croyons Platon, sur un immense espace occupé par l'océan Atlantique […].

ÉLIEN LE SOPHISTE
(vers 175-235)
Histoire variée, III, 18
(Belles lettres, 1991)

L'Europe, l'Asie et la Libye sont des îles, autour desquelles l'Océan coule en cercle, et il y a un seul continent, constitué par l'extérieur de ce monde qui est le nôtre. Il [Silène, fils d'une nymphe, selon Théopompe] racontait que ce continent est immense, qu'il nourrit de grands êtres, notamment des hommes dont la taille est le double de ceux d'ici. La durée de leur vie n'est pas la même que la nôtre, mais deux fois plus longue. Ils ont de nombreuses et grandes villes, des caractéristiques de vie et des lois à l'opposé des nôtres.
[…] Les habitants de Pieuse vivent en paix et dans une grande opulence, obtiennent les fruits de la terre sans charrue ni bœufs, et n'ont nul besoin de labourer ni de semer. Toujours en bonne santé et à l'abri des maladies, ils arrivent, dit-il, au bout de leur vie très enjoués et satisfaits. Ils sont absolument justes, si bien que les dieux ne dédaignent pas de se rendre souvent chez eux. Ceux de la ville appelée Belliqueuse sont très combatifs et toujours en armes, ils guerroient sans cesse et soumettent les peuples limitrophes. Une seule ville domine ainsi de très nombreux peuples. Ses habitants ne sont pas moins de deux millions. […] Il raconta qu'ils entreprirent un jour la traversée jusqu'à nos îles, et qu'une fois qu'ils eurent franchi l'Océan avec mille myriades d'hommes, ils arrivèrent chez les Hyperboréens. Après avoir appris que ceux-ci étaient les plus heureux des hommes de nos terres, ils les méprisèrent, considérant qu'ils vivaient de manière fruste et misérable ; c'est pourquoi ils ne daignèrent pas avancer plus loin.

La nouvelle Atlantide

FRANCIS BACON (1561-1626)
La Nouvelle Atlantide
(1624-1627 ; GF-Flammarion, 1995)

Quittant le Pérou, où nous étions restés pendant une année entière, nous fîmes voile vers la Chine et le Japon, par les mers du Sud, avitaillés pour douze mois. Nous eûmes d'abord des vents d'est favorables, bien que légers et faibles, pendant cinq mois ou plus. Puis le vent tourna, et s'établit à l'ouest pendant des jours et des jours, si bien que nous ne pouvions pour ainsi dire pas avancer, et que nous fûmes parfois sur le point de faire demi-tour. […] Or il advint que le lendemain, vers le soir, nous vîmes comme d'épais nuages, devant nous à l'horizon, en direction du nord, ce qui nous donna quelque espoir de trouver une terre, car nous savions que cette partie des mers du Sud était encore inconnue, et pouvait donc bien receler des îles ou des continents qui n'avaient pas encore été découverts. Aussi, modifiant notre cap, nous fîmes route toute la nuit vers le point où une terre semblait apparaître. Le lendemain, au point du jour, nous fûmes en mesure de distinguer que c'était bien une terre qui, vue de cette distance, avait l'air plate et boisée, ce qui la faisait paraître d'autant plus sombre. Après une heure et demie de navigation, nous entrâmes dans un havre qui était le port d'une jolie ville, certes pas très grande, mais bien conçue et offrant, vue de la mer, un aspect agréable. […]
Trois heures environ après que nous eûmes envoyé notre réponse, un homme de qualité, semblait-il, vint à nous. Il était vêtu d'une robe aux longues manches, faite en quelque poil de chèvre onduleux d'un magnifique bleu ciel, bien plus chatoyant que le nôtre. Sous cette robe il portait des vêtements de couleur verte auxquels était assortie une coiffure en forme de turban élégamment

Francisco Bayeu y Subías, *L'Olympe : la bataille contre les Géants*, 1764. Madrid, Museo del Prado

6. L'ATLANTIDE, MU ET LA LÉMURIE

211

noué et moins volumineux que celui des Turcs, d'où s'échappaient quelques mèches de ses cheveux. Un dignitaire, selon toute apparence. [...]

Le lendemain vers dix heures, l'Intendant revint nous voir, et, après un échange de salutations, nous dit sur un ton familier qu'il venait en simple visite. Il demanda un siège et s'assit. Nous (nous étions une dizaine, certains étant sortis, et ceux de condition inférieure n'assistant pas à cet entretien), nous nous assîmes en sa compagnie. Quand nous fûmes installés, il commença en ces termes :

« Nous autres, habitants de Bensalem (car c'est ainsi qu'ils nomment le pays en leur langue), avons ceci de particulier que, grâce à notre isolement, au secret que nos lois enjoignent à nos navigateurs, grâce également au fait que nous laissons entrer peu d'étrangers, il se trouve que, nous qui connaissons bien la plus grande partie du monde habité, nous sommes, nous, complètement inconnus. Puisque c'est à celui qui en sait le moins qu'il revient d'interroger celui qui en sait le plus, il vaut mieux, pour l'agrément de notre conversation, que ce soit vous plutôt que moi qui posiez les questions. » [...]

Et nous ne pouvions en effet que constater la vérité de ses dires, vu que les habitants de cette île possédaient les langues européennes et connaissaient notre situation comme nos affaires, tandis que nous autres, en Europe, malgré toutes les découvertes et les courses lointaines de ces derniers temps, nous n'avions jamais entendu dire que quelqu'un aurait subodoré l'existence de cette île, ou en aurait eu quelque aperçu, si petit soit-il. [...]

À ces mots, l'Intendant eut un sourire plein de grâce, et dit que nous avions bien fait de demander pardon pour cette question, car elle laissait supposer que pour nous ce pays était un pays de magiciens qui envoyaient des Esprits de l'Air dans toutes les parties du monde pour qu'ils leur rapportent des nouvelles et des renseignements sur les autres pays. [...]

« [...] Sachez d'abord ceci, qui peut-être vous semblera à peine croyable : il y a environ trois mille ans ou un peu plus, la navigation dans le monde, surtout pour les voyages lointains, était plus importante que de nos jours. [...] À la même époque, et une génération plus tard, voire davantage, les habitants de la Grande Atlantide connurent une grande prospérité. Le récit et la description faits par un homme célèbre de chez vous[1] racontent que la descendance de Neptune s'était installée là. Cet auteur a décrit le temple magnifique, le palais, la cité, la colline et les multiples cours d'eau aisément navigables qui, comme autant de chaînes, encerclaient le site en question et son temple. Il vous a rapporté que les hommes accédaient à ce temple en gravissant plus d'un degré, comme si ce chemin ascendant était une *scala coeli*[2]. Bien que ce récit soit tout entier poétique et fabuleux, cependant il a ceci de vrai que ledit pays d'Atlantide, de même que celui du Pérou, appelé encore Coya, ainsi que celui du Mexique, qu'on nommait alors Tyrambel, étaient de puissants et superbes royaumes, par leurs armes, leur flotte et leurs richesses. [...]

La vengeance divine cependant ne tarda pas à les punir de ces ambitieuses expéditions : moins d'une centaine d'années plus tard, la Grande Atlantide fut totalement détruite et ruinée, non par un tremblement de terre, comme le dit votre auteur (cette région du monde est peu sujette aux tremblements de terre), mais par un Déluge qui lui fut particulier, par une inondation. Car il y avait à cette époque dans ce pays des fleuves bien plus grands et des montagnes bien plus hautes que ce que l'on voit dans le Vieux Monde pour déverser de l'eau dans les parties basses. [...] »

1. Platon.
2. « Échelle de Jacob ».

Frontispice de Francis Bacon, *Instauratio Magna scientiarum* (*Grande restauration des sciences*), 1620

La pensée de Montaigne

MONTAIGNE (1533-1592)
Essais, I, XXXI, « Sur les cannibales »
(Quarto Gallimard, 2009)

Platon [dans un de ses ouvrages] fait paraître Solon qui raconte avoir appris des prêtres de la ville de Saïs, en Égypte, que jadis, avant le déluge, il y avait une grande île, nommée Atlantide, juste en face de l'embouchure du détroit de Gibraltar, île qui avait plus de surface que l'Afrique et l'Asie toutes deux ensemble [...].
Mais il n'y a pas grande apparence que cette île soit ce nouveau monde que nous venons de découvrir, car elle touchait presque l'Espagne et ce serait un effet incroyable de l'inondation que de l'en avoir éloignée, comme elle l'est, de plus de douze cents lieues, outre le fait que les voyages maritimes des modernes ont déjà presque découvert que ce [nouveau monde] n'est point une île, mais une terre ferme et attenante à l'Inde orientale d'un côté et aux terres qui sont sous les pôles de l'autre [...].

1. La « matrice des nations ».
2. Le hollandais.
3. Confusion sur la diphtongue grecque.

Le scepticisme de Vico

GIAMBATTISTA VICO
(1668-1744)
La Science nouvelle, II, 4
(1744 ; Fayard, 2001)

Étant donné que nous devons raisonner maintenant sur ce sujet, nous donnerons un petit échantillon des nombreuses opinions, incertaines, légères, ineptes, vaines ou ridicules qui ont été soutenues à ce propos, et qui, en tant que telles, n'ont pas à être citées. Nous prendrons l'exemple suivant : dans les temps barbares revenus, la Scandinavie fut appelée, par l'effet de la vanité des nations, *vagina gentium*[1], et considérée comme la mère de toutes les autres nations du monde, cependant que, par l'effet de la vanité des doctes, Johannes et Olaus Magnus furent d'opinion que leurs Goths avaient préservé, depuis le commencement du monde, les lettres divinement inventées par Adam. Ce rêve fit rire tous les doctes, mais cela n'empêcha pas Johannes Van Gorp de les suivre et d'aller plus loin qu'eux en faisant venir sa langue cimbre[2], qui n'est pas très éloignée de la langue saxonne, du paradis terrestre, et en soutenant qu'elle était la mère de toutes les autres langues, une opinion que Joseph Juste Scaliger, Johannes Camerarius, Christian Becmann et Martin Schoock tournèrent en ridicule. Et pourtant cette vanité s'enfla encore et éclata dans l'ouvrage d'Olof Rudbeck intitulé *Atlantica*, dans lequel il veut que les lettres grecques soient nées des runes, et que les lettres phéniciennes, que Cadmus avait rendues semblables, en ce qui concerne l'ordre et le son, aux lettres hébraïques, étaient des runes inversées, et que les Grecs les avaient finalement faites droites et rondes avec la règle et le compas ; et parce que chez les Scandinaves l'inventeur des lettres s'appelle Mercurouman[3], il veut que le Mercure qui a inventé les lettres pour les Égyptiens ait été un Goth. Une telle licence dans l'expression des opinions sur l'origine des lettres doit préparer le lecteur à recevoir les choses que nous allons dire, non seulement avec impartialité, en voyant ce qu'elles apportent de nouveau, mais aussi avec attention, en méditant sur elles, et en les prenant, ainsi qu'elles doivent l'être, comme les principes de tout savoir humain et divin du monde païen.

HELENA PETROVNA BLAVATSKY (1831-1891)
La Doctrine secrète, III, Anthropogenèse (1888-1897 ; Adyar, 2000)

Aussi, en raison de la confusion possible et même très probable qui pourrait naître, nous croyons qu'il est préférable d'adopter, pour chacun des quatre Continents dont on a constamment à faire mention, un nom qui soit plus familier au lecteur cultivé. On propose donc de donner au premier continent, ou plutôt à la première *terre ferme* sur laquelle la Première Race fut évoluée par les divins Progéniteurs, le nom de :

I. Terre Sacrée Impérissable.
Ce qui motive le choix de ce nom, c'est qu'il est dit que cette « Terre Sacrée impérissable » n'a jamais partagé le sort des autres continents, car c'est la seule qui soit destinée à subsister, depuis le commencement jusqu'à la fin du manvantara, durant chaque Ronde. C'est le berceau du premier homme et la demeure du dernier mortel divin choisi comme Sishta pour la future semence de l'humanité. Sur cette terre mystérieuse et sacrée, on ne peut dire que peu de choses, sauf, peut-être, suivant la poétique expression employée dans un des Commentaires, que *« l'Étoile polaire la surveille d'un œil vigilant, depuis l'aurore jusqu'à la fin du crépuscule d'un jour du GRAND SOUFFLE »*.

II. Le continent Hyperboréen.
Tel sera le nom choisi pour le second Continent, la terre qui étendait ses promontoires au sud et à l'ouest du Pôle Nord, pour recevoir la Seconde Race qui englobait tout ce qu'on appelle aujourd'hui l'Asie du Nord. [...]

III. La Lémurie.
Nous proposons d'appeler le troisième continent, Lémurie. Ce nom est une invention ou une idée de M. P.L. Sclater, qui, entre 1850 et 1860, affirma, en s'appuyant sur des preuves zoologiques, l'existence réelle aux époques préhistoriques d'un continent qui s'étendait, d'après lui, de Madagascar à Ceylan et Sumatra. Il comprenait quelques parties de ce qui est, aujourd'hui, l'Afrique, mais à part cela, ce gigantesque continent, qui s'étendait depuis l'Océan indien jusqu'à l'Australie, a aujourd'hui complètement disparu sous les eaux du Pacifique, ne laissant voir, disséminés çà et là, que quelques-uns des sommets de ses hauts plateaux, qui sont aujourd'hui des îles. [...]

IV. L'Atlantide.
C'est le nom que nous donnons au quatrième continent. Ce serait la première terre historique, si l'on prêtait aux traditions des Anciens plus d'attention qu'on ne l'a fait jusqu'à présent. La fameuse île de Platon, connue sous ce nom, ne constituait qu'un fragment de ce grand continent.

V. L'Europe.
Le cinquième continent était l'Amérique, mais comme elle est située aux antipodes, ce sont l'Europe et l'Asie Mineure, presque ses contemporaines, qui sont généralement désignées par les occultistes indo-aryens sous le nom de cinquième continent. Si leurs enseignements signalaient l'apparition des continents dans l'ordre géologique et géographique qui leur appartient, il y aurait lieu de modifier cette classification ; mais

comme on a établi la succession des continents d'après l'ordre de l'évolution des Races, depuis la Première jusqu'à la Cinquième, notre Race-Racine Aryenne, c'est l'Europe qu'on doit appeler le cinquième grand continent. La Doctrine Secrète ne tient aucun compte des îles et des péninsules, ne suit pas la distribution géographique moderne des terres et des mers. […]

L'affirmation que l'homme physique fut, à l'origine, un colossal géant pré-tertiaire, et qu'il existait, il y a 18.000.000 d'années, doit sembler déraisonnable aux admirateurs et aux fidèles de l'enseignement moderne. Tout le *posse comitatus* des biologistes se détournera de la conception de cette Troisième Race de Titans de l'ère secondaire, de ces êtres bien faits pour lutter, avec succès, contre les monstres gigantesques de l'air, de la mer et de la terre […]. L'anthropologue moderne peut bien se moquer de nos Titans, comme il se moque de l'Adam biblique et comme le théologien se moque de l'ancêtre pithécoïde de l'anthropologue. […] En tout cas, les sciences occultes prétendent moins et donnent plus que l'anthropologie darwiniste ou la théologie biblique.

La chronologie ésotérique ne devrait, du reste, effrayer personne, attendu qu'en ce qui concerne les chiffres, les plus grandes autorités actuelles sont aussi changeantes et aussi incertaines que les vagues de la Méditerranée.

En route pour l'Atlantide avec le capitaine Nemo

JULES VERNE (1828-1905)
Vingt mille lieues sous les mers, II, 9
(1870 ; GF-Flammarion, 2005)

En quelques instants, nous eûmes revêtu nos appareils. On plaça sur notre dos les réservoirs abondamment chargés d'air, mais les lampes électriques n'étaient pas préparées. Je le fis observer au capitaine.

« Elles nous seraient inutiles », répondit-il.

Je crus avoir mal entendu, mais je ne pus réitérer mon observation, car la tête du capitaine avait déjà disparu dans son enveloppe métallique. J'achevai de me harnacher, je sentis qu'on me plaçait dans la main un bâton ferré, et quelques minutes plus tard, après la manœuvre habituelle, nous prenions pied sur le fond de l'Atlantique, à une profondeur de trois cents mètres.

Minuit approchait. Les eaux étaient profondément obscures, mais le capitaine Nemo me montra dans le lointain un point rougeâtre, une sorte de large lueur, qui brillait à deux milles environ du *Nautilus*. Ce qu'était ce feu, quelles matières l'alimentaient, pourquoi et comment il se revivifiait dans la masse liquide, je n'aurais pu le dire. En tout cas, il nous éclairait, vaguement il est vrai, mais je m'accoutumai bientôt à ces ténèbres particulières […].

Après une demi-heure de marche, le sol devint rocailleux. Les méduses, les crustacés microscopiques, les pennatules l'éclairaient légèrement de lueurs phosphorescentes. J'entrevoyais des monceaux de pierres que couvraient quelques millions de zoophytes et des fouillis d'algues. Le pied me glissait souvent sur ces visqueux tapis de varech, et sans mon bâton ferré, je serais tombé plus d'une fois. En me retournant, je voyais toujours le fanal blanchâtre du *Nautilus* qui commençait à pâlir dans l'éloignement. Ces amoncellements pierreux dont je viens de parler étaient disposés sur le fond océanique suivant une certaine régularité que je ne m'expliquais pas. J'apercevais de gigantesques sillons qui se perdaient dans l'obscurité lointaine et dont la longueur échappait à toute évaluation. D'autres particularités se présentaient aussi, que je ne savais admettre. Il me semblait que mes lourdes semelles de plomb écrasaient une litière d'ossements qui craquaient avec un bruit sec. Qu'était donc

Jules Verne, illustration pour *Vingt mille lieues sous les mers*, 1869-1870

cette vaste plaine que je parcourais ainsi ? […] Il était une heure du matin. Nous étions arrivés aux premières rampes de la montagne. Mais pour les aborder, il fallut s'aventurer par les sentiers difficiles d'un vaste taillis.

Oui ! un taillis d'arbres morts, sans feuilles, sans sève, arbres minéralisés sous l'action des eaux, et que dominaient çà et là des pins gigantesques. C'était comme une houillère encore debout, tenant par ses racines au sol effondré, et dont la ramure, à la manière des fines découpures de papier noir, se dessinait nettement sur le plafond des eaux. Que l'on se figure une forêt du Hartz, accrochée aux flancs d'une montagne, mais une forêt engloutie. Les sentiers étaient encombrés d'algues et de fucus, entre lesquels grouillait un monde de crustacés. J'allais, gravissant les rocs, enjambant les troncs étendus, brisant les lianes de mer qui se balançaient d'un arbre à l'autre, effarouchant les poissons qui volaient de branche en branche. Entraîné, je ne sentais plus la fatigue. Je suivais mon guide qui ne se fatiguait pas.
[…]

Nous étions arrivés à un premier plateau, où d'autres surprises m'attendaient encore. Là se dessinaient de pittoresques ruines, qui trahissaient la main de l'homme, et non plus celle du Créateur. C'étaient de vastes amoncellements de pierres où l'on distinguait de vagues formes de châteaux, de temples, revêtus d'un monde de zoophytes en fleurs, et auxquels, au lieu de lierre, les algues et les fucus faisaient un épais manteau végétal. Mais qu'était donc cette portion du globe engloutie par les cataclysmes ? Qui avait disposé ces roches et ces pierres comme des dolmens des temps antéhistoriques ?

Où étais-je, où m'avait entraîné la fantaisie du capitaine Nemo ?

J'aurais voulu l'interroger. Ne le pouvant, je l'arrêtai. Je saisis son bras. Mais lui, secouant la tête, et me montrant le dernier sommet de la montagne, sembla me dire :

« Viens ! viens encore ! viens toujours ! »

Je le suivis dans un dernier élan, et en quelques minutes, j'eus gravi le pic qui dominait d'une dizaine de mètres toute cette masse rocheuse.

Je regardai ce côté que nous venions de franchir. La montagne ne s'élevait que de sept à huit cents pieds au-dessus de la plaine ; mais de son versant opposé, elle dominait d'une hauteur double le fond en contrebas de cette portion de l'Atlantique. Mes regards s'étendaient au loin et embrassaient un vaste espace éclairé par une fulguration violente.

En effet, c'était un volcan que cette montagne. À cinquante pieds au-dessous du pic, au milieu d'une pluie de pierres et de scories, un large cratère vomissait des torrents de lave, qui se dispersaient en cascade de feu au sein de la masse liquide. Ainsi posé, ce volcan, comme un immense flambeau, éclairait la plaine inférieure jusqu'aux dernières limites de l'horizon.

J'ai dit que le cratère sous-marin rejetait des laves, mais non des flammes. Il faut aux flammes l'oxygène de l'air, et elles ne sauraient se développer sous les eaux ; mais des coulées de lave, qui ont en elles le principe de leur incandescence, peuvent se porter au rouge blanc, lutter victorieusement contre l'élément liquide et se vaporiser à son contact. De rapides courants entraînaient tous ces gaz en diffusion, et les torrents laviques glissaient jusqu'au bas de la montagne, comme les déjections du Vésuve sur un autre Torre del Greco.

En effet, là, sous mes yeux, ruinée, abîmée, jetée bas, apparaissait une ville détruite, ses toits effondrés, ses temples abattus, ses arcs disloqués, ses colonnes gisant à terre, où l'on sentait encore les solides proportions d'une sorte d'architecture toscane ; plus loin, quelques restes d'un gigantesque aqueduc ; ici l'exhaussement empâté d'une acropole, avec les formes flottantes d'un Parthénon ; là, des vestiges de quai, comme si quelque antique port eût abrité jadis sur les bords

d'un océan disparu les vaisseaux marchands et les trirèmes de guerre; plus loin encore, de longues lignes de murailles écroulées, de larges rues désertes, toute une Pompéi enfouie sous les eaux, que le capitaine Nemo ressuscitait à mes regards!
Où étais-je? Où étais-je? Je voulais le savoir à tout prix, je voulais parler, je voulais arracher la sphère de cuivre qui emprisonnait ma tête.
Mais le capitaine Nemo vint à moi et m'arrêta d'un geste. Puis, ramassant un morceau de pierre crayeuse, il s'avança vers un roc de basalte noir et traça ce seul mot:
ATLANTIDE

Paroles de Rosenberg

ALFRED ROSENBERG
(1893-1946)
Le mythe du XXe siècle: bilan des combats culturels et spirituels de notre temps, III, 1 (1930; Déterna, 1999)

[I. Race et âme de la race]
Les géophysiciens nous désignent des massifs montagneux enfouis entre l'Amérique du Nord et l'Europe, dont nous pouvons encore voir de nos jours certains reliefs émergés au Groënland et en Islande. Par ailleurs, ils nous apprennent que d'anciennes lignes d'eau situées à plus de cent mètres au-dessus du niveau actuel de la mer sont visibles dans des îles du grand nord (Nouvelle Zemble); elles rendent probable le fait que le pôle s'est déplacé et qu'un climat plus tempéré a régné en Arctique. Tout cela éclaire désormais d'une lumière nouvelle la très ancienne légende de l'Atlantide. Il semble de plus en plus probable qu'un florissant continent se soit dressé là où de nos jours grondent les vagues de l'Atlantique et où s'élèvent des icebergs géants. Une race créatrice y aurait donné naissance à une importante civilisation envoyant ses enfants, marins ou guerriers, à travers le monde. Et même si l'hypothèse de l'Atlantide n'était pas soutenable, il faudrait admettre l'existence d'un centre nordique de civilisation préhistorique.

Le secret d'Ys

GEORGES-GUSTAVE TOUDOUZE (1877-1972)
Le Petit Roi d'Ys, III
(1914; Hachette, 1923)

– Ah! oui, interrompt le petit capitaine de la *Corentine* avec un air entendu, sur les endroits où il y a eu autrefois la ville d'Ys […] Je connais ça… J'ai vu souventes fois…»
Jobic n'a pas eu le temps d'achever sa phrase, et il demeure stupéfié de l'effet que ses paroles, pourtant bien simples à son avis, ont produit sur ses interlocuteurs: de Mornant et Jérôme Trottier se sont levés d'un bond. […]
«Tu connais?… Tu as vu?… balbutie de Mornant. […]
Jobic les regarde avec un vif étonnement, comme s'il s'agissait de la chose la plus naturelle:
«Mais oui, je connais… Tout un chacun sait ça par ici qu'il y a des années et des années, la mer, en punition des péchés de ses habitants, a englouti une ville qui s'appelait Ys, même qu'on chante en breton:
Ha glevaz-te, ha glevaz-te,Pez a lavaraz den DoueD'ar roue GradlonEnn Is be?
autrement dit en français:
As-tu entendu, as-tu entenduCe qu'a dit l'homme de DieuAu Roi GradlonQui est en Ys?»
[…]
«Ah! j'avais cru comprendre autre chose… Tu ne sais que la chanson, celle que tout le monde sait par ici… Tu ne connais pas autre chose!»
Le petit a une brusque révolte:

6. L'ATLANTIDE, MU ET LA LÉMURIE

Affiches de *L'Atlantide*,
un film de Jacques Feyder,
1921, inspiré du roman de
Pierre Benoit

« Mais si, monsieur, je sais autre chose… Je connais mieux que la chanson, moi… La chanson c'est bon pour les terriens, pour les *tam pillous*, comme on appelle en breton les vieux marchands de chiffons… Moi, je connais la ville elle-même, oui, monsieur, les maisons qui sont sous l'eau… »
De Mornant s'est avancé ; il met les deux mains sur les épaules du petit garçon et d'une voix qu'il veut s'efforcer de rendre calme, il articule :
« Écoute-moi bien, Jobic : ce que je te demande est très important et ta réponse peut avoir une gravité que tu ne soupçonnes pas… Je suis venu ici uniquement dans le but de rechercher la ville d'Ys, à l'existence de laquelle je crois fermement, inébranlablement… Sur ce navire j'ai réuni un matériel complet, des instruments perfectionnés, des outils nouveaux pour faire des sondages… J'attache à cette recherche une importance absolument capitale… Je crois que les ruines de cette ville sont par ici, quelque part sous les eaux de cette baie ; et je passerai des semaines, des mois à les rechercher… Peu m'importe le temps, pourvu que je réussisse… Alors pèse bien tes paroles… Ce n'est pas moi qui ai prononcé ici le nom de la ville d'Ys, c'est toi… Donc tu affirmes que tu connais la ville d'Ys ? »

219

HISTOIRE DES LIEUX DE LÉGENDE

Très grave à son tour, Jobic s'est redressé, et la main tendue comme pour un serment, les yeux plantés bien droit dans les yeux de son interlocuteur, il affirme :
« Je connais la ville d'Ys !
– Tu la connais parce qu'on t'en a parlé à l'école, aux veillées, en histoire ou en légende ?
– Je la connais, parce que je l'ai vue !
– Tu l'as vue en dessin, en image ?
– Je l'ai vue dans l'eau, sous la mer !
– Tu t'es imaginé la voir à force d'en entendre parler ?
– Je l'ai vue vingt fois avec mes yeux…
J'ai touché des morceaux de pierre taillée qui en venaient et que ramenaient nos filets de fond… Et c'est le tonton Callec qui m'y a mené pour me montrer les endroits où il ne fallait pas mouiller les casiers, si on ne voulait pas les accrocher dans les murs de fond.
Et il m'a raconté qu'autrefois il y a des années et des années…
– Oui, au ve siècle de l'ère chrétienne !

– Ça se peut !… Enfin quand la France n'était pas encore la France… Il m'a raconté que la baie de Douarnenez n'existait pas, qu'entre le cap de la Chèvre et la pointe du Raz il y avait sur une digue une ville magnifique, Ys, gouvernée par un vieux roi très sage, Gradlon, lequel avait une fille très charmante, Ahès…
– C'est le nom breton de celle qu'on appelle en français Dahut, interrompt Trottier.
– Possible ! continue Jobic imperturbable. Et un soir que Gradlon dormait, Ahès, dans un bal de cour, rencontre un danseur qui la met au défi de voler à son père la clef d'or des écluses et d'ouvrir ces écluses retenant la mer… C'était le Diable, ce danseur-là…
Alors, Ahès a volé la clef, ouvert la porte, et l'Océan s'est jeté sur la ville d'Ys… Réveillé par son ami saint Gwenolé, Gradlon est monté à cheval, en emportant sa fille, mais la mer l'a suivi à vitesse de grande marée, et une voix a crié : « Jette le démon que tu portes en croupe… » Ahès est tombée, les

Evariste-Vital Luminais, *La fuite de Gradlon*, vers 1884, Quimper, Musée des Beaux-Arts

vagues l'ont engloutie et la mer s'est enfin arrêtée sur la plage du Riz, tandis que Gradlon gagnait Landevennec, et la baie de Douarnenez exista… Voilà!… »
Jérôme Trottier se frotte les mains : « Exquise adaptation populaire d'un phénomène sismique, du terrible raz de marée qui, détruisant Ys en quelques minutes, la plongeant vivante sous cent mètres d'eau, créa, par affaissement géologique, cette admirable baie!… »

La cité en la mer

EDGAR ALLAN POE (1809-1849)
« La cité en la mer »
(1845 ; *Poésie*/Gallimard, 1982)

Voyez! la Mort s'est élevé un trône dans une étrange cité gisant seule en l'obscur Ouest ; où les bons et les mauvais, les pires et les meilleurs s'en sont allés au repos éternel. Chapelles et palais et tours (par le temps rongées, des tours qui ne tremblent pas!) ne ressemblent à rien qui soit chez nous. À l'entour, par le soulèvement du vent oubliées avec résignation gisent sous les cieux les mélancoliques eaux.
Nul rayon, du ciel sacré ne provient, sur les longues heures de nuit de cette ville ; mais une clarté sortie de la mer livide inonde les tours en silence, – luit sur les faîtes au loin et de soi, – sur les dômes, sur les résidences royales, – sur les temples, – sur des murs comme à Babylone, – sur la désuétude ombragée de vieux bosquets d'ifs sculptés et de fleurs de pierre, – sur mainte et mainte merveilleuse chapelle dont les frises contournées enlacent avec des violes la violette et la vigne. Avec résignation sous les cieux gisent les mélancoliques eaux. Tant se confondent ombres et tourelles, que tout semble suspendu dans l'air, tandis que d'une fière tour de la ville la Mort plonge, gigantesque, le regard.

Là, des temples ouverts et des tombes béantes bâillent au niveau des lumineuses vagues ; mais ni la richesse qui gît en l'œil de diamant de chaque idole, ni les morts gaiement parés de joyaux ne tentent les eaux hors de leur lit, car aucune lame ne s'enroule, hélas! le long de cette solitude de verre, – aucun gonflement ne raconte qu'il peut être des vents sur quelque mer plus heureuse du loin, – aucune houle ne suggère que des vents ont été sur des mers d'une moins hideuse sérénité.

Mais voici! un branle est dans l'air : la vague – il y a mouvement. Comme si les tours avaient repoussé, en sombrant doucement, l'onde morne, – comme si les faîtes avaient alors faiblement fait le vide dans les cieux figés. Les vagues ont à présent une lueur plus rouge, les heures respirent sourdes et faibles, – et quand, parmi des gémissements autres que de la terre, – très bas – très bas, – cette ville hors d'ici s'établira, l'Enfer, se levant de mille trônes, lui rendra hommage.

7

THULÉ ET L'HYPERBORÉE

Page de gauche :
Olaus Magnus,
Charta Marina
(*Carte marine*), 1539.
Collection particulière

THULÉ Thulé est citée pour la première fois dans un compte-rendu de voyage de l'explorateur grec Pythéas, qui en parle comme d'un territoire de l'Atlantique Nord composé de feu et de glace, où le soleil ne se couche jamais. Il en est aussi question chez Ératosthène, Denys le Périégète, **Strabon**, Pomponius Mela, **Pline l'Ancien** et Virgile, qui, dans les *Géorgiques* (I, 30), en fait la terre la plus éloignée au-delà des confins du monde connu ; on la retrouve enfin dans un roman d'Antonius Diogenes, *Les Merveilles incroyables au-delà de Thulé*, qui date du IIe siècle après Jésus-Christ. Le mythe fut ensuite repris par Martianus Capella et survécut tout au long du Moyen Âge, de Boèce et Bède à Pétrarque, pour parvenir jusqu'aux modernes, qui, même lorsqu'ils ne cherchent plus Thulé, l'utilisent sous forme de légende poétique. On l'a tour à tour identifiée à l'Islande, aux îles Shetland, aux îles Féroé et à l'île de Saaremaa. Mais le plus important est que ces informations géographiques imprécises aient donné naissance au mythe de l'Ultima Thulé.

La *Charta Marina* d'Olaus Magnus (1539) en a donné l'image la plus célèbre.

Toutefois, des navigateurs du XIVe siècle avaient déjà parlé d'autres îles du grand nord : Nicolò et Antonio Zen affirmaient en effet avoir atteint le Frisland et l'Estland. Leur descendant Nicola Zen publia en 1585 un livre intitulé *Dello scoprimento delle isole di Frislanda, Eslanda, Engroveland, Estotiland e Icaria fatto per due fratelli Zeni* (*De la découverte par les deux frères Zen des îles de Frisland, Estland, Engroveland, Estotiland et Icarie*) – et les cartes de Mercator mentionnent le Frislant et Drogeo. En 1570, Abraham Ortelius incluait le Frislant, Drogeo, l'Icarie et l'Estotilant dans la carte dite *Septentrionalium regionum descriptio* (*Description des régions septentrionales*) de son *Theatrum orbis terrarum*

Navires normands, détail de la *Tapisserie de la reine Mathilde* (1027-1087). Bayeux, Musée de la tapisserie

(*Théâtre du monde*). Sous l'influence de Nicolò Zen, l'érudit et occultiste anglais John Dee, très écouté à la cour britannique, forma le projet de trouver un passage vers le Pacifique situé au septentrion, et chargea Martin Frobisher d'entreprendre les explorations requises.

LES HYPERBORÉENS Le mythe de Thulé se fondit ensuite à celui des Hyperboréens. Ce terme désigne « ceux qui vivent au-delà de Borée », à savoir la personnification du vent du nord ; les hommes de l'Antiquité voyaient en eux un peuple vivant sur un territoire très reculé, localisé au nord de la Grèce. Cette région était un pays parfait, éclairé par un soleil qui resplendissait six mois par an.

Hécatée de Milet (VIe siècle avant Jésus-Christ) situait les Hyperboréens à l'extrême nord, entre l'Océan (qui entourait comme un anneau les terres connues) et les monts Riphées (une chaîne de montagnes légendaires à la localisation incertaine, oscillant entre l'extrême nord et l'embouchure du Danube).

Dans *Sur les Hyperboréens* (dont on ne possède que quelques fragments), Hécatée d'Abdère (IVe-IIIe siècle avant Jésus-Christ) les situait quant à lui sur une île de l'Océan « dont l'extension n'était pas inférieure à celle de la Sicile », et depuis laquelle on pouvait voir la lune de près.

Hésiode les imaginait « à proximité des hautes cascades de l'Éridan ». L'Éridan n'étant autre que le Pô, ses Hyperboréens n'auraient donc pas vécu très au nord, mais Hésiode avait une vision quelque peu provinciale du septentrion éloigné, ou peut-être une idée trop féerique du Pô. D'ailleurs, on débattait dans le monde grec des coordonnées géographiques de ce fleuve, et selon certains auteurs, il se jetait dans l'Océan septentrional. Pindare plaçait les Hyperboréens dans la région des « sources ombragées » du fleuve Istros (c'est-à-dire le Danube); dans un passage du *Prométhée libéré*, Eschyle indique que ce cours d'eau prenait sa source au pays des Hyperboréens, sur les monts Riphées. Pour Damastès de Sigée, ces montagnes se dressaient au nord des griffons gardiens de l'or.

Hérodote nous fournit le résumé d'un poème d'Aristée de Proconnèse, aujourd'hui perdu : l'auteur y racontait avoir effectué, sous l'inspiration d'Apollon, un voyage qui l'avait conduit dans des régions lointaines, jusqu'au pays des Issédons, « au-delà » desquels étaient censés habiter les Arimaspes, pourvus d'un seul œil, les griffons gardiens de l'or et enfin les Hyperboréens, sur un territoire au climat éternellement printanier, où des plumes voltigeaient dans les airs.

D'une manière générale, dans les récits de l'Antiquité, quel que fût l'emplacement de l'Hyperborée, elle n'était jamais désignée comme le lieu d'origine d'une race élue ; mais avec la floraison des hypothèses nationalistes sur les origines des langues, le grand nord se profila de plus en plus comme la patrie de la langue et de la race primitives. Dans *The Circles of Gomer* (*Les Cercles de Gomer*), Rowland Jones (1769) soutenait que la langue primordiale était le celte, et qu'« aucune langue ne se montre aussi proche de ce premier langage universel que l'anglais [...]. Les dialectes et la sagesse celtiques dérivaient des cercles du Trismégiste, Hermès, Mercure ou Gomer ». Bailly avait quant à lui prétendu que les Scythes formaient une des nations les plus anciennes, et que même les Chinois descendaient d'eux, mais il avait précisé que c'était aussi le cas des habitants de l'Atlantide. En somme, le berceau de la civilisation aurait été le nord, et les « races mères » se seraient propagées de là en direction du sud – selon certains, elles auraient dégénéré au cours de ces migrations. C'est de là que naquit la croyance en une origine hyperboréenne de la race aryenne, la seule demeurée pure.

Thomas Ender,
Un glacier, XIXe siècle.
Brême, Kunsthalle

Double page suivante :
Abraham Ortelius,
Carte de l'Islande,
XVIe siècle

Il existe un nombre considérable d'interprétations du mythe polaire : pour certains, ce fut précisément le froid des pays nordiques qui favorisa l'apparition de la civilisation, tandis que la chaleur de la Méditerranée et de l'Afrique avait produit des races inférieures ; pour d'autres, cependant, la civilisation nordique avait connu son plein épanouissement en descendant vers les climats plus tempérés de l'Asie ; pour d'autres encore, les régions polaires avaient bénéficié, à la préhistoire, de températures très douces. Ainsi, dans son *Paradise Found* (*Le Paradis trouvé*), William F. Warren (1885), qui fut pourtant président de l'université de Boston, soutint que le berceau de l'humanité et le Paradis terrestre n'étaient autres que le pôle Nord. Aux yeux de cet anti-darwinien orthodoxe, il n'y avait pas eu d'évolution depuis des êtres inférieurs jusqu'à l'homme tel que nous le connaissons aujourd'hui, mais plutôt le contraire : les premiers habitants du Pôle, très beaux et d'une remarquable longévité, n'avaient émigré en Asie qu'après le

Déluge et l'avènement d'un âge de glace, et ils y étaient devenus les êtres inférieurs de notre temps ; à la préhistoire, les régions polaires étaient ensoleillées et tempérées, l'involution de l'espèce s'étant produite dans le froid des steppes de l'Asie centrale.

Pour étayer la thèse d'un pôle tempéré, il aurait fallu admettre (ce que les occultistes et les « polaires » de toutes sortes continuèrent à faire jusqu'à nos jours) que des changements climatiques avaient été provoqués par un déplacement sensible de l'axe terrestre. Cette thèse a donné naissance à une telle quantité d'ouvrages, d'arguments et de dissertations plus ou moins scientifiques qu'il est impossible de les résumer ici ; en outre, notre histoire des pays légendaires ayant pour seul objet d'établir la manière dont on les a pensés, on se contentera d'inclure parmi eux des pôles au climat très doux [1].

Or il se trouve que Warren, qui avait conservé malgré tout un brin de sérieux scientifique, n'a jamais accepté l'idée d'un déplacement de l'axe terrestre ; à en croire son hypothèse, une fois arrivés en Asie, les premiers descendants des habitants du Pôle virent le firmament selon une perspective différente et, dans leur ignorance d'héritiers dégénérés, ils en tirèrent des croyances astronomiques erronées. En tout état de cause, c'est ici que prit forme la thèse d'une supériorité des « Polaires » et d'une infériorité des Asiatiques et des Méditerranéens, destinée par la suite à nourrir le mythe de l'aryanisme.

La localisation des premiers Aryens a elle aussi donné lieu à un nombre infini d'hypothèses. Kal Penka (1883) les croyait originaires d'Allemagne du Nord ou de Scandinavie ; Otto Schrade (1883) les faisait provenir d'Ukraine. Auparavant, les philosophes des Lumières (y compris Voltaire, Kant et Herder) avaient été les premiers, au XVIIIe siècle, à situer les pères de l'humanité sur un autre continent, dans le cadre d'une opposition à la tradition biblique. À l'époque, on avait pensé à l'Inde, mais les romantiques allemands se montrèrent bien entendu enclins à imaginer un peuple descendant des tribus teutoniques que Jules César n'était pas parvenu à vaincre, et dont tireraient leurs origines la civilisation romano-barbare et la grande floraison gothique des cathédrales médiévales. Il ne restait plus qu'à trouver un lien entre la civilisation de l'Inde et celle des peuples nordiques : les linguistes eux-mêmes y contribuèrent, avec leurs recherches sur le sanscrit conçu comme la langue mère de l'humanité [2].

1. Pour une présentation documentée de toutes les thèses « polaires », voir Godwin 1996.
2. Voir Eco 1993.

7. THULÉ ET L'HYPERBORÉE

Le mythe de l'aryanisme naquit de là[3], bien que plusieurs des chercheurs qui l'encouragèrent n'aient pas été conscients des résultats que produiraient leurs investigations.

Ce mythe subit aussi l'influence profonde de la tradition occultiste. Dans *La Doctrine secrète* (1888), Madame Blavatsky, déjà rencontrée au cours du chapitre sur l'Atlantide, défendit la thèse de la migration d'une race parfaite à partir du nord de l'Himalaya ; à la suite du Déluge, cette population se serait déplacée jusqu'en Égypte (cela a permis à certains auteurs de soutenir que les théories de Madame Blavatsky n'étaient pas, du moins dans leurs intentions, racistes). L'auteur élaborait ainsi une histoire imaginaire de l'humanité, où l'Hyperborée était représentée sous l'aspect d'un continent polaire allant de l'actuel Groenland au Kamtchatka et censé avoir servi de demeure à la deuxième race de l'humanité, des géants androgynes aux traits monstrueux.

Dans *L'Antéchrist* (1888), **Friedrich Nietzsche** écrit de son côté : « Nous sommes des Hyperboréens », et il en tire prétexte à une glorification des anciennes vertus nordiques, par opposition à la dégénération du christianisme.

La carte qui accompagne *Arktos*, de Joscelyn Godwin (1996), nous montre très clairement tous les lieux où l'on a tour à tour situé le territoire des Hyperboréens. Or, même si toute la théorie qui les concerne contenait un élément quelconque de vérité, une seule de ces localisations serait correcte, et il resterait donc une quinzaine de légendes. De même que le Graal, les Hyperboréens se sont faufilés comme des anguilles à travers les âges.

Au XIXe siècle, plusieurs auteurs occultistes, parmi lesquels Antoine **Fabre d'Olivet** (1822), s'attardèrent sur l'origine hyperboréenne de l'aryanisme ; toutefois, ce fut avec le pangermanisme et le nazisme que ce mythe connut un regain de vigueur manifeste.

LE MYTHE POLAIRE ET LE NAZISME Des groupes d'adeptes des sciences occultes fréquentaient les milieux nazis avant même l'arrivée au pouvoir d'Hitler. On discute encore de la question de savoir quels dignitaires nazis appartinrent bien à ces diverses sectes occultistes, et jusqu'où allait vraiment l'adhésion d'Hitler à ce climat culturel[4]. Quoi qu'il en soit, on vit naître en 1912 un *Germanenorden* (Ordre germanique)

3. C'est Schlegel qui aurait inventé, en 1819, le terme « Aryens ». Sur le mythe de l'aryanisme, voir de toute façon l'excellent ouvrage de Olender (1989).
4. Voir par exemple les études de Galli (1983) et de Goodrick-Clarke (1985).

Carte des différentes hypothèses sur les origines des Aryens, d'après Joscelyn Godwin, *Arktos*, 1996

partisan de l'aryosophie, autrement dit d'une philosophie de la supériorité aryenne. En 1918, le baron von Sebottendorff en fonda une filiale, la *Thule Gesellschaft* (Société Thulé), organisation secrète à fortes connotations racistes. C'est d'ailleurs en son sein qu'apparut la croix gammée.

En 1907, un certain Jörg Lanz von Liebenfels avait de son côté institué un *Neutempler-Orden* (Ordre du Nouveau Temple) qui semble avoir inspiré à Himmler sa SS et tous ses principes de suprématie aryenne. Concernant les races inférieures, von Liebenfels avait préconisé leur castration, leur stérilisation, leur déportation à Madagascar et leur incinération, conçue comme sacrifice à la divinité. Autant de principes qui, *mutatis mutandis*, furent ensuite mis en œuvre par le racisme nazi.

Himmler fonda en 1935 l'*Ahnenerbe Forschungs- und Lehrgemeinschaft* (Société pour la recherche et l'enseignement sur l'héritage ancestral), un institut ayant pour mission de mener des investigations sur l'histoire anthropologique et culturelle de la race germanique, afin de redécouvrir la grandeur des populations de l'ancienne Germanie, lieu d'origine de la race supérieure nazie. On raconte que, sous l'influence des fantaisies d'Otto Rahn, dont nous reparlerons dans le chapitre sur le Graal, cette association s'intéressa à la recherche de la relique sacrée, conçue, cela va sans dire, non pas comme un symbole chrétien, mais comme une source de force pour les véritables descendants du paganisme nordique. Himmler semble avoir subi lui aussi la forte influence du courant de l'aryosophie qui, dans le sillage de la pensée de Guido von List (mort bien avant l'avènement du nazisme, il avait cependant laissé derrière lui une pléthore de disciples dévoués), conférait une importance capitale aux runes nordiques de l'Antiquité ; elles étaient moins perçues comme un système d'écriture des anciens peuples germaniques que comme des symboles magiques permettant d'obtenir des pouvoirs occultes, de pratiquer des divinations et des sortilèges, de préparer des amulettes, d'assurer la circulation d'une énergie subtile qui imprégnait la totalité de l'univers, et servant par conséquent à déterminer le cours des événements – n'oublions pas, en outre, que la croix gammée s'inspirait de caractères runiques.

Armoiries de la Thule Gesellschaft, 1919

Ancien commandant des SS à Rome, le général Wolff raconta, à l'occasion d'un entretien télévisé accordé dans l'après-guerre, que lorsque Hitler lui ordonna d'enlever Pie XII pour l'interner en Allemagne, il lui demanda aussi de s'emparer, à la Bibliothèque vaticane, de certaines runes, qui de toute évidence revêtaient à ses yeux une valeur ésotérique. Wolff prétend avoir différé l'enlèvement sous les prétextes les plus variés, parmi lesquels, justement, la difficulté préalable constituée par l'identification du lieu

L'IDÉAL ARIEN   LA RÉALITÉ

Gerade du !, l'idéal aryen selon la revue *Signal*

Portrait d'Adolf Hitler, 1923

Arno Breker, *Prêt au combat*, XXᵉ siècle. Localisation actuelle inconnue

Joseph Goebbels durant un meeting, 1931

Josef Thorak, *Les Camarades*, idéal de beauté aryenne. Localisation actuelle inconnue

Portrait de Heinrich Himmler, 1945

de conservation des fameuses runes. Qu'il ait dit ou non la vérité (sachant que les documents confirment la réalité du projet d'enlèvement du pape), l'occultisme, le pangermanisme, la révolte contre la science moderne (réputée d'origine judaïque) et la recherche spasmodique d'une science véritablement et exclusivement germanique furent autant d'éléments qui circulaient dans les milieux nazis.

L'autre théoricien à avoir marqué d'une empreinte profonde le destin du nazisme fut Alfred Rosenberg : son ouvrage *Der Mythus des 20. Jahrhunderts* (*Le Mythe du XXe siècle*, 1930) obtint en Allemagne un immense succès, à peine inférieur à celui du *Mein Kampf* d'Hitler, et se vendit à plus d'un million d'exemplaires ; on y trouve, une fois de plus, des références au mythe de la race nordique et, bien entendu, à l'Atlantide, identifiée à l'Ultima Thulé [5].

Enfin, on se reportera aux textes de **Julius Evola** (1934 et 1937) sur la civilisation hyperboréenne.

LA THÉORIE DE LA GLACE ÉTERNELLE Il a existé des géo-astronomies encore plus délirantes que le mythe de l'Hyperborée, qui semblent néanmoins avoir inspiré des pensées et des décisions tout à fait sérieuses, bien que très peu appréciables. Dès 1925, on promut dans les milieux nazis la théorie du pseudo-savant autrichien Hans Hörbiger, connue sous l'appellation WEL, c'est-à-dire *Welteislehre* (théorie de la glace éternelle). Elle était devenue célèbre à la suite de la publication du livre de Philipp Fauth (1913), *Glacial-Kosmogonie* (*Cosmogonie glaciale*), rédigé en grande partie par Hörbiger lui-même, et qui s'était attiré la faveur de personnalités telles que Rosenberg et Himmler. Mais après l'accession d'Hitler au pouvoir, Hörbiger fut pris au sérieux même dans certains milieux scientifiques, et notamment par des chercheurs comme Philipp Lenard, découvreur, avec Wilhelm Röntgen, des rayons X.

Pour Hörbiger, le cosmos est le théâtre d'une lutte éternelle entre la glace et le feu, qui ne produit pas une évolution mais une alternance de cycles ou d'époques. Jadis, un gigantesque corps céleste chauffé à très haute température, des millions de fois plus grand que le soleil, entra en collision avec une immense accumulation de glace cosmique. Cette masse de glace pénétra à l'intérieur du corps incandescent et, après

5. On trouvera un texte d'Alfred Rosenberg dans l'anthologie du chapitre consacré à l'Atlantide.

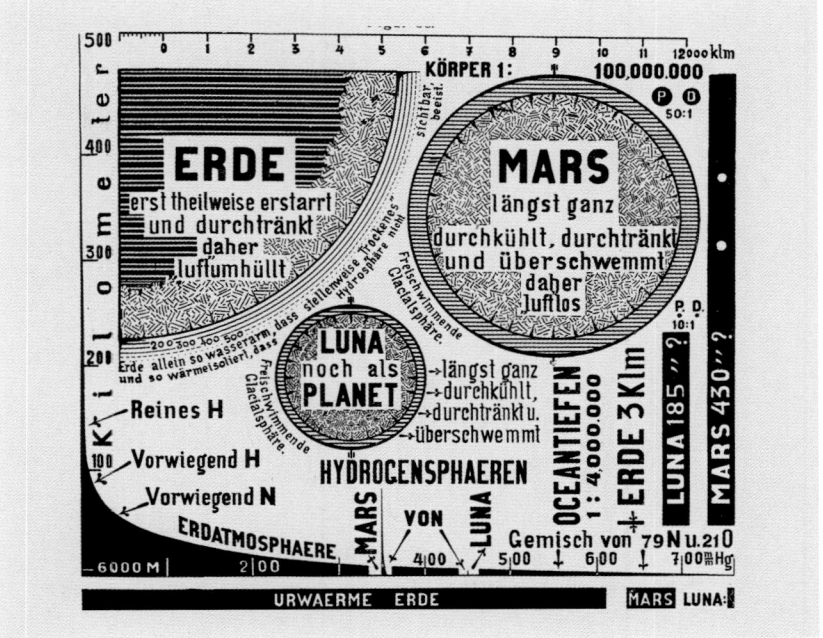

Illustration extraite de la *Glazial-Kosmogonie* (*Cosmogonie glaciaire*) de Philipp Fauth, 1913

avoir agi en son sein, sous forme de vapeur, pendant des centaines de millions d'années, finit par provoquer l'explosion de l'ensemble. Plusieurs fragments furent alors projetés aussi bien dans l'espace glacé que dans une zone intermédiaire, où ils formèrent le système solaire. La Lune, Mars, Jupiter et Saturne sont gelés, et un anneau de glace compose la Voie lactée (l'astronomie traditionnelle y voit des étoiles, mais il s'agit de trucages photographiques). Les taches solaires sont quant à elles produites par des blocs de glace détachés de Jupiter.

Or la force de cette explosion originelle va en diminuant, et chaque planète effectue une sorte de mouvement en spirale, imperceptible, autour de la planète principale qui exerce sur elle sa force d'attraction – et non pas, comme le croit à tort la science officielle, une révolution elliptique. À la fin du cycle que nous sommes en train de vivre, la Lune se rapprochera de plus en plus de la Terre ; elle fera monter peu à peu le niveau des océans, qui engloutiront les tropiques et ne laisseront émerger que les montagnes les plus hautes ; les rayons cosmiques deviendront plus puissants et provoqueront des mutations génétiques. Enfin, notre satellite explosera et prendra la forme d'un anneau de glace, d'eau et de gaz, qui finira par s'écraser sur le globe terrestre. En raison de phénomènes complexes dus à l'influence de Mars, la Terre aussi se transformera en un globe de glace et sera au bout du compte réabsorbée par le Soleil. Il se produira ensuite une nouvelle explosion et un nouveau début, de même que d'ailleurs la Terre avait déjà par le passé eu et réabsorbé trois autres satellites.

De toute évidence, cette cosmogonie présupposait une sorte d'Éternel Retour rattaché à des mythes et à des épopées antiques. Une fois de plus, ce que les nazis continuent de nos jours à appeler le savoir de la Tradition était opposé aux fausses connaissances de la science libérale et judaïque. De surcroît, la cosmogonie glaciaire présentait un aspect éminemment nordique et aryen. Louis Pauwels et Jacques Bergier (1960) attribuent à cette croyance profonde en des origines glaciaires du cosmos la confiance d'Hitler envers la capacité de ses troupes à supporter le gel du territoire russe. Mais ils soutiennent aussi que la nécessité de trouver une preuve de la réaction future de la glace cosmique aurait également retardé les expérimentations menées sur les V1, ces prototypes des missiles grâce auxquels l'Allemagne nazie comptait renverser en sa faveur le sort de la guerre.

En 1938, un certain Elmar Brugg avait publié un livre en l'honneur de Hörbiger : non content d'y faire de ce dernier une sorte de Copernic du XXe siècle, il y prétendait que la théorie de la glace éternelle expliquait les liens profonds unissant les événements terrestres aux forces cosmiques, et il en concluait que le silence observé par la science démocratique et judaïque envers Hörbiger constituait un cas typique de conspiration des médiocres.

UNE CONTRADICTION : LES HYPERBORÉENS DE MÉDITERRANÉE Au départ, la théorie de l'aryanisme pur excluait, cela va sans dire, des Méditerranéens comme les Français et les Italiens, et même les Anglais ; mais peu à peu, les diverses spéculations racistes durent reconnaître le caractère aryen de tous les peuples européens. Ainsi, dans sa revue *La difesa della razza* (*La Défense de la race*), le racisme fasciste se livra à des tentatives pathétiques pour rattacher à tout prix au modèle « hyperboréen » même les Méditerranéens petits et bruns ; et lorsqu'il se trouva dans l'obligation de transformer en Aryen Dante Alighieri, au célèbre

Couverture du premier numéro de la revue raciste *La difesa della razza* (*La défense de la race*), 5 août 1938

profil de rapace, il élabora la théorie d'une *razza aquilina* (race aquiline). Après quoi il ne restait plus (comme devaient l'indiquer des conclusions extrêmes) qu'à éliminer les non-Aryens, et en particulier les peuples sémites.

Il s'agissait aussi d'aryaniser, ou encore de « polariser », le plus méditerranéen des pays, à savoir la Grèce : on ne pouvait en effet l'ignorer, puisque tout le romantisme allemand y avait reconnu le berceau de la civilisation occidentale – et même à l'époque contemporaine, un philosophe à tout le moins aussi suspect de sympathie pour le nazisme que Martin Heidegger déclara qu'on ne peut philosopher qu'en allemand ou en grec.

Au XXe siècle, on avait donc pourvu à l'aryanisation de la Grèce en prétendant que sa civilisation serait née à la suite d'une invasion de la Méditerranée par des peuples indo-européens. Il n'y a pas lieu ici d'analyser cette thèse très débattue, qui ne s'appuie sur aucun argument probant ; on se contentera de relever à quel point le modèle « polaire » a prévalu au cours des deux derniers siècles, et inspiré aussi d'autres légendes, dont il faudra nous occuper dans le chapitre consacré à la Terre creuse.

Thulé

STRABON
(vers 64 av. J.-C. – 25 ap. J.-C.)
Géographie, IV, 5 (Belles lettres, 1966)

Sur Thulé, l'information est encore beaucoup plus incertaine à cause de l'éloignement de cette île, qu'on donne comme la plus septentrionale de toutes les contrées qui portent un nom. […]
[Les peuples voisins de la zone glaciale] se nourrissent de millet et d'autres herbages, de fruits sauvages et de racines ; [ceux] qui ont du blé et du miel en tirent leur boisson ordinaire […].

Hérodote et les Hyperboréens

HÉRODOTE
Histoires, IV, 13 (Belles lettres, 2003)

De son côté, Aristéas, fils de Caÿstrobios, de Proconnèse, dans un poème épique, raconte que, possédé de Phébus, il alla chez les Issédons ; qu'au-dessus des Issédons habitent les Arimaspes, hommes qui n'auraient qu'un œil ; au-dessus des Arimaspes, les griffons gardiens de l'or ; au-dessus des griffons, les Hyperboréens, qui s'étendent jusqu'à une mer ; que, sauf les Hyperboréens, tous ces peuples, à commencer par les Arimaspes, font constamment la guerre à leurs voisins ; que les Issédons furent chassés de chez eux par les Arimaspes, les Scythes par les Issédons ; et que les Cimmériens, qui habitaient la côte de la mer du Sud, sous la pression des Scythes abandonnèrent leur pays.

Détail d'un cratère apulien représentant un combat de Griffons et d'Arimaspes, IIIe – IVe siècle avant Jésus-Christ. Berlin, Staatliche Museen zu Berlin Antikensammlung

DIODORE DE SICILE
Bibliothèque historique, II, XLVII
(Belles lettres, 2003)

Pour notre part, puisque nous avons jugé bon de rendre compte des régions de l'Asie situées vers le nord, nous ne croyons pas hors de propos de passer en revue les récits légendaires consacrés aux Hyperboréens. Parmi ceux qui ont consigné les légendes d'autrefois, Hécatée et quelques autres disent que dans la zone qui fait face à la Celtique, en plein océan, il y a une île au moins aussi grande que la Sicile. Celle-ci se trouve au nord et est habitée par les Hyperboréens, ainsi nommés parce qu'elle est située plus loin que le point d'où souffle le Borée ; grâce à son sol fertile où tout pousse, ainsi qu'à son climat exceptionnellement tempéré, elle produit une double récolte par an. D'après les légendes, c'est le lieu de naissance de Léto ; aussi Apollon est-il, bien plus que les autres dieux, honoré chez les Hyperboréens ; ils sont d'ailleurs, pour ainsi dire, des prêtres d'Apollon puisqu'ils célèbrent chaque jour ce dieu en chantant sans arrêt des hymnes et qu'ils l'honorent de cette façon exceptionnelle. Il se trouve aussi dans l'île un magnifique sanctuaire d'Apollon ainsi qu'un temple remarquable, orné de nombreuses offrandes et à la forme sphérique. Il y a aussi une cité qui est consacrée à ce dieu et dont les habitants sont pour la plupart des joueurs de cithare ; sans arrêt, dans le temple, au son des cithares, ils scandent des hymnes à la louange du dieu, glorifiant ainsi ses exploits. Les Hyperboréens ont une langue qui leur est propre, et ils sont très amicalement disposés envers les Grecs, particulièrement envers les Athéniens et les Déliens qui jouissent de cette sympathie depuis des temps reculés. Et même certains Grecs, d'après les légendes, débarquèrent au pays des Hyperboréens et laissèrent derrière eux de somptueuses offrandes portant des inscriptions grecques. De la même manière, l'Hyperboréen Abaris se rendit autrefois en Grèce pour raviver les liens de sympathie et de parenté avec les Déliens. On dit aussi que la lune, vue de cette île, est à très peu de distance de la terre et qu'elle présente des aspérités de nature terrestre, visibles à sa surface. On affirme aussi que le dieu se rend dans l'île tous les dix-neuf ans, quand le retour des astres à leur position initiale arrive à terme ; et voilà pourquoi la période de dix-neuf ans est appelée par les Grecs « l'année de Méton ». Pendant cette apparition du dieu, celui-ci joue de la cithare et danse sans arrêt la nuit durant, depuis l'équinoxe de printemps jusqu'au lever des Pléiades, se réjouissant de ses succès. Ceux qui règnent sur cette cité et qui ont le sanctuaire sous leur autorité s'appellent les Boréades, parce qu'ils sont les descendants de Borée, et la naissance leur permet toujours d'hériter du pouvoir.

La race hyperboréenne

FRIEDRICH NIETZSCHE
(1844-1900)
L'Antéchrist (1888-1894 ;
GF-Flammarion, 1996)

§ 1
Regardons-nous en face. Nous sommes des Hyperboréens – nous n'ignorons pas à quel point nous vivons à l'écart. « Ni par terre, ni par mer, tu ne trouveras le chemin qui mène chez les Hyperboréens » : voilà ce que Pindare [Pythiques, X, 29-30] savait déjà de nous. Par-delà le nord, la glace, la mort – *notre* vie, *notre* bonheur... Nous avons découvert le bonheur, nous connaissons le chemin, nous avons trouvé la voie pour sortir de millénaires entiers de labyrinthe. Qui l'a trouvée, *à part nous* ? – L'homme moderne, peut-être ? – « Je ne sais plus vers quoi me tourner ; je suis tout

Odin sur son trône, estampe colorée, XIXᵉ siècle

ce qui ne sait plus vers quoi se tourner » – soupire l'homme moderne… C'est *cette* modernité-là qui nous rendait malades, – cette paix avariée, ce compromis lâche, toute cette malpropreté vertueuse du oui ou du non modernes. Cette tolérance et cette *largeur**1 du cœur qui « pardonne » tout parce qu'elle « comprend » tout, c'est pour nous le sirocco. Plutôt vivre dans les glaces que parmi les vertus modernes et autres vents du sud !… Nous avions assez d'audace, nous ne ménagions ni nous-mêmes ni autrui : mais longtemps, nous n'avons pas su *vers quoi* diriger notre audace. Nous devenions mornes, on nous appelait fatalistes. *Notre fatum* à nous – c'était la plénitude, la tension, l'accumulation de forces. Nous avions soif d'éclairs et d'exploits. Nous nous tenions le plus loin possible du bonheur des débiles, de la résignation… Il y avait de l'orage dans notre air, la nature en nous s'obscurcissait – *car nous ne disposions d'aucune voie*. Formule de notre bonheur : un oui, un non, une ligne droite, un *but*…

§ 2

Qu'est-ce qui est bon ? – Tout ce qui élève en l'homme le sentiment de la puissance, la volonté de puissance, la puissance même.

Qu'est-ce qui est mauvais ? – Tout ce qui provient de la faiblesse.

Qu'est-ce que le bonheur ? – Le sentiment que la force *croît*, – qu'une résistance est surmontée.

Non pas la satisfaction, mais davantage de puissance ; *non pas* la paix en elle-même, mais la guerre ; *non pas* la vertu, mais l'étoffe (vertu dans le style de la Renaissance, la *virtù**, la vertu exempte de moraline).

Les faibles et les ratés doivent périr : premier principe de *notre* philanthropie. Et on doit même encore les y aider.

Qu'est-ce qui est plus nuisible qu'un vice quel qu'il soit ? – La pitié en acte pour tous les ratés et les faibles – le christianisme…

§ 5

Il ne faut pas enjoliver et attifer le christianisme : il a livré une *guerre à mort* contre ce type *supérieur* d'homme, il a excommunié tous les instincts fondamentaux de ce type, il a pris tous les instincts pour en faire le concentré du mal, le méchant : – l'homme fort comme le type du réprouvé, de l'« homme dépravé ». Le christianisme a pris le parti de tout ce qui est faible, bas, raté, il a institué en idéal *l'opposition* aux instincts de conservation de la vie forte ; il a vicié la raison même des natures les plus fortes en esprit, en enseignant à ressentir les valeurs les plus hautes de l'intellectualité comme pécheresses, comme trompeuses, comme des *tentations*. L'exemple le plus pitoyable : la corruption de Pascal, qui croyait à la corruption de sa raison par le péché originel, alors qu'elle n'était corrompue que par son christianisme !

§ 19

Si les races fortes de l'Europe du Nord n'ont pas repoussé le Dieu chrétien, cela ne fait pas vraiment honneur à leur intelligence religieuse, – pour ne rien dire de leur goût. Un tel sous-produit souffreteux et sénile de la *décadence**, elles auraient *dû* s'en débarrasser. Mais c'est leur malédiction qu'elles ne s'en soient pas débarrassées : elles ont intégré dans tous leurs instincts la maladie, la sénilité, la contradiction, – elles n'ont, depuis lors, jamais plus *créé* de Dieu !

---

1. Les mots suivis d'un astérisque sont en français dans le texte.

ANTOINE FABRE D'OLIVET
(1767-1828)
Histoire philosophique du genre humain,
I, 1 (1824 ; Éd. Traditionnelles, 1991)

Je vais me transporter, à cet effet, à une époque assez reculée de celle où nous vivons ; et, raffermissant mes yeux, qu'un long préjugé pourrait avoir affaiblis, fixer, à travers l'obscurité des siècles, le moment où la Race blanche, dont nous faisons partie, vint à paraître sur la scène du monde.

À cette époque, dont plus tard je chercherai à déterminer la date, la Race blanche était encore faible, sauvage, sans lois, sans arts, sans culture d'aucune espèce, dénuée de souvenirs, et trop dépourvue d'entendement pour concevoir même une espérance.

Elle habitait les environs du pôle boréal, d'où elle avait tiré son origine. La Race noire, plus ancienne qu'elle, dominait alors sur la terre, et y tenait le sceptre de la science et du pouvoir : elle possédait toute l'Afrique et la plus grande partie de l'Asie, où elle avait asservi et comprimé la Race jaune. Quelques débris de la Race rouge languissaient obscurément sur les sommets des plus hautes montagnes de l'Amérique, et survivaient à l'horrible catastrophe qui venait de les frapper : ces faibles débris étaient inconnus ; la Race rouge, à laquelle ils avaient appartenu, avait naguère possédé l'hémisphère occidental du globe ; la Race jaune, l'oriental ; la Race noire, alors souveraine, s'étendait au sud, sur la ligne équatoriale ; et, comme je viens de le dire, la Race blanche, qui ne faisait que de naître, errait aux environs du pôle boréal.

Ces quatre Races principales, et les nombreuses variétés qui peuvent résulter de leurs mélanges, composent le *Règne hominal*. [...] Ces quatre Races se sont heurtées et brisées tour à tour, distinguées et confondues souvent. Elles se sont disputées plusieurs fois le sceptre du monde [...]. Mon intention n'est point d'entrer dans ces vicissitudes, antérieures à l'ordre de choses actuel, dont les détails infinis m'accableraient d'un inutile fardeau, et ne me conduiraient pas au but que je me propose. Je dois m'attacher seulement à la Race blanche, à laquelle nous appartenons, et en crayonner l'histoire depuis l'époque de sa dernière apparition aux environs du pôle boréal : c'est de là qu'elle est descendue à diverses reprises, par essaims, pour faire des incursions tant sur les autres races, quand elles dominaient encore, que sur elle-même, quand elle a eu saisi la domination.

Le vague souvenir de cette origine, surnageant sur le torrent des siècles, a fait surnommer le pôle boréal la pépinière du Genre humain. Il a donné naissance au nom des Hyperboréens et à toutes les fables allégoriques qu'on a débitées sur eux ; il a fourni enfin les nombreuses traditions qui ont conduit Olaüs Rudbeck à placer en Scandinavie l'Atlantide de Platon, et autorisé Bailly à voir sur les roches désertes et blanchies par les frimas du Spitzberg, le berceau de toutes les sciences, de tous les arts, et de toutes les mythologies du monde. Il est assurément très difficile de dire à quelle époque la Race blanche ou hyperboréenne commença à se réunir par quelques formes de civilisation, et encore moins à quelle époque plus reculée elle commença à exister. Moïse, qui en parle au sixième chapitre du *Béræshith*[1], sous le nom des Ghiboréens, dont les noms ont été si célèbres, dit-il, dans la profondeur des temps, rapporte leur origine aux âges du monde. On trouve cent fois le nom des Hyperboréens dans les écrits des anciens, et jamais aucune lumière positive sur leur compte. Selon Diodore de Sicile, leur pays était le plus voisin de la lune : ce qui peut s'entendre de l'élévation du pôle qu'ils habitaient. Eschyle, dans son Prométhée, les plaçait sur les monts Riphées. Un certain Aristée de Proconèse, qui avait fait, dit-on, un poëme sur ces peuples, et qui prétendait les avoir visités, assurait qu'ils occupaient la

Konrad Dielitz, *Siegfried*, acte II scène VI, illustration, XIXᵉ siècle

1. La Genèse.

7. THULÉ ET L'HYPERBORÉE

contrée du nord-est de la Haute-Asie, que nous nommons aujourd'hui Sibérie. Hécatée d'Abdère, dans un ouvrage publié du temps d'Alexandre, les rejetait encore plus loin, et les logeait parmi les ours blancs de la Nouvelle-Zemble, dans une île appelée *Élixoïa*. La vérité pure est, comme l'avouait Pindare plus de cinq siècles avant notre ère, qu'on ignorait entièrement dans quelle région était situé le pays de ces peuples. Hérodote lui-même, si curieux de rassembler toutes les traditions antiques, avait inutilement interrogé les Scythes à leur sujet ; il n'avait pu rien découvrir de certain.

Le symbolisme du pôle

JULIUS EVOLA (1898-1974)
Révolte contre le monde moderne, II, 3
(1934 ; Éd. de l'Homme, 1972)

Nous avons déjà parlé du symbolisme du « pôle », l'île ou la terre ferme, représentant la stabilité spirituelle opposée à la contingence des eaux et servant de résidence à des hommes transcendants, à des héros et à des immortels, de même que la montagne, l'« altitude » ou la contrée suprême, avec les significations olympiennes qui leur sont associées, s'unirent souvent, dans les traditions antiques, au symbolisme « polaire », appliqué au centre suprême du monde et donc aussi à l'archétype de toute « domination » au sens supérieur du terme.
Mais, en dehors de cet aspect symbolique, des données traditionnelles nombreuses et précises mentionnent le *nord* comme étant l'emplacement d'une île, d'une terre ou d'une montagne, emplacement dont la signification se confond avec celle du lieu du premier âge. Il s'agit donc d'une connaissance ayant une valeur à la fois spirituelle et réelle, du fait qu'elle s'applique à une situation où le symbole et la réalité s'identifièrent, où l'histoire et la supra-histoire, au lieu d'apparaître comme des éléments séparés, transparurent, au contraire, l'une à travers l'autre. C'est là le point précis où l'on peut s'insérer dans les événements conditionnés par le temps. Selon la tradition, à une époque de la haute préhistoire qui correspond à l'âge d'or ou de l'« être », l'île ou terre « polaire » symbolique aurait été une région réelle située au septentrion, voisine de l'endroit où se trouve aujourd'hui le pôle arctique.
Cette région était habitée par des êtres qui possédaient cette spiritualité non-humaine à laquelle correspondent, nous l'avons vu, les notions de « gloire », d'or, de lumière et de vie et qui fut évoquée plus tard par le symbolisme suggéré précisément par leur siège : ils constituèrent la race qui posséda en propre la tradition ouranienne à l'état pur et « un » et fut la source centrale et la plus directe des formes et des expressions variées que cette tradition revêtit chez d'autres races et d'autres civilisations. […]

Hyperborée, l'île blanche des aryens

JULIUS EVOLA
Le Mystère du Graal, I, 7
(1937 ; Éd. Traditionnelles, 1985)

La localisation du centre ou siège originel de la civilisation « olympienne » du centre d'or dans une région boréale ou nordico-boréale devenue habitable, correspond à un autre enseignement traditionnel fondamental, que nous avons exposé ailleurs, avec des données justificatives à l'appui. Une tradition d'origine hyperboréenne, dans sa forme originelle olympienne ou dans ses réémergences de type « héroïque », se trouve à la base d'actions civilisatrices accomplies par des races qui, durant la période s'étendant entre la fin de l'ère glaciaire et le néolithique, se propagèrent

Johann Heinrich Füssli, *Thor combat le serpent de Midgard*, 1790. Londres, Royal Academy of Arts

Due volti
due età

ma lo stesso
sorriso, la
stessa razza

dans le continent euro-asiatique. Certaines de ces races doivent être venues directement du Nord : d'autres semblent avoir eu pour patrie d'origine une terre atlantico-occidentale, où s'était constituée une sorte d'image du centre nordique. C'est la raison pour laquelle divers symboles et souvenirs concordants se réfèrent à une terre qui est parfois nordico-arctique, et parfois occidentale.

Le centre hyperboréen reçut, entre autres dénominations, qui s'appliquèrent ensuite, par voie de conséquence, au centre atlantique, celle de Thulé, d'Île blanche ou de la « splendeur » – le *çvetadvîpa* hindou, l'île grecque Leuké –, de « semence originelle de la race aryenne » – *airyanem-nvaéjo* –, de Terre du Soleil ou de « Terre d'Apollon, d'Avallon ». Dans toutes les traditions indo-européennes, des souvenirs concordants parlent de la disparition de cette terre, devenue mythique par la suite, en rapport avec une congélation et un déluge. C'est la contrepartie réelle, historique, des diverses allusions à quelque chose qui, à partir d'une certaine époque, aurait été perdu, ou serait devenu caché ou introuvable. C'est aussi la raison pour laquelle l'« Île » ou « Terre des Vivants » – par race divine originelle –, la contrée à laquelle se rapportent plus ou moins les symboles déjà mentionnés du centre suprême du monde, se confond souvent avec la « région des morts », les « morts » correspondant à la race disparue. Ainsi, selon une doctrine celtique, les hommes auraient eu pour aïeul primordial le Dieu des Morts – Dispater – qui habite dans une région lointaine au-delà de l'Océan, dans ces « îles lointaines » d'où, selon l'enseignement druidique, une partie des habitants préhistoriques de la Gaule serait venue directement. Il est d'ailleurs conforme à la tradition classique qu'après avoir été le maître de la terre, le roi de l'âge d'or, Kronos-Saturne, ait été détrôné ou émasculé (c'est-à-dire privé du pouvoir d'« engendrer », de donner la vie à une nouvelle progéniture), et vive toujours « en sommeil », dans une région de l'extrême septentrion, vers la mer arctique, que pour cette raison on appela aussi mer Chronide. De là naquirent bien des confusions, mais en substance il s'agit toujours de la transposition, soit dans la supra-histoire soit sous l'aspect d'une réalité ou d'un centre spirituel latent ou invisible, d'idées se rapportant au thème hyperboréen.

Lino Businco, *La femme dépositaire des caractères de la race*, in *La difesa della razza*, a.I, no. 4, 20 septembre 1938

Page ci-contre :
Johann Heinrich Wüest, *Le glacier du Rhône*, 1769. Zurich, Kunsthaus

7. THULÉ ET L'HYPERBORÉE

8

LES MIGRATIONS DU GRAAL

Ce livre a pour sujet les territoires et les lieux légendaires. S'il fallait rendre compte, en abordant le thème du Graal et de ce qu'il est convenu d'appeler le cycle arthurien, de toute la matière de ce cycle breton, avec ses innombrables contradictions et sa multiplicité de variantes, des centaines et des centaines de pages n'y suffiraient pas. Mais dans la mesure où nous ne devons nous occuper que des lieux, notre tâche devient plus facile, puisque nous avons simplement à nous interroger sur deux endroits magiques, le château du roi Arthur, avec sa Table ronde, et la légendaire Avalon, où était conservé le Graal.

Le Calice d'Ardagh, début du VIIIe siècle. Dublin, National Museum of Ireland

Page de droite :

Dante Gabriel Rossetti, *La Dame du saint Graal*, 1874. Collection particulière

LA LÉGENDE ARTHURIENNE Il nous faut commencer par un résumé, même rapide, des principaux thèmes de la légende arthurienne. Le contenu du cycle breton abonde en contradictions, à commencer par la caractérisation de ses héros, dont les exploits changent souvent d'un texte à l'autre. La personnalité du roi Arthur reste par exemple enveloppée dans les brumes du mythe : il apparaît sous les traits d'un chef militaire dans des textes gallois du VIe siècle, puis sous le nom d'Arturus Rex dans l'*Historia*

Brittonum (*Histoire des Bretons*) attribuée au moine gallois Nennius, qui la rédigea peut-être autour de l'an 830. On le retrouve aussi dans plusieurs vies de saints du VIe siècle, mais il n'est mentionné en qualité de personnage royal qu'au XIIe siècle, dans l'*Historia regum Britanniae* (*Histoire des rois de Bretagne*) de Geoffroy de Monmouth. Enfin, il fait une entrée triomphale dans le cycle breton en tant que jeune protégé du magicien Merlin : il devient alors roi de Logres et parvient, seul entre tous, à extraire une épée enfoncée dans un rocher.

Un bon exemple de croisements entre textes et traditions légendaires nous est offert par l'épée Excalibur, que certaines relectures de la légende identifient à celle que le jeune Arthur réussit à arracher de la pierre. En réalité (c'est-à-dire dans les sources écrites de la légende), cette épée, que Robert de Boron et Chrétien de Troyes sont les premiers à mentionner et qu'Arthur était destiné à briser lors d'un affrontement avec le roi Pellinore, n'était pas Excalibur. Décrite plus en détail par Thomas Malory dans *Le Morte Darthur* (*La Mort d'Arthur*), Excalibur est en effet donnée à Arthur par Viviane, la Dame du lac – et présentée au roi par un bras qui émerge à la surface de l'eau.

Elle lui garantissait l'invulnérabilité, à condition d'être toujours conservée dans son fourreau d'argent. Mais ce fourreau fut perdu par la faute de Morgane (demi-sœur d'Arthur), ce qui valut au souverain de recevoir une blessure mortelle. Il ordonna alors de jeter à nouveau l'épée dans le lac, et depuis lors personne n'a jamais pensé qu'on pourrait la retrouver un jour. Toutefois, les adeptes incurables du Graal se croient parfois autorisés à la reconnaître en l'abbaye San Galgano, près de Sienne : on y trouve en effet une épée plantée dans la roche, que saint Galgano aurait laissée là en souvenir de la croix. Même sans prendre en compte toutes les difficultés que pose l'établissement d'un lien entre saint Galgano et la légende arthurienne, l'identification des deux épées requiert beaucoup de bonne volonté : celle de saint Galgano avait valeur de protestation contre la guerre ; en revanche, à en croire le récit de ses aventures, Arthur avait, avec les siennes, décapité ou fendu, du sommet du crâne à la taille, une grande quantité d'ennemis[1].

Tout aussi ambigu, le personnage du magicien Merlin, fils d'un diable, apparaît souvent comme le conseiller bienveillant d'Arthur, mais d'autres traditions en font un être malfaisant.

[1]. Sur l'authenticité de l'épée, voir les recherches de Calì et Garlaschelli (2001).

8. LES MIGRATIONS DU GRAAL

Aubrey Beardsley, illustration pour *Le Morte Darthur* de Sir Thomas Malory, lithographie, 1893-1894. Collection particulière

Walter Crane, *Le roi Arthur extrait l'épée du rocher*, 1911

QU'EST-CE QUE LE GRAAL ? De larges incertitudes entourent aussi l'objet central du cycle breton, à savoir le Graal. À quoi correspondait cet objet ? Il s'agissait, selon toute apparence, d'un vase, d'un calice ou d'une assiette creuse : plusieurs sources écrites nous apprennent en effet qu'un « gradal », récipient de mets raffinés, était une écuelle ou une assiette (voir à ce propos le texte d'**Hélinand de Froidmont**). Cette assiette ou cette écuelle pourrait avoir contenu le sang versé par le Christ sur la croix, ou encore être la coupe utilisée par le Seigneur lors de la Cène ; mais on a parfois suggéré d'y reconnaître la lance dont saint Longin blessa Jésus au côté. Toutefois, le *Parzival* de Wolfram von Eschenbach en fit plus tard une pierre, dite *lapsit exillis* (les passionnés du Graal lurent par la suite ces mots sous la forme *lapis exillis*, donnant ainsi naissance aux étymologies et aux interprétations les plus variées). Le *Conte du Graal* de Chrétien de Troyes (nous sommes maintenant aux environs de 1180) ne parle pas *du* Graal mais *d'un* « graal », et l'objet ne perd sa valeur générique, pour devenir unique et singulier, que dans d'autres œuvres du cycle.

Celle de Chrétien de Troyes ne contient pas de références au sang du Christ ; elles apparaissent cependant, quelques années plus tard, dans le *Joseph d'Arimathie* de **Robert de Boron** : le Graal y est bien la coupe utilisée lors de la Cène, mais Joseph d'Arimathie y recueille ensuite le sang du crucifié, puis émigre alors en Occident. Après maintes péripéties, le Graal finit par être conservé à Avalon et confié à un Roi Pêcheur souffrant d'une mystérieuse blessure, qui ne pourra être guérie que lorsqu'un chevalier d'une pureté parfaite (chez Boron, ce sera Perceval) arrivera à Avalon et posera au roi une question rituelle sur le mystère du Graal.

Ci-contre :

Arthur et Perceval, mosaïque de pavement, 1163. Otrante, Cathédrale, nef centrale

Page de droite :

Le saint Graal apparaît aux chevaliers de la Table ronde, illustration tirée du *Livre de Messire Lancelot du Lac* de Gaultier de Moap, XVᵉ siècle. Ms. français 120, fol. 524v.
Paris, Bibliothèque Nationale de France

On trouvera par ailleurs, dans l'anthologie, une sélection de textes de plusieurs auteurs décrivant **l'apparition du Graal** ; on comprendra alors à quel point la comparaison de ces différents documents ne fait qu'accroître l'incertitude du mystère. D'autant plus qu'à partir de la version de Boron, le Graal acquit un nombre toujours croissant de significations symboliques, et l'on tendit à voir dans sa possession l'appartenance à une communauté d'élus, informés de secrets que Jésus aurait révélés à Joseph, mais demeurés inconnus aux disciples « officiels » destinés à fonder l'Église. Voilà pourquoi le mythe du Graal n'a cessé de fasciner, jusqu'à nos jours, des gnostiques et des occultistes de toutes sortes, toujours lancés à la poursuite d'un secret ineffable, dissimulé justement sous le symbole mystique du Graal et voué pour toutes ces raisons à rester éternellement inaccessible.

Pour **Julius Evola** (1937), le Graal est un objet situé « au-delà des limites de la conscience ordinaire », et rattaché en tout cas à une tradition nordique opposée à celle du christianisme. Pour Jessie Weston (1920), il s'agit d'un symbole de fertilité tirant ses origines de la mythologie celtique[2]. Pour René Guénon (1950), il représente une Vérité traditionnelle perdue – c'est-à-dire cette vérité qui n'a jamais cessé de fasciner les ésotéristes de

2. Cette interprétation a inspiré *The Waste Land* (*La Terre vaine*), de T. S. Eliot.

tous les temps et qui aurait été connue par le passé, avant de disparaître à l'époque moderne. En ce sens, le Graal est demeuré, au fil des siècles, le prototype de tout secret « vide », d'autant plus fascinant qu'il échappe toujours davantage à toute tentative de dévoilement et qu'il est à l'origine de la recherche perpétuelle d'un savoir perdu.

OÙ EST LE GRAAL ? En tout état de cause, après Boron, on situa le Graal à Avalon, et les chevaliers de la Table ronde, les grands personnages du cycle breton (tels Perceval, Lancelot, Galaad et plusieurs autres), partirent à sa recherche en maintes occasions. Soit dit entre parenthèses : la légende ultérieure fit de ces chevaliers des héros voués exclusivement à la protection de donzelles sans défense ; en réalité, non seulement le cycle nous montre des donzelles quelque peu agressives, mais chaque chevalier y a de surcroît pour principale préoccupation de sillonner le territoire de la Cornouaille à la rencontre d'autres chevaliers, et de les provoquer en duel, parfois à mort, par pur goût du défi chevaleresque.

Où se trouvait Avalon ? La tradition s'est abandonnée, à ce sujet, aux hypothèses les plus étranges, mais à en croire celle qui, de nos jours encore, déplace des milliers de touristes et de dévots du Graal, il s'agirait de la ville de Glastonbury, dans le comté du Somerset.

George Arnald, *Ruines de l'abbaye de Glastonbury*, XIXe siècle. Collection particulière

Une des raisons qui ont encouragé toutes sortes de rêveries autour de cette ville tient à ce qu'en 1191, dans les environs de la vieille église, des moines avaient découvert une pierre où était gravée une inscription latine signifiant ceci : « Ci-gisent le célèbre roi Arthur et sa seconde épouse Guenièvre, dans l'île d'Avalon. »

En 1278, comme l'indique une plaque encore présente sur place, les dépouilles d'Arthur et de Guenièvre furent ensevelies dans l'église abbatiale, en présence du roi Édouard Ier ; elles disparurent ensuite lors de la destruction de l'abbaye, en 1539. À en croire le récit de Robert de Boron, Arthur, profondément abattu par la trahison de son épouse Guenièvre et le décès de son cher Gauvain, fut blessé à mort lors de son dernier combat ; il affirma toutefois qu'il ne mourrait pas et qu'il se ferait conduire à Avalon, pour y faire soigner ses blessures par sa demi-sœur Morgane. Il promit aussi de revenir, mais on

8. LES MIGRATIONS DU GRAAL

La Table ronde
du roi Arthur montée
à l'entrée du château
de Winchester

n'a depuis lors plus rien su de lui. Quoi qu'il en soit, s'il s'est bien retiré à Glastonbury, personne ne pourra plus jamais prier sur sa tombe.

Reste à s'interroger sur la localisation du château royal de Camelot. Absent des premiers textes du cycle arthurien, ce nom apparaît dans les romans français du XIIe siècle (il est mentionné pour la première fois par Chrétien de Troyes dans *Le Chevalier de la charrette*). Robert de Boron parle du royaume arthurien de Logres, mais en gallois, « Lloegr » serait un mot d'origine incertaine désignant l'ensemble de l'Angleterre. Puis, peu à peu, le nom de Camelot finit par s'affirmer : ainsi, dans *Le morte Darthur*, Thomas Malory l'emploie en de nombreuses occasions. Un passage de ce livre fait penser à Winchester, où l'on trouve en effet, dans le Grand Hall, une Table ronde ; une récente datation au carbone 14 a cependant montré qu'elle fut fabriquée avec des arbres coupés au XIIIe siècle, et elle fut en outre repeinte sous sa forme actuelle entre le XVe et le XVIe siècle[3]. William Caxton, à qui l'on doit la première édition imprimée de *Le morte Darthur*, tendait en revanche à situer Camelot au pays de Galles.

En somme, même pour les dévots du Graal, la localisation de Camelot est encore plus imprécise que celle d'Avalon. Sans même parler du roman de Mark Twain, *A Connecticut Yankee in King Arthur's Court* (*Un Yankee*

3. Voir à ce sujet Polidoro 2003.

Page de gauche :
Gustave Doré, *Camelot*, illustration extraite de Alfred Tennyson, *Idylls of the King* (*Les Idylles du roi*), 1859-1885. Collection particulière

du Connecticut à la cour du roi Arthur, 1889), on a vu s'affirmer dans l'imaginaire populaire une conception féerique de Camelot, largement répandue par une industrie cinématographique et télévisuelle qui, du *Parsifal* de 1904 jusqu'à nos jours, en passant par la célèbre comédie musicale *Camelot* (1960), a multiplié à l'infini les récits consacrés au château du roi Arthur.

Le destin du Graal ne se limite cependant pas aux textes français et anglais ; il fit aussi intervenir des auteurs allemands, à l'évidence peu intéressés par une glorification des fastes de la culture anglo-normande : ainsi, dans le *Parzival* de Wolfram von Eschenbach (XIIIe siècle), non seulement le calice devient une pierre (comme on l'a vu plus haut), mais de surcroît, le roi blessé prend le nom d'Amfortas et le *lapis* est conservé en un lieu difficile à localiser, le Muntsalväsche. Dans le roman *Der Jüngere Titurel* (*Le Nouveau Titurel*), d'Albrecht von Scharfenberg, le Muntsalväsche se situe en Galice et le Graal est conservé dans un immense temple circulaire, le Gralsburg. Il faut ici remarquer, outre un déplacement géographique qui n'a rien d'indifférent, la ressemblance de ce temple avec celui de Jérusalem ; elle ne doit en effet rien au hasard, puisque dans *Parzival*, les chevaliers gardiens du Graal sont des Templiers – par la suite, les deux mythes devaient d'ailleurs se confondre, même si, à l'époque de von Eschenbach, les Templiers vivaient toujours, tranquilles et bien nourris, dans leurs capitaineries, et n'étaient pas encore devenus des martyrs et des fondateurs de sectes aussi mystérieuses qu'inexistantes. Dans *Titurel*, le Graal se déplace même jusque chez le Prêtre Jean, et l'on assiste alors à une véritable fusion de deux mythes, celui de la pierre sacrée et celui du fabuleux royaume dudit Prêtre.

Sans parler de la multitude d'interprétations alchimistes qui virent dans le *lapis exillis* le *lapis elisir*, c'est-à-dire la pierre philosophale ; d'autres, interprétant l'expression sous la forme *lapis ex coelis*, parlaient quant à elles d'une étoile filante qui aurait par la suite orné la couronne de Lucifer.

LA RENAISSANCE ROMANTIQUE DU MYTHE Lorsque l'on examine l'histoire du Graal, on s'aperçoit que la fin du Moyen Âge coïncida avec l'arrêt de la production des romans du cycle breton : la coupe sacrée ne semble pas avoir fasciné les hommes de la Renaissance, du Baroque et des Lumières. Le mythe connut toutefois une reviviscence à l'époque romantique.

Au début du XIXᵉ siècle, Friedrich Schlegel et son épouse Dorothea Mendelssohn revisitèrent l'histoire de Merlin ; en Angleterre, Tennyson mit en vers certains aspects de la légende arthurienne, par exemple dans *The Lady of Shalott* (*La Dame d'Escalot*), inspiré de plusieurs épisodes de *Le morte Darthur*. La **dame d'Escalot**, qui vit dans les environs de Camelot, y est victime d'une malédiction due à la malfaisante Morgane : elle mourra si elle regarde en direction du château. Elle passe donc sa vie enfermée dans sa tour et n'observe le monde extérieur que dans le reflet d'un miroir. Mais un jour, elle y voit Lancelot et en tombe éperdument amoureuse – tout en comprenant que le chevalier aime la reine Guenièvre. Consciente qu'elle doit mourir, elle s'enfuit sur une barque pour disparaître le plus loin possible de son bien-aimé. Le courant de l'Avon entraîne alors son embarcation vers Camelot, tandis que la dame s'éteint en chantant.

On doit aux peintres préraphaélites les représentations les plus luxuriantes des légendes de la Table ronde, dans le contexte d'un retour à la spiritualité médiévale ; l'image du Graal réapparut par ailleurs dans plusieurs rituels maçonniques et auprès de conventicules rosicruciens. Vers la fin du XIXᵉ siècle, l'extravagant Joséphin Péladan fonda par exemple l'ordre de la Rose-Croix, du Temple et du Graal.

Enfin, le cycle breton inspira les fresques du château de Neuschwanstein, délirante évocation voulue par un monarque fou, Louis II de Bavière, que fascinait le revival wagnérien.

Wagner s'était en effet emparé du récit de von Eschenbach, d'abord dans *Lohengrin*, puis dans *Tristan* et enfin dans *Parsifal*, où le thème de la quête du Graal devient ouvertement initiatique et le lieu de conservation de la relique, peut-être sous l'inspiration du Muntsalväsche de Wolfram, prend le nom de Montsalvat.

Anthony Frederick Augustus Sandys, *La Fée Morgane, reine d'Avalon*, 1864. Birmingham, Museums and Art Gallery

LE DÉPLACEMENT À MONTSÉGUR Mais où se situe Montsalvat ? Pour certains, ce mot faisait penser à Montségur, la forteresse pyrénéenne des cathares qui fut leur dernier bastion avant leur anéantissement définitif. Or, aux yeux des occultistes de tous les temps, les cathares ne sont jamais apparus comme de simples hérétiques : ils ont aussi acquis le statut de gardiens d'une gnose, d'un savoir secret. De là à une identification entre le secret du Graal et celui des cathares, il n'y avait qu'un pas. Il fut franchi dès le XIXᵉ siècle, d'abord

8. LES MIGRATIONS DU GRAAL

HISTOIRE DES LIEUX DE LÉGENDE

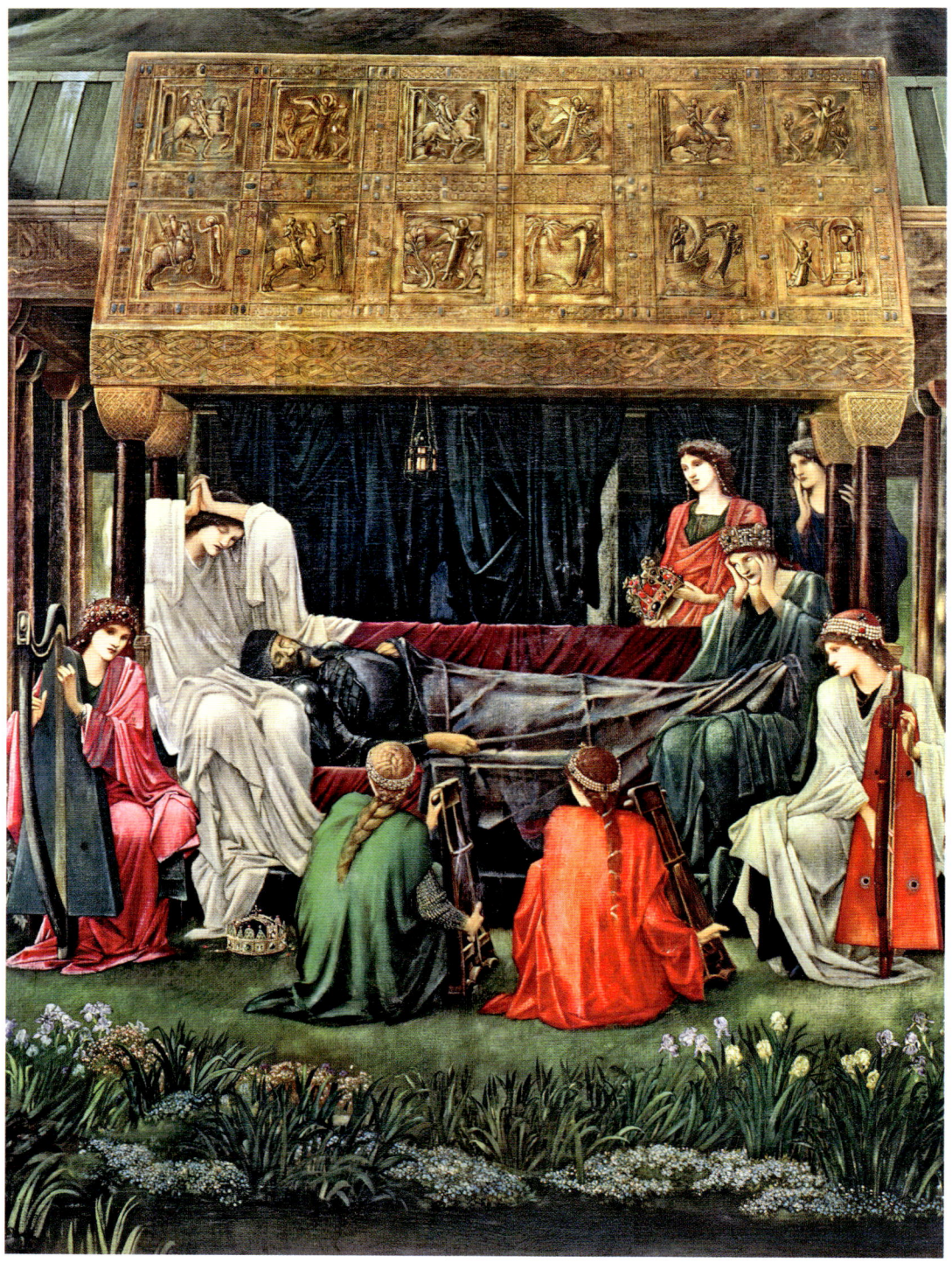

Dante Gabriel Rossetti, *Sir Galahad*, 1857. Londres, Tate Gallery

Page de gauche :
Sir Edward Coley Burne-Jones, *La Mort du roi Arthur*, XIXe siècle. Puerto Rico, Museo de Arte de Ponce

par Claude Fauriel (1846), puis par Eugène Aroux (1858) : ce curieux occultiste rosicrucien consacra une partie de son œuvre à décrire une secte des Fidèles d'Amour à laquelle Dante, proche de l'hérésie cathare, aurait appartenu ; il s'employa ensuite à établir un lien entre le Graal, le catharisme et les pays provençaux (*Les Mystères de la chevalerie et de l'amour platonique au Moyen Âge*), sans négliger les rapports, selon lui évidents, avec la franc-maçonnerie.

Au début du XXe siècle, plusieurs de ces on-dit trouvèrent de nombreux partisans en Provence, peut-être aussi pour des motifs régionalistes et touristiques ; le défenseur le plus intéressant de cette thèse fut toutefois **Otto Rahn**, un étrange érudit allemand, alpiniste et spéléologue, devenu plus tard officier de la SS.

La version du mythe donnée par von Eschenbach, la mystique populaire wagnérienne, l'intérêt de Rahn pour l'idéal de « pureté » du catharisme, qui évoquait à ses yeux celle des Templiers, l'idée selon laquelle ils auraient été les héritiers du savoir « hyperboréen » des anciens druides, l'idéal naissant de pureté aryenne cultivé dans les milieux proto-nazis : tous ces éléments poussèrent Rahn à effectuer, entre 1928 et 1932, une série de recherches qui le conduisirent en Espagne, en Italie, en Suisse et surtout dans le Languedoc, parmi les ruines de Montségur.

Il y prit connaissance de traditions selon lesquelles la nuit qui précéda l'assaut final contre la forteresse des hérétiques, trois cathares auraient déposé en lieu sûr les reliques de Dagobert, roi des Mérovingiens. Désormais persuadé de l'existence d'un lien indiscutable entre les druides, les Cathares, les Templiers et les chevaliers de la Table ronde, Rahn acquit la conviction que le Graal figurait parmi ces reliques.

Les courts-circuits hermétiques étant toujours foudroyants, il soutint aussi, à la lumière de cette foudre, que les cathares de Montségur étaient les descendants des druides convertis au manichéisme. Il en voulait pour preuve les affinités unissant leurs prêtres aux « parfaits » cathares, dont la sagesse secrète aurait été recueillie par les derniers troubadours : leurs chansons – en apparence dédiées à leurs dames – se seraient en réalité référées à Sophia, la sagesse des gnostiques.

En explorant Montségur et ses alentours, Rahn avait découvert des passages souterrains secrets et des cavernes : il y imagina les rituels prodigieux du Graal, et affirma avoir trouvé des pièces dont les murs étaient couverts de symboles templiers et d'emblèmes cathares. Le dessin d'une lance lui fit aussitôt penser à celle de saint Longin et lui permit de souligner, une fois de plus, les liens avec la symbologie du Graal.

De nombreux spécialistes du catharisme et de la mystique du Graal ont souligné l'absence totale de références à cette relique dans les textes cathares parvenus jusqu'à nous ; cela n'empêcha pas l'apparition d'une légende selon laquelle Rahn aurait retrouvé le Graal, qui aurait ensuite été conservé, jusqu'à la fin de la Seconde Guerre mondiale, à Wewelsburg, le château de la SS situé à proximité de Paderborn.

Après 1933, Rahn vécut à Berlin et il y mena des investigations supplémentaires sur le Graal ; sa recherche d'une religion traditionnelle primitive, « la religion de la lumière », attira l'attention du chef de la SS, Heinrich Himmler, qui le persuada de rejoindre officiellement la Schutzstaffel.

On sait qu'Otto Rahn tomba en disgrâce auprès de la hiérarchie nazie en 1937 (il fut soupçonné d'homosexualité et, dit-on, d'avoir des origines juives) ; il fut ensuite affecté, pour motifs disciplinaires, à des tâches diverses dans le camp de concentration de Dachau. Malgré sa démission de la SS, durant l'hiver 1938-1939, son curriculum vitae n'avait donc rien de flatteur. Quelques mois plus tard, on retrouva son cadavre dans les neiges des montagnes tyroliennes ; le mystère de sa mort (accident ? suicide ?

Les ruines de Montségur, photographie d'Otto Rahn

4. Comme l'a rappelé Di Carpegna (2011), on retrouve la mystique du Graal chez de nombreux mouvements nationalistes et traditionalistes d'extrême droite (tel le Front national de Le Pen), dans les rituels du Ku Klux Klan, et même dans les revendications néo-templières du forcené Anders Behring Breivik, auteur en 2011 de la tuerie d'Utoya, en Norvège (92 victimes).

décision prise par les dirigeants nazis de faire taire le possesseur de secrets compromettants ? punition d'un dissident ?) n'a jamais été résolu [4].

Le mythe d'un Graal « pyrénéen », pour reprendre les termes de Zambon (2012), n'a cependant pas séduit que les nazis. Dès les années 1930, on vit se constituer, toujours dans le sud de la France, une Société des amis

L'« homme vert » de la chapelle de Rosslyn, Écosse

de Montségur et du saint Graal pour qui, de même que pour Rahn, le Graal était davantage un concept mystique qu'une réalité visible, et qui entendait combattre le nazisme au nom d'une spiritualité occitane.

C'est en tout cas grâce à ces deux mystiques opposées qu'en plus des pèlerinages à Glastonbury ou en Galice, à la recherche d'un Gralsburg impossible à identifier, on en effectue aussi à Montségur, où ils font concurrence à ceux de la ville voisine de Lourdes.

LE VOYAGE DU GRAAL D'autre part, à en croire une tradition assez consistante, de nombreux épisodes de la vie de Merlin et de Morgane ne se seraient pas déroulés en Angleterre mais en France, dans la forêt de Brocéliande, que l'on identifie aujourd'hui d'ordinaire à celle de Paimpont, près de Rennes. Même s'il n'existe pas d'association traditionnelle entre le Graal et Brocéliande, on pourrait citer une autre douzaine de sites dont les sources les plus disparates font le lieu de conservation caché de la coupe sacrée : le château de Gisors ; Castel del Monte, dans les Pouilles, et le château de Roseto Capo Spulico, en Calabre (sur le fondement de liens présumés entre le Graal et Frédéric II) ; la chapelle de Rosslyn, en Écosse (du moins grâce à l'imagination dont a fait preuve Dan Brown dans son *Da Vinci Code*) ; le Canada ; Narta Monga, dans les montagnes du Caucase ;

Détail de l'église
de la Gran Madre, Turin

l'église de la Gran Madre di Dio, à Turin ; le monastère San Juan de la Peña… La liste n'est pas exhaustive.

L'ombre de Montségur pèse enfin sur la dernière incarnation du Graal, celle de Rennes-le-Château. Toutefois, notre « histoire » ayant pour objet les territoires légendaires, le respect de la chronologie nous oblige à en parler dans un chapitre conclusif, où il nous faudra évoquer un lieu *réel* devenu légendaire à la suite d'une gigantesque mystification – on a d'ailleurs là le signe que les légendes ne sont pas forcément très anciennes, et qu'on peut en produire *ex novo* pour les vendre à des acquéreurs crédules.

Scènes du cycle arthurien, 1100. Modène, Cathédrale, porte de la Pescheria, côté nord, archivolte

Le Graal

HÉLINAND DE FROIDMONT
(vers 1160-1230)
Chronicon (1211-1223, *Patrologie*, 212, 720)

En ce temps-là, un ange montra à un certain ermite de Bretagne une admirable vision du saint décurion Joseph, qui déposa le Seigneur de la croix, et du plat ou de la coupe dans laquelle le Seigneur avait célébré la Cène avec ses disciples. Ce même ermite en a raconté l'histoire, qu'il a appelée «histoire du Graal»; c'est en effet par ce nom que les Francs désignent un plat large et assez profond, dans lequel il est d'usage de placer des mets choisis avec leur jus, «graduellement», autrement dit un morceau après l'autre, en plusieurs couches. En langue vulgaire, on parle de *graalz*, parce que c'est «de bon gré» (*grate*) et avec plaisir qu'on y mange, soit en raison du contenant, qui est fait d'argent ou d'une autre matière précieuse, soit du contenu, c'est-à-dire des nombreuses couches d'excellente nourriture. Je n'ai pu trouver cette histoire en latin, car elle n'a été écrite qu'en français par certains aristocrates, et on dit qu'il n'est pas facile de la trouver en entier. Au surplus, je n'ai pas encore pu en obtenir une lecture fidèle. Dès que je le pourrai, j'en établirai une version latine succincte, plus proche de la vérité et plus utile.

Paroles de Merlin à Arthur

ROBERT DE BORON
(fin du XII-XIIIe siècle)
Merlin (GF-Flammarion, 1994)

– Arthur, dit Merlin, vous êtes roi par la grâce de Dieu et votre père Uter a été un homme de grand sens. Il a créé à son époque la Table Ronde, symbole de celle où Notre-Seigneur était assis le jeudi où il dit que Judas le trahirait; elle était une réplique de la table de Joseph d'Arimathie établie pour le Graal, qui lui permit de séparer les bons des méchants. […]
Jadis le Graal fut confié à Joseph, alors qu'il était en prison, Notre-Seigneur en personne le lui apporta. Libéré, Joseph entra dans un désert, suivi d'une grande partie du peuple de Judée. Tant qu'ils eurent une conduite vertueuse, ils jouirent de la grâce de Notre-Seigneur; mais quand il en fut autrement, il la leur retira. Ils demandèrent à Joseph si leur péché ou le sien en était la cause. Attristé, Joseph se plaça devant le vase sacré et pria Notre-Seigneur de l'éclairer sur ce mystère. On entendit alors la voix du Saint-Esprit qui lui enjoignit de construire une table, ce qu'il fit. Sur cette table il déposa le vase et invita ses compagnons à s'asseoir; ceux qui étaient purs de tout péché restèrent assis et ceux qui en étaient chargés furent exclus et durent partir.

8. LES MIGRATIONS DU GRAAL

Les Chevaliers de la Table ronde, peinture sur papier, XIIIe siècle. Paris, Bibliothèque Nationale de France

À cette table il y avait une place vide, Joseph estima que personne ne devait s'asseoir à cette place qui était celle de Notre-Seigneur.
[...]
Notre-Seigneur fit la première table, Joseph la deuxième, et moi, au temps d'Uterpandragon votre père, je fis construire la troisième dont le prestige sera grand et on parlera dans le monde entier de la chevalerie qui sera la gloire de votre époque.
Le Graal dont Joseph était le gardien fut transmis après sa mort à son beau-frère, nommé Bron. Ce Bron eut douze fils ; l'un d'eux se nomme Alain le Gros et le Roi Pêcheur lui confia la garde de ses frères. Alain est venu au pays de Judée selon les ordres de Notre-Seigneur et de là dans les îles d'Occident et il s'est établi avec ses compagnons dans ce pays. Le Roi Pêcheur vit en ces îles d'Irlande, un des plus beaux lieux du monde ; il souffre du plus grave mal dont soit accablé un être humain, mais vieillesse ni maladie ne mettront fin à ses jours avant que s'assoie à la Table Ronde un chevalier qui aura accompli tant d'exploits dans les tournois et en quête d'aventures qu'il sera le plus illustre du monde. Quand il se sera assez couvert de gloire pour venir à la cour du Roi Pêcheur et qu'il aura demandé à quoi sert le Graal, le Roi Pêcheur sera aussitôt guéri, il confiera les secrètes paroles de Notre-Seigneur et trépassera. Ce chevalier sera le gardien du sang de Jésus-Christ : alors cesseront les enchantements de la terre de Bretagne et la prophétie sera accomplie.

Les apparitions du Graal

CHRÉTIEN DE TROYES
(vers 1135-1183)
Perceval ou Le conte du Graal
(vers 1182-1190 ; GF-Flammarion, 2012)

La salle était illuminée de tout l'éclat que peuvent produire des chandelles dans une demeure.

Pendant qu'ils parlaient de choses et d'autres, un valet sortit d'une chambre, avec une lance blanche qu'il tenait par le milieu, et il passa entre le feu et ceux qui étaient assis sur le lit; et tous ceux qui étaient là voyaient la lance blanche et son fer tout aussi blanc.

Une goutte de sang perlait de la pointe du fer de la lance, et jusqu'à la main du valet coulait cette goutte vermeille. Le jeune homme, qui était arrivé la nuit même en ces lieux, vit cette merveille, mais il se retint de demander comment se produisait cette aventure, car il se souvenait de la recommandation de celui qui l'avait fait chevalier: il lui avait enseigné et apprit qu'il se gardât de trop parler. Aussi craignait-il que, s'il posait une question, on la prît pour une grossièreté: c'est pourquoi il ne posa pas de questions.

Alors survinrent deux autres valets qui tenaient en leurs mains des chandeliers d'or fin incrustés de nielles. Très beaux étaient les valets qui portaient les chandeliers. Sur chaque chandelier brûlaient dix chandelles à tout le moins. Un graal entre les deux mains, une demoiselle venait avec les valets, belle, gracieuse, parée avec élégance. Quand elle fut entrée dans la salle avec le graal qu'elle tenait, une si grande clarté se répandit que les chandelles en perdirent leur éclat comme les étoiles ou la lune quand le soleil se lève. Après celle-ci, il en vint une autre qui tenait un tailloir d'argent. Le graal, qui venait en tête, était d'or fin très pur; des pierres précieuses étaient enchâssées dans le graal, des pierres de toutes sortes, les plus riches et les plus rares qui soient dans les mers et sur terre: toutes les

Wilhelm Hauschild, *Le Miracle du Graal*, XIXᵉ siècle. Château de Neuschwanstein autres pierres étaient dépassées par celles du graal, sans aucun doute. Tout comme passa la lance, ils passèrent devant le lit et ils allèrent d'une chambre dans une autre. Et le jeune homme les vit passer, sans qu'il osât demander au sujet du graal à qui on le servait, car il gardait en son cœur la recommandation du sage gentilhomme.

ROBERT DE BORON
Perceval (GF-Flammarion, 2012)

Tandis qu'ils étaient assis et qu'on leur apportait le premier plat, ils virent sortir d'une chambre une demoiselle somptueusement parée, une serviette autour du cou, qui portait dans ses mains deux petits tailloirs d'argent. Vint ensuite un jeune homme portant une Lance dont le fer laissait couler trois gouttes de sang. Ils passèrent devant Perceval et entrèrent dans une chambre. Puis arriva un jeune homme portant entre ses mains le vase que Notre-Seigneur donna à Joseph dans la prison et il l'éleva entre ses mains très respectueusement. Quand le seigneur vit le vase, il s'inclina devant lui et battit sa coulpe ainsi que toutes les personnes de la maison. À cette vue Perceval fut très étonné et il aurait très volontiers interrogé son hôte s'il n'avait craint de l'importuner. Il y pensa beaucoup toute la soirée, mais il se souvenait des recommandations de sa mère, qui lui avait dit de ne pas trop parler et de ne pas poser trop de questions. C'est pourquoi il s'abstint d'interroger son hôte; pourtant le seigneur l'incitait, en multipliant les propos, à ce qu'il le questionnât, mais Perceval n'en fit rien car il était si fatigué par les deux nuits précédentes de veille qu'il était près de tomber sur la table. Alors le jeune homme qui portait le Graal revint puis il rentra dans la chambre d'où il était sorti; le jeune homme qui portait la Lance fit de même et la demoiselle les suivit. Mais Perceval ne posa aucune question. Quand Bron, le Roi pêcheur, comprit qu'il ne lui demanderait rien, il en fut très affligé. Il faisait porter ainsi le Graal à tous les chevaliers à qui il donnait l'hospitalité parce que Notre-Seigneur Jésus-Christ lui avait fait savoir qu'il ne serait jamais guéri avant qu'un chevalier ne lui eût demandé ce qu'on servait avec le Graal, et ce chevalier devait être le meilleur du monde. C'est Perceval lui-même qui devait mener à bonne fin cette aventure, et s'il lui avait posé cette question, le roi aurait été guéri.

PERLESVAUS, VI
(XIIIe siècle; GF-Flammarion, 2012)

Alors voici que deux demoiselles sortent d'une chapelle, l'une tient dans ses deux mains le très saint Graal et l'autre la Lance dont la pointe laisse couler le sang à l'intérieur du vase, les deux jeunes filles avançant côte à côte. Elles arrivent dans la salle où les chevaliers et monseigneur Gauvain étaient en train de dîner. Une senteur si suave et sainte en émane qu'ils en oublient de manger. Contemplant le Graal, monseigneur Gauvain a l'impression d'y voir à l'intérieur une chandelle d'un genre très rare à cette époque; il voit la pointe de la Lance d'où coule le sang vermeil et il croit voir deux anges portant deux candélabres d'or pourvus de chandelles allumées. Les demoiselles passent devant monseigneur Gauvain et vont dans une autre chapelle; monseigneur Gauvain est absorbé dans ses pensées et se met à éprouver une joie si profonde en lui-même que Dieu occupe tout son esprit. Les chevaliers le regardent, tout accablés et affligés. Alors voici que les deux demoiselles ressortent de la chapelle et repassent devant monseigneur Gauvain. Il croit voir trois anges là où auparavant il n'en avait vu que deux, et il croit voir dans le Graal la forme d'un enfant. [...]
Alors voici que les deux demoiselles reviennent devant la table et monseigneur

Sir Edward Coley Burne-Jones, *La Découverte du saint Graal*, 1894. Birmingham, Museums and Art Gallery

Gauvain croit en voir trois ; il lève les yeux et il lui semble que le Graal est suspendu en l'air. Et il croit voir au-dessus un homme cloué sur une croix, la Lance fichée dans le flanc. Monseigneur Gauvain le voit, il éprouve une profonde compassion pour lui et il ne pense qu'à la souffrance endurée par le roi.

La Quête du saint Graal, 16-17 (vers 1220 ; Gallimard, Pléiade, 2009)

À peine étaient-ils tous assis dans la salle et revenus au calme qu'ils entendirent un éclat de tonnerre si effroyable qu'il leur sembla que le château allait s'effondrer. Et dans l'instant entra un rayon de soleil cent fois plus lumineux qu'auparavant : tous furent dans la salle comme illuminés par la grâce du Saint-Esprit. Ils se regardèrent les uns les autres, car ils ignoraient d'où cette clarté pouvait venir ; et néanmoins personne ne fut capable de parler ni d'ouvrir la bouche : tous étaient sans voix. Il s'était passé un long moment où tous, frappés d'aphasie, en étaient à se regarder comme des bêtes muettes, lorsque le saint Graal apparut, couvert d'une pièce de soie blanche, sans que personne pût voir qui le portait ; il entra par la grand-porte. Aussitôt, la salle fut emplie d'aussi doux parfums que si l'on y avait répandu toutes les agréables senteurs du monde. On le vit aller tout autour, dans la salle, d'un côté et de l'autre, et à mesure qu'il passait devant les tables, elles étaient aussitôt garnies, face à chaque siège, de la nourriture que chacun désirait. Quand les uns et les autres furent servis, le saint Graal partit si vite qu'ils ne surent ce qu'il pouvait être devenu, séance tenante ils recouvrèrent l'usage de la parole. […]

8. LES MIGRATIONS DU GRAAL

« – Sire, ajouta monseigneur Gauvain, il y a encore autre chose, et vous l'ignorez : il n'y a personne ici qui n'ait été servi exactement à sa demande et suivant sa pensée, ce qui n'est jamais arrivé dans une cour, si ce n'est chez le Roi Méhaignié ; mais ceux de sa cour furent joués en ne voyant pas ouvertement le Graal : sa véritable apparence leur fut cachée. C'est pourquoi je fais pour ma part une promesse dès à présent : demain matin, sans plus attendre, j'entreprendrai la quête de manière à la poursuivre un an et un jour, et plus si besoin est ; je ne reviendrai pas à la cour, quoi qu'il m'arrive, avant d'avoir vu le saint Graal plus distinctement qu'il ne vient de m'être montré, s'il est possible du moins que je sois capable, ou digne de le voir ; si c'est impossible, je reviendrai. »

WOLFRAM VON ESCHENBACH (vers 1170-1220)
Parzival, IX, 454 (Champion, 2010)

Flegetanis le païen vit de ses propres yeux dans les constellations des mystères cachés dont il parlait en tremblant. Il disait qu'il y avait quelque chose qui s'appelait le Graal : ce nom, il l'avait lu clairement dans les étoiles. « Une cohorte d'anges le laissa sur terre, avant de s'envoler bien haut, par-delà les étoiles : est-ce leur innocence qui leur fit regagner le ciel ? Ce sont depuis des chrétiens aux manières aussi pures qui ont la charge d'en prendre soin. Celui qui est appelé au Graal possède les plus hautes vertus humaines. »

[…]
Je vais vous dire comment ils se nourrissent. Ils vivent d'une pierre dont la nature est toute pureté. Si vous ne le savez pas, je vais vous dire son nom : on l'appelle « lapsit exillis »[1]. […] On appelle cette pierre aussi le Graal.

THOMAS MALORY
(vers 1405-1471)
Le Morte Darthur (vers 1460 ; Corentin, 2012)

Lors le roi et tous les dignitaires rentrèrent au palais à Camelot et assistèrent à complies au grand moustier et aussitôt après au souper. Chaque chevalier s'assit à sa place comme devant. Lors, aussitôt ils ouïrent des craquements et fracas de tonnerre à croire que la place allait être dévastée. Au milieu de cette venteuse tempête, entra un rayon de soleil sept fois plus éclatant qu'oncques le plein jour n'apparut, et ils furent tous éclairés par la grâce du Saint-Esprit. Lors chaque chevalier se mit à contempler son voisin, et chacun vit l'autre d'aspect plus beau qu'il ne l'avait jamais vu. De cette affaire, il n'y eut chevalier qui pût articuler une parole pendant une grande pièce de temps, et ils s'entre-regardaient comme s'ils eussent été muets. Adonc entra dans la salle le Saint Graal, couvert d'un blanc samit, mais personne ne put voir le Vase et ni qui le portait. Et toute la grand-salle fut emplie de suaves parfums, et chaque chevalier trouva les mets et boissons qu'il préférait au monde. Quand le Saint Graal eut traversé la salle, le Vase sacré disparut soudain, sans qu'on sût où ni comment. Alors tous retrouvèrent le souffle pour parler. Et le roi remercia Dieu de la grande grâce qu'il leur avait envoyée. « Certes, dit le roi, notre devoir est de remercier grandement Notre-Seigneur Jésus, pour ce qu'il nous a montré aujourd'hui en l'honneur de cette haute fête de Pentecôte. – Ores, dit messire Gauvain, nous avons goûté ce jour les mets et boissons auxquels nous aspirions, mais une chose nous a déçus : nous n'avons pu voir le Saint Graal ; il était si précieusement couvert. C'est pourquoi j'en veux ici faire le vœu ; dès demain matin, sans plus tarder, j'entrerai en quête du Saint Graal. Hors resterai-je un an et un jour, et plus si besoin est, et oncques ne reviendrai à la cour sans l'avoir vu apertement qu'on ne l'a vu céans. Mais si je ne puis réussir, je retournerai comme homme qui ne peut aller contre la volonté de Jésus-Christ. » Quand ceux de la Table Ronde eurent ouï les paroles de Gauvain, ils se levèrent pour la plupart et firent vœux semblables. Dès que le roi Arthur ouït ces serments, il eut grand déplaisir, car il savait bien qu'ils ne pourraient rétracter leurs vœux.

Le Graal n'appartient à personne

JULIUS EVOLA
Le Mystère du Graal, II, 21 (1937 ; Éd. Traditionnelles, 1985)

Au sujet, précisément, de la terre des Hyperboréens, Pindare avait dit qu'on ne l'atteint ni par terre ni par mer et que ce n'est

Walter Crane, *Sir Galaad face au roi Arthur*, vers 1911. Collection particulière

1. Nom mystérieux, certainement inventé.

Edwin Austin Abbey, *Galaad et le saint Graal*, 1895. Collection particulière

qu'à des héros comme Héraklès qu'il fut donné d'en trouver la voie. Selon la tradition extrême-orientale, l'île, située à l'extrémité de la contrée septentrionale, n'est accessible que par le vol de l'esprit, et, dans la tradition tibétaine, il est dit que Shambala, le siège mystique septentrional, qui, nous l'avons vu, est en relation avec le Kalki-avatara, « se trouve dans mon esprit ». Ce thème figure aussi dans la légende du Graal. Dans la *Queste*, on appelle le château du Graal « palais spirituel » et dans *Perceval li Gallois* « château des âmes » (au sens d'êtres spirituels). […] Et de même que la vision de Kronos dans le siège hyperboréen a lieu, selon Plutarque, pendant le sommeil, c'est dans un état de mort apparente que dans la *Morte Darthur*, Lancelot a la vision du Graal, et c'est dans un état dont on ignore s'il est sommeil ou veille, que, dans la *Queste*, il a la vision du chevalier blessé se traînant jusqu'au Graal afin d'apaiser ses souffrances. Il s'agit là d'expériences qui se situent au-delà des limites de la conscience ordinaire.

On applique parfois au château le symbolisme de l'invisibilité et de l'inaccessibilité. Il n'est donné qu'aux élus de le trouver, soit par un heureux hasard, soit grâce à un enchantement; autrement, il disparaît aux yeux du chercheur. […]

À cet égard, il importe de faire d'ores et déjà observer que le siège du Graal apparaît toujours comme un château, comme un palais royal fortifié et jamais comme une église ou un temple. Ce n'est que dans les textes plus tardifs que l'on commence à parler d'un « autel » ou d'une « chapelle » du Graal, correspondant à la forme la plus christianisée de la légende, où il finit par se confondre avec le calice de l'Eucharistie. Mais on ne trouve rien de semblable dans les rédactions les plus anciennes de la légende, et l'étroite relation du Graal d'une part avec l'épée et la lance, lance qui, ainsi que nous l'avons vu, ne saurait correspondre aucunement à celle de la Passion, et, d'autre part, avec une figure de roi, ou présentant des traits royaux, nous autorise à considérer comme extrinsèque la formulation christianisée plus récente. Ainsi, le centre du Graal qu'il faut défendre « jusqu'à la dernière goutte de sang », non seulement ne peut être mis en rapport avec le christianisme et avec l'Église qui, nous l'avons dit, a toujours voulu ignorer ce cycle de mythes, mais ne peut même pas l'être, d'une manière plus générale, avec un centre de type religieux ou mystique. Il s'agit plutôt d'un centre initiatique conservant l'héritage de la tradition primordiale, selon l'unité indivise, qui lui est propre, des deux dignités : royale et spirituelle.

La dame d'Escalot

ALFRED TENNYSON (1890-1892)
« La dame d'Escalot » (1842 ;
La Différence, 1992)

Sur les deux bords de la rivière herbue,
Champs de seigle et d'orge à perte de vue
Couvrent la plaine et rejoignent la nue ;
À travers champs, la route au loin sinue
    Vers les tours de Camaalot ;
La foule des passants qui va et vient
Admire les lis en fleur du jardin
Autour d'une île aperçue du chemin :
    C'est l'île d'Escalot.
Saules d'argent, trembles au vent
    frémissent,
De légers souffles sur l'eau l'assombrissent
Et longe l'île avec ses vagues lisses
Et longe l'île avec ses vagues lisses.
    Qui coulent vers Camaalot.
Quatre murs gris et leurs tours de granit
Surplombent un jardin de marguerites
Dans l'île silencieuse qui abrite
    La Dame d'Escalot.
Au bord des flots, par des saules voilés,
Glissent les lourdes péniches halées
Par des chevaux, et sans être hélée,
On voit la nef et sa voile filer,
    Rasant l'eau, vers Camaalot.
Mais qui l'a vue adresser un bonjour
Ou apparaître au sommet de sa tour ?
La connaît-on seulement alentour,
    La Dame d'Escalot ?
Les moissonneurs debouts dès le matin
Qui dans les champs moissonnent l'orge en
    grain
Entendent seuls un chant au gai refrain
De la rivière aux détours serpentins
    Qui coule vers Camaalot ;
Le moissonneur, à la clarté lunaire,
Qui rentre les derniers épis sur l'aire,
Chuchote en l'entendant : « La solitaire
    Dame-fée d'Escalot ! »
Là, elle tisse une toile à toute heure,
Œuvre magique aux riantes couleurs ;
Si, en effet, elle en croit la rumeur,
Elle sera victime d'un malheur
    À regarder Camaalot.
Ce que cela peut être, elle ne sait,
Aussi ne songe-t-elle qu'à tisser,
Elle n'a pas d'autre chose à penser,
    La Dame d'Escalot.
Dans un miroir à la claire surface
Qui, tout le long de l'année, lui fait face,
Du monde extérieur des ombres passent
Sur la grand-route où les gens se déplacent,
    Qui descend vers Camaalot :
On voit le tourbillon de la rivière,
Les villageois au visage sévère,
Les robes aux tons vifs des ménagères
    Qui passent devant Escalot.
Parfois, ce sont demoiselles fort gaies,
Abbé rêvant au pas de son poney,
Jeune berger à la tête bouclée,
Page en cheveux à la rouge livrée
    Cheminant vers Camaalot ;
Et quelquefois dans le miroir tout bleu,
Les chevaliers chevauchent deux par deux.
Elle n'a pas de fidèle amoureux,
    La Dame d'Escalot.
Mais sur sa toile elle tisse avec joie

August Spiess, *Parsifal à la cour d'Amfortas*, 1833-1884. Château de Neuschwanstein, Salle des chanteurs

8. LES MIGRATIONS DU GRAAL

275

Les fééries que le miroir lui renvoie,
Car souvent dans la nuit roule un convoi
Funèbre avec ses cierges et ses voix,
    En route vers Camaalot ;
Ou quand la lune au firmament sourit,
Passent deux jeunes mariés qui rient ;
« J'en ai assez de ces ombres » s'écrie
    La Dame d'Escalot.
À une portée d'arc des tours de pierre,
Il chevauchait dans l'orge et la poussière,
L'argent soleil inondait la clairière
Et dardait ses rayons sur les jambières
    Du hardi Lancelot.
Un chevalier croisé, agenouillé
Devant sa dame, orne son bouclier
Que dans le champ le soleil fait briller
    Devant la lointaine Escalot.
[…]
Dans le soleil luit son front noble et fier,
Polis sont les sabots du destrier,
Dessous son heaume on voit étinceler

Les boucles noir corbeau du cavalier
    Chevauchant vers Camaalot.
Depuis la berge et depuis la rivière
Dans le miroir il lançait des éclairs,
« Digue-dondaine », au bord de la rivière
    Chantait le seigneur Lancelot.
Alors, d'un coup se dressant sur ses pieds,
Elle quitta la toile et le métier
Et vit sur l'eau le nénuphar briller,
Elle aperçut le heaume et le cimier,
    Regarda vers Camaalot.
Se défaisant, la toile s'affaissa,
En mille éclats le miroir se brisa,
« Ah, le malheur est sur moi ! » s'écria
    La Dame d'Escalot.
Sous les coups du vent d'est grondait l'orage
Et dans les bois jaunissaient les feuillages,
Le flot se lamentait sur le rivage,
Le ciel précipitait l'eau des nuages
    Sur les tours de Camaalot.
Elle trouva une embarcation

John William Waterhouse, *La dame d'Escalot*, 1888. Londres, Tate Gallery

Qui sous un saule était à l'abandon
Et sur la proue elle inscrivit son nom :
    La Dame d'Escalot.
Sur la rivière et son morne horizon,
Comme un prophète en une vision
Voit s'approcher sa propre damnation,
Son regard fixe et lourd d'affliction
    Se tourna vers Camaalot.
Elle attendit que le jour déclinât,
Rompit l'amarre, en la nef se coucha
Et le courant tout au loin l'emporta
    La Dame d'Escalot.

[…]

On entend un chant religieux,
Tantôt très fort, tantôt mystérieux,
Tant que son sang se glaça peu à peu
Et que le jour s'éteignit dans ses yeux
    Tournés devers Camaalot.
Avant d'atteindre, entraînée par le flot,
La première maison au bord de l'eau,
Elle mourut chantant ses derniers mots,
    La Dame d'Escalot.
Au pied des tours et des balcons fleuris,
Le long des espaliers, des galeries,
Glisse le corps de celle qui périt,
La pâle morte entre les hauts murs gris
    Sans bruit atteint Camaalot.
On s'attroupe aussitôt sur les pontons,
Chevaliers, bourgeois, dames, barons,
Et sur la proue on déchiffre son nom :
    La Dame d'Escalot.
Qui est-ce donc ? Qu'est-ce que ce convoi ?
Dans le palais où les nobles festoient
Se tait soudain la compagnie du roi
Et ils se signent tous, saisis d'effroi,
    Les seigneurs de Camaalot ;
Mais Lancelot, lui, s'attarde un moment ;
Il dit : « Elle a un visage charmant !
Dans sa pitié, que Dieu lui soit clément
    À cette Dame d'Escalot. »

[*Poèmes de 1842*]

Paroles de Otto Rahn

OTTO RAHN (1904-1939)
La cour de Lucifer. Voyage au cœur de la plus haute spiritualité européenne, I (1937 ; Pardès, 1994)

L'éditeur de mon exemplaire de *Parzival* pense que le château dont parle Wolfram [d'Eschenbach] doit se trouver dans les Pyrénées. Les noms de lieux, comme Aragon et Katelangen (Catalogne), ont dû lui suggérer cette hypothèse. Les paysans pyrénéens n'ont donc pas tort, lorsqu'ils veulent voir dans les ruines de Montségur, celles du château du *Saint-Graal* [en français]. Et la neige que Parzival, le chercheur du Graal, doit faire traverser à son cheval, au terme de son voyage vers la forteresse-sanctuaire, peut fort bien avoir été de la neige des Pyrénées. Le nom Montsalvage, que seul Wolfram donne au château du Graal, signifie, comme beaucoup l'attestent, « Mont sauvage ». Le mot français « *sauvage* » viendrait du latin *silvaticus* (de *silva* : forêt). Or la forêt ne manque pas dans la région de Montségur – mais dans cette région seule. Il faut encore noter que, dans le dialecte local, « Mont sauvage » doit se prononcer « *Moun salvatgé* ». À la différence de Wolfram, qui lui sert pourtant de garant, Richard Wagner, l'auteur et compositeur de *Lohengrin* et *Parzival*, appelle le château du Graal, Montsalvat. Ce qui veut dire « Mont du Salut ». Mais Montsalvat et Montsalvage peuvent, sans problème, s'interpréter l'un et l'autre comme *Moun ségur*, la montagne sûre ou la montagne de la sécurité. Ainsi, même dans cette optique, le château de Montségur, près duquel je vis, peut être considéré comme le château du Graal, tant recherché.

9

ALAMUT, LE VIEILLARD DE LA MONTAGNE ET LES ASSASSINS

Page de gauche :

Le Voyage de Mahomet au Paradis, miniature persane, 1494/1495. Londres, British Library

NOUS PARLIONS UN PEU PLUS HAUT DE RENNES-LE-CHÂTEAU. Il a en effet toujours existé des lieux réels (que l'on peut d'ailleurs encore visiter de nos jours) transfigurés en lieux légendaires, le plus souvent pour des raisons politiques. Tel fut le cas de la forteresse constituée par le château d'Alamut et ses bastions, qui se dressaient, et dont certaines ruines se dressent toujours, au sud-ouest de la mer Caspienne.

Alamut, le nid d'aigle. Cette forteresse devait sembler terrifiante à l'époque de son apogée, surtout aux yeux de ceux qui tentèrent, en vain, de la prendre d'assaut, jusqu'au moment où elle fut conquise et détruite par les Mongols, en 1256. Telle qu'elle était, mais surtout telle que nous l'a transmise la légende (un édifice construit sur une crête aérienne, d'une longueur de quatre cents mètres et, à certains endroits, d'une largeur d'à peine quelques pas, une trentaine tout au plus), elle apparaissait de loin, aux voyageurs qui empruntaient la route de l'Azerbaïdjan, sous la forme d'une muraille naturelle, éblouissante de blancheur par grand soleil, azurée dans les crépuscules pourpres, pâle au moment de l'aube, sanglante à l'aurore, estompée, certains jours, au milieu des nuages, ou au contraire étincelante comme l'éclair. Le long de ses bords supérieurs, on peinait à distinguer un ajout imprécis et artificiel de tours quadrangulaires ; vue de bas en haut, elle donnait l'aspect d'une série de lames rocheuses, qui se dressaient vers le ciel sur des centaines de mètres tout en menaçant ceux qui les regardaient ; son versant le plus accessible était constitué d'une couche de gravier glissante. Lorsqu'elle était encore intacte et habitée, on y accédait par quelque escalier secret creusé en colimaçon dans la roche, et qu'un seul archer suffisait à défendre. Voilà sous quels traits les récits traditionnels nous présentent Alamut, le château imprenable des Assassins, que l'on ne pouvait atteindre qu'en chevauchant des aigles.

Hommes dans un jardin, miniature persane, XVIIᵉ siècle. New Dehli, National Museum of India

L'histoire des Assassins fut élaborée au Moyen Âge par des chroniqueurs proches des croisés (tels Guillaume de Tyr, Gérard de Strasbourg ou **Arnold de Lübeck**) et par **Marco Polo**; à l'époque moderne, l'ouvrage le plus influent consacré à ce mythe fut celui de **Joseph von Hammer-Purgstall**, *Geschichte des Osmanischen Reiches* (*Histoire de l'ordre des Assassins*, 1818).

Que se passait-il dans la forteresse d'Alamut ? Elle fut placée, au départ, sous la domination de Hassan ibn al-Sabbah, un personnage fascinant, mystique et féroce, qui y rassemblait, ou plutôt y élevait dès leur enfance, ses acolytes, dits *fida iyyun* ou *fedayin* : fidèles jusqu'à la mort, ils lui servaient à perpétrer ses assassinats politiques.

Plusieurs chercheurs modernes se sont efforcés de ramener à sa juste valeur la légende de Hassan, mais elle a si bien survécu que nous utilisons, de nos jours encore, le terme « assassin », et qu'en anglais, le mot *assassination* se réfère au meurtre d'une personne publique pour des motifs politiques : de sorte qu'« assassin », employé comme substantif, équivaut à « sicaire ». Sans même parler de l'étymologie très discutée selon laquelle ce nom dériverait du mot *hachich*. Concernant l'obéissance des Assassins à leur chef, le *Novellino* rapporte que lorsque Frédéric II se rendit chez Hassan et visita Alamut, le terrible vieillard, pour lui montrer tout son pouvoir, lui indiqua, en haut d'une tour, deux de ses disciples, et se caressa ensuite la barbe ; les deux hommes se jetèrent aussitôt dans le vide et s'écrasèrent au sol.

Mais commençons par rappeler, même brièvement, les données historiques non légendaires dont nous disposons.

Les habitants d'Alamut étaient des chiites, c'est-à-dire des fidèles du principal schisme de l'islam : certains musulmans considéraient en effet Ali, cousin de Mahomet et époux de Fatima, elle-même fille du Prophète, comme son seul véritable héritier ; Abou Bakr s'était cependant emparé de son pouvoir et de sa succession et avait pris le titre de calife, passé ensuite à Uthman, lui aussi gendre de Mahomet. Il en découla toute une série de luttes intestines et de batailles, qui se poursuivirent jusqu'au meurtre d'Ali. Ses partisans donnèrent alors naissance à la doctrine chiite (par opposition à la doctrine sunnite, qui se veut orthodoxe) ; ils continuèrent à vénérer la mémoire d'Ali, perçu comme le véritable imam, guerrier et saint, figure salvatrice ayant droit à la domination suprême sur la totalité du monde islamique et à la reconnaissance de son origine divine.

Lorsque le calife fatimide du Caire al-Mustansir Billah transféra l'investiture de l'imamat de son fils Nizar à son fils cadet Mostali, les partisans de Nizar firent sécession et prirent le nom d'Ismaéliens de Perse. Devenu ismaélien après un itinéraire spirituel tourmenté, Hassan ibn al-Sabbah se mit alors à leur tête ; en 1090-1091, il s'empara de la forteresse d'Alamut.

Pour Henry Corbin (1964), la réputation de l'ismaélisme a été entachée par le « roman noir » qu'ont écrit les croisés, Marco Polo et Hammer-Purgstall (cela va de soi), mais aussi Antoine Isaac Silvestre de Sacy (1838) ; à en croire ces derniers, le nom des « Assassins » proviendrait en effet du mot *Hashshashin*, qui désigne les amateurs de hachich. À vrai dire, on trouve aussi de nombreuses légendes sur eux dans des textes musulmans, mais tenons-nous-en à une reconstitution non romanesque des faits.

Toujours selon Corbin, la prédication et le prosélytisme de Hassan auraient été de nature exclusivement spirituelle, et se seraient inspirés de principes ésotériques. Toutefois, l'auteur semble négliger d'autres données historiques, dont il ressort que Hassan ne fut pas seulement un maître spirituel mais aussi un homme politique, que pour soutenir ses principes religieux, il édifia peu à peu une série de fortifications lui permettant de contrôler tout le territoire environnant, et qu'Alamut était considérée comme sa forteresse la plus importante, car elle lui servait à surveiller l'accès à l'Azerbaïdjan et à l'Irak. Il y vécut et y demeura jusqu'à sa mort, entouré de ses fidèles.

Hassan était un chef charismatique à la vertu sévère ; il alla même jusqu'à condamner ses deux fils à mort, l'un pour avoir bu du vin, l'autre pour s'être rendu coupable d'homicide. Il eut sans aucun doute souvent recours à l'assassinat politique, de même que ses successeurs ; l'un d'eux, le redoutable Rachid ad-Din Sinan, reçut le surnom de Vieux ou Vieillard de la Montagne, mais à mesure que la légende se développa, ce surnom finit par être également appliqué à Hassan. Bien que, le concernant, les différents textes médiévaux en notre possession soient postérieurs à son décès (1124) et qu'ils remontent à une époque où les royaumes croisés de Terre sainte et Saladin étaient déjà entrés en rapport avec la secte de Sinan, on raconte

La Prise d'Alamut, manuscrit persan, 1113, fol. 177v. Paris, Bibliothèque Nationale de France

que Nizam al-Mulk, premier ministre du Sultan, fut poignardé à mort, sur ordre de Hassan, par un sicaire qui s'était approché de lui déguisé en derviche, à une période où les croisés s'épuisaient encore à conquérir Jérusalem. On imputa par ailleurs à Sinan l'assassinat du marquis Conrad de Montferrat : il aurait ainsi donné des instructions à deux des siens, qui se seraient ensuite infiltrés parmi les infidèles en mimant leurs usages et en parlant leur langue ; travestis en moines, ils auraient tué le marquis, inconscient du danger, lors d'un banquet que lui offrait l'évêque de Tyr. Cette affaire reste cependant obscure, car d'autres sources laissent soupçonner que Conrad aurait été assassiné par certains de ses coreligionnaires, et des bruits coururent même sur une éventuelle responsabilité de Richard Cœur de Lion. Tout cela nous montre à quel point il est parfois ardu de distinguer l'histoire et la légende. Quoi qu'il en soit, Sinan effrayait autant Saladin que les croisés, mais dans le même temps, il entretenait des relations ambiguës avec les templiers (et l'on vit à ce propos, une fois de plus, fleurir des légendes occultistes).

Passons maintenant à la légende. Selon certains écrivains arabes de confession sunnite et certains chroniqueurs chrétiens postérieurs, le

Photogramme du film *Prince of Persia: The Sands of Time* (*Prince of Persia: Les Sables du temps*), 2010

Vieillard de la Montagne avait découvert un moyen atroce de rendre ses chevaliers fidèles jusqu'au sacrifice ultime, d'en faire d'invincibles machines de guerre. Il les entraînait, encore tout jeunes (d'aucuns disent dès leur naissance), au sommet de son repaire ; là, dans de magnifiques jardins, il les épuisait à force de délices, de vin, de femmes, de fleurs, et les étourdissait de hachich ; après les avoir rendus incapables de renoncer aux béatitudes perverses de ce paradis artificiel, il les conduisait hors de la forteresse durant leur sommeil, leur faisait expérimenter pour la première fois une vie ordinaire et insignifiante, et les plaçait devant l'alternative suivante : « Si tu pars tuer ceux que je te désignerai, tu retourneras pour toujours dans le paradis que tu viens de quitter ; si tu échoues, tu retomberas dans la misère. »

Ahuris par la drogue, ils se sacrifiaient pour sacrifier, tueurs certainement condamnés à être eux-mêmes tués plus tard.

C'est en ces termes que la légende d'Alamut s'est propagée au fil des siècles et qu'elle a inspiré, jusqu'à nos jours, des poèmes, des romans et des films.

Les Heyssessins

ARNOLD DE LÜBECK
(vers 1150-1214)
Chronique des Slaves, VII, 8 (vers 1210 ; continuation de Helmold von Bosau)

Dans la région de Damas, d'Antioche et d'Alep vit dans les montagnes un peuple sarrasin que la population appelle les Heyssessins, mais qu'en langue romane on nomme *segnors de montana*. Ce peuple vit sans loi, mange de la viande de porc, contrairement à l'usage sarrasin, et les hommes couchent indifféremment avec n'importe quelle femme, y compris leur mère ou leurs sœurs. Ces Heyssessins habitent la montagne et ne peuvent presque en être délogés, car ils s'abritent dans des forts très protégés ; ceux-ci s'élèvent au milieu de terres qui ne sont guère fertiles, en sorte qu'ils vivent de leur bétail. Ils ont un seigneur qui fait grand-peur à tous les Sarrasins proches ou lointains, de même qu'aux chrétiens des alentours, fussent-ils puissants, car il a coutume de les faire mettre à mort d'une manière horrible que je décrirai. Ce prince possède dans la montagne des palais nombreux et fort beaux, enfermés dans de très hauts remparts, et l'on n'y peut entrer que par une petite porte fortement gardée. Dans ces palais, il nourrit dès le berceau de nombreux enfants de paysans et les éduque en les imprégnant de diverses langues : le latin, le grec, le sarrasin et beaucoup d'autres encore. Dès l'enfance et jusqu'à l'âge viril, leurs maîtres enseignent à ces enfants à obéir au seigneur de ces terres, quels que soient les ordres qu'il leur intimera ; s'ils s'exécutent, il les fera jouir des bonheurs du paradis, si grand est son pouvoir sur les dieux vivants. On leur apprend qu'ils n'est point de salut pour eux s'ils se soumettent aux volontés d'un autre prince de la terre. Puisqu'ils ont été enfermés dans le palais dès leur petite enfance, ils ne voient plus personne qui ne soit leurs docteurs et leurs maîtres, et n'absorbent aucune autre discipline jusqu'au moment où ils sont appelés en présence de leur seigneur pour se voir enjoindre de tuer quelqu'un. Lorsqu'ils sont devant celui-ci, il leur demande s'ils préfèrent obéir à ses commandements pour qu'il leur accorde le paradis. Ainsi endoctrinés, sans aucune place pour la contradiction ou le doute, ils se prosternent à ses pieds et lui répondent avec ferveur qu'ils lui seront soumis en tout ce qu'il exigera. Alors, le prince leur donne à chacun une dague en or, et leur ordonne ce qu'il veut, comme d'aller tuer tout autre prince qu'il leur désigne.

MARCO POLO
La description du monde, XL-XLI (1298 ; Livre de poche, 2012)

Moulette est une contrée où le Vieux de la Montagne résidait jadis. Moulette veut dire en français « dieu terrestre ». Nous vous parlerons de son histoire d'après cela même que messire Marco Polo apprit de plusieurs personnes de ces contrées. Le Vieux était appelé dans leur langue Aladin. Entre deux montagnes, dans une vallée, il avait fait fortifier le plus grand jardin et le plus beau qui jamais fut vu, plein de tous les fruits du monde. Il y avait là les plus beaux palais et maisons qui jamais furent vus, tout dorés et peints très joliment de tout ce qu'il y a de beau. Il y avait des conduits où couraient vin, lait, miel et eau. Le jardin était plein des dames et des demoiselles les plus belles du monde qui savaient jouer de tous les instruments, chantaient et dansaient si bien que c'était un régal. Et le Vieux laissait entendre que le paradis se trouvait dans ce jardin. S'il l'avait fait ainsi, c'est parce que Mahomet dit que leur paradis sera de beaux jardins, pleins de conduits de vin, de lait, de miel et d'eau, qu'il sera plein de belles femmes dont chacun prendra sa jouissance – tout comme celui du Vieux. C'est pourquoi ils croyaient que c'était le paradis.

Nul n'entrait dans ce jardin sauf ceux dont il voulait faire ses assassins[1]. Il y avait à l'entrée de ce jardin un château si fort que personne n'aurait pu le prendre et on ne pouvait entrer au jardin que par là. Le Vieux élevait à sa cour des jeunes gens de douze ans et de son pays qui voulaient être hommes d'armes et il leur disait comment Mahomet disait que leur paradis est ainsi que je vous ai dit, et ils le croyaient comme les musulmans le croient. Il les faisait mettre dans ce jardin, quatre ou six ou dix ensemble, et voici comment : il leur faisait boire un philtre ; dès qu'ils l'avaient bu, ils s'endormaient ; alors il les faisait prendre et mettre dans son jardin, ils s'y réveillaient et découvraient qu'ils y étaient.

Quand ils se découvrent là-dedans et se voient en un lieu aussi beau, ils croient véritablement être au paradis. Les dames et demoiselles les caressent toujours comme ils le désirent en sorte que ces jeunes ont ce qu'ils veulent avoir et que jamais ils ne sortiront de là de bon gré. Le Vieux dont je vous ai parlé a une cour grande et magnifique ; il fait croire à ces naïfs qui l'entourent qu'il est un grand prophète et c'est ce dont ils sont sûrs et certains. Quand il veut envoyer quelque part un de ses assassins, il fait donner le philtre à l'un de ceux qui sont dans le jardin et le fait porter dans son palais. Quand il est réveillé, il se découvre hors du paradis dans ce château, ce dont il s'émerveille et n'est pas du tout satisfait. Le Vieux fait ainsi venir les jeunes devant lui et eux se prosternent longtemps devant lui en hommes qui s'imaginent qu'il est un grand prophète. Il leur demande d'où ils viennent. Ils disent qu'ils viennent du paradis et assurent qu'il est tel que Mahomet le dit dans leur religion. Les autres qui entendent ça et n'en ont rien vu sont très désireux de s'y rendre. Et quand le Vieux veut faire tuer quelque grand personnage, il leur dit : « Allez et tuez ce personnage. Quand vous serez de retour, je vous ferai porter par mes anges au paradis et, si vous mourez, je commanderai à mes anges qu'ils vous reportent en paradis. » C'est ce qu'il leur faisait si bien croire qu'ils exécutaient son ordre, ce à quoi aucun danger ne les faisait renoncer à cause du grand désir qu'ils avaient de retourner dans son paradis. C'est ainsi qu'il faisait tuer tous ceux qu'il leur commandait de tuer. Et à cause de la peur que les seigneurs avaient de lui, ils lui payaient tribut pour être en paix et bonne amitié avec lui.

JOSEPH VON HAMMER-PURGSTALL (1774-1856)
Histoire de l'ordre des assassins, IV (1818 ; Paulin, 1833)

Au centre du territoire des Assassins, en Perse et en Syrie, à Alamout et à Masziat, étaient, dans des endroits environnés de murs, véritable paradis, où l'on trouvait tout ce qui pouvait satisfaire les besoins du corps et les caprices de la plus exigeante sensualité, des parterres de fleurs et des buissons d'arbres à fruits entrecoupés de canaux, des gazons ombragés et des prairies verdoyantes, où des sources d'eau vive bruissaient sous les pas. Des bosquets de rosiers et des treilles de vigne, ornaient de leur feuillage de riches salons ou des kiosques de porcelaine garnis de tapis de perse et d'étoffes grecques. Des boissons délicieuses étaient servies dans des vases d'or, d'argent et de cristal, par de jeunes garçons et de jeunes filles aux yeux noirs, semblables aux *houris*, divinités de ce paradis que le prophète avait promis aux croyants. [...] Tout y était plaisir, volupté, enchantement. Quand il se rencontrait un jeune homme doué d'assez de force ou d'assez de résolution pour faire partie de cette légion de meurtriers, le Grand-maître ou le Grand-prieur, l'invitait à leur table ou à un entretien particulier, l'enivraient

1. Le mot *assassin* vient d'un terme arabe signifiant « utilisateur de haschich ». *[Note de l'édition citée.]*

9. ALAMUT, LE VIEILLARD DE LA MONTAGNE ET LES ASSASSINS

Théodore Chassériau, *Tepidarium*, 1853. Paris, Musée d'Orsay

avec de l'opium de jusquiame et le faisait transporter dans ces jardins. À son réveil il se croyait au milieu du paradis. Ces femmes, ces *houris*, contribuaient encore à compléter son illusion. Lorsqu'il avait goûté jusqu'à satiété toutes les joies que le prophète promet aux élus après leur mort, lorsqu'enivré par ces douces voluptés et par les vapeurs d'un vin pétillant, il tombait de nouveau dans une sorte de léthargie, on le transportait hors de ce jardin, et, au bout de quelques minutes, il se trouvait auprès de son supérieur. Celui-ci s'efforçait alors de lui faire comprendre que son imagination trompée lui avait fait voir un véritable paradis et donné un avant goût de ces ineffables jouissances réservées aux fidèles, qui auront sacrifié leur vie à la propagation de la foi, et auront eu pour leurs supérieurs une obéissance illimitée. Ces jeunes gens se dévouaient alors avec joie à devenir les aveugles exécuteurs des arrêts du Grand-maître.

Toute leur éducation avait pour objet de les convaincre qu'en obéissant sans restriction aux ordres de leur chef, ils s'assuraient après leur mort la jouissance de tous les plaisirs qui peuvent flatter les sens, et qu'ils devaient ainsi chercher l'occasion d'échanger cette vie terrestre contre la vie éternelle. [...]
Constantinople et le Caire nous montrent encore aujourd'hui quel incroyable attrait l'opium, préparé avec de la jusquiame, a pour l'indolence léthargique du Turc, et combien il agit puissamment sur l'organisation de l'Arabe. Les effets qu'il produit nous expliquent la fureur avec laquelle les jeunes gens recherchent ces enivrantes pastilles d'herbages (Haschische), qui leur donnent dans leurs propres forces une confiance illimitée. L'usage de ces pastilles leur avait fait donner le nom d'Haschischin, c'est-à-dire, *mangeurs d'herbes*.

Le Ciel est à la place de la terre.
Der Himmel ist an der Stelle der Erde.

L'enfant donne la bouillie à la maman.
Das Kind gibt der Mutter den Brei.

La bonne est maîtresse.
Die Magd ist Hausfrau.

Le Mouton est berger et les hommes moutons.
Das Schaaf ist Hirte und der Mensch Schaaf.

Le Dindon conduit les enfants au champ.
Der Welschhahn führt die Kinder auf's Feld.

Le Poisson pêche l'homme.
Der Fisch fängt den Menschen.

Le Chien est à table, le maître mange les os.
Der Hund sitzt am Tische, sein Herr nagt d. Knochen.

L'âne conduit le Meunier au moulin.
Der Esel führt den Müller zur Mühle.

Le Cheval monte l'homme.
Das Pferd steigt auf den Menschen.

L'Ours fait danser son maître.
Der Bär läßt seinen Herren tanzen.

Les Hommes sont en cage, les animaux regardent.
Die Menschen sind im Käfig die Thiere Zuschauer.

Les Femmes font la patrouille.
Die Frauen machen die Patrouille.

Le Bœuf tient le soc de la charrue.
Der Ochse führt den Pflug.

Le Conscrit enseigne les Généraux.
Der Rekrute unterrichtet die Generäle.

Robert Macaire et Bertrand conduisent les Gendarmes.
Robert Macaire und Bertrand führen die Gendarmen.

Le Chien chasse son maître dans la baraque.
Der Hund jagt seinen Herren in den Stall.

10

LE PAYS DE COCAGNE

Page de gauche :
Le Monde à l'envers,
estampe populaire,
1852-1858.
Marseille, MuCEM,
Musée des Civilisations
de l'Europe
et de la Méditerranée

DANS DE NOMBREUSES LÉGENDES, LE PARADIS TERRESTRE PREND LA FORME, TOTALEMENT MATÉRIALISTE, DU PAYS DE COCAGNE. Comme l'a noté Arturo Graf (1892-1893), « il n'existe pas de séparation constante et nette entre ces deux entités imaginaires, et l'on passe aisément, par degrés, de l'une à l'autre : le Paradis est parfois à peine plus noble et spirituel que le pays de Cocagne ; à l'inverse, en s'idéalisant quelque peu, le pays de Cocagne se transforme parfois en Paradis ».

Les Grecs nous ont parlé de contrées heureuses, telle la cité des oiseaux d'Aristophane, qui abonde en richesses et en motifs de joie ; dans l'*Histoire véritable* (qui commence en affirmant être remplie de mensonges), **Lucien** décrit une ville de bienheureux entièrement construite en or, où les épis de blé ne portent pas des grains mais des pains entiers – sans compter la multiplicité des plaisirs de Vénus. Un court traité rédigé à l'origine en grec et traduit en latin au IVe siècle, l'*Expositio totius mundi et gentium* (*Description du monde entier et des peuples*), dépeint quant à lui un pays dont la population a le bonheur d'ignorer les maladies, et de se nourrir de miel et de pains tombés du ciel.

Au Moyen Âge, le pays de Cocagne apparaît pour la première fois dans un petit poème du Xe siècle, *Unibos* : le paysan portant ce nom y laisse croire à trois de ses persécuteurs qu'il existe, au fond des mers, un royaume de la félicité parfaite ; il se débarrasse ensuite d'eux en les poussant à se précipiter dans les flots. Toutefois, d'autres sources d'inspiration provenaient d'Orient, et les romans persans mentionnent souvent un pays bienheureux appelé Shadukiam. Graf rappelle en outre qu'un *abbas Cucaniensis* (abbé de Cocagne) est cité dans une poésie satirique estudiantine du XIIe siècle, et qu'un certain **Warnerius de Cocagne** est représenté sur une carte de 1188. La composition la plus ancienne parvenue jusqu'à nous est un fabliau du

John William Waterhouse, *Le Décaméron*, 1916. Liverpool, National Museums

xiiie siècle, *Li Fabliaus de Coquaigne* : l'auteur y raconte s'être rendu, pour faire pénitence, auprès du pape, qui l'aurait envoyé dans un pays de Cocagne caractérisé par toutes les merveilles destinées à réapparaître dans les différentes versions de la légende.

Dans *Il cane di Diogene* (*Le Chien de Diogène*), de Francesco Fulvio Frugoni (1687), l'île de Cocagne, située sur la mer du Bouillon, est « enveloppée d'un brouillard blanc immaculé semblable à de la *ricotta* moelleuse. Des fleuves de lait y coulent, du muscadet, du malvoisie, du vin moelleux et du vin de Rhodes y jaillissent des sources. Les montagnes y sont en fromage et les vallées en *mascarpone*. Des fromages de brebis et de la mortadelle y poussent sur les arbres. Lorsque la tempête fait rage, il grêle des bonbons ; lorsqu'il pleut, c'est un déluge de sauces ».

Concernant la localisation du pays de Cocagne, la tradition demeure imprécise. Dans une nouvelle du **Décaméron**, Maso décrit à Calandrino les merveilles du territoire de Bengodi, où l'on attache les vignes avec des saucisses, et il indique que cette localité se trouve au Pays basque, à des milliers de milles de Florence.

Dans un drame religieux allemand, le *Schlaraffenland* (nom germanique de ce pays bienheureux) se situe entre Vienne et Prague. L'*Historia nuova della città di Cuccagna, data in luce da Alessandro da Siena et Bartolamio suo compagno*[1] (*Nouvelle histoire de la ville de Cocagne, révélée par Alexandre de Sienne et son camarade Bartolamio*) indique que pour se rendre au pays de

1. Voir Graf 1892-1893, Appendice.

Cocagne, il faut voyager vingt-huit mois sur mer et trois sur terre ; Teofilo Folengo imaginait quant à lui ce pays « en quelque région éloignée du globe terrestre ». Un court poème anglais, composé entre le XIIIe et le XIVe siècle, le localise en pleine mer, à l'ouest de l'Espagne – et ajoute qu'il est nettement préférable au Paradis, où il n'y a rien d'autre à manger que des fruits et rien d'autre à boire que de l'eau. Il ne faut pas prendre à la légère cette dernière affirmation : si un désir de félicité et d'innocence suscitait chez les âmes dévotes l'idée du Paradis terrestre, l'image des délices du pays de Cocagne a toujours provoqué, chez les miséreux et les affamés, le désir plus terre à terre d'échapper aux privations et de satisfaire des appétits plus bestiaux et plus impérieux. Dans plusieurs récits sur le sujet, on s'adresse souvent aux déshérités et on leur annonce que pour eux aussi, l'heure du gaspillage a enfin sonné. La légende du pays de Cocagne n'est pas née dans des milieux imprégnés de mysticisme, mais parmi des masses populaires ayant souffert de la faim pendant des siècles.

La liberté dont on jouit dans ce pays est telle que, comme durant le carnaval, les situations peuvent s'inverser avec bonheur, et un paysan se moquer d'un évêque. Le thème du *monde à l'envers* est en effet étroitement lié à celui du pays de Cocagne : des hommes y tirent une charrue guidée par un bœuf ; le meunier d'un moulin renversé porte un bât, en lieu et place de son âne ; un poisson pêche un pêcheur ; des animaux admirent deux êtres humains en cage. L'image d'un pays sens dessus dessous apparaît sur des enluminures peintes ou dessinées, en marge de codex médiévaux au sujet parfois très sérieux : on y voit par exemple des lièvres poursuivant des chasseurs ; quant au motif du château des chats assiégé par les rats, il a donné naissance à de nombreuses estampes.

On peut lire dans la littérature rabbinique : « J'ai vu un monde à l'envers. Les puissants y étaient en bas et les humbles en haut » (*Talmud de Babylone, Baba Bathra*) ; un conte des frères **Grimm** (1812) opère de son côté une fusion entre les fantaisies sur le pays de Cocagne et les visions d'un monde renversé.

D'ailleurs, les prophéties évangéliques sur la place éminente réservée au Paradis pour les déshérités renvoient elles aussi à la description d'un monde subverti. À ceci près que Lazare, pendant que le riche Épulon souffre en Enfer, ne banquette pas à sa table et se contente de siéger parmi les bienheureux, aux côtés d'Abraham. Les fantasmes sur le pays de Cocagne

traduisent ainsi, au niveau du ventre, des rêves de justice cultivés par d'autres au niveau de l'esprit.

Enfin, dans une perspective plus moralisatrice, **Collodi** nous rappelle que rêver du pays de Cocagne peut nous éloigner de la réalité, et que poursuivre un plaisir immodéré peut nous transformer en bêtes : dans un Éden dégradé ayant pris la forme du pays de Bengodi, Pinocchio ne tarde pas à commettre le crime et à en subir le châtiment.

Le pays de Pinocchio étant la négation du Paradis terrestre, les dernières mésaventures de la grande marionnette peuvent servir de conclusion à notre recherche sur la quête d'un Éden perdu plus jamais retrouvé.

Le Château des chats assailli par les souris, estampe populaire, XIXe siècle, Londres, British Museum

Double page suivante :
La Folie des hommes ou *Le Monde à l'envers*, estampe colorée, XVIIIe siècle. Marseille, MuCEM, Musée des Civilisations de l'Europe et de la Méditerranée

L'île des rêves

LUCIEN DE SAMOSATE
(vers 120-180)
Histoires vraies, B, 4-19
(Belles lettres, 2003)

Peu après, apparurent plusieurs îles : toute proche à bâbord, Phellô, vers laquelle ces hommes se pressaient, était une cité située sur un vaste rond de liège. Au loin et plus à tribord il y avait cinq îles immenses et très hautes, d'où s'élevait un grand feu flamboyant.

L'une d'elles, dans la direction de la proue, était large et basse, et distante d'au moins cinq cents stades[1]. À présent nous nous étions rapprochés et une brise merveilleuse nous enveloppa de son souffle, douce et odorante, telle celle que, selon l'historien Hérodote [III, 113], exhale l'Arabie Heureuse. Et comme celle des roses, des narcisses, des hyacinthes, des lis, des violettes, et aussi du myrte, du laurier et de la vigne en fleur, ainsi l'odeur délicieuse nous parvenait. Charmés par ce parfum et portés par d'heureuses espérances au sortir de longues souffrances, voici que nous approchions peu à peu de l'île. Alors nous observions de nombreux ports tout autour, vastes et à l'abri des flots, des fleuves limpides débouchant doucement dans la mer, ainsi que des prairies, des bois, des oiseaux musiciens chantant sur les rivages et souvent aussi dans les branches. Un air léger et plaisant à respirer était répandu autour du pays. Des brises agréables soufflaient, qui agitaient doucement la forêt, en sorte que le mouvement des branches faisait entendre, en un sifflement musical, des chants charmants et continus qui ressemblaient aux sons de la flûte oblique dans la solitude. Et l'on entendait une clameur mêlée, dense mais point tumultueuse, et telle qu'elle monterait dans un banquet où les uns jouent de la flûte, d'autres disent des éloges, certains battent des mains au rythme de la flûte ou de la cithare.
[...]
La ville même est toute d'or et le mur périphérique d'émeraude. On compte sept portes, toutes faites d'une seule planche de cinname. Quant au pavement de la ville et au sol à l'intérieur du mur, ils sont d'ivoire. Les temples de tous les dieux sont construits en pierre de béryl ; les autels qui s'y trouvent sont très grands, d'un seul bloc d'améthyste, et c'est sur eux que se font les hécatombes. Autour de la ville coule un fleuve du parfum le meilleur : sa largeur est de cent coudées royales, sa profondeur de cinq, suffisante pour y nager à l'aise. Chez les Bienheureux, les bains sont de grands édifices de verre, chauffés au cinname ; cependant leurs baignoires ne contiennent pas d'eau mais de la rosée chaude.

Ils portent pour vêtement de fines toiles d'araignée teintes de pourpre. Eux n'ont pas de corps, ils sont impalpables et sans chair et n'offrent à la vue qu'une forme et une apparence. Bien qu'ils soient incorporels, ils ont une consistance, se meuvent, pensent et font entendre une voix. En somme on a l'impression que leur âme, qui est une âme dépouillée du corps, circule revêtue de la ressemblance de leur corps. En tout cas, à moins de les toucher, on ne saurait prouver que ce qu'on voit n'est pas un corps, car ils sont comme des ombres qui se tiennent debout et ne sont pas noires. Personne ne vieillit et l'on reste à l'âge qu'on avait en arrivant. Il n'y a chez eux ni nuit ni jour tout à fait clair : comme le petit jour à l'approche de l'aurore, avant le lever du soleil, telle est la lumière qui règne sur la contrée. En outre ils connaissent une seule saison dans l'année, car là-bas c'est un printemps perpétuel et là-bas un seul vent souffle, le zéphyr. Le pays est couvert de toutes sortes de fleurs, toutes sortes d'arbres de culture qui donnent de l'ombre ; les vignes produisent douze récoltes et portent du raisin chaque

---

1. Environ 90 km.

10. LE PAYS DE COCAGNE

OU LE MONDE A REBOURS.

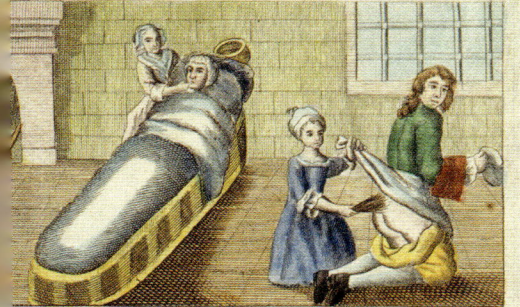 

Fille donne ici la Bouillie à sa Mere.
Fils à coups de fouet apprend à vivre à son Pere.

Deux hommes attelez entrainent la Charrue.
Le Boeuf est Laboureur et sur leurs dos se rué.

Asne de l'Homme étoit autrefois la monture.
Homme porte au moulin à present la mouture.

Ici l'Homme étrillé s'attache au Ratelier.
Le Cheval à son tour devient Palfrenier.

N'est pas grand un Baudet se quarrand dans la Ville.
Fait à son Jardinier porter Choux et Lantille.

L'Homme autrefois prenoit à la ligne un poisson.
Le poisson aujourd'huy prend l'Homme à l'hameçon.

Objet plein d'horreur un Boeuf tout en furie
D'un Homme écorché Sanglante boucherie.
Hôtel de Saumur.

Les Villes tout à coup s'elevant dans les Nuës
Sont au plus haut des Cieux en toute suspenduës
Et pour combler l'horreur d'un tel renversement
Les Astres detachez tombent du Firmament.

mois ; les grenadiers, les pommiers et les autres arbres fruitiers produisent treize fois, à les en croire, car en un seul mois – leur mois de Minos il y a double récolte. Au lieu de blé, les épis portent à leur extrémité un pain tout prêt qui ressemble à des champignons. À l'entour de la ville on trouve trois-cent-soixante-cinq sources d'eau, autant de miel, cinq cents de parfum (celles-ci plus petites cependant) et sept fleuves de lait et huit de vin.

Le lieu du banquet est hors ville dans la plaine dite Élysée : magnifique prairie entourée d'un bois aux essences variées et touffu, qui ombrage les convives couchés. Ils ont sous eux une couche faite de fleurs. Ce sont les vents qui font le service et offrent chaque plat, sans toutefois verser le vin car on n'en a nul besoin : il y a autour des convives de grands arbres de verre, du verre le plus transparent, et ces arbres ont pour fruits des coupes variées de forme et de taille. Donc quand quelqu'un arrive au banquet, il cueille une ou même deux coupes et les pose à sa place ; aussitôt elles sont remplies de vin. C'est leur façon de boire. En guise de couronnes, les rossignols et l'ensemble des oiseaux musiciens, dans les prairies voisines cueillent des fleurs de leur bec et les font neiger sur les convives qu'ils survolent en chantant. Et ils se parfument ainsi : des nuages épais ayant pompé le parfum des sources et du fleuve se tiennent au-dessus des banqueteurs et sous la pression légère des vents le font pleuvoir comme une fine rosée.

Au repas ils s'adonnent à la musique et au chant. On leur chante surtout les vers d'Homère, qui est présent en personne et festoie avec eux, couché à une place au-dessus d'Ulysse. [...] Quand cessent leurs chants, un second chœur se présente, cygnes, hirondelles, rossignols. Et quand ceux-ci chantent à leur tour, c'est à présent l'ensemble du bois qui joue un accompagnement de flûte, sous la conduite des vents.

Mais voici leur plus grand avantage pour la joie du banquet. Il y a deux sources près de la table, celle du rire, celle du plaisir. Tout le monde boit à chacune des deux au début du festin et toute la suite se passe dans le plaisir et le rire.
[...]
À propos des relations sexuelles et des plaisirs d'amour leur point de vue est le suivant. On s'unit aux femmes et aux hommes ouvertement, aux yeux de tous, et on n'en conçoit nulle honte. Socrate était seul à jurer que sa fréquentation des jeunes gens était toute pure, mais tout le monde le jugeait coupable de parjure ; en tout cas Hyacinthe et Narcisse en convenaient souvent, tandis que lui le niait. Les femmes sont communes à tous et nul ne jalouse son voisin ; ils sont sur ce sujet fort platoniciens. Les petits garçons s'offrent à qui veut sans faire d'opposition.

Le pays de Cocagne

Le Fabliau de Cocagne, v. 18-155
(vers 1250 ; Arkhê, 2013)

Chez l'apôtre de Rome
Je suis allé quérir pénitence,
Il m'envoya à une terre
Où je vis mainte merveille :
Maintenant écoutez comment font
Les habitants de ce pays.
Je crois que Dieu et tous ses saints
L'ont mieux bénie et sacrée
Que toute autre contrée.
Ce pays a pour nom Cocagne ;
Plus on y dort, plus on y gagne :
[...]
De bars, de saumons et d'aloses
Sont les murs de toutes les maisons ;
Les chevrons sont d'esturgeons,
Les toitures de lard,
Et les clôtures de saucisses.
Beaucoup plus existe au pays de délices,
Car de rôtis et de jambon

10. LE PAYS DE COCAGNE

Pieter Bruegel l'Ancien, *Le Pays de cocagne*, 1567. Munich, Alte Pinakothek

Sont enclos les champs de blé ;
Par les rues vont se rôtissant de grasses oies qui tournent
Sur elles-mêmes, arrosées
D'une blanche sauce à l'ail.
Je vous dis que partout,
Sur les chemins et les rues,
On trouve des tables dressées
Avec des nappes blanches,
Où peuvent boire et manger
Tous ceux qui veulent, gracieusement ;
Sans contredit et sans interdiction
Chacun prend tout ce que son cœur souhaite,
Certains du poisson, d'autres de la viande ;
Si quelqu'un veut remplir un char
Il le fera à son gré ;
Viande de cerf ou d'oiseau volant,
Rôtie ou en ragoût,
Il ne paiera pas d'écot
Ni après avoir mangé,
C'est ainsi qu'on fait au pays.
C'est une pure vérité prouvée
Qu'en cette terre heureuse
Coule un ruisseau de vin.
[...]
Là, les gens ne sont pas vils,
Au contraire sont vertueux et courtois.
Là, un mois a six semaines,
Un an a quatre Pâques
Et quatre fêtes de Saint-Jean.
Une année a quatre vendanges,
Tous les jours fériés et dimanches,
Quatre Toussaints, quatre Noëls,
Quatre Chandeleurs,
Quatre Carnavals,
Et un Carême tous les vingt ans,
Quand il est agréable de jeûner
Car chacun garde ses biens ;
Depuis matines jusqu'après none
On mange ce que Dieu donne,
Viande, poisson ou autre,
Car personne n'ose l'interdire.
Ne pensez pas que c'est une blague,
Jamais, quelle que soit sa condition,

Personne ne souffre du jeûne :
Trois jours par semaine il pleut
Une ondée de flans chauds
Dont ni chevelus ni chauves
Ne se détournent, je le sais pour le voir,
Au contraire, ils prennent tout à volonté.
Le pays est si riche
Que des bourses pleines de deniers
Gisent le long des champs ;
Maravédis et besants[1]
Sont trouvés partout, inutiles :
Là, personne n'achète ni ne vend.
Les femmes y sont si belles,
Mûres et jeunes
Chacun prend celles qui lui conviennent,
Personne n'en sera courroucé.
Chacun satisfait son plaisir
Comme il le souhaite et à loisir ;
Elles n'en seront pas blâmées,
Mais beaucoup plus honorées.
Et s'il arrive par hasard
Qu'une femme s'intéresse
À un homme qu'elle voit,
Elle le prend au milieu de la rue
Et satisfait son désir.
[...]
Il y a encore une autre merveille,
Vous jamais n'écoutâtes chose pareille :
La fontaine de jouvence
Qui rajeunit les gens
Et apporte d'autres bienfaits.

Calendrin et l'héliotrope

BOCCACE (1313-1375)
Le Décaméron, Huitième journée, Troisième nouvelle (1349-1353 ; Folio Gallimard, 2006)

Dans notre cité, qui a toujours abondé en usages divers et en personnes originales, vivait, il n'y a guère, un peintre appelé Calandrin ; l'homme était simple et ses façons curieuses ; la plupart du temps il fréquentait deux autres peintres, appelés l'un Lebrun et l'autre Bouffalmaque, gens fort enjoués mais par ailleurs avisés et subtils, et qui fréquentaient Calandrin parce que ses manières et sa simplicité bien souvent les amusaient beaucoup.

Il y avait de même alors à Florence un jeune homme d'un agrément merveilleux, plein d'astuce et d'adresse dans tout ce qu'il entreprenait, et qui s'appelait Thominet le Sage ; à force d'entendre parler de la simplicité de Calandrin, il résolut de se divertir à ses dépens en lui faisant une farce, ou en lui faisant accroire quelque chose d'inouï.

Et le trouvant d'aventure un jour en l'église de Saint-Jean, le voyant occupé à regarder les peintures et bas-reliefs du tabernacle situé sur l'autel de ladite église et placé là peu de temps auparavant, Thominet pensa que le lieu et le moment se prêtaient à son intention. Il prévint l'un de ses compagnons de ce qu'il comptait faire, et tous deux s'approchèrent de l'endroit où Calandrin, seul, était assis ; faisant mine de ne pas le voir, ils se mirent à disputer entre eux des vertus de plusieurs pierres, dont Thominet parlait aussi pertinemment que s'il eût été un fameux et savant lapidaire. Calandrin ayant tendu l'oreille à ces propos se leva au bout d'un moment, et, voyant qu'il ne s'agissait pas d'une confidence, il se joignit à eux, ce qui plut fort à Thominet. Comme ce dernier poursuivait son propos, Calandrin lui demanda où pouvaient se trouver ces pierres douées de telles vertus.

Thominet répondit que la plupart se trouvaient à Boustifaille, ville des Basques, dans une contrée qui s'appelait Bienjouir, où l'on attache les vignes avec des saucisses ; on y avait une oie pour un denier et un oison par-dessus le marché, on y voyait toute une montagne de fromage parmesan râpé, sur laquelle demeuraient des gens qui passaient le temps à faire des macaroni et des ravioli qu'ils cuisaient dans du bouillon de chapon, et qu'ensuite de là-haut ils

1. Monnaies d'or.

10. LE PAYS DE COCAGNE

Jérôme Bosch,
Les Sept péchés capitaux,
fin du XVᵉ siècle. Madrid,
Museo Nacional del Prado

jetaient en bas, et plus on en prenait plus on en avait. Tout près de là courait un ruisselet de grenache, du meilleur qui se fût jamais bu, sans que s'y mêlât une goutte d'eau.

«Oh, dit Calandrin, voilà un bon pays ! Mais dis-moi, que fait-on des chapons que ces gens cuisent ?»

«Ils les mangent tous, les Basques», répondit Thominet.

«Y es-tu allé déjà ?» dit alors Calandrin.

«Tu demandes si j'y suis déjà allé, répondit Thominet, mais bien sûr, aussi bien mille fois qu'une.»

«Et c'est à combien de milles d'ici ?» dit alors Calandrin.

«C'est à plus de millante, et toute la nuit en chante», répondit Thominet.

«Ce doit donc être encore plus loin que les Abruzzes», dit Calandrin.

«Oui, c'est ça, répondit Thominet, trois fois rien.»

Calandrin, le simple, voyant que Thominet prononçait ces paroles d'un air impassible et sans rire, y ajoutait la foi que l'on peut ajouter à la vérité la plus manifeste, et c'est ainsi qu'il les tenait pour vraies.

«C'est trop loin pour moi, dit-il, mais si c'était plus près, je t'assure que j'y ferais bien un tour avec toi, quand ce ne serait que pour voir faire la culbute à ces macaroni et en prendre une bonne ventrée. Mais dis-moi, heureux sois-tu longtemps, on n'en trouve aucune par ici de ces pierres qui ont tant de vertus ?»

«Si, répondit Thominet, on en trouve de

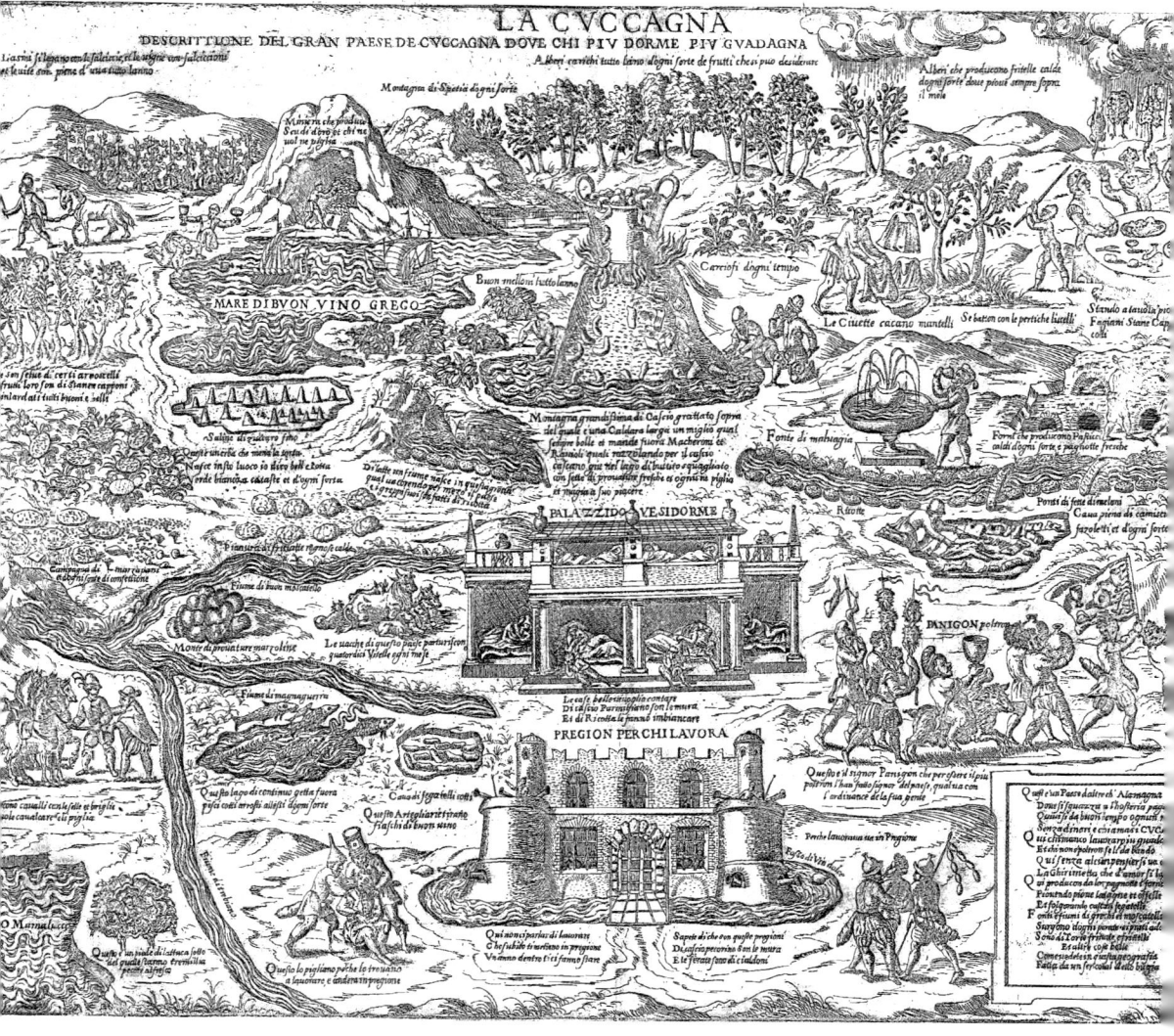

deux sortes et grande est leur vertu. Les unes sont les meulières de Settignano et de Montisci, par la vertu desquelles, quand on en a fait des meules, on fait de la farine ; c'est pourquoi on dit dans ces pays-là que les grâces viennent de Dieu et les meules de Montisci ; mais on trouve ces meulières en si grande quantité qu'elles sont aussi peu prisées chez nous que chez eux les émeraudes, dont ils ont des montagnes plus grandes que le Mont Moreau, et qui reluisent tellement à la mi-nuit que tout est dit, bonsoir. Et sache que celui qui ferait monter en anneaux les meules bel et bien taillées avant que de les percer, et qui les porterait au Soudan, en obtiendrait ce qu'il voudrait. L'autre sorte est une pierre que nous autres lapidaires appelons héliotrope, et qui possède une vertu très grande, car quiconque la porte sur soi ne peut, tant qu'il la tient, être vu d'aucune autre personne là où il n'est pas. »

« Voilà de bien grandes vertus, dit alors Calandrin, mais la seconde, où la trouve-t-on ? »

Thominet lui répondit que d'ordinaire on en trouvait dans le Mugnone.

« De quelle grosseur est cette pierre ?,

Le Pays de cocagne, où plus on dort plus on gagne, estampe populaire, 1871. Londres, British Museum

demanda Calandrin, et quelle est sa couleur ? »
« Elle est de grosseur variable, répondit Thominet, parfois plus grosse et parfois moins, mais toutes sont d'une couleur qui tire sur le noir. »
Calandrin, qui avait retenu tout cela à part soi, fit semblant d'avoir autre chose à faire et quitta Thominet, résolu à se mettre à la recherche de cette pierre […].

Un Cocagne à l'envers

JACOB et WILHELM GRIMM
(1785-1863 et 1786-1859)
Nouveaux contes, « Le conte du pays de Cocagne » (1812-1822 ; Folio Gallimard, 1996)

Au temps de Cocagne, je suis allé et j'ai vu Rome et le Latran pendus à un fil, et un homme sans jambes battait à la course un cheval rapide, et une épée tranchante fendait un pont. Là j'ai vu un jeune âne au nez d'argent poursuivant deux lièvres rapides, et un tilleul qui était large : il y venait des crêpes chaudes. Là j'ai vu une bique maigre, elle avait sur le corps cent foudres de saindoux et soixante foudres de sel. N'est-ce pas assez de mensonges ? Là j'ai vu labourer une charrue sans cheval ni bœufs, et un enfant d'un an qui lançait quatre meules de Ratisbonne jusqu'à Trèves et de Trèves à Strasbourg, et un autour traversait le Rhin à la nage : il faisait ça tout droitement. Là j'ai entendu des poissons mener grand vacarme ensemble, tant que ça montait jusqu'au ciel, et un doux miel coulait comme l'eau du fond de la vallée sur une haute montagne ; c'étaient là d'étranges histoires. Il y avait là deux corneilles qui fauchaient un pré, et j'ai vu deux moustiques bâtir un pont, et deux pigeons mettaient en pièces un loup, deux enfants mettaient bas deux chevreaux, mais deux grenouilles battaient ensemble des céréales. Là j'ai vu deux souris ordonner un évêque, deux chats qui à eux deux arrachaient la langue à un ours. Là-dessus un escargot arrivait tout courant et assommait deux lions farouches. Il y avait là un barbier qui rasait la barbe à une femme, et deux enfants au sein faisaient taire leur mère en la faisant téter. Là j'ai vu deux lévriers qui tiraient de l'eau un moulin, et il y avait là une vieille haridelle bonne à équarrir qui disait que c'était banal. Et dans la cour il y avait deux chevaux qui battaient le blé à toute force, et deux chèvres qui chargeaient le fourneau. Alors un coq s'écria : « Kikeriki, le conte est fini, Kikeriki ! »

Le pays d'abondance

CARLO COLLODI (1826-1890)
Pinocchio, XXX-XXXI
(1883 ; GF-Flammarion, 2001)

Lumignon était le garçon le plus paresseux et le plus indiscipliné de toute l'école, mais Pinocchio l'aimait beaucoup. Aussi alla-t-il tout droit chez lui pour l'inviter au goûter, mais il ne le trouva pas ; il y retourna une deuxième fois, Lumignon était toujours absent ; il y retourna une troisième fois, ce fut pour rien.
Où trouver Lumignon ? Pinocchio chercha dans toutes les directions et finit par le découvrir caché sous le porche d'une maison paysanne.
– Que fais-tu ici ? lui demanda Pinocchio en s'approchant.
[…]
– Je vais habiter un pays qui est le plus beau du monde. Un vrai pays de cocagne !
– Et comment s'appelle ce pays ?
– Il s'appelle le « Pays des joujoux ». Pourquoi ne viendrais-tu pas avec moi ?
– Moi ? Ah ! non vraiment !

– Tu as tort, Pinocchio, crois-moi. Si tu ne viens pas, tu t'en repentiras. Où veux-tu trouver un pays plus heureux pour nous les enfants ? Là-bas, il n'y a pas d'école ; là-bas, il n'y a pas de maîtres ; là-bas, il n'y a pas de livres. Dans ce pays béni on n'étudie jamais. Le jeudi il n'y a pas classe, et chaque semaine se compose de six jeudis et d'un dimanche. Figure-toi que les vacances commencent le premier janvier et finissent le trente et un décembre. Voilà un pays comme je les aime ! C'est ainsi que devraient être tous les pays civilisés !…
– Mais comment passe-t-on les journées, au « Pays des joujoux » ?
– On les passe à jouer et à s'amuser du matin au soir. Le soir on se met au lit, et le lendemain matin tout recommence ! Qu'en dis-tu ?
– Hum !… fit Pinocchio en hochant légèrement la tête, comme pour dire : « Cette vie, je la mènerais bien volontiers, moi aussi ! »
[…]
La voiture reprit sa course, et le lendemain matin, à l'aube, on arriva sans encombre au « Pays des joujoux ».
Ce pays ne ressemblait à aucun autre pays du monde. Toute la population était composée d'enfants. Les plus vieux avaient quatorze ans, les plus jeunes en avaient à peine huit. Dans les rues, une joie, un vacarme, un tintamarre à rendre fou. Partout, c'étaient des bandes de drôles. Les uns jouaient aux noix, d'autres aux palets, d'autres à la balle ; les uns allaient en vélocipède, les autres sur des chevaux de bois ; les uns jouaient à colin-maillard, les autres faisaient la course ; certains, déguisés en paillasses, mangeaient de l'étoupe enflammée, d'autres récitaient, chantaient, faisaient des sauts périlleux ou s'amusaient à marcher sur les mains, les jambes en l'air. Il y en avait qui jouaient au cerceau, tandis que d'autres se promenaient, vêtus en généraux, avec un chapeau de papier et un escadron de carton. On riait, on hurlait, on appelait, on applaudissait, on sifflait, on essayait de chanter comme la poule qui vient de pondre. C'était un tel tapage, un tel gazouillis, un tel fracas de tous les diables qu'il fallait se mettre du coton dans les oreilles pour ne pas devenir sourd ! Sur toutes les places, on voyait des petits chapiteaux de théâtre remplis d'enfants du matin au soir, et sur les murs des maisons on lisait partout de superbes inscriptions au charbon dans le genre de celles-ci : *Vive les jouais* (au lieu de *jouets*), *Nous vouons plus des cols* (au lieu de *Nous ne voulons plus d'écoles*), *Aba Laride Métike!* (au lieu de *À bas l'arithmétique*) et d'autres perles de ce genre.
Dès qu'ils furent entrés dans la ville, Pinocchio, Lumignon et tous leurs compagnons dans la voiture du Bonhomme se mêlèrent vite à la foule ; on imagine bien qu'en quelques instants ils firent connaissance et devinrent les amis de tout le monde. Nul n'était plus content ni plus joyeux qu'eux.
En amusements continuels et en divertissements variés, les heures, les jours et les semaines passaient avec une rapidité insaisissable.
– Ah ! la belle vie ! disait Pinocchio à Lumignon, chaque fois que, par hasard, ils se rencontraient.

Attilio Mussino, *Le Pays de cocagne*, illustration pour *Pinocchio*, 1911

10. LE PAYS DE COCAGNE

11

LES ÎLES DE L'UTOPIE

Page de gauche :
Thomas More,
L'Île d'Utopie,
Louvain, 1516

Page ci-contre :
Carte d'Utopie
et son alphabet,
édition de 1518

ÉTYMOLOGIQUEMENT, LE MOT *UTOPIE* SIGNIFIE « NON-LIEU » – même si certains préfèrent voir dans le *u* initial un *eu* grec, et par conséquent interpréter ce mot au sens de « lieu bon ou excellent »; pour d'autres encore, lorsque **Thomas More** inventa ce néologisme dans son *Libellus vere aureus, nec minus salutaris quam festivus de optimo rei publicae statu, deque nova insula Utopia* (*Du meilleur état de la chose publique et de l'île nouvelle d'Utopie, un précieux petit livre non moins salutaire que plaisant,* 1516), où il décrit un État idéal, il voulut justement jouer de cette ambiguïté, puisqu'il y propose comme modèle à suivre un pays encore inexistant.

Par le passé, d'autres sociétés idéales avaient déjà été imaginées, par exemple par Platon dans *La République* et *Les Lois*; mais c'est avec Thomas More

qu'apparaît pour la première fois la description de ce non-lieu, de cette île, de ses villes et de leurs édifices. D'autres représentations de lieux utopiques virent le jour par la suite, notamment dans *La Città del Sole* (*La Cité du Soleil*) de **Tommaso Campanella** (1602) et la *Nova Atlantis* (*Nouvelle Atlantide*) de **Francis Bacon** (1627).

La littérature politique, de même que celle que nous appellerons « de science-fiction », abonde en évocations de

Arthur Rackham, *Gulliver*, illustration pour les *Voyages de Gulliver* de Jonathan Swift, 1904

11. LES ÎLES DE L'UTOPIE

Gulliver au pays des Lilliputiens, illustration pour les *Voyages de Gulliver* de Jonathan Swift, 1876. Stockholm, Landskrona Museum Collection

civilisations idéales. On pourrait citer à ce propos : *Les États et Empires du Soleil* et *Les États et Empires de la Lune*, de Cyrano de Bergerac (1649, 1662) ; *The Commonwealth of Oceana* (*La République d'Oceana*), de James Harrington (1656) ; l'*Histoire des Sévarambes*, de Denis Vairasse (1675) ; *La Terre australe connue*, de Gabriel de Foigny (1676) ; *La République des philosophes ou Histoire des Ajaoiens*, de Bernard de Fontenelle (1768) ; *La Découverte australe par un homme volant, ou le Dédale français*, de Nicolas Rétif de la Bretonne[1] (1781) ; la calme et rationnelle société des Houyhnhnms décrite par Jonathan Swift (1726) dans *Gulliver's Travels* (*Les Voyages de Gulliver*) ; les œuvres d'Henri de Saint-Simon et de Charles Fourier, qui, s'opposant à la société capitaliste de leur temps, défendaient un socialisme utopique – et au moins dans le cas de Fourier, on ne peut parler de pure et simple utopie, puisque l'idée de ses *phalanstères* fit l'objet, tout au long du XIXe siècle, de plusieurs tentatives de réalisation. On citera aussi le *Voyage en Icarie* d'Étienne Cabet (1840), qui préfigure une société de type communiste, *Erewhon or Over the Range* (*Erewhon ou De l'autre côté des montagnes*), de Samuel Butler (1872), dont le titre est une anagramme de *nowhere* (nulle part), et enfin *News from Nowhere* (*Nouvelles de nulle part*), de William Morris (1891).

Par ailleurs, l'utopie a parfois pris la forme d'une *dystopie*, c'est-à-dire d'une représentation de sociétés négatives, comme c'était déjà le cas

1. Il sera à nouveau question de Vairasse, Foigny et Rétif de la Bretonne dans le chapitre sur la Terre australe.

Richard Redgrave, *Gulliver et le paysan de Brobdingnag*, illustration extraite des *Voyages de Gulliver* de Jonathan Swift, XIXᵉ siècle. Londres, Victoria and Albert Museum.

dans *Mundus alter et idem* (*Un monde autre et identique*), de Joseph Hall (1607) ; concernant le XXᵉ siècle, on citera *1984*, de George Orwell, *R.U.R.*, de Karel Čapek, *Brave New World* (*Le Meilleur des mondes*), d'Aldous Huxley, *The Seventh Victim* (*La Septième Victime*), de Robert Sheckley, *Fahrenheit 451*, de Ray Bradbury, et *Do androids dream of electric sheep ?* (*Les androïdes rêvent-ils de moutons électriques ?*), de Philip K. Dick (qui inspira le film de Ridley Scott, plus célèbre encore, intitulé *Blade Runner*) ; sans parler de films aussi connus que *Metropolis*, de Fritz Lang, ou *La Planète des singes*.

   Le présent ouvrage ayant pour sujet des lieux et des territoires « légendaires », autrement dit autour desquels sont nées des légendes qui, pendant des siècles, les ont présentés comme dotés d'une existence effective, un souci de cohérence devrait nous amener à ne pas parler des villes, des îles et des pays de l'Utopie : ils sont en effet, par définition, décrits comme

11. LES ÎLES DE L'UTOPIE

Charles Verschuuren,
Poster pour le Federal
Theatre Project,
présentation de « RUR »
au Marionette Theatre,
New York, 1936-1939

des lieux inexistants (même si les auteurs qui les mentionnent appelaient de leurs vœux des situations qui auraient pu ou dû se concrétiser un jour). En outre, plusieurs de ces lieux imaginaires, tels ceux de Swift, résultent clairement d'une invention romanesque et n'ont pas poussé des cohortes d'explorateurs crédules à partir à leur recherche. Mais dans certains cas (par exemple l'île d'Utopie, la Cité du Soleil, l'île de Bensalem citée dans *La Nouvelle Atlantide*), ils sont devenus presque réels, et si on n'y a pas cru, on les a au moins désirés ou jugés désirables – en latin, leur description est précédée de l'adverbe *utinam*, que l'on peut traduire par « plaise au ciel que… comme j'aimerais que… si seulement… ». Et souvent, lorsque le désir se transforme en espoir, l'objet de ce désir devient plus réel que la réalité elle-même. Mus par l'espérance en un futur possible, de nombreux hommes se montrent parfois capables d'immenses sacrifices, voire prêts à mourir, lorsqu'ils se laissent entraîner par des prophètes, des visionnaires, des prédicateurs charismatiques ou des meneurs de foules qui utilisent la vision d'un futur paradis sur terre (ou ailleurs) pour échauffer les esprits de leurs partisans.

Quant aux utopies négatives, elles nous ont semblé vraies à chaque fois que nous avons reconnu dans notre vie quotidienne des situations qui paraissaient donner raison à leur sombre pessimisme.

Cela étant dit, on n'aimerait pas toujours vivre dans les sociétés que les utopies nous recommandent, car elles ressemblent souvent à des dictatures qui *imposent* le bonheur au prix de la liberté de leurs citoyens. Ainsi, l'*Utopie* de More prêche la liberté d'expression et de pensée et la tolérance religieuse, mais elle la limite aux croyants et la refuse aux athées, qui se voient de plus interdire l'accès aux fonctions publiques ; elle contient en outre des avertissements tels que celui-ci : « Si, de son propre chef, quelqu'un conduit ses pérégrinations au-delà de sa province et qu'il y soit pris sans autorisation du préfet, il est honteusement ramené, considéré comme un déserteur et durement châtié. S'il récidive, il sera condamné aux travaux forcés[2]. » D'autre part, les utopies ont pour caractéristique, d'un point de vue littéraire, d'être quelque peu répétitives : à trop vouloir une société parfaite, on finit toujours par reproduire le même modèle. Mais peu nous importe ici le mode de vie que ces œuvres recommandent, ou encore leur critique plus ou moins implicite des sociétés où vivaient leurs auteurs, puisque seuls nous intéressent les lieux qu'elles décrivent.

Ces lieux sont en petit nombre, car sur la quantité infinie d'utopies rédigées jusqu'à nos jours, toutes ne décrivent pas un site spécifique, et peu de ces descriptions sont restées gravées dans l'imaginaire collectif au point de créer leur propre légende.

Les utopies sont, on l'a dit, répétitives, et il en va de même des représentations de villes utopiques, puisque dans une certaine mesure leur modèle s'inspire plus ou moins consciemment de la cité céleste mentionnée dans l'Apocalypse, à la splendide géométrie quadrangulaire, et, dans certains cas, des rêveries qui se sont développées autour du Temple de Salomon (voir à ce propos le deuxième chapitre du présent ouvrage). Ainsi, dans *Christianopolis* (*La Ville christique*), de **Johann Valentin Andreae** (1619), la cité idéale est très clairement présentée comme une nouvelle Jérusalem terrestre, construite à l'image de la Jérusalem céleste de l'**Apocalypse**.

Si l'on souhaite trouver un exemple de la façon dont diverses utopies ont créé des images que certains ont ensuite prises au sérieux au point de vouloir les traduire dans la réalité, il suffit de penser aux différentes

2. Thomas More, *L'Utopie*, traduction de Marie Delcourt, Paris, Flammarion, collection GF, 1987, p. 162, (*N.d.T.*)

11. LES ÎLES DE L'UTOPIE

Carte de Palmanova, tirée de Franz Hogenberg et Georg Braun, *Civitates Orbis Terrarum* (*Villes du globe*), Nuremberg, 1572-1616

villes idéales conçues par les architectes de la Renaissance. Palmanova adopte ainsi la forme d'une étoile à neuf pointes, entourée de murs et de fossés ; six rues y convergent vers le centre, occupé par une place au contour hexagonal. À Chypre, sous la domination vénitienne, on avait, pour résister aux attaques des Turcs, donné à Nicosie l'aspect d'une ville idéale, du moins à l'extérieur : une structure circulaire équipée de onze bastions y protégeait la vieille cité médiévale.

Même des utopistes comme More ou Campanella s'inspirèrent peut-être d'idéaux antérieurs : dès le XVe siècle, dans son *Trattato di architettura* (*Traité d'architecture*, vers 1464), Filarète avait en effet imaginé Sforzinda, qui devait se développer sur une surface plane à huit pointes, obtenue par la superposition de deux carrés tournés chacun à quarante-cinq degrés et s'inscrivant parfaitement dans un cercle ; chaque porte et chaque tour servaient de point de départ à une série de voies rectilignes conduisant jusqu'au centre-ville. L'utopie la plus proche des intérêts modernes est peut-être celle de Francis Bacon : un système de vie pacifique et aimable y découle de l'acquisition de toutes les connaissances scientifiques ; en outre, la Maison de Salomon, décrite comme le réceptacle de la totalité du savoir et de la technologie, rappelle, par sa surabondance, le désir d'apprendre qui animait les collectionneurs, toujours au XVIIe siècle, dans la constitution des *Wunderkammern* (cabinets de curiosités), vertigineuses accumulations d'objets et d'instruments prodigieux.

Mais lorsque l'on crée la légende d'un lieu introuvable, la littérature finit parfois par élever cette non-existence au rang de potentialité. C'est ce que fit **Jorge Luis Borges** dans sa nouvelle « Tlön, Uqbar, Orbis Tertius », où l'origine de ce lieu inquiétant et occulte n'est pas attribuée par hasard à « une société secrète d'astronomes, de biologistes, d'ingénieurs, de métaphysiciens, de poètes, de chimistes, d'algébristes, de moralistes, de peintres, de géomètres […] dirigés par un homme obscur de génie » ; le texte ne fait pas seulement penser à la Bensalem de Bacon, il évoque aussi explicitement « un théologien allemand qui, au début du XVIIe siècle, avait décrit la communauté imaginaire de la Rose-Croix – que d'autres fondèrent ensuite à l'instar de ce qu'il avait préfiguré lui-même[3] ». Et ce théologien n'était autre, comme le dit Borges lui-même, que cet Andreae qui avait conçu l'inexistante Christianopolis.

Planche extraite de Luigi Serafini, *Codex Seraphinianus*, Milan, Franco Maria Ricci, 1981

3. Jorge Luis Borges, « Tlön Uqbar Orbis Tertius », in *Fictions*, traduit de l'espagnol par P. Verdevoye, Ibarra et Roger Caillois, Paris, Gallimard, collection Folio, nouvelle édition augmentée, 1983, p. 17 et 14, (*N.d.T.*)

L'Île d'Utopie

THOMAS MORE (1478-1535)
L'utopie ou Le traité de la meilleure forme de gouvernement, II

L'île d'Utopie, en sa partie moyenne, et c'est là qu'elle est le plus large, s'étend sur deux cents milles, puis se rétrécit progressivement et symétriquement pour finir en pointe aux deux bouts. Ceux-ci, qui ont l'air tracés au compas sur une longueur de cinq cents milles, donnent à toute l'île l'aspect d'un croissant de lune. Un bras de mer d'onze milles environ sépare les deux cornes. Bien qu'il communique avec le large, comme deux promontoires le protègent des vents, le golfe ressemble plutôt à un grand lac aux eaux calmes qu'à une mer agitée. Il constitue un bassin où, pour le plus grand avantage des habitants, les navires peuvent largement circuler. Mais l'entrée du port est périlleuse, à cause des bancs de sable d'un côté et des écueils de l'autre. À mi-distance environ, se dresse un rocher, trop visible pour être dangereux, sur lequel on a élevé une tour de garde. D'autres se cachent insidieusement sous l'eau. Les gens du pays sont seuls à connaître les passes, si bien qu'un étranger pourrait difficilement pénétrer dans le port à moins qu'un homme du pays ne lui serve de pilote. Eux-mêmes ne s'y risquent guère, sinon à l'aide de signaux qui, de la côte, leur indiquent le bon chemin. Il suffirait de brouiller ces signaux pour conduire à sa perdition une flotte ennemie, si importante fût-elle.
Sur le rivage opposé, se trouvent des criques assez fréquentées. Mais partout un débarquement a été rendu si difficile, soit par la nature, soit par l'art, qu'une poignée de défenseurs suffirait à tenir en respect des envahisseurs très nombreux.
D'après des traditions confirmées par l'aspect du pays, la région autrefois n'était pas entourée par la mer avant d'être conquise par Utopus, qui devint son roi et dont elle prit le nom. Elle s'appelait auparavant Abraxa. C'est Utopus qui amena une foule ignorante et rustique à un sommet de culture et de civilisation qu'aucun autre peuple ne semble avoir atteint actuellement.
Après les avoir vaincus à la première rencontre, Utopus décida de couper un isthme de quinze milles qui rattachait la terre au continent et fit en sorte que la mer l'entourât de tous côtés. Il mit les habitants à la besogne, et il leur adjoignit ses soldats, pour éviter qu'ils ne considèrent ce travail comme une corvée humiliante. Réparti entre un si grand nombre d'ouvriers, l'ouvrage fut accompli en un temps incroyablement court, si bien que les voisins, qui avaient commencé par en railler la témérité, furent frappés d'admiration et aussi d'effroi à la vue du résultat.
L'île a cinquante-quatre villes grandes et belles, identiques par la langue, les mœurs, les institutions et les lois. Elles sont toutes bâties sur le même plan et ont le même aspect, dans la mesure où le site le permet.

La cité du soleil

TOMMASO CAMPANELLA (1568-1639)
La Cité du Soleil

Je t'ai déjà raconté mon voyage autour du monde, mon arrivée à Taprobane; comment je fus contraint d'aborder, et comment, fuyant devant les aborigènes en furie, je m'enfonçai dans la forêt pour déboucher ensuite dans une grande plaine située exactement sous l'équateur. […]
Je rencontrai sans tarder une troupe considérable d'hommes et de femmes en armes. Nombreux étaient ceux qui entendaient ma langue; ils me conduisirent à la Cité du Soleil. […]
Sept grands cercles qui portent le nom des sept planètes constituent [la ville]. L'accès de l'un à l'autre est assuré par quatre routes et quatre portes orientées sur les quatre aires du

vent. Mais tout est disposé de telle manière qu'après la prise du premier cercle l'on rencontrerait plus de difficultés au deuxième et ainsi de suite ; et il faudrait la prendre sept fois d'assaut pour la vaincre. Mais je crois que le premier cercle est lui-même imprenable tant il est large et protégé de terre, avec ses boulevards, ses tours, son artillerie et, plus avant, ses fossés.

Nous entrâmes par la porte du Nord, qui est recouverte de fer et qu'un mécanisme ingénieux fait lever et retomber. L'on aperçoit alors un espace de cinquante pas qui sépare la première muraille de la seconde. Une chaîne continue de palais qui semblent n'en former qu'un s'appuie au mur et en suit le mouvement. Au-dessus l'on a construit des balcons de garde bâtis avec des colonnes, et qui ressemblent aux cloîtres de nos religieux ; au bas il n'y a d'entrée que du côté qui regarde vers l'intérieur du palais. Les chambres qui comportent des fenêtres orientées vers l'intérieur et vers l'extérieur sont belles ; un petit mur les sépare les unes des autres. Le mur extérieur a huit palmes d'épaisseur, le mur intérieur trois, et les murs médians environ un.

L'on arrive ensuite à la deuxième terrasse, inférieure en largeur de deux ou trois pas. On aperçoit la seconde enceinte avec ses balcons surplombants et ses galeries. Vers l'intérieur, il y a un mur circulaire qui enserre les palais compris dans cette terrasse. Ici les cloîtres ont leurs colonnes situées en bas et en haut de belles peintures. Ainsi d'étage en étage, l'on arrive à la dernière enceinte. L'on ne monte qu'au passage des portes, qui sont doubles, l'une vers l'extérieur, l'autre vers l'intérieur. Mais les escaliers sont tels qu'ils rendent la montée insensible car les degrés sont inclinés et d'un relief à peine perceptible. Au sommet de la colline s'étend une vaste esplanade. Un temple monumental merveilleusement conçu se dresse au milieu. […]

Le temple est parfaitement circulaire. Il ne comporte pas de mur extérieur, mais il repose sur de grosses colonnes du plus bel effet. Il y a une grande coupole surmontée en son centre d'une petite coupole. Celle-ci est percée d'un soupirail qui donne directement sur l'unique autel situé au milieu de l'édifice. Les colonnes décrivent un cercle de plus de trois cents pas. En deçà des colonnes soutenant la coupole sont construits des cloîtres de huit pas de largeur séparés par des murs dépassant à peine la hauteur des sièges qui occupent l'espace délimité par un mur extérieur. […] Sur l'autel il n'y a rien d'autre que deux mappemondes de grande taille, l'une qui représente le ciel tout entier et l'autre la terre. La cavité de la coupole montre les grandes étoiles du firmament désignée chacune, en trois vers, par son nom et l'influence qu'elle exerce sur les choses terrestres. On voit aussi les pôles et les cercles, qui ne figurent pas en entier car la paroi s'arrête vers le bas. Mais l'on peut en trouver le complément sur les sphères de l'autel. Sept lampes qui portent le nom des sept planètes y brûlent sans cesse. À l'extérieur, autour de la petite coupole se trouvent quelques cellules et sur les cloîtres s'en trouvent un grand nombre d'autres de vastes dimensions. Quarante religieux environ y habitent, etc.

Sur la coupole flotte une banderole qui indique les vents. Ils en enregistrent trente-six, et ils savent quel temps chaque vent amène. On conserve en outre dans le temple un livre écrit en lettres d'or qui contient des choses très importantes. […]

Ils ont un Prêtre Souverain, qu'ils appellent Soleil et que nous pouvons nommer le Métaphysicien : il commande à tous aussi bien dans le spirituel que dans le temporel, et pour toutes les affaires il détient un pouvoir discrétionnaire. Il est assisté par trois princes : Pon, Sin, Mor, c'est-à-dire : Pouvoir, Sagesse et Amour. Pouvoir s'occupe de la guerre, de la paix et de l'art militaire. Il est chef suprême dans la guerre si ce n'est que Soleil lui reste supérieur. Il s'occupe des officiers, des guerriers, des soldats, des munitions, des fortifications et des sièges.

Bartolomeo Del Bene, *Civitas Veri* (*La Ville de la vérité*), 1609

Sagesse est responsable de toutes les sciences, des docteurs et des magistrats gouvernant les arts libéraux et mécaniques.

Il dirige autant d'officiers qu'il y a de disciplines : l'Astrologue, le Cosmographe, le Géomètre, le Logicien, le Rhéteur, le Grammairien, le Médecin, le Physicien, le Politique, le Moraliste. Il détient un seul livre où sont contenues toutes les sciences et qu'il fait lire au peuple entier comme en usaient les Pythagoriciens. Il a fait peindre toutes les sciences sur les faces intérieures et extérieures des murailles et des balcons.

Sur les murs extérieurs du temple et sur les rideaux que l'on abaisse pour que le son ne se perde pas lorsque parle un prédicateur, l'on peut voir, en bon ordre, chaque étoile représentée et les trois vers qui lui sont consacrés.

À l'intérieur du premier cercle sont dessinées, avec les propositions qui s'y rapportent, toutes les figures mathématiques qui dépassent en nombre celles d'Euclide et d'Archimède.

À l'extérieur sont peintes la carte du monde, les planches de toutes les provinces avec leurs us et coutumes, leurs lois et leurs lettres confrontées avec l'alphabet de la ville.

À l'intérieur du deuxième cercle on trouve toutes les pierres précieuses et non précieuses, les minéraux, les métaux réels ou figurés, avec deux vers d'explication pour chacun. À l'extérieur ce sont toutes les sortes de lacs, de mers et de cours d'eau, de vins, d'huiles, et autres liqueurs accompagnées de leurs vertus, origines et qualités ; on trouve là des flacons remplis de diverses liqueurs comptant de cent à trois cents ans d'âge avec lesquelles ils guérissent presque toutes les maladies.

L'intérieur du troisième cercle montre peintes toutes les sortes d'herbes et d'arbres du monde. On en voit aussi dans des vases de terre sur les balcons. On peut y lire où ces plantes furent trouvées, quelles sont leurs vertus, leurs analogies avec les étoiles, les métaux, les membres du corps humain et leur usage spécifique en médecine. À l'extérieur du même cercle figurent tous les poissons des fleuves, des lacs

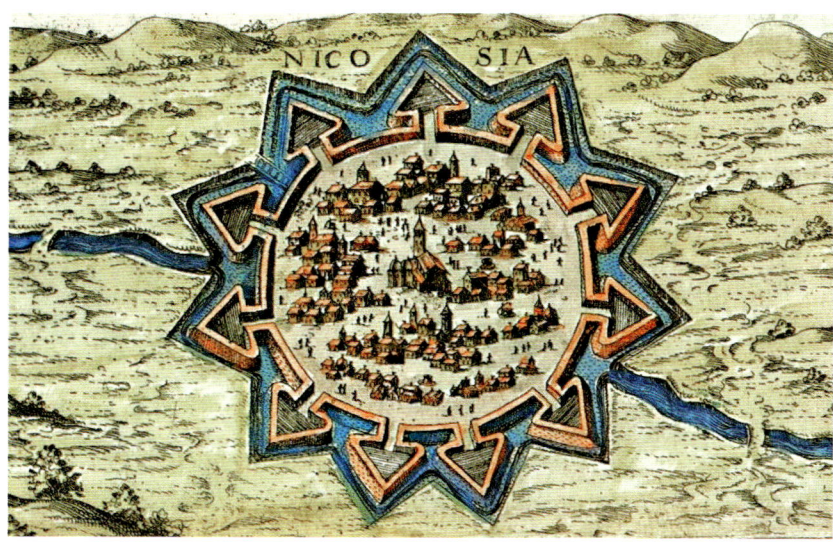

Giacomo Franco,
Carte de Nicosie, 1597

et des mers, leurs caractères, leur genre de vie, la manière dont ils se reproduisent, dont on en peut faire l'élevage, leur usage et les analogies qu'ils présentent avec le monde céleste et terrestre, technique et naturel. Je fus bien étonné d'y trouver le poisson-évêque, le poisson-chaîne, le poisson-clou, le poisson-étoile, tout comme chez nous. J'eus l'étonnement d'y voir même plusieurs sortes d'oursins et des spondyles, en un mot tout ce que méritent de faire connaître les ressources admirables de la peinture et de la glose qui l'explique.

À l'intérieur du quatrième cercle la peinture a représenté les oiseaux, avec leurs caractères distinctifs, leur grandeur, leurs mœurs; on voit même le phénix qui n'est pas, pour les Solariens, un oiseau fabuleux. À l'extérieur, toutes sortes de reptiles, serpents, dragons, vermine, insectes, mouches, taons, etc., avec leurs conditions de vie, l'indication de leur venin et de leurs propriétés. Ils sont bien plus nombreux qu'on ne croit.

Dans le cinquième cercle à l'intérieur, il y a les mammifères terrestres dont le nombre est si grand qu'on en reste stupéfait. Nous n'en connaissons pas la millième partie. L'on sait que leurs corps sont grands, aussi a-t-il fallu recouvrir de leur image les murs du balcon qui regardent vers l'extérieur. Que de sortes de chevaux y voit-on, pour ne rien dire du reste et quelles belles images savamment expliquées!

Dans le sixième cercle, à l'intérieur apparaissent tous les métiers, leurs inventeurs respectifs et les techniques régionales dont on en use à travers le monde. À l'extérieur, voici les inventeurs au complet des lois, des sciences et des armes.

La maison de Salomon

FRANCIS BACON
La Nouvelle Atlantide

« Sur cette île régna, il y a environ mille neuf cents ans, un roi dont nous révérons la mémoire par-dessus tout, non de façon superstitieuse, mais parce que nous le considérons comme un instrument de Dieu, tout mortel qu'il fût. Il portait le nom de Solamona et nous vénérons en lui le législateur de notre nation. Ce roi était un *grand cœur*, sa bonté était insondable et il se consacrait tout entier à faire le bonheur de son royaume et de son peuple. Ce roi donc prit acte du fait que notre pays était suffisamment prospère pour se suffire à lui-même et subvenir à ses propres besoins, sans aucun apport de l'extérieur, vu qu'il comptait cinq mille six cents *miles* de circonférence et que la plus grande partie du sol était d'une rare fertilité ; il estima aussi que la flotte de ce pays pouvait être largement employée à la pêche et au cabotage, ou encore à la liaison avec quelques petites îles, situées non loin d'ici, qui sont sous le contrôle de la Couronne et des lois de notre État […]. Voilà pourquoi l'une des lois fondamentales qu'il légua à ce royaume a pour objet d'interdire ou de réglementer l'accès de notre territoire aux étrangers : car il était encore fréquent à cette époque, bien que ce fût après la catastrophe survenue en Amérique, que des étrangers nous rendent visite. Or notre roi redoutait les innovations et le mélange des mœurs. […] Sachez, mes amis, que parmi les choses excellentes accomplies par ce roi, il en est une qui surpasse toutes les autres. Ce fut la création et l'institution d'un Ordre ou Société que nous appelons la Maison de Salomon – la plus noble fondation, selon nous, qui fût jamais sur terre, et le flambeau de ce royaume. Elle est consacrée à l'étude des œuvres et des créations de Dieu. […] Quand le roi eut interdit à quiconque de naviguer en toute région située en dehors de son empire, il décréta néanmoins que tous les douze ans devraient être envoyés à l'étranger deux navires équipés pour plusieurs voyages. À bord de chaque navire se trouverait une délégation de trois Frères, membres de la Maison de Salomon. Leur mission avait pour seul but de nous faire connaître les affaires et l'état des pays où on les envoyait, et notamment tout ce qui pouvait concerner les sciences, les arts, les techniques et les inventions du monde entier. […] »

« Notre Fondation a pour fin de connaître les causes, et le mouvement secret des choses ; et de reculer les bornes de l'Empire Humain en vue de réaliser toutes les choses possibles.

[…] Nous avons de vastes grottes souterraines, de profondeurs différentes. Les plus profondes s'enfoncent à six cents brasses. Certaines sont creusées sous de grandes collines ou des montagnes, de sorte que si vous ajoutez la profondeur proprement dite de la grotte à la hauteur de la colline, elles comptent, du moins certaines d'entre elles, plus de trois *miles* de profondeur effective. Car nous trouvons que la profondeur d'une grotte et la hauteur d'une colline, l'une et l'autre calculées par rapport à la plaine, c'est la même chose. Dans les deux cas, la grotte est à l'abri du soleil, des rayons célestes et du grand air. Nous appelons ces grottes la Région Inférieure. Nous les utilisons pour coaguler, solidifier, réfrigérer et conserver des corps. Nous les utilisons de même pour imiter les mines naturelles ; et pour produire de nouveaux métaux artificiels, au moyen de mélanges et substances que nous laissons reposer pendant de nombreuses années. Nous les utilisons aussi quelque fois (ce qui peut paraître étrange) pour soigner certaines maladies et pour prolonger la vie de quelques ermites qui ont choisi de vivre là, convenablement pourvus de tout ce qui est nécessaire. Ils vivent de fait très longtemps ; par eux, nous apprenons beaucoup de choses. Nous avons des fosses dans des sols de nature différente. Nous y mettons diverses pâtes, comme font les Chinois pour leur porcelaine. Mais nous en avons une plus grande variété, et certaines sont plus fines. Nous avons aussi une grande variété de composts et de sols pour rendre la terre plus féconde.

Nous avons de hautes tours, la plus élevée mesurant environ un demi-*mile*. Certaines sont situées sur de hautes montagnes, si bien que, en additionnant la hauteur de la colline et celle de la tour, on estime que la plus élevée d'entre elles fait au moins trois *miles* de haut. Ces endroits-là, nous les appelons la Région Supérieure, l'air situé entre les zones hautes et basses étant considéré comme la Région Moyenne. Nous utilisons ces tours en fonction de leurs hauteurs et de leurs situations

sortes de façons d'opérer des distillations extrêmement complexes et de séparer les corps, principalement en les faisant chauffer doucement et en les passant dans divers filtres et à travers des substances variées. Mais, surtout, nous savons les composer entre eux de façon très précise, si bien qu'ils s'unissent et font corps ensemble presque comme si c'étaient des simples de la nature. Nous avons aussi divers arts mécaniques inconnus chez vous et qui permettent de fabriquer des papiers, de la toile, des soies, des étoffes, de délicates pièces de plumes d'un lustre merveilleux, des teintures remarquables, et maintes autres choses. De la même façon nous avons des ateliers pour les objets qui ne sont pas devenus d'usage courant, aussi bien que pour ceux qui le sont devenus. Car il vous faut savoir que parmi les choses que j'ai énumérées précédemment, beaucoup sont en usage dans tout le royaume; mais, si elles sont nées de notre invention, nous en gardons également des échantillons à titre de modèles et de souches.

Nous avons aussi une grande variété de fourneaux, qui produisent de la chaleur sous des formes très variées: ardente et brève, forte et continue, douce et modérée, attisée par ventilation, tranquillement immobile, sèche, humide, et ainsi de suite. Mais nous avons surtout des sortes de chaleur imitant celles du soleil et des corps célestes, qui passent par divers degrés très inégaux et décrivent (pour ainsi dire) des révolutions, montent et reviennent, ce grâce à quoi nous produisons des effets étonnants. Par ailleurs, nous utilisons la chaleur de la bouse, de l'estomac et du ventre des animaux, de leur corps et de leur sang; celle des foins et des herbes entassés à l'état humide; celle de la chaux vive, et bien d'autres encore. Nous disposons aussi d'instruments qui produisent de la chaleur par leur seul mouvement. Nous avons en outre des emplacements où une exposition intense au soleil est possible, et des endroits spéciaux, sous terre, qui, soit par fait de nature, soit par œuvre de l'art, donnent de la chaleur. Nous utilisons ces différentes sources de chaleur selon ce que la nature de l'opération que nous menons demande.

Nous avons aussi des maisons pour l'optique, où nous procédons à la présentation de toutes les lumières, de tous les rayons ainsi que de toutes les couleurs. Avec des objets incolores et transparents, nous sommes en mesure de produire pour vous toutes les couleurs, non pas en arc-en-ciel, comme cela se passe avec les gemmes ou les prismes, mais chacune séparément. Nous montrons aussi toutes les intensifications de la lumière, que nous faisons porter à grande distance, et que nous rendons assez vive pour pouvoir discerner les points et les lignes les plus infimes. Nous montrons également toutes les colorations de la lumière, toutes les illusions qui peuvent tromper la vue en ce qui concerne la figure, la grandeur, le mouvement et la couleur. Nous donnons également à voir toutes les ombres. Nous avons découvert aussi divers moyens, encore inconnus chez vous, de faire que certains corps produisent de la lumière comme autant de sources lumineuses. Nous avons même le moyen de voir des objets situés au loin, dans le ciel par exemple, ou dans des endroits éloignés, et de faire paraître les objets proches lointains, et les objets lointains proches: ainsi nous falsifions les distances. Nous avons aussi des instruments susceptibles de seconder la vue, bien supérieurs aux lunettes et aux verres d'usage courant. Nous avons aussi des verres qui nous permettent de voir des objets petits, minuscules même, de façon distincte et parfaite, comme par exemple la forme et la couleur de petits insectes ou de vers, ou encore les grains et les défauts d'une pierre précieuse, invisibles autrement. Nous avons des verres permettant de voir dans l'urine et le sang des choses que l'on ne pourrait voir autrement. Nous produisons des arcs-en-ciel artificiels, des halos et des cercles autour de points lumineux. Nous présentons aussi toutes les sortes de réflexions, réfractions et intensifications

Domenico Remps,
Vitrine, XVIIᵉ siècle.
Florence,
Museo dell'Opificio
delle Pietre Dure

des rayons de vision venant des objets. Nous possédons aussi des pierres précieuses de toutes sortes, nombre d'entre elles d'une grande beauté, et inconnues de vous, des cristaux aussi, et différentes sortes de verre, dont certaines sont composées de métal vitrifié ; et d'autres matériaux encore, sans compter ceux à partir desquels vous aussi vous fabriquez le verre. En outre, nous extrayons de la terre bon nombre de roches et de minéraux imparfaits que vous n'avez pas. Nous avons aussi des pierres rares, tant naturelles qu'artificielles.

Nous avons aussi des maisons pour les sons ; là, nous essayons tous les sons, et mettons en évidence leur nature et leur mode de génération. Nous avons des gammes et des accords que vous ignorez, marchant par quart de ton, et des glissades entre des notes encore plus rapprochées. Pareillement, divers instruments de musique de vous inconnus, dont certains sont plus doux que tous ceux que vous avez. Des cloches et des clochettes aussi, délicates et douces. Nous savons produire des sons faibles de telle sorte qu'ils apparaissent comme graves et forts. De la même façon, les sons très forts, nous pouvons les faire apparaître comme faibles et aigus. Nous faisons des trémulations et des trilles à partir de sons qui dans leur premier jaillissement sont uns et entiers. Nous reproduisons et imitons tous les sons articulés et les lettres, ainsi que les cris et les chants des quadrupèdes et des oiseaux. Nous avons certains instruments capables de seconder l'ouïe : posés sur l'oreille, ils augmentent grandement la capacité auditive. Nous avons encore, dus à notre art, divers échos surprenants, qui renvoient la voix plusieurs fois, et, en quelque sorte, la lancent en l'air. Certains répercutent la voix en l'amplifiant ; d'autres la rendent stridente, tandis que d'autres encore la renvoient plus grave. Il en est même qui répercutent les phrases en en ayant modifié certaines lettres ou certains sons articulés. Nous avons enfin des moyens pour transporter les sons dans des conduits et des tuyaux, y compris sur de longues distances et sur des trajets sinueux.

Nous avons aussi des maisons pour les parfums où, conjointement à l'étude des parfums, nous faisons l'essai des saveurs. Si étrange que cela paraisse, nous pouvons intensifier une odeur. Nous imitons les odeurs, les faisant s'exhaler de mixtures différentes de celles qui d'ordinaire les produisent. De la même façon, nous faisons diverses imitations de saveurs, telles que n'importe quel palais s'y laisserait tromper. Au même endroit, nous avons aussi un bâtiment réservé aux conserves où nous fabriquons toutes sortes de confitures tant humides que sèches, ainsi que divers vins fort agréables, des laitages, des bouillons et des salaisons, le tout offrant une bien plus grande variété que ce que l'on trouve chez vous. Nous avons aussi des ateliers de mécanique où nous apprêtons des machines et des instruments produisant toutes sortes de mouvements. Là, nous imitons et faisons des expériences, afin d'élaborer des mouvements plus rapides que n'importe lequel des vôtres, qu'il provienne de vos mousquets ou de quelque autre machine ; afin aussi de produire ces mouvements plus aisément, et de les intensifier, sans avoir besoin d'une force particulièrement grande, ce en ayant recours à des roues et autres procédés ; afin encore de les rendre plus puissants et plus violents que les vôtres, plus même que vos plus grands canons et vos mortiers. On trouve aussi chez nous des pièces d'artillerie, des machines de guerre et des engins de toute sorte, ainsi que de nouveaux mélanges ou compositions pour la poudre à canon. Nous avons également des feux grégeois, inextinguibles et capables de brûler même dans l'eau, des feux d'artifice d'une grande diversité que nous utilisons aussi bien pour le plaisir qu'à des fins pratiques. Nous imitons aussi le vol des oiseaux et pouvons, dans une certaine mesure, voler dans les airs. Nous avons des navires et des bateaux pour aller sous l'eau et capables d'étaler les tempêtes du large ; ainsi que des bouées et des ceintures de sauvetage. Nous possédons diverses horloges de précisions et d'autres mouvements du même genre. Nous avons même quelques mouvements perpétuels. Nous imitons aussi les mouvements des êtres vivants, en animant des sortes de répliques d'hommes, de quadrupèdes, d'oiseaux, de poissons et de serpents. Nous avons également un grand nombre d'autres mouvements divers, remarquables par leur régularité, leur précision et leur subtilité. Nous possédons aussi une maison de mathématiques où l'on trouve tous les instruments possibles, aussi bien de géométrie que d'astronomie, exécutés avec une précision parfaite. Nous avons également des maisons consacrées aux erreurs des sens ; là, nous produisons de prodigieux tours de passe-passe, de trompeuses apparitions de fantômes, des impostures et des illusions, et nous en montrons le caractère fallacieux. Vous n'aurez certainement pas de peine à croire que nous, qui possédons tant de choses merveilleuses qui sont pourtant tout à fait naturelles, nous serions capables, dans un grand nombre de circonstances, de tromper les sens, si seulement nous voulions maquiller lesdites choses en travaillant à les faire paraître plus miraculeuses qu'elles ne sont. Mais nous détestons toute tromperie et tout mensonge, à un point tel que nous avons sévèrement interdit à tous nos confrères, sous peine de déshonneur et d'amendes, de présenter, enjolivé ou rendu plus imposant qu'il n'est, quelque phénomène naturel que ce soit. Ils doivent au contraire présenter les choses telles quelles, sans adultération, sans leur prêter en rien une allure usurpée de prodige.

Telles sont, mon fils, les richesses de la Maison de Salomon. […] »

Christianopolis

JOHANN VALENTIN ANDREAE (1586-1654)
Christianopolis, II, 7

Je ne commets aucune faute en décrivant avant tout l'aspect extérieur de la ville. Elle est très bien fortifiée et a la forme d'un carré dont chaque côté mesure 700 pas, quatre remparts et un talus. Elle regarde très directement les directions du monde : s'ajoutent à sa puissance huit tours très solides réparties

11. LES ÎLES DE L'UTOPIE

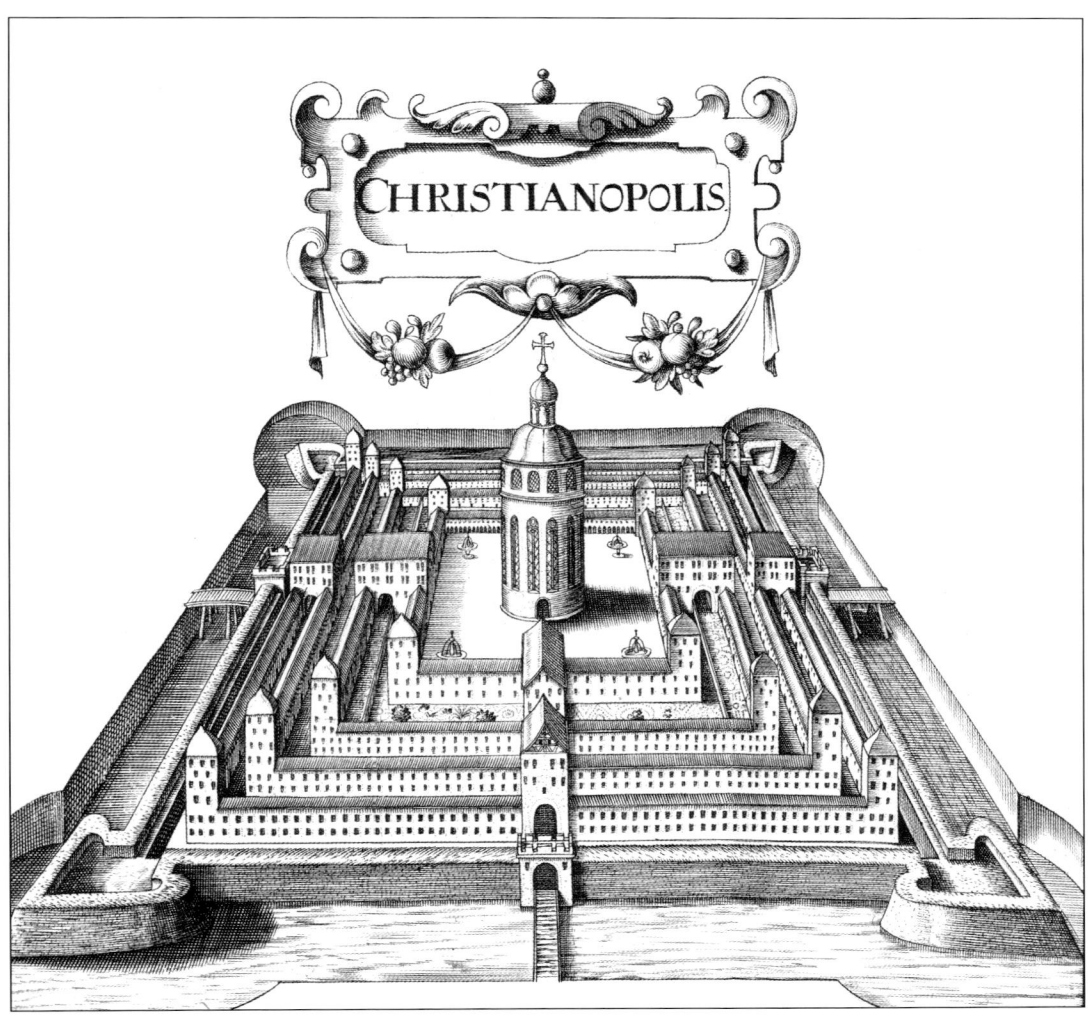

Faux-titre de la *Rei publicae christianopolitanae descriptio* (*Description de la République de Christianopolis*) de Johannes Valentinus Andreae, 1619

dans la ville, en plus de seize autres tours, plus petites, mais non méprisables, et, au milieu, d'une citadelle presque invincible. […] L'apparence des choses est partout égale, ni fastueuse ni pauvre, et appropriée à la respiration et à l'évacuation de l'humidité. Vivent ici environ 400 citoyens, accomplis en religion, accomplis dans la paix […].

La Jérusalem céleste

Apocalypse, 21, 12-23
(« La Jérusalem nouvelle »)

Elle avait d'épais et hauts remparts.
Elle avait douze portes et, aux portes,
douze anges et des noms inscrits :
les noms des douze tribus des fils d'Israël.
À l'orient trois portes, au nord trois portes,
au midi trois portes et à l'occident
trois portes.
Les remparts de la cité avaient douze assises,
et sur elles les douze noms des douze apôtres
de l'agneau.
Celui qui me parlait tenait une mesure,
un roseau d'or, pour mesurer la cité, ses portes
et ses remparts.

Beatus de Liébana,
In Apocalypsin commentarius
(*Commentaire sur l'Apocalypse*),
Léon (Espagne), vers 950,
Ms. 644, fol. 222v :
*La Jérusalem céleste
(Apocalypse, 21, 1-27),
avec, à ses portes, les apôtres
portant sur la tête leurs pierres
précieuses respectives.*
New York, The Pierpont
Morgan Library

La cité était carrée : sa longueur égalait sa largeur. Il la mesura au roseau, elle comptait douze mille stades : la longueur, la largeur et la hauteur en étaient égales.

Il mesura les remparts, ils comptaient cent quarante-quatre coudées, mesure humaine que l'ange utilisait.

Les matériaux de ses remparts étaient de jaspe, et la cité était d'un or pur semblable au pur cristal.

Les assises des remparts de la cité s'ornaient de pierres précieuses de toute sorte.

La première assise était de jaspe, la deuxième de saphir,
la troisième de calcédoine, la quatrième d'émeraude,
la cinquième de sardoine, la sixième de cornaline,
la septième de chrysolithe, la huitième de béryl,
la neuvième de topaze, la dixième de chrysoprase,
la onzième d'hyacinthe, la douzième d'améthyste.

Les douze portes étaient douze perles. Chacune des portes était d'une seule perle. Et la place de la cité était d'or pur comme un cristal limpide.

JORGE LUIS BORGES (1899-1986)
Fictions, « Tlön Uqbar Orbis Tertius »

I.

C'est à la conjonction d'un miroir et d'une encyclopédie que je dois la découverte d'Uqbar. Le fait se produisit il y a quelque cinq ans. Bioy Casarès avait dîné avec moi ce soir-là et nous nous étions attardés à polémiquer longuement sur la réalisation d'un roman à la première personne, dont le narrateur omettrait ou défigurerait les faits et tomberait dans diverses contradictions, qui permettraient à peu de lecteur – à très peu de lecteurs – de deviner une réalité atroce ou banale. Du fond lointain du couloir le miroir nous guettait. Nous découvrîmes (à une heure avancée de la nuit cette découverte est inévitable) que les miroirs ont quelque chose de monstrueux. Bioy Casarès se rappela alors qu'un des hérésiarques d'Uqbar avait déclaré que les miroirs et la copulation étaient abominables, parce qu'ils multipliaient le nombre des hommes. Je lui demandai l'origine de cette mémorable maxime et il me répondit que *The Anglo-American Cyclopædia* la consignait dans son article sur Uqbar. La villa (que nous avions louée meublée) possédait un exemplaire de cet ouvrage. Dans les dernières pages du XLVIᵉ volume nous trouvâmes un article sur Upsal ; dans les premières du XLVIIᵉ, un autre sur *Ural-Altaic Languages*, mais pas un mot d'Uqbar. Bioy, un peu affolé, interrogea les tomes de l'index. Il épuisa en vain toutes les leçons imaginables : Ukbar, Ucbar, Oocqbar, Oukbahr... Avant de s'en aller, il me dit que c'était une région de l'Irak ou de l'Asie Mineure. J'avoue que j'acquiesçai avec une certaine gêne. [...]

Le lendemain, Bioy me téléphona de Buenos Aires. Il me dit qu'il avait sous les yeux l'article sur Uqbar, dans le XLVIᵉ tome de l'Encyclopédie. Le nom de l'hérésiarque n'y figurait pas, mais on y trouvait bien sa doctrine, formulée en des termes presque identiques à ceux qu'il m'avait répétés, quoique – peut-être – littérairement inférieurs. Il s'était souvenu de : *Copulation and mirrors are abominable.* Le texte de l'Encyclopédie disait : *Pour un de ces gnostiques, l'univers visible était une illusion ou (plus précisément) un sophisme. Les miroirs et la paternité sont abominables* (mirrors and fatherhood are abominable) *parce qu'ils le multiplient et le divulguent.* [...]
Nous lûmes l'article avec un certain soin. [...] En le relisant, nous découvrîmes sous son style rigoureux une imprécision fondamentale. Des quatorze noms qui figuraient dans la partie géographique, nous n'en reconnûmes que trois – Khorassan, Arménie, Erzeroum, – interpolés dans le texte d'une façon ambiguë. Des noms historiques, un seul : l'imposteur Esmerdis le mage, invoqué plutôt comme une métaphore. La note semblait préciser les frontières d'Uqbar, mais ses nébuleux points de repère étaient des fleuves, des cratères et des chaînes de cette même région. [...]

II.

[...] Deux ans auparavant j'avais découvert dans un volume d'une certaine encyclopédie faite par des écumeurs des lettres la description sommaire d'un faux pays ; à présent le hasard me procurait quelque chose de plus précieux et de plus ardu. À présent j'avais sous la main un vaste fragment méthodique de l'histoire totale d'une planète inconnue, avec ses architectures et ses querelles, avec la frayeur de ses mythologies et la rumeur de ses langues, avec ses empereurs et ses mers, avec ses minéraux et ses oiseaux et ses poissons, avec son algèbre et son feu, avec ses controverses théologiques et métaphysiques. [...] On conjecture que ce *brave new world* est l'œuvre d'une société secrète d'astronomes, de biologues, d'ingénieurs, de métaphysiciens, de poètes, de chimistes, d'algébristes, de moralistes, de peintres, de géomètres... dirigés par un obscur homme de génie. [...] Au début, on crut que Tlön était un pur chaos, une irresponsable licence de l'imagination ; on sait maintenant que c'est un cosmos, et les lois intimes qui le régissent ont été formulées, du moins provisoirement.

12

L'ÎLE DE SALOMON
ET LA TERRE AUSTRALE

CERTAINS TERRITOIRES ONT LONGTEMPS FAIT L'OBJET DE RÊVES, de descriptions, d'investigations, de représentations sur des cartes dont ils ont ensuite disparu, et tout le monde sait désormais qu'ils n'ont jamais existé. Ils ont toutefois revêtu, pour le développement de la civilisation, la même fonction utopique que le royaume du Prêtre Jean, dont la recherche a poussé les Européens à explorer l'Asie et l'Afrique, où ils trouvèrent, bien entendu, tout autre chose.

L'un de ces territoires est la Terre australe. L'idée de son existence remonte aux Grecs, d'Aristote (*Météorologiques*, II, 5) à Ptolémée, et se confond souvent avec la théorie des antipodes (dont il a déjà été question dans le chapitre sur la Terre plate); la tradition pythagoricienne avait quant à elle légué l'idée d'une Antichtoné, ou « Terre opposée », un continent symétrique au monde connu (œcoumène), indispensable pour équilibrer la planète et l'empêcher de se renverser. Pomponius Mela concevait même l'île de Taprobane comme un prolongement extrême du continent austral. À l'époque moderne, Magellan crut l'identifier et l'appela *Terra australis recenter inventa sed nondum plene cognita* (c'est-à-dire « Terre australe récemment découverte, mais pas encore connue dans sa totalité »).

Pour mieux comprendre de quoi il s'agissait, il suffit d'examiner deux cartes anciennes : celle, classique, de Macrobe, ne pouvait prévoir l'existence de l'Amérique; celle d'Abraham Ortelius manifeste au contraire une connaissance presque parfaite de l'Asie, de l'Afrique et de l'Amérique; mais aucune des deux n'indique quoi que ce soit sur le continent aujourd'hui appelé Océanie. On n'avait pas encore découvert l'Australie et on imaginait que cette partie du globe était enveloppée sous une espèce de calotte de terre, un immense continent inconnu, une sorte de gigantesque couche-culotte dont notre planète recouvrait sa partie méridionale, totalement inhabitée ou tout au plus infestée d'animaux féroces.

Page de droite :
Henry Roberts,
Le Voilier Resolution,
aquarelle, vers 1775,
Sydney, State Library
of New South Wales,
Mitchell Library.

En parcourant le détroit qui porte désormais son nom, à l'extrémité sud du continent américain, Magellan vit à sa gauche une série d'îles agrémentées de forêts touffues et de montagnes enneigées. Il s'agissait de la Terre de Feu, mais l'explorateur pensa que ce pouvait être une extrémité de cette Terra incognita que d'autres après lui recherchèrent dans l'Atlantique sud, dans l'océan Indien méridional et dans le Pacifique austral.

Aidés par les vents alizés, qui soufflent de la côte américaine vers l'ouest, les Espagnols furent les premiers à sillonner le Pacifique. Álvaro de Saavedra atteignit ainsi la Nouvelle-Guinée (dont il crut qu'elle faisait partie de la Terra incognita); en 1542, Ruy López de Villalobos toucha les îles Carolines, puis les Philippines. Ce furent encore les Espagnols qui découvrirent les îles Mariannes; en 1563, Juan Fernández, parti du Pérou, parvint jusqu'à deux îles qu'il baptisa Más a Fuera et Más a Tierra, et que l'on appelle désormais île Alexandre Selkirk et île Robinson Crusoé. Mais la Terre australe demeurait *incognita*.

Abraham Ortelius, Carte de l'Océan Pacifique extraite du *Theatrum Orbis Terrarum* (*Le Théâtre du monde*), 1606. Londres, Royal Geographical Society

Page de droite:

Cornelis de Jode, Carte de la Nouvelle-Guinée et des Îles Salomon, [Anvers, Gerard de Jode, 1593]. Canberra, National Gallery of Australia

12. L'ÎLE DE SALOMON ET LA TERRE AUSTRALE

William Hodges, *James Cook aborde sur l'île de Tanna, dans les Nouvelles-Hébrides*, XVIIIe siècle. Londres, Greenwich National Maritime Museum

Pour des raisons que nous verrons plus loin, la navigation était en effet difficile sur ces mers immenses ; un exemple très significatif nous est offert par l'histoire des îles Salomon, autre territoire légendaire lié au mythe de la Terre australe ; la différence entre les deux tient à ce que la Terre australe n'a jamais existé, contrairement aux îles Salomon, que l'on perdit cependant aussitôt après les avoir découvertes.

12. L'ÎLE DE SALOMON ET LA TERRE AUSTRALE

En 1567, le navigateur espagnol Álvaro de Mendaña y Neira aborda dans des îles auxquelles il donna aussitôt le nom de Salomon : il les croyait en effet gorgées de richesses fabuleuses, car il aurait dû s'agir selon lui des territoires bibliques liés au mythe d'Ophir et à la croyance selon laquelle on aurait expédié depuis cette région, à destination de Jérusalem, les colonnes d'or du Temple[1].

Bien qu'il n'eût pas trouvé la moindre trace de ces richesses, Mendaña se livra, après son retour dans sa patrie, à des descriptions de

1. Sur Salomon et Ophir, voir le deuxième chapitre du présent ouvrage.

terres fabuleuses ; en 1595, il finit par convaincre le gouvernement espagnol de le laisser entreprendre un second voyage : car entre-temps, non seulement l'Angleterre avait infligé à l'Espagne la défaite de l'Invincible Armada, et mais en outre les Anglais, les Hollandais et les Français avaient commencé à explorer le Pacifique. Il fallait donc être les premiers à s'emparer, si elles existaient, des richesses de cette île déjà mentionnée dans la Bible. Lors de son second voyage, Mendaña découvrit l'archipel des Marquises, mais ne retrouva pas les îles Salomon (seul Bougainville y parvint, plus d'un siècle et demi après).

Il ne réussit pas à y retourner parce qu'il aurait dû pour cela disposer de leurs coordonnées précises (à savoir leur longitude et leur latitude) ; or à son époque, et pendant presque deux siècles après lui, s'il était facile, en employant des instruments nautiques appropriés, de déterminer la position du soleil et des étoiles, et par conséquent de connaître la latitude (ainsi que l'heure de la journée), il n'existait en revanche aucun moyen de savoir sur quel méridien on se trouvait. Souvenons-nous maintenant que New York et Naples se situent à la même latitude : en l'absence de toute information sur leur longitude, on ne pourrait en aucune manière calculer la distance qui les sépare. Cervantès baptisa ce problème du nom de *Punto fijo* (et il n'entendait pas par là, contrairement à ce que l'on croit d'ordinaire, la recherche d'*un* point précis, mais la possibilité de « faire *le* point », en quelque endroit que l'on se trouvât) ; dès le XVIe siècle, Philippe II d'Espagne promit une fortune à celui qui saurait le résoudre ; plus tard, Philippe III offrit six mille ducats de rente perpétuelle et deux mille de rente viagère ; les états généraux de Hollande surenchérirent à trente mille florins.

La seule manière de calculer le méridien aurait consisté à s'assurer de l'heure locale et de celle qu'il était, au même moment, sur le méridien de départ ; chaque heure de différence correspondant à quinze degrés de longitude, on aurait du même coup déterminé aisément le méridien sur lequel on se trouvait. Mais pour connaître l'heure de celui de départ, il aurait fallu avoir à bord une horloge dont le roulis du navire n'aurait pas empêché le parfait fonctionnement, ce qui ne fut pas le cas avant le XVIIIe siècle.

Afin de pouvoir connaître la longitude exacte malgré l'absence de cette horloge prodigieuse, on élabora les méthodes de calcul les plus farfelues, qui prirent en compte les marées, les éclipses de lune, les déplacements de

Les Phases d'application de la poudre de sympathie, in Kenelm Digby, *Theatrum Sympatheticum*, Nuremberg, 1660

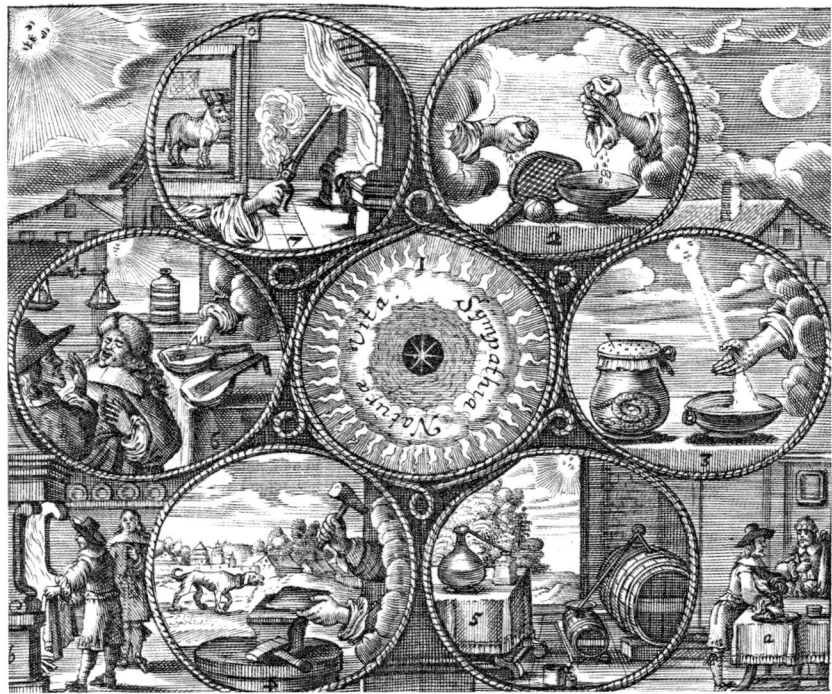

l'aiguille magnétique ou encore l'observation des satellites de Jupiter (proposée par Galilée aux Hollandais) ; mais jamais aucune d'entre elles ne fonctionna vraiment bien.

Puisque nous nous intéressons ici aux légendes, citons la méthode la plus atroce, fondée sur la poudre de sympathie. Au XVIIe siècle, on était en effet convaincu que cette poudre, dite aussi onguent armaire, constituait une substance qu'il fallait répandre sur l'arme, encore tachée de sang, qui avait causé une blessure, ou bien sur un drap imprégné du sang de la victime. L'air était alors censé absorber en même temps les atomes du sang et ceux de la poudre. Les atomes issus de la blessure auraient à leur tour été happés par l'air environnant. L'opération provoquait ainsi la rencontre des atomes de sang (ceux qui provenaient du tissu ou de l'arme, mais aussi ceux de la plaie), attirés ensuite par la blessure ; la poudre pénétrait alors dans la chair et accélérait la guérison, même lorsque le blessé était loin (voir par exemple Digby 1658 et 1660).

Mais en vertu du même principe, si l'on avait posé sur l'arme à l'origine de la blessure, en lieu et place de la poudre, une substance fortement irritante, le blessé aurait alors ressenti une sensation de douleur aiguë.

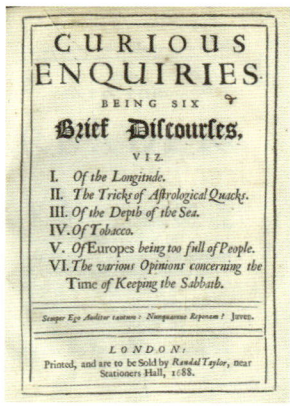

Certains avaient donc pensé que pour résoudre le problème des longitudes, il suffisait de prendre un chien, de lui causer une large blessure et de l'embarquer sur un navire parti à destination des océans, en veillant à maintenir la plaie toujours à vif. Si chaque jour, à une heure précisée d'avance, quelqu'un déposait, au lieu de départ, une substance irritante sur l'arme qui avait blessé le chien, l'animal en subirait aussitôt les effets et japperait de douleur. On pourrait ainsi, à bord du navire, savoir qu'à un moment donné, il était telle heure sur le méridien de départ ; si l'on connaissait l'heure locale, on pouvait en déduire la longitude. On ignore si cette méthode fut vraiment mise en pratique ; elle est par exemple exposée dans un opuscule anonyme intitulé *Curious Enquiries* (*Investigations étranges*, 1688), mais qui, selon toute probabilité, entendait tourner en dérision les différentes théories relatives à la poudre de sympathie.

Toutes ces méthodes s'étant révélées inutiles, il demeura impossible de calculer la longitude jusqu'au jour où John Harrison inventa le chronomètre de marine, qui permettait de connaître en toutes circonstances l'heure du méridien de départ. Harrison en produisit le premier modèle en 1735, et

Sydney Parkinson, *Portrait d'un Maori*, 1770. Londres, British Library

Un exemplaire de *Curious Enquiries*, Philadelphie, The Library Company of Philadelphia

12. L'ÎLE DE SALOMON ET LA TERRE AUSTRALE

Carter George, *La Mort du capitaine Cook à Kealakekua Bay*, 1783. Honolulu, Bernice Pauhai Bishop Museum

2. Denis Vairasse, *The History of the Sevarites or Sevarambi*, Londres, Brome, 1675 (seul le premier volume fut publié en anglais ; les suivants parurent en français). Les protestations de véridicité qui introduisent l'ouvrage amenèrent de nombreux auteurs à y voir un récit de voyage authentique, et c'est à ce titre qu'il fit l'objet d'un compte-rendu dans le *Journal des Sçavants*.

l'appareil fut perfectionné par la suite ; le capitaine Cook l'utilisa en 1772, à l'occasion de son deuxième voyage. Lors du premier, il avait enfin atteint les côtes australiennes, mais l'Amirauté britannique ne voulait pas démordre de la recherche de la Terre australe. Lors de son deuxième périple, Cook ne trouva pas, cela va de soi, ce territoire imaginaire ; il découvrit en revanche la Nouvelle-Calédonie et les îles Sandwich du Sud, parvint jusqu'aux abords de l'Antarctique et atteignit les îles Tonga, ainsi que l'île de Pâques. Ayant à sa disposition le chronomètre de marine, il calcula une fois pour toutes les coordonnées de ces différentes régions – et ses explorations marquèrent pratiquement la fin du mythe de la Terre australe.

Perdue ou jamais découverte par les explorateurs, elle avait néanmoins enflammé l'imagination de nombreux auteurs d'utopies, qui y avaient situé leur civilisation idéale ; il suffira de citer, à ce propos, l'*Histoire des Sévarambes*, de **Vairasse**[2], *La Terre australe connue*, de **Foigny**, *La Découverte australe par un homme volant, ou le Dédale français*, de Rétif de la Bretonne, et enfin les *Viaggi di Enrico Wanton alle terre incognite australi* (*Voyages d'Enrico Wanton dans les terres australes inconnues*) de **Zaccaria Seriman**. Mais il s'agissait

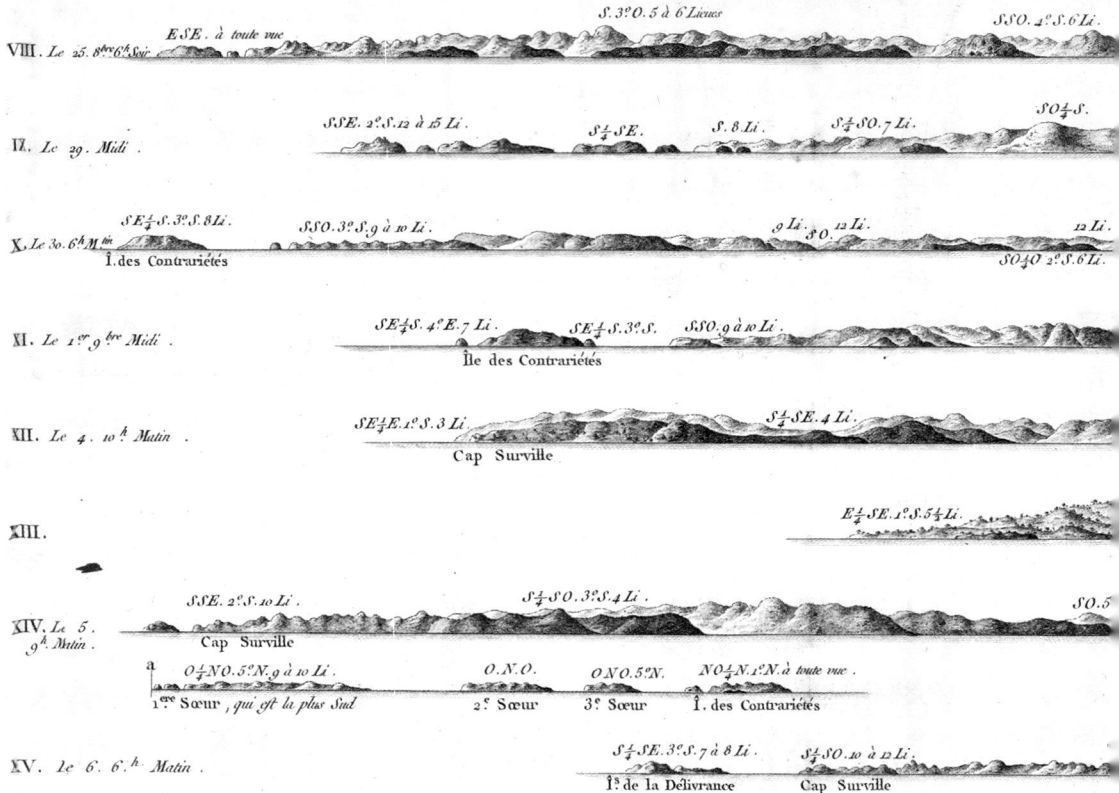

là de Terres australes rêvées, totalement inventées, qui témoignent d'ailleurs de la fascination exercée par ce mythe. Même si, comme souvent, l'utopie pouvait aussi prendre la forme de la dystopie, ce qui avait déjà été le cas avec le *Mundus alter et idem* de Joseph Hall.

Dans une délicieuse et mélancolique poésie, **Guido Gozzano** s'est fait l'interprète de la nostalgie pour cette contrée objet de toutes les rêveries, mais jamais découverte. Dans la manière dont il décrit la disparition de l'île jamais atteinte en une sorte d'éloignement brumeux, Gozzano semble presque avoir eu à l'esprit certaines cartes des livres de navigation du XVIIIe siècle : cette idée d'une île s'évanouissant comme une ombre vaine nous oblige à penser à la façon dont, avant la résolution du problème des longitudes, on recourait au dessin de leurs profils, tels qu'ils étaient apparus pour la première

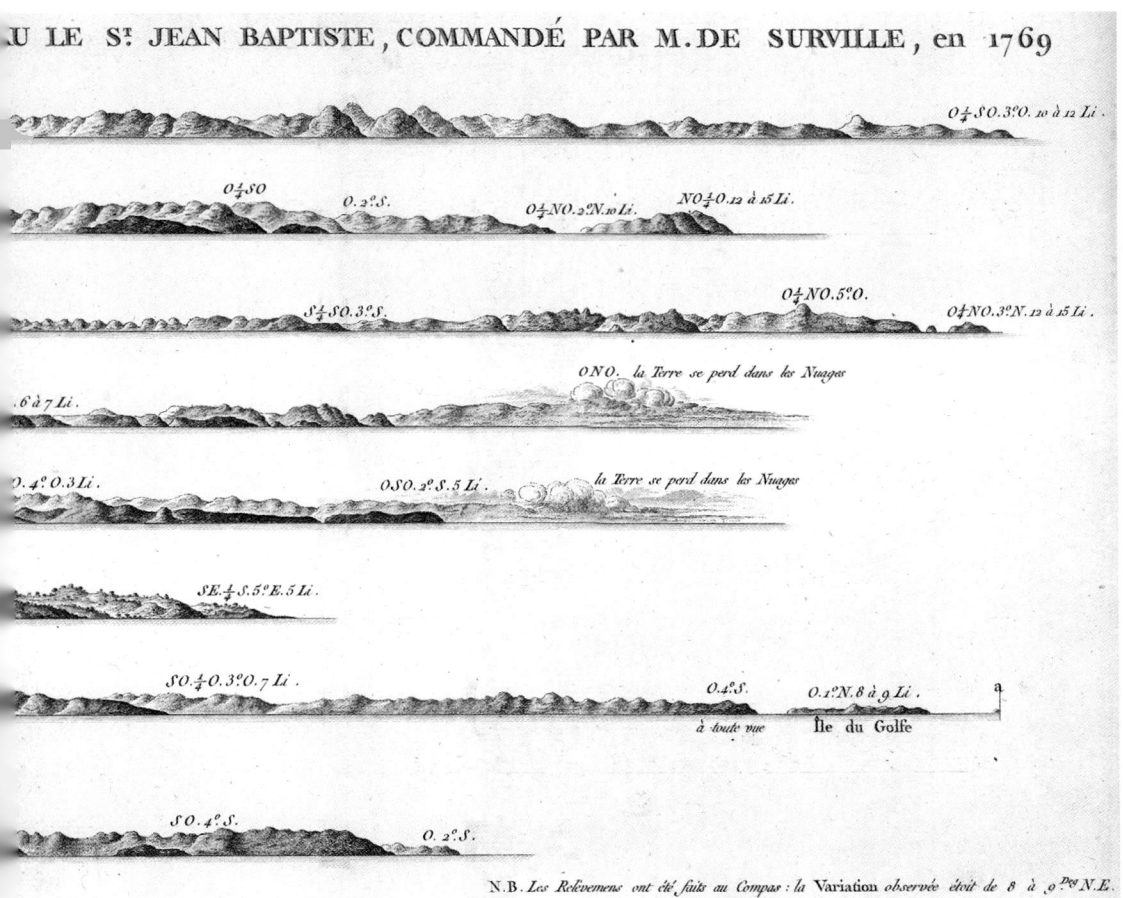

Silhouettes d'îles, illustration extraite de Charles Pierre Claret, comte de Fleurieu, *Découvertes des Français, en 1768 et 1769, dans le sud-est de la Nouvelle-Guinée*, Paris, 1790

fois aux navigateurs. Lorsqu'on y arrivait de loin, on reconnaissait une île (dont la forme n'était tracée sur aucune carte) à sa *skyline*, comme on le dirait aujourd'hui d'une ville américaine. Que se passait-il si deux îles avaient la même silhouette, à l'instar de deux villes où auraient existé l'Empire State Building et (autrefois) les Twin Towers ? On débarquait sur la mauvaise, et cela dut se produire à maintes reprises.

Car il faut aussi prendre en compte les métamorphoses des silhouettes insulaires dues à la couleur du ciel, à la brume, à l'heure de la journée et même à la douceur de la saison, qui modifie la consistance des masses d'arbres. Une île se teinte parfois de la nuance bleutée des lointains, elle peut disparaître dans la nuit ou dans le brouillard, des nuages bas peuvent occulter le profil de ses montagnes. Il n'y a rien de plus fuyant qu'une île dont on ne connaît que la silhouette. Y parvenir sans en posséder la carte et les coordonnées équivaut à se mouvoir, tel un personnage d'Edwin A. Abbott, en une Flatland dont on connaît une seule dimension ; on n'y voit les choses que de face, telles des lignes privées d'épaisseur, c'est-à-dire de hauteur et de profondeur, sans compter que seul un être extérieur à Flatland pourrait les voir de haut.

De fait, on raconte que les habitants des îles de Madère, Palma, Gomera et Ferro, trompés par les nuages ou par les spectres de la fée Morgane, crurent parfois apercevoir l'*insula Perdita* (île Perdue) du côté de l'Occident, évanescente, entre l'eau et le ciel. De même qu'on pouvait entrevoir, sur les reflets de la mer, une île inexistante, on pouvait aussi confondre deux îles bien réelles, et ne jamais trouver celle que l'on voulait atteindre.

Comme l'écrivit Pline (*Histoire naturelle*, II, 96), certaines îles flottent toujours.

D'ailleurs, des îles fantômes ont même fait une apparition sporadique au cours de notre siècle, y compris dans les atlas les plus sérieux – et toujours, cela va sans dire, dans les environs de la Terre australe. Ainsi, c'est seulement à la fin de l'année 2012 que des chercheurs de l'université de Sydney ont révélé que Sandy Island, une île du Pacifique Sud située par plusieurs cartes entre la Nouvelle-Calédonie et l'Australie, n'existe pas ; et tout contrôle effectué dans cette région démontrerait que non seulement elle n'existe pas, mais encore qu'elle ne pourrait en aucun cas avoir été submergée par les flots, puisque tout autour la profondeur marine est partout de mille quatre cents mètres. On avait déjà observé des cas analogues : les prétendues îles Marie-Thérèse et le récif Ernest-Legouvé (que l'on situa, dans la seconde moitié du XIXe siècle et au début du XXe, entre l'archipel des Tuamotu et la Polynésie française), Jupiter Reef, Wachusett, Rangitikei ; bien que personne n'ait jamais réussi à prouver leur existence, certaines cartes les mentionnent toujours (Wachusett Reef apparaissait par exemple encore dans l'édition 2005 du *National Geographic Atlas of the World*). Ainsi, d'une manière que Pline n'aurait pas pu prévoir, les cartes aussi ont toujours quelque chose de flottant.

Concernant notre chronique des terres légendaires, il reste que, après la disparition de la Terre australe, les amateurs de mystères se sont rabattus sur l'Antarctique, atteint mais pas exploré dans sa totalité ; ils s'en sont donc remis à la légende du trou du pôle Sud[3], cherchant ainsi à l'intérieur du globe ce qu'ils avaient perdu à sa surface.

3. Voir le chapitre suivant.

Oronce Fine, *La terre australe*, illustration extraite de la *Recens et integra orbis descriptio* (*Description récente et complète de la Terre*), 1534. Paris, Bibliothèque Nationale de France

La terre australe

DENIS VAIRASSE
(vers 1630-1672)
Histoire des Sévarambes
(1677-1678 ; Encrage, 1994)

Plusieurs ont cinglé le long des côtes du troisième continent, qu'on appelle communément, *les terres australes inconnues*, mais personne n'a pris la peine de les aller visiter pour les décrire. Il est vrai qu'on en voit les rivages dépeints sur les cartes, mais si imparfaitement, qu'on n'en peut tirer que des lumières fort confuses. Personne ne doute qu'il n'y ait un tel continent, puisque plusieurs l'ont vu, et même y ont fait descente ; mais comme ils n'ont osé s'avancer dans le pays, n'y étant portés le plus souvent que contre leur gré, ils n'en ont pu donner que des descriptions fort légères.

Cette histoire, que nous donnons au public, suppléera à ce défaut. Elle est écrite d'une manière si simple, que personne, à ce que j'espère, ne doutera de la vérité de ce qu'elle contient : on remarquera aisément qu'elle a tous les éléments d'une histoire véritable.

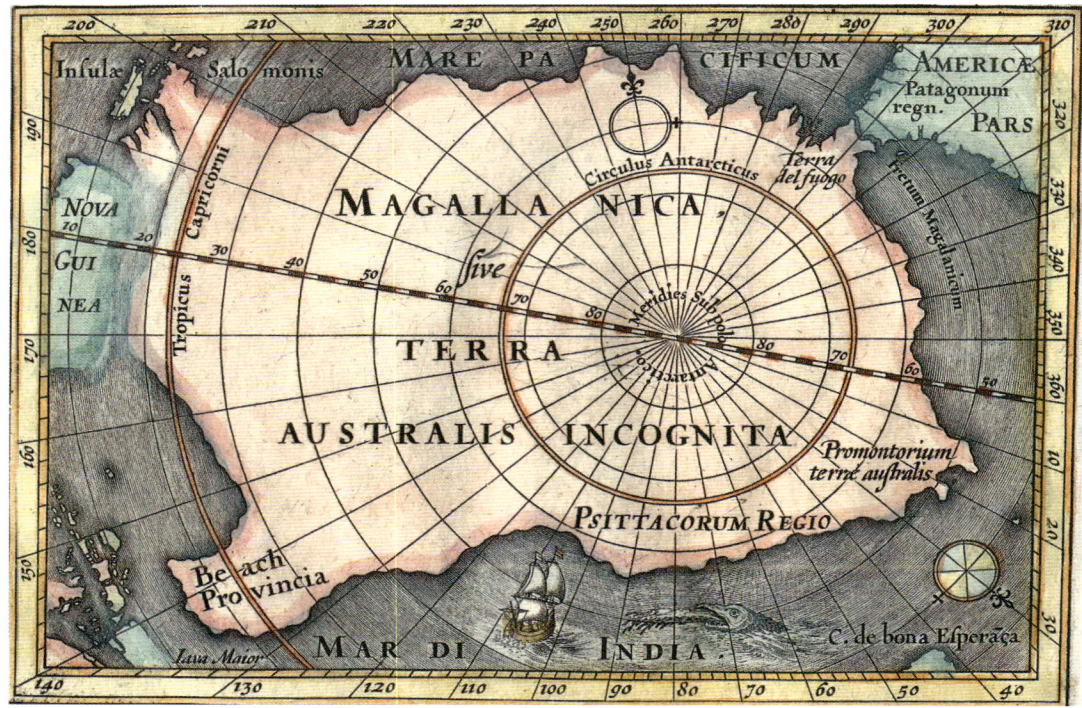

Petrus Bertius, *Descriptio terræ subaustralis* (*Description de la terre australe*), in P. Bertii *tabularum geographicarum contractarum* (*Tables géographiques des divisions du globe terrestre*), Amsterdam, 1616. Princeton University, Historic Maps Collection

La langue australe

GABRIEL DE FOIGNY
(vers 1630-1692)
La Terre australe connue, IX
(1676 ; STFM, 1990)

Ils se servent des trois façons d'expliquer leurs pensées qui sont en usage en Europe, à savoir des signes, de la voix, & des lettres formées. Les signes leurs sont fort familiers, & j'ay remarqué qu'ils passent plusieurs heures ensemble sans se parler autrement : parce qu'ils sont fondez sur ce grand principe, « que c'est en vain qu'on se sert de plusieurs moyens pour agir, quand on peut agir avec peu. »
Ils ne parlent donc que lors qu'il est nécessaire de lier un discours, & de faire une longue suite de propositions. Tous leurs mots sont monosyllabes, & leurs conjugaisons sont les mêmes pour la methode. Par exemple : « af », signifie « aimer » : leur present est « la, pa, ma, j'ayme, tu aymes, il ayme : lla, ppa, mma, nous aimons, vous aimez, ils aiment. » Ils n'ont qu'un preterit que nous appellons parfait, « lga, pga, mga ; j'ay aimé, tu as aimé &c. llga, ppga, mmga, nous avons aimé &c. » Le futur « lda, pda, mda, j'aimerai &c. llda, ppda, mmda, nous aimerons, &c. » « Travailler » en langue Australienne c'est « uf : lu, pu, mu, je travaille, tu travailles : lgu, pgu, mgu, j'ay travaillé, » &c.
Ils n'ont aucune declinaison, ny méme aucun article, & tres peu de noms. Ils expriment les choses qui n'ont aucune composition par une seule voyelle : & celles qui sont composées par les voyelles qui signifient les simples principaux dont elles sont composées : ils ne reconnoissent que cinq corps simples, dont le premier & le plus noble est « le feu », qu'ils expriment par « a » ; le suivant est « l'air » signifé par « e » ; le 3. « le sel » expliqué par « o » ; le 4. « l'eau »

qu'ils appellent « i » ; le 5. « la terre », qu'ils nomment « u ».
Pour faire les distinctions individuelles, ils appliquent des consonnes, qu'ils ont en bien plus grand nombre que les Europeens. Chaque consonne signifie une qualité qui convient aux choses signifiées par les voyelles. Ainsi B. marque clair ; c. chaud ; e. desagreable ; f. sec. &c. suivant ces explications : ils forment si parfaitement leurs noms : qu'en les entendant, on conçoit aussi tost l'explication & la definition de ce qu'ils nomment. Ils nomment les Étoiles « aeb », mot qui explique leur composition de feu & d'air avec la clarté. Ils appellent le Soleil « aab », les oyseaux « oef », marque de leur solidité, & de leur matiere aerienne & seche. L'homme « ûel », qui signifie sa substance partie aerienne, partie terrestre accompagnée d'humidité : & ainsi des autres. L'avantage de cette façon de parler est qu'on devient philosophe, en apprenant les premiers éléments, & qu'on ne peut nommer aucune chose en ce pays, qu'on n'explique sa nature en méme tems : ce qui passeroit pour miraculeux, aupres de ceux qui ne sont pas avertis du secret dont ils se servent à cet effet.

L'île des Cynocéphales

ZACCARIA SERIMAN
I viaggi di Enrico Wanton alle terre incognite australi, ed ai Regni delle Scimmie, e de' Cinocefali, 1764, chapitres V et VII

Bien que nous ignorions en quel pays nous étions parvenus, la nature du vent qui avait provoqué la tempête nous fit juger que nous étions sur les Terres australes, ce que nous confirma l'observation des étoiles. Roberto savait très bien que ces terres n'avaient jusqu'alors reçu la visite d'aucun Européen, mais il se garda bien de me le laisser soupçonner. D'ailleurs, du haut du pôle antarctique, il s'en était déjà assuré, mais il ne m'en dit rien, afin de me laisser l'illusion qu'en abordant sur ces plages, un navire pourrait un jour nous sortir de ce désert. [...]
Nous nous dirigeâmes donc vers cette demeure ; parvenus à sa porte, nous vîmes apparaître à nos yeux deux jeunes singes gris et difformes, un mâle et une femelle, assis sur un petit banc contigu à l'entrée de la maison.
Mon Dieu, quelle surprise ce fut pour nous ! La femelle portait, attachée autour de la taille, une jupe de toile rêche, et son corps était couvert d'un vêtement du même tissu ; elle portait aussi, sur la tête, une sorte de chapeau en feuilles de palmier. Le mâle, tête nue, était couvert d'un vêtement qui lui descendait du cou jusqu'aux pieds. En nous voyant, ces deux singes se montrèrent quelque peu surpris, se mirent debout et nous examinèrent avec attention ; je m'attendais à ce qu'un examen aussi sérieux dût aboutir à quelque chose de grandiose, mais les deux grosses bêtes éclatèrent d'un rire si gras que ma délicate vanité s'en trouva très offensée. La femelle, en particulier, ne pouvait s'empêcher de nous railler, et je me serais à coup sûr froissé, si Roberto ne m'avait averti à voix basse que les circonstances ne se prêtaient pas à la défense de notre honneur, et que nous le perdrions pour notre plus grande honte, voire au péril de notre vie, si une susceptibilité hors de propos nous amenait à exprimer notre ressentiment.
Je me calmai donc, en attendant que ces deux bêtes répugnantes cessent de me prendre pour leur bouffon.
La femelle poussa alors un cri articulé, au son duquel une foule de singes de tous âges se précipita à la porte de la cour qui servait d'aire à nos animaux. La comédie devint alors générale. Certains d'entre eux nous

regardaient ; ceux qui examinaient nos perruques blondes, qu'ils prenaient pour nos cheveux naturels, éclataient de rire ; certains attrapaient les pans de nos vestes, et jacassaient ensuite entre eux ; en somme, ils joignaient tous à leur stupeur ces plaisanteries dont se montrent seuls capables les esprits faibles, lorsque quelque chose de nouveau se présente à leurs yeux.
L'un des enfants tenait une canne à la main, et obéissant à l'instinct propre à son âge, il nous frappait tantôt les jambes et tantôt les bras, comme nos propres enfants ont l'habitude de le faire avec les singes.

L'île jamais trouvée

GUIDO GOZZANO (1883-1916)
La plus belle !

Mais l'Île Jamais Trouvée
   est la plus belle de toutes :
celle que le Roi d'Espagne reçut
   de son cousin
le Roi du Portugal, qui apposa
   sa signature et son sceau
sur une bulle du Pontife en gothique latin.
L'Infant fit voile vers le royaume fabuleux,
Il vit les Îles Fortunées : Junonie, Gorgo,
   Héra,
la Mer des Sargasses et la Mer ténébreuse,
toujours à la recherche de cette île… Mais
   l'île n'était pas là.
En vain les galères pansues aux voiles rondes,

Illustration extraite de Zaccaria Serimàn, *Viaggi di Enrico Wanton alle terre incognite australi ed ai regni delle scimmie e dei cinocefali* (*Voyages d'Enrico Wanton dans les terres australes inconnues et les royaumes des singes et des cynocéphales*), Milan, 1749-1764

en vain les caravelles armèrent leurs proues :
sauf le respect du Pontife, l'île se dissimule,
le Portugal et l'Espagne la cherchent encore.

L'île existe. Elle apparaît parfois, de loin,
entre Tenerife et Palma, enveloppée de mystère :
«... l'Île Jamais Trouvée ! » Le brave habitant des Canaries,
du haut du Pic de Teide, l'indique à l'étranger.
Elle est mentionnée sur les anciennes cartes des corsaires.
... Isle à trouver ? ... Isle voyageuse...

C'est l'île magique qui glisse sur les mers ;
parfois, les marins la voient près d'eux...
Ils effleurent de leurs proues ce rivage bienheureux :
d'immenses palmiers se dressent au-dessus de fleurs jamais vues,
la divine forêt, épaisse et vive, embaume,
la cardamome pleure, les caoutchoucs suintent...
Elle s'annonce par son parfum, comme une courtisane,
l'Île Jamais Trouvée... Mais si le pilote s'avance,
elle se dissipe aussitôt, telle une apparence vaine,
et se teint du bleu couleur d'éloignement...

13

L'INTÉRIEUR DE LA TERRE, LE MYTHE POLAIRE ET L'AGARTTHA

Page de gauche :
Nicolò dell'Abate, *Énée descend dans l'Averne*, XVIᵉ siècle. Modène, Galleria Estense

Ci-contre :
Jacopo Tintoretto, *La Descente du Christ aux Limbes*, 1568. Venise, église San Cassiano

QUE SE PASSE-T-IL AU CENTRE DE LA TERRE ? Selon toute la tradition de l'Antiquité, pénétrer dans les viscères du globe équivaut à entrer au royaume des morts. Telle était la nature de l'Hadès chez Homère ou Virgile, de l'Enfer de Dante et de celui des nombreuses visions de l'au-delà qui précédèrent son chef-d'œuvre, tels le *Livre de l'échelle* et d'autres textes arabes relatant la visite de Mahomet en enfer.

HISTOIRE DES LIEUX DE LÉGENDE

Joachim Patinir, *Charon traverse la lagune du Styx*, vers 1520-1524. Madrid, Museo Nacional del Prado

13. L'INTÉRIEUR DE LA TERRE, LE MYTHE POLAIRE ET L'AGARTTHA

La Descente de Mahomet en Enfer en compagnie de l'ange Gabriel, enluminure extraite du manuscrit arabe du *Livre de l'Ascension*, Turquie, XVᵉ siècle. Paris, Bibliothèque Nationale de France

Un gardien, détail du tombeau de Khâemouaset, fils de Ramsès III, 1184-1153 avant Jésus-Christ. Thèbes (Égypte)

Telle était aussi la nature des Champs Élysées, où séjournaient les âmes des justes, mais également du Tartare, la partie de l'Hadès où Zeus avait enfermé les Titans, décrite comme un gouffre tellement profond que si on y laissait tomber une enclume, elle n'en toucherait le fond qu'au bout de neuf jours et neuf nuits. De fait, un seul auteur émit l'hypothèse selon laquelle l'enfer ne se situerait pas sous terre, mais au ciel : dans son investigation sur sa nature et sa localisation, Tobias Swinden (1714) démontra en effet qu'il ne pouvait se trouver au centre de la Terre, mais qu'il devait au contraire occuper l'endroit le plus chaud de l'univers, c'est-à-dire le centre du Soleil.

Les viscères de la Terre ont aussi attiré les vivants. Le ciel était difficile à explorer ; on pouvait en revanche creuser le sol, et il existe des mines depuis la plus haute antiquité.

L'idée de pénétrer au cœur de la planète, sous la croûte terrestre, a toujours séduit les êtres humains, et certains ont reconnu dans

Tobias Swinden,
An Enquiry into the Nature and Place of Hell (*Enquête sur la nature et l'emplacement de l'Enfer*), 1714, Londres, Taylor

Georg Agricola,
De re metallica (*Sur la nature des métaux*), 1556

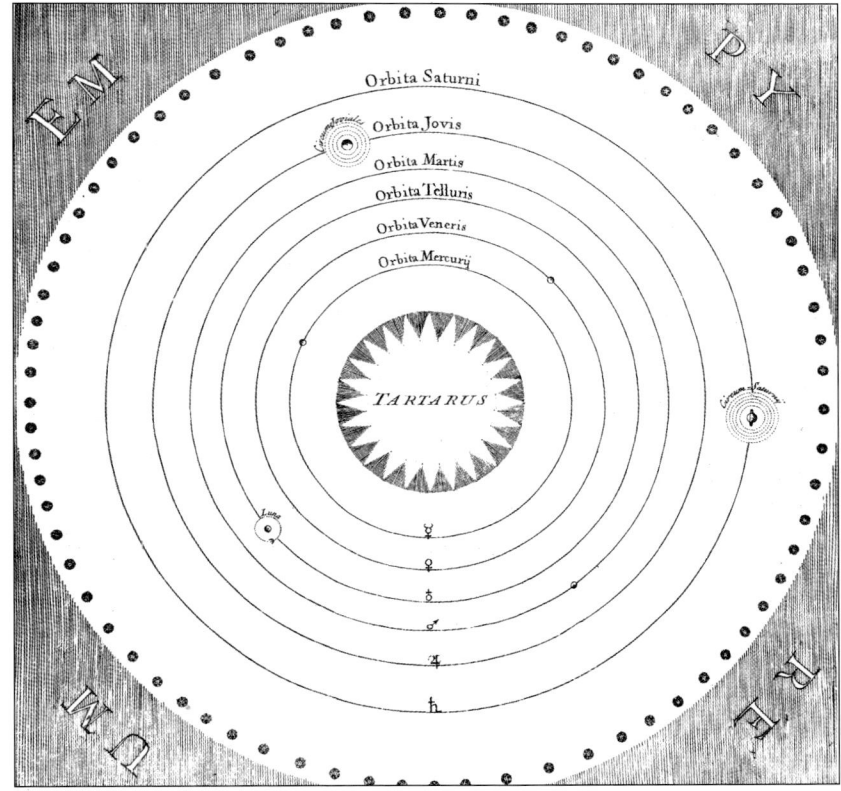

Giovan Battista Piranesi, *L'Arc gothique*, vers 1761. Los Angeles, Los Angeles County Museum of Art

Les Égouts de Paris, esquisse de Jean-Paul Chanois pour *Les Misérables*, 1957. Paris, Collections de la Cinémathèque française

Agostino Tofanelli, *Les Catacombes de Saint-Calixte*, gravure aquarellée, 1833 Collection particulière

cette passion pour les grottes, les renfoncements et les galeries souterraines, un désir de retour vers l'utérus maternel ; chacun se souvient sans doute de la manière dont, encore petit, il aimait se réfugier sous les couvertures, avant de s'endormir, pour rêver à quelque voyage sous-marin, dans un parfait isolement par rapport au reste du monde ; la caverne pouvait être un lieu où l'on rencontrait les monstres des abysses, mais aussi un refuge contre des ennemis humains ou d'autres monstres des surfaces ; on a fantasmé sur des trésors cachés dans des antres, et imaginé des êtres habitant le sous-sol, tels les gnomes ; selon plusieurs traditions, Jésus n'est pas né dans une cabane mais dans une grotte… La fantaisie des artistes et des romanciers s'est donné libre cours autour de lieux obscurs, comme les prisons

13. L'INTÉRIEUR DE LA TERRE, LE MYTHE POLAIRE ET L'AGARTTHA

Thomas Burnet,
Telluris theoria sacra
(*Théorie sacrée de la Terre*),
1681

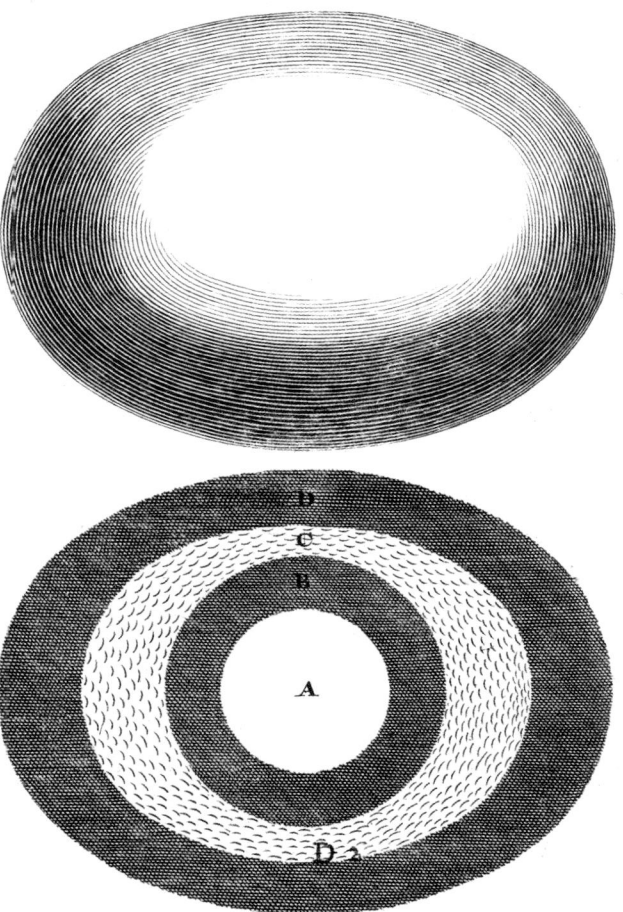

de Piranèse, la cellule du château d'If où végéta pendant quatorze ans le futur comte de Monte-Cristo, ou encore les égouts de Paris, rendus célèbres par les *Misérables* de Victor Hugo et les aventures de Fantômas.

Dans son *Mundus subterraneus* (*Monde souterrain*, 1665), Athanasius Kircher s'est efforcé de décrire l'intérieur du globe en tenant compte des premières explorations de volcans. Ainsi, en un étrange mélange de science et de science-fiction, on a pu imaginer un centre de la Terre sillonné de fleuves de lave incandescente et habité, en même temps, de créatures telles que des dragons. Dans sa *Telluris theoria sacra* (*Théorie sacrée de la Terre*, 1681), Thomas Burnet a calculé que pour submerger la totalité de la planète, le Déluge universel aurait dû utiliser l'équivalent de six à huit

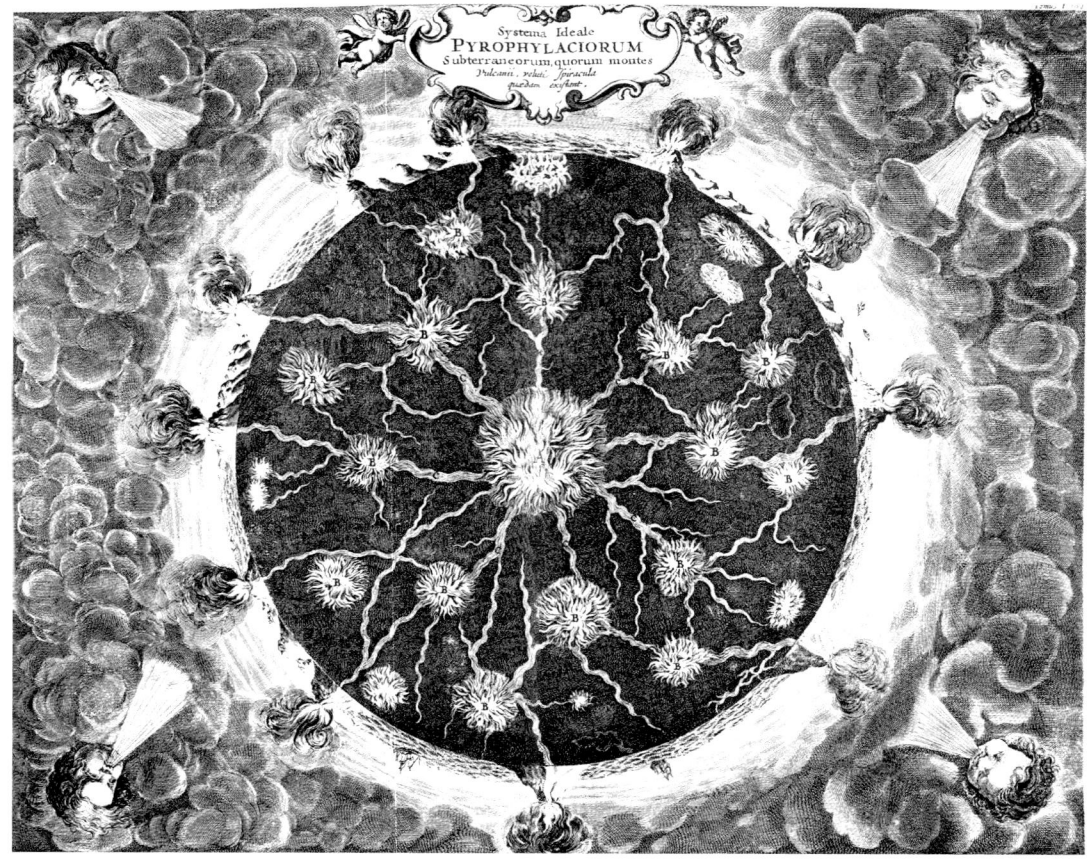

Athanasius Kircher, *Mundus subterraneus* (*Le Monde souterrain*), 1665

océans. Il pensait donc que la Terre antédiluvienne était recouverte d'une fine croûte, que sa partie intérieure était remplie d'eau et que son noyau central se composait de matière incandescente. Cette Terre des origines, ovoïde et parfaitement lisse, était exempte des rides et excroissances (abysses ou montagnes) qui la caractérisent de nos jours ; il y régnait en outre un éternel printemps. Sa croûte s'était ensuite fendue et ses eaux internes avaient alors provoqué le Déluge. Lorsqu'elles s'étaient retirées, la Terre avait pris l'aspect imparfait que nous lui connaissons aujourd'hui.

Toutefois, d'une manière générale, on a plutôt pensé qu'elle était, le cas échéant, parsemée de cavernes et de conduits souterrains, mais que l'ensemble de sa partie interne se composait d'une matière solide. Même Dante imaginait qu'en dehors de l'immense entonnoir de l'enfer, la Terre était ferme et pierreuse, telle une boule où l'on aurait creusé un cône.

Michael Dahl,
Edmund Halley, 1736.
Londres, The Royal Society

LA TERRE CREUSE. On doit la première hypothèse d'un globe entièrement creux au savant Edmond Halley, qui donna son nom à la célèbre comète. Selon certains, une hypothèse analogue aurait été énoncée par le grand mathématicien Leonhard Euler, mais d'autres chercheurs contestent cette idée et citent des textes d'Euler qui ne laisseraient aucun doute à ce propos. Halley publia en revanche un article dans *Philosophical Transactions* (1692), la revue de la Royal Society de Londres; il y affirmait que notre globe serait constitué de trois sphères creuses concentriques ne communiquant pas entre elles et d'un noyau chaud, lui aussi sphérique, situé au centre du système. La sphère externe aurait une vitesse de rotation inférieure à celle des sphères intérieures, et cette différence expliquerait le déplacement des pôles magnétiques. L'atmosphère interne serait luminescente et les continents internes habités; les gaz infiltrés à travers les ouvertures des pôles provoqueraient les aurores boréales.

Les scientifiques de l'époque ne prirent pas trop au sérieux l'hypothèse de Halley, mais Cotton Mather, un théologien et savant puritain de renom, resté surtout célèbre pour son influence sur la chasse aux sorcières organisée en Nouvelle-Angleterre, la reprit à son compte dans *The Christian Philosopher* (*Le Philosophe chrétien*, 1721). En tout état de cause, Halley jugeait impossible de pénétrer à l'intérieur du globe.

Bien que le présent ouvrage n'ait pas pour objet les territoires de roman, les théories sur la Terre creuse nous obligent à faire une exception : car si certains romans, dont il sera question plus loin, subirent l'influence des théories de Halley ou – comme on le verra – de John Cleves Symmes, de nombreuses théories ultérieures, prétendument scientifiques, subirent à l'inverse l'influence d'inventions romanesques. Certaines d'entre elles se contentent de décrire un monde souterrain fait de galeries et de boyaux qu'habitent des monstres ou des créatures primitives, mais d'autres dépeignent, sous une voûte céleste formée par la surface convexe de la planète, des civilisations florissantes.

Le premier de ces romans fut sans doute l'anonyme *Relation d'un voyage du pôle Arctique au pôle Antarctique, par le centre du monde* (1721) ; vinrent ensuite les huit volumes du *Lamekis* de Charles de Fieux (1734), où l'intérieur de la Terre devient le refuge de quelques savants d'origine égyptienne, au milieu de temples souterrains et de monstres du sous-sol. Le plus tardif et plus célèbre *Voyage au centre de la Terre*, de Jules Verne (1864), s'inscrit dans la même tradition. De 1945 à 1949, dans la revue de science-fiction *Amazing Stories*, Richard Sharpe Shaver raconta les péripéties d'une race supérieure

Marshall B. Gardner, *A Journey to Earth's Interior* (*Un voyage à l'intérieur de la Terre*), 1920

Reptiles préhistoriques, illustration pour le *Voyage au centre de la Terre* de Jules Verne, 1864

préhistorique ayant survécu dans les cavités du globe, et qui utilise de prodigieuses machines, abandonnées par des races antérieures, pour tourmenter les habitants de la surface. Il semblerait même qu'après la publication de ces aventures, des milliers de personnes auraient affirmé, dans des lettres adressées à la revue, avoir entendu des « voix infernales » provenant du sous-sol.

Mais le premier récit fictif important élaboré à partir de l'hypothèse de Halley fut le roman de **Ludvig Holberg**, *Nicolai Klimii iter subterraneum* (*Le Voyage souterrain de Niels Klim*, 1741). Holberg ne se contente pas d'y décrire une société utopique et d'y multiplier des trouvailles et des subtilités souvent plus savoureuses que celles de Swift (par exemple des fantaisies parodiques sur la morale, la science, la parité entre les sexes, la religion, le gouvernement et la philosophie) ; il nous explique aussi la façon dont un système solaire tout entier se structure au sein de notre globe.

Inspiré du roman de Holberg, l'*Icosaméron* (1788) de Giacomo Casanova est plus décevant. Désormais âgé et contraint de se contenter d'un poste de bibliothécaire chez le comte Waldstein, en Bohême, l'aventurier vénitien avait espéré obtenir la gloire littéraire et le succès économique avec ce roman très bâclé, qui ne lui valut au contraire aucune renommée et lui fit perdre en frais d'impression le peu d'argent qui lui était resté.

La Descente de Niels Klim, in Ludvig Holberg, *Niels Klims underjordiske rejse* (*Le Voyage souterrain de Niels Klim*), édition de 1767

L'auteur y raconte une série d'aventures assez extravagantes, dont l'aspect le plus excitant tient à ce qu'une fois parvenus dans un monde imaginaire, Édouard et Élisabeth, qui sont frère et sœur, y donnent naissance à une dynastie de Terriens à travers une pratique de l'inceste étendue à leurs descendants, à l'instar de ce qu'avaient déjà fait Adam et Ève, du moins à en croire Casanova. Pour le reste, dans le récit de la façon dont les deux jeunes gens descendent jusqu'au centre de la Terre et en ressortent, le romancier ne se soucie pas de fournir des justifications géo-astronomiques à la situation qui constituait pourtant l'élément le plus novateur de son intrigue.

13. L'INTÉRIEUR DE LA TERRE, LE MYTHE POLAIRE ET L'AGARTTHA

Êtres du monde souterrain, in Ludvig Holberg, *Niels Klims underjordiske rejse* (*Le Voyage souterrain de Niels Klim*), édition de 1767

Concernant le XIXe siècle, on pourrait citer le *Voyage au centre de la Terre* (1821) sans doute dû au célèbre démonologue **Jacques Collin de Plancy**, et *Vril, the Power of the Coming Race* (*La Race à venir*, 1871), d'**Edward Bulwer-Lytton**, dont il sera à nouveau question plus loin.

Au XXe siècle, on mentionnera d'abord *The Smoky God* (*Le Dieu qui fume*, 1908), de Willis George Emerson : un pêcheur norvégien nommé Olaf Jansen y atteint à bord de son embarcation, en compagnie de son père, un continent intérieur où il visite pendant deux ans les villes d'un royaume souterrain, avant de revenir à la surface du globe à la hauteur du pôle Sud.

357

Carl Gustav Carus,
La Grotte de Fingal,
plume et aquarelle, XIXe siècle.
Collection particulière

Page de droite :

Illustration de Alan Lee
pour J. R. R. Tolkien,
The Hobbit (*Le Hobbit*), 2003

Mais l'une des épopées les plus populaires sur le même thème fut le cycle de *Pellucidar*, conçu par Edgar Rice Burroughs : les livres et les bandes dessinées des aventures de Tarzan abondent en dinosaures souterrains empruntés à Jules Verne, en animaux préhistoriques et en races intelligentes habitant la partie intérieure du globe, qu'éclairent un petit soleil et ses petites planètes. La série débuta par *At the Earth's Core* (*Au cœur de la Terre*, 1914) et se poursuivit par plusieurs volumes, parmi lesquels, justement, *Pellucidar* (1915).

Le géologue russe Vladimir Afanassievitch Obroutchev s'inspira peut-être de Burroughs ou de Verne lorsqu'il décrivit, dans *Plutonia* (*La Plutonie*, 1924), une Terre creuse peuplée d'animaux préhistoriques ; toujours dans le sillage de Burroughs, Victor Rousseau avait publié, en 1920, *L'Œil de Balamok* : on y trouve un centre de la Terre illuminé par un soleil central, que les habitants de la région ne peuvent regarder sans mourir.

On ne saurait dresser une liste exhaustive des romans inspirés de notre mythe : même en se limitant aux auteurs de langue anglaise, Cynthia Ward (2008) en a recensé environ quatre-vingts ; Guy Costes et Joseph Altairac (2006) mentionnent et commentent quant à eux plus de

13. L'INTÉRIEUR DE LA TERRE, LE MYTHE POLAIRE ET L'AGARTTHA

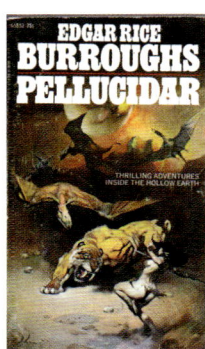
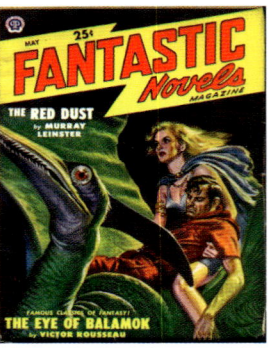

deux mille deux cents titres, rédigés dans différentes langues. Toutefois, loin d'être le fruit de l'imagination romanesque, plusieurs ouvrages se réfèrent à des hypothèses présentées comme sérieuses. En 1818, un certain capitaine **John Cleves Symmes** écrivit à plusieurs sociétés savantes et à tous les membres du Congrès américain pour leur affirmer qu'il était prêt à démontrer que la Terre est vide et sa partie intérieure habitable. Selon lui, tout est vide dans la nature : c'est par exemple le cas des cheveux, des os, des tiges des plantes, et ce doit donc aussi être celui de notre globe, composé de cinq sphères, toutes habitables à l'extérieur comme à l'intérieur. Les deux pôles se caractérisent par des ouvertures circulaires, sortes d'ourlets entourés d'un cercle de glace au-delà duquel on trouve un climat plus doux.

Symmes n'a laissé aucun livre, mais il sillonna les États-Unis et y prononça toute une série de conférences ; on lui attribue par ailleurs un modèle en bois de l'univers tel qu'il le concevait, aujourd'hui conservé à l'Academy of Natural Sciences de Philadelphie.

La théorie de Symmes avait beau être indéfendable, on ne s'en débarrassa pas aisément. Il jouissait en effet d'une réputation de héros, acquise pendant la guerre de 1812 contre les Anglais, et il trouva en dépit de tout de nombreux partisans ; il fut ainsi à l'origine d'un nombre considérable d'essais et d'articles, y compris ceux de son fils Americus Vespuccius[1].

Publié en 1892, le roman de William Bradshaw intitulé *The Goddess of Atvatabar* (*La Déesse d'Atvatabar*) s'inspirait clairement des idées de Symmes ; en 1895, on vit paraître *Etidorhpa* (« Aphrodite » écrit à l'envers), de John Uri Lloyd, où l'on retrouve dans les viscères du globe, entre autres, une forêt de champignons géants analogues à ceux du *Voyage* de Verne. Et si l'on veut se faire une idée de la résistance de toutes ces croyances, il suffit de lire, sur Internet, la publicité qui accompagne une récente réédition d'*Etidorhpa* : « Une fiction ? Point du tout, contrairement à ce que voudraient croire certains ignorants. L'auteur était un éminent spécialiste de l'occultisme,

Couverture du roman d'Edgar Rice Burroughs, *Pellucidar*, illustrations de Frank Frazetta, 1915

Lawrence Sterne Stevens, couverture du roman de Victor Rousseau, *The Eye of Balamok* (*L'Œil de Balamok*), 1920

Page de droite :
La Forêt des champignons géants, illustration d'Édouard Riou pour le *Voyage au centre de la Terre* de Jules Verne, 1864

1. Selon certains auteurs, les élucubrations de Symmes inspirèrent *The Unparalleled Adventure of One Hans Pfaall* (*L'Aventure sans pareille d'un certain Hans Pfaall*), une nouvelle d'Edgar Allan Poe publiée pour la première fois en 1835 : à l'occasion d'un voyage en ballon à destination de la Lune, on y voit le pôle Nord d'en haut.

13. L'INTÉRIEUR DE LA TERRE, LE MYTHE POLAIRE ET L'AGARTTHA

Les champignons géants du roman de John Uri Lloyd, *Etidorhpa*, 1897

et dans ce livre sensationnel, il s'est efforcé de mettre sous les yeux de ses lecteurs la terrible réalité qu'il avait découverte ; elle concerne notre Terre, la vie qui existe à sa surface, en son sein et au-delà d'elle. »

Des idées analogues à celles de Symmes furent théorisées par William Reed : dans *The Phantom of the Poles* (*Fantômes des Pôles*, 1906), il soutenait que les pôles n'ont en réalité jamais été découverts, pour la bonne et simple raison qu'ils n'existent pas ; il y aurait à leur place un large trou donnant accès au Continent intérieur. Dans *A Journey to the Earth's Interior* (*Voyage à l'intérieur de la Terre*, 1913), Marshall Gardner parlait d'un soleil situé à l'intérieur de la planète ; lorsque l'on découvrit, dans des couches de glace, des restes de mammouths parfaitement intacts, Gardner conclut à l'impossibilité d'une telle durée de conservation, et prétendit qu'il s'agissait des dépouilles de créatures mortes peu de temps avant, après s'être échappées du Continent intérieur. Reed et Gardner s'appuyaient sur un argument commun : les icebergs n'étant pas composés d'eau salée mais d'eau douce, cela prouverait, à leurs yeux, qu'ils tireraient leur origine des eaux fluviales du Continent intérieur (on sait, bien entendu, que les icebergs sont formés d'eau douce parce qu'ils naissent de glaciers terrestres).

Les idées de Reed et de Gardner furent reprises en 1964 dans *The Hollow Earth* (*La Terre creuse*), d'un autoproclamé **docteur Raymond W. Bernard** : l'auteur prétend que les ovnis proviennent du Continent intérieur et que les nébuleuses en forme d'anneau démontreraient l'existence de mondes creux. Bien que ce livre se contente de répéter ce qu'on avait déjà écrit durant les décennies précédentes, il a bénéficié d'un grand succès et on continue à le rééditer de nos jours. Il semblerait que Bernard soit mort de pneumonie alors qu'il était parti à la recherche, en Amérique du Sud, d'un tunnel susceptible de le conduire jusqu'à l'intérieur de la Terre.

Lui aussi inspiré des idées de Symmes, le roman d'un certain capitaine Adam Seaborn (d'aucuns pensent qu'il s'agit d'un pseudonyme de Symmes), *Symzonia. A Voyage of Discovery* (*Symzonia. Un voyage de découverte*, 1820), contient des diagrammes précis de l'intérieur du globe. Toutefois, même s'il avait imaginé une Terre creuse, Symmes n'était jamais allé jusqu'à penser que nous vivions (lui compris) non pas sur sa croûte extérieure, convexe, mais sur sa croûte intérieure, concave. Le pas fut franchi par **Cyrus Reed Teed** (1899), qui précisait que ce que nous prenons pour le ciel (en raison du « gigantesque et grotesque mensonge de l'ignorant Copernic » et de la « pseudo-science anglo-israélite ») est une masse de gaz qui remplit l'intérieur du globe, parsemé de zones de lumière brillante. Le soleil, la lune et les étoiles ne correspondraient pas à des globes célestes, mais à des effets d'optique provoqués par divers phénomènes.

Teed fonda même une secte, la Koreshan Unity ; ses membres (les « Koreshans ») prétendaient avoir vérifié expérimentalement la concavité de la courbure terrestre en utilisant, sur les côtes de Floride, un instrument dit « rectilinéateur ».

Comme l'ont fait remarquer Ley et De Camp (1952), la conception d'une Terre aussi remplie de trous qu'une pomme véreuse n'est pas plus tenable que celle d'une Terre creuse. Quelques kilomètres sous la surface terrestre, on entre en effet dans une zone dont la chaleur et la pression rendent la roche plastique ; par conséquent, n'importe quel trou, n'importe quel creux s'y refermerait comme ceux d'un bloc de mastic quand on l'écrase. En outre, Isaac Newton avait déjà démontré qu'à l'intérieur d'une sphère creuse, la force de gravité étant identique dans toutes les directions, tout objet libre (eau, terre, rochers, hommes) y ondoierait sans poids dans une confusion chaotique, tandis que la force centrifuge ou les marées provoqueraient l'effondrement de ladite sphère.

Mais lorsque des individus ou des groupes entiers adhèrent de manière fidéiste à une idée intenable, même le démenti patent de leurs hypothèses ne suffit pas à les faire changer d'opinion – de même que, au fond, la non-réalisation d'un miracle ne fait pas perdre la foi au croyant qui l'a imploré.

Ainsi, après s'être gagné de nombreux partisans, Teed affirma en 1908, à l'article de la mort, que son cadavre ne se putréfierait pas. Sa dépouille resta donc exposée quelque temps, mais il fallut bien, ensuite, la faire disparaître ; cela n'empêcha pas l'inauguration en 1967 d'un Koreshan State Park (aujourd'hui appelé Koreshan State Historic Site).

Après la Première Guerre mondiale, la théorie de la Terre creuse (*Hohlweltlehre*) réapparut en Allemagne, dans les travaux de Peter Bender et de Karl Neupert ; elle fut prise très au sérieux par les hautes sphères de la marine et de l'aviation allemandes, à l'évidence sensibles, d'une manière ou d'une autre, au climat occultiste qui s'était instauré autour de certains représentants du régime. Les informations dont on dispose sur Bender restent très imprécises, et selon certains, lui et Neupert n'étaient en réalité qu'une seule et même personne [2].

Selon Goodrick-Clarke (1985), Ley (1956) et Gardner (1957), Bender aurait aussi, en 1933, sous l'influence successive des théories de Teed et de Gardner, tenté de construire une fusée destinée à être lancée vers le haut ; si sa théorie avait été exacte, elle aurait dû retomber sur la surface opposée de la planète. En réalité, elle s'écrasa à quelques centaines de mètres de son lieu de lancement. Bender aurait en outre suggéré à la marine allemande d'organiser une expédition sur l'île de Rügen, en mer Baltique, pour s'efforcer d'y localiser les navires britanniques grâce à de puissants télescopes dirigés vers le haut, en direction de la concavité terrestre

Caspar David Friedrich, *Les Falaises blanches de Rügen*, 1818. Winterthur, Collection Oskar Reinhart

2. Seuls Bergier et Pauwels, qui par ailleurs ne citent pas Neupert, devaient parler du premier ; Galli (1989) mentionne l'hypothèse de Roberto Fondi (s.d.).

13. L'INTÉRIEUR DE LA TERRE, LE MYTHE POLAIRE ET L'AGARTTHA

supposée, et à des rayons infrarouges[3]. Une telle destination semble bien en accord avec la sensibilité romantique allemande, puisque dès l'été 1801, Caspar David Friedrich s'était inspiré de l'île de Rügen, célèbre pour ses beautés naturelles et en particulier ses falaises blanches.

Le projet de Friedrich nous a valu de très beaux paysages; celui de la marine allemande n'a au contraire pas laissé la moindre trace. Il semblerait même que les nazis, irrités de la perte de temps causée par Bender, l'aient interné dans un camp de concentration, où il serait mort.

L'influence de Neupert fait quant à elle moins de doute : auteur d'un très grand nombre de publications, il vécut jusqu'en 1949, date à laquelle un de ses collaborateurs, Johannes Lang, reprit en main la publication de la revue *Geocosmos*, qui se poursuivit jusqu'en 1960.

Neupert affirmait lui aussi que la Terre est une bulle sphérique, que nous vivons sur sa surface intérieure concave et qu'au-dessus de nous, le soleil et la lune se meuvent en un « univers fantôme », une sphère bleu sombre tachetée de petites lumières que nous prenons pour les étoiles. L'erreur de Copernic aurait consisté à croire que la lumière se propage en ligne droite, alors qu'elle subit une courbure.

Selon Bergier et Pauwels, certains tirs de V1 échouèrent justement parce que l'on calculait leur trajectoire à partir de l'hypothèse d'une surface concave et non pas convexe. Si ces deux auteurs fantaisistes nous rapportaient là un fait réel, on percevrait bien l'utilité historique et providentielle des astronomies délirantes. Toujours dans les milieux nazis, on prit très au sérieux *La Race à venir* (1870-1871), le roman de Bulwer-Lytton déjà cité plus haut, où une vaste communauté de survivants à la disparition de l'Atlantide habite les viscères de la Terre et bénéficie de pouvoirs extraordinaires dus à la possession du Vril, une sorte d'énergie cosmique. Bulwer-Lytton (qui, soit dit entre parenthèses, avait donné à son récit *Paul Clifford* l'incipit rendu célèbre par Snoopy : « *It was a dark and stormy night* », « C'était une nuit sombre et orageuse ») avait sans doute voulu écrire un roman de science-fiction ; mais comme il avait fait partie de la société occultiste britannique de la Golden Dawn (Aube dorée), il influença aussi les milieux occultistes allemands et inspira, dix ans avant l'avènement du nazisme, une *Vril Gesellschaft* (Société de Vril), ou Loge Lumineuse, dont faisait partie Rudolf

3. Le fait est confirmé par l'étude très sérieuse de Kuipert (1946), sans d'ailleurs que Bender soit cité.

von Sebottendorf, déjà rencontré dans un chapitre précédent en qualité de fondateur de la *Thule Gesellschaft*. Les membres de la *Vril Gesellschaft* s'attendaient à voir remonter des profondeurs de la Terre, modelée sur la description de Bulwer-Lytton, la Race future, formée d'êtres supérieurs d'une puissance et d'une beauté extraordinaires.

L'idée d'une Terre creuse est récemment réapparue dans les travaux du mathématicien Mostafa Abdelkader (1983) : par des calculs d'une extrême complexité, il s'est efforcé de concilier la géométrie d'un monde concave avec les phénomènes du lever et du coucher du soleil. Il suffirait pour cela d'abandonner l'idée selon laquelle les rayons de lumière se déplacent en ligne droite et d'admettre qu'ils suivent une ligne courbe. Il n'y aurait plus ensuite qu'à projeter le cosmos copernicien *externe* sur le géo-cosmos interne, par le biais d'une opération mathématique particulière qui permet de cartographier chaque point extérieur à une sphère sur un point intérieur de cette même sphère.

Nous n'entrerons pas ici dans le détail des discussions et des objections que cette hypothèse a suscitées chez les spécialistes ; selon certains, elle nous ramènerait à une forme de géocentrisme. Car si nous vivions sur une Terre creuse ayant le soleil en son centre, il n'existerait pas d'univers infini en dehors de notre globe, et peu importerait que la Terre tourne autour du soleil ou que ce soit le contraire, car nous ne disposerions d'aucun paramètre de référence. Comme l'a écrit Abdelkader, « tout l'espace extérieur serait enfermé au sein de la Terre vide » et « des objets comme les galaxies et les quasars, situés à plusieurs milliards d'années-lumière, se contracteraient en des dimensions microscopiques ».

De surcroît, et toujours à en croire Abdelkader, si nous vivions sur une Terre convexe, l'ensemble de nos mesurages fonctionneraient comme sur une Terre creuse : « Toute observation ou évaluation du format, de la direction et de la distance de n'importe quel objet céleste donnerait les mêmes résultats pour l'observateur, qu'il soit situé à l'extérieur ou à l'intérieur de la Terre ; en conséquence, l'hypothèse d'une Terre concave ne pourrait en aucune manière être repoussée sur le fondement d'observations empiriques [4]. »

Par chance, Abdelkader écrit aussi que si ses suppositions sont acceptables dans un système mathématique, elles ne le seraient pas dans

---

4. On ne pourrait pas non plus vérifier l'exactitude de l'hypothèse copernicienne en creusant un tunnel de 12 742 kilomètres pour aller d'un pôle à l'autre de la surface, en passant par le centre présumé du globe. Si nous vivions sur la croûte interne, le tunnel deviendrait d'une largeur de plus en plus incommensurable, et finirait par émerger, en se restreignant, en un point opposé de ladite croûte.

un système physique. Il s'agissait donc d'un simple exercice théorique servant à démontrer ce que d'autres avaient déjà soutenu : la métrique que nous utilisons pour une Terre convexe fonctionnerait aussi pour une Terre concave. Cela ne change rien à la manière dont nous occupons la croûte terrestre, et les astronomes ont fait remarquer que même si l'on acceptait l'idée d'Abdelkader, rien ne changerait non plus dans la façon dont nous explorons le cosmos.

LE MYTHE POLAIRE. Le climat créé par les diverses fantaisies occultistes qui circulaient dans l'Allemagne nazie permit au mythe polaire, déjà évoqué dans le chapitre sur Thulé et l'Hyperborée, de gagner en crédibilité. Ce mythe ne se limitait pas à souligner l'origine « polaire » de l'Occident, il insistait aussi sur la nécessité d'y retourner. Toutefois, les régions du pôle étant désormais très froides, leurs adeptes inébranlables durent recourir à une autre hypothèse : si on les atteignait, on pourrait, en creusant un immense trou central, découvrir de nouvelles terres, caractérisées par la douceur de leur climat et la luxuriance de leur végétation.

L'idée n'était pas nouvelle. Une carte géographique de Mercator (XVIe siècle) représente ainsi le pôle Nord sous la forme d'un immense creux où s'écoulent les eaux des mers environnantes, pour descendre dans les cavités de la Terre. Cette conception remontait d'ailleurs aux descriptions de certaines encyclopédies médiévales, selon lesquelles le centre du pôle Nord était occupé par une montagne mesurant trente-trois lieues de circonférence (Mercator la reproduit lui aussi sur sa carte) et par un gouffre vertigineux où se précipitaient les eaux de l'Océan.

Au XVIIe siècle, dans son *Monde souterrain*, Athanasius Kircher soutint, notamment par le biais de gravures très évocatrices, que les eaux des mers entraient dans le gouffre du pôle Nord en passant par le détroit de Béring, et qu'elles traversaient le cœur de la Terre « en empruntant des replis inconnus et des canaux tortueux », avant de ressortir au pôle Sud. Aux yeux de Kircher, cette circulation des eaux dans le corps terrestre était analogue à celle du sang dans le corps humain, découverte une quarantaine d'années auparavant par William Harvey.

Toutefois, au XXe siècle, on vit aussi apparaître, en opposition à la théorie du « trou polaire », l'hypothèse de l'existence, au-delà du pôle

13. L'INTÉRIEUR DE LA TERRE, LE MYTHE POLAIRE ET L'AGARTTHA

Carte du cercle arctique, in Gérard Mercator, *Septentrionalium terrarum descriptio* (*Description des terres septentrionales*), Duisbourg, 1595

Nord, d'une terre inconnue. En 1904, un certain docteur Harris, membre de l'US Coast and Geodetic Survey, publia un article où il prétendait qu'il devait rester un vaste territoire encore inexploré dans le bassin polaire, au nord-est du Groenland ; il ajoutait que certaines traditions esquimaudes (dont on ne voit pas bien pourquoi il faudrait les juger scientifiquement fiables) parlaient d'une grande masse prétendument située au nord ; il en concluait qu'un désordre des marées, au nord de l'Alaska, ne pouvait s'expliquer que par la présence de cette même masse.

Les explorations modernes n'apportèrent aucun élément en faveur de la croyance au « trou » ou en celle de la masse de terre inconnue, mais cela n'empêcha en rien la propagation de la légende liée à l'amiral américain Richard Byrd.

Byrd fut un grand explorateur des pôles : en 1926, il atteignit le pôle Nord en avion (même si ses déclarations furent contestées par la suite) ; en 1929, il survola le pôle Sud ; entre 1946 et 1956, il mena dans l'Antarctique des expéditions d'une importance décisive, qui lui valurent des marques

13. L'INTÉRIEUR DE LA TERRE, LE MYTHE POLAIRE ET L'AGARTTHA

L'Amiral Byrd, figurines pour papier à cigarettes. New York, New York Public Library, Arendts Collection

« polaires » pensent que, toujours en 1947, il alla aussi jusqu'au pôle Nord mais, cela va sans dire, incognito.

La conclusion la plus prudente consiste à voir dans ce Journal un faux, analogue à ceux d'Hitler ou de Mussolini ; mais on pourrait aussi penser que Byrd se serait laissé aller, dans des écrits à destination privée, à des fantaisies personnelles. Il ne faut pas non plus oublier qu'il était membre d'une loge maçonnique et donc enclin (peut-être) à nourrir certaines croyances occultistes. Enfin, certains auteurs rappellent que Byrd fut accusé d'avoir falsifié les données de sa première expédition polaire (1926) ; ils ne trouvent donc rien d'étrange à ce qu'il ait pu falsifier aussi celles de ses explorations ultérieures.

Les racontars ont désormais cessé de brouiller les informations sur les documents réellement existants. Néanmoins, le gouvernement américain a considéré Byrd comme un héros, et ce fut certainement un explorateur courageux : cet aviateur intègre subit peut-être le poids de mythologies construites autour de lui par des inconditionnels forcenés. Toujours est-il que sa légende continue à nous présenter un territoire polaire qui n'existe pas davantage que l'île de saint Brandan ou le Neverland (Pays imaginaire) de Peter Pan, nos connaissances géographiques sur les pôles excluant dorénavant de telles élucubrations.

L'AGARTTHA ET SHAMBHALA. Pour rêver d'un monde souterrain, il n'est toutefois pas indispensable d'imaginer que la Terre est creuse ou que nous vivons sur sa surface intérieure. Il suffit de penser à une immense ville souterraine encore présente sous nos pieds. Cette hypothèse présente un immense avantage, car de telles villes ont toujours existé. Dans l'*Anabase*, Xénophon écrit ainsi qu'en Anatolie, on avait creusé sous le sol des villes destinées à accueillir des familles entières, accompagnées de leurs animaux domestiques, et disposant des vivres nécessaires à leur survie. De nos jours encore, les touristes qui se rendent en Cappadoce peuvent visiter Derinkuyu, du moins en partie : on y trouve un antique espace urbain excavé dans le sous-sol. Il existe, toujours en Cappadoce, plusieurs autres cités souterraines, à deux ou trois niveaux, mais Derinkuyu n'en compte pas moins de onze, même si plusieurs d'entre eux n'ont pas encore été exhumés. On pense qu'elle avait, à l'origine, une profondeur d'environ quatre-vingt-cinq mètres. Elle était reliée à d'autres villes souterraines par des milliers de longs tunnels et pouvait accueillir entre trois et cinquante mille personnes. Les premiers chrétiens s'y réfugièrent afin d'échapper aux persécutions religieuses ou aux incursions des musulmans.

Au XIXe siècle, ce fut à partir d'expériences réelles de ce type que des auteurs imaginatifs donnèrent naissance au mythe de la ville d'Agarttha.

Bien que ses divulgateurs en aient appelé à des traditions orientales ou à des révélations de santons indiens, ce mythe doit beaucoup à diverses théories occultistes antérieures, par exemple celles sur l'Hyperborée, la Lémurie ou l'Atlantide. En résumé, l'Agarttha (ce nom s'écrit parfois, selon les textes, Agartha, Agarthi, Agardhi ou encore Asgartha) est une immense étendue située sous la surface de la Terre, un véritable pays composé de villes reliées les unes aux autres, un monde dépositaire de connaissances extraordinaires ; il abrite le détenteur d'un pouvoir suprême, le Roi du monde, que ses facultés prodigieuses mettent en mesure d'influencer tous les événements du globe. L'Agarttha se déploierait dans le sous-sol de l'Asie (sous l'Himalaya, selon certains), mais on a mentionné plusieurs autres entrées secrètes censées y donner accès : la Cueva de los Tayos, en Équateur, le désert de Gobi, la grotte de la sibylle de Colchide, celle de la sibylle de Cumes, à Naples, des sites du Kentucky, du Mato Grosso, du pôle Nord ou du pôle Sud, les environs de la pyramide de Khéops et même ceux de l'immense inselberg en grès d'Ayers Rock, en Australie.

Le mot Agarttha apparaît pour la première fois dans l'œuvre de **Louis Jacolliot**, un curieux personnage auteur de romans d'aventures inspirés de Jules Verne et d'Emilio Salgari, mais surtout célèbre à son époque pour ses nombreux ouvrages sur la civilisation indienne. Dans *Le Spiritisme dans le monde* (1875), il rechercha par exemple les racines indiennes de l'occultisme occidental – cela ne dut pas lui coûter beaucoup d'efforts, car la plupart des occultistes de son temps abondaient en citations de mythes orientaux, authentiques ou fictifs. Jacolliot se référait quant à lui à un texte sanscrit inconnu des experts, l'*Agrouchada-Parikchai*, sorte de cocktail qu'il avait sans doute composé lui-même à partir d'extraits empruntés à l'*Upanishad* et à d'autres textes sacrés, auxquels il avait ajouté certains éléments de la tradition maçonnique occidentale. Il affirmait que certaines tablettes sanscrites (jamais spécifiées) parlaient d'un territoire nommé Rutas, englouti par l'océan Indien ; toutefois, il mentionna par la suite l'océan Pacifique et identifia Rutas à l'Atlantide, qui aurait pourtant dû se situer dans l'océan Atlantique – mais comme on l'a vu plus haut, la localisation de l'Atlantide s'est déplacée un peu partout. Enfin, dans *Les Fils de Dieu* (1873 ou 1871), Jacolliot parla d'« Asgartha » comme d'un immense souterrain du sous-continent indien, cité du grand prêtre des brahmanes.

À vrai dire, peu de gens prêtèrent foi à ses révélations – et seule Madame Blavatsky, déjà rencontrée à maintes reprises et toujours prête à croire à tout, devait le prendre au sérieux. En revanche, la *Mission de l'Inde en Europe* (1886), du marquis **Joseph-Alexandre Saint-Yves d'Alveydre**, exerça dès sa parution une influence considérable. En 1877, son auteur avait épousé la comtesse Marie-Victoire de Riznitch-Keller, habituée de plusieurs cénacles occultistes. À l'époque de sa rencontre avec Saint-Yves, alors âgé d'une trentaine d'années, elle avait déjà dépassé la cinquantaine. Pour donner un titre à son époux, elle avait acheté une terre ayant appartenu à d'obscurs marquis d'Alveydre. Désormais en mesure de vivre de ses rentes, Saint-Yves s'était alors consacré à son rêve : découvrir un système politique susceptible de mener à une société plus harmonieuse, une forme de synarchie conçue comme le contraire de l'anarchie, une société européenne gouvernée par trois conseils représentant le pouvoir économique, la magistrature et le pouvoir spirituel (à savoir les Églises et les savants), une oligarchie éclairée capable de mettre fin à la lutte des classes, d'unir les hommes de gauche et les hommes de droite, les jésuites et les francs-maçons, le capital et le travail. Ce projet attira l'attention de groupes d'extrême droite comme l'Action française, ce qui conduisit la gauche à voir dans le régime de Vichy le résultat d'un complot synarchiste ; mais de son côté, la droite vit dans la synarchie l'expression d'une conspiration judéo-léniniste ; pour d'autres, la synarchie relevait d'une conjuration jésuite destinée à renverser la Troisième République ; pour d'autres encore, il s'agissait d'une machination nazie ; et bien entendu, l'hypothèse d'une intrigue judéo-maçonnique ne pouvait manquer à l'appel.

En tout état de cause, aussi bien à droite qu'à gauche, on a souvent développé l'idée de l'existence supposée d'une société secrète à l'origine d'un complot universel.

À la mort de son épouse, survenue en 1895, Saint-Yves commença à travailler à son dernier ouvrage, *L'Archéomètre* (1911). Ce mot désigne un instrument formé de cercles concentriques et mobiles, capables de donner naissance à un nombre infini de combinaisons à partir des signes dont ils sont couverts : constellations du zodiaque, symboles des planètes, couleurs, notes de musique, lettres d'alphabets sacrés (l'hébreu, le syriaque, l'araméen-arabe, le sanscrit) et du mystérieux vattan, la langue primordiale des Indo-Européens.

Mais il nous faut revenir à l'Agarttha. Lorsqu'il écrivit la *Mission de l'Inde en Europe*, Saint-Yves prétendit avoir reçu la visite d'un mystérieux Afghan, un certain Hadji Scharipf, qui ne pouvait pourtant pas être originaire d'Afghanistan, puisque son nom est de toute évidence albanais (et la seule photo de lui en notre possession nous le montre affublé d'un costume d'opérette balkanique) ; il aurait révélé à Saint-Yves le secret de l'Agarttha, l'Introuvable.

Comme chez Jacolliot, qui l'inspira peut-être, le royaume d'Agarttha se compose chez Saint-Yves de villes souterraines, et il est gouverné par cinq mille sages, les *pundit*. La coupole centrale de la capitale est éclairée d'en haut par des sortes de miroirs « qui ne laissent passer la lumière qu'à travers la gamme enharmonique des couleurs, dont le spectre solaire de nos traités ne constitue que la gamme diatonique ». Les sages du pays étudient toutes les langues sacrées pour parvenir à la langue universelle, le vattan. Quand ils abordent des mystères trop profonds, ils se soulèvent du sol par lévitation et se fracasseraient le crâne sur la voûte de la coupole si leurs confrères ne les retenaient pas. En outre, ces savants fabriquent la

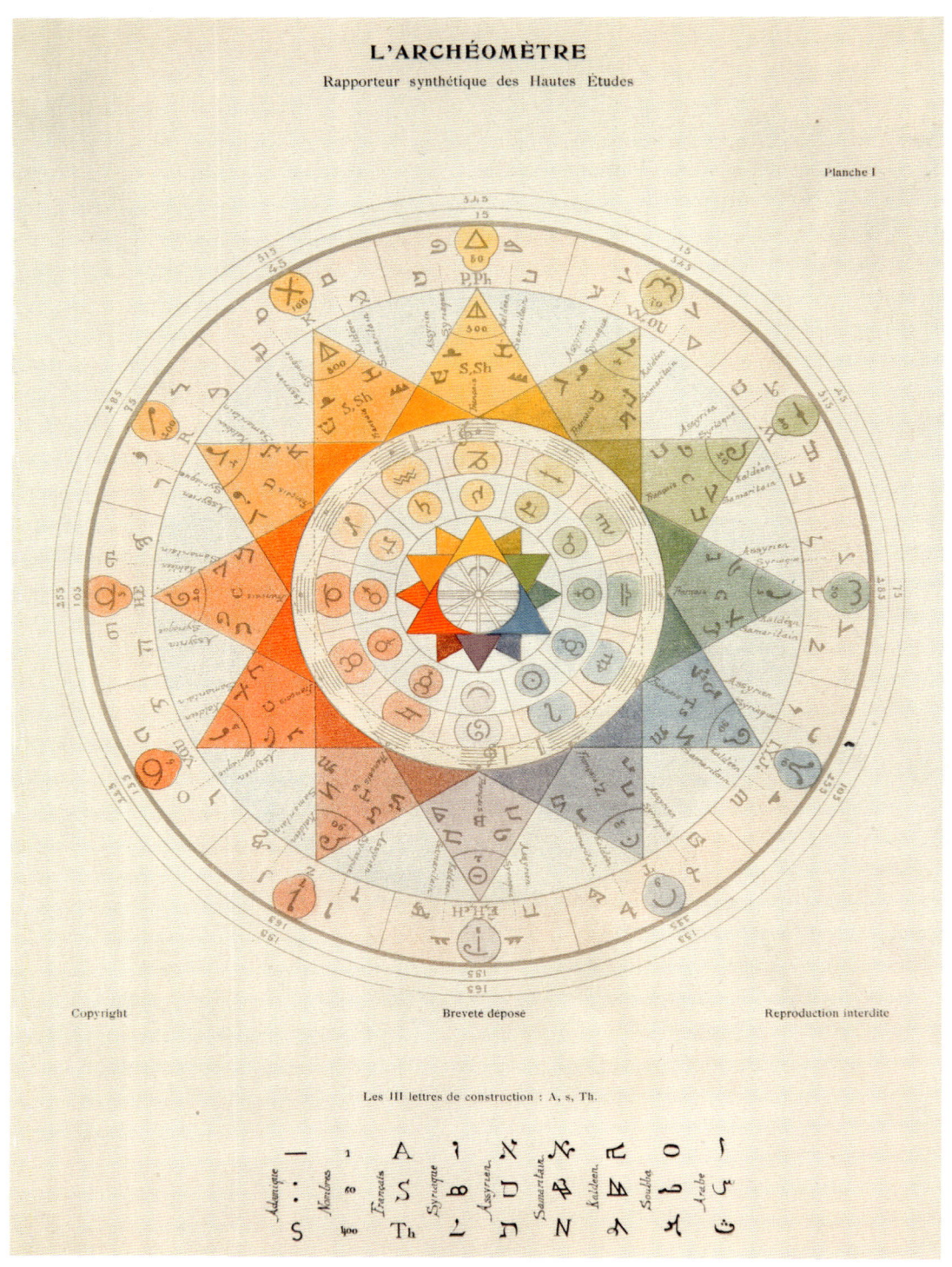

Page de gauche :

L'archéomètre
d'Alexandre Saint-Yves
d'Alveydre, 1903

Représentation
de l'Agartha d'après les écrits
de Raymond W. Bernard

13. L'INTÉRIEUR DE LA TERRE, LE MYTHE POLAIRE ET L'AGARTTHA

foudre, « ils orientent les courants cycliques des fluides interpolaires et intertropicaux, ainsi que les dérivations interférentielles des différentes zones de latitude et de longitude de la Terre », ils sélectionnent les espèces et créent des animaux de petite taille, mais aux facultés psychiques extraordinaires, portant une croix jaune sur un dos de tortue et dotés d'un œil et d'une bouche à chaque extrémité. On voit ici apparaître pour la première fois l'idée d'un Esprit directeur – et Saint-Yves subit certainement, à ce propos, l'influence des doctrines maçonniques qui reconnaissaient, au fondement de tous les événements historiques passés et futurs, des Supérieurs inconnus.

Saint-Yves tira peut-être une partie de son inspiration de textes orientaux décrivant le royaume de Shambhala, même si, pour de nombreux occultistes, les rapports entre l'Aganttha et Shambhala restent très confus. Sur plusieurs cartes fantaisistes tracées par des partisans de la Terre creuse, Shambhala apparaît comme une ville du continent souterrain formé par l'Aganttha.

Toutefois, dans d'autres versions, Shambhala s'identifie à Mu, que l'on n'a pourtant jamais défini comme un continent souterrain. Il faut en outre rappeler qu'aucune source orientale ne localise Shambhala sous terre : bien que rendue inaccessible par des chaînes de montagnes, elle s'étendrait au contraire sur des plaines, des collines et des monts fertiles d'une telle beauté que leur image inspira le mythe de Shangri-La, inventé

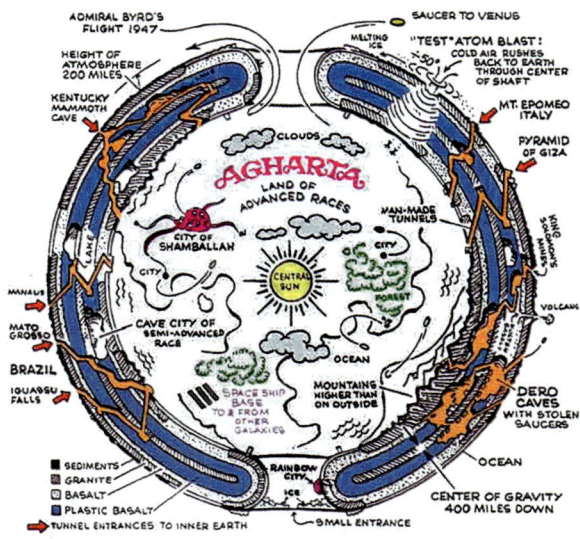

L'entrée de Shangri-la dans le film *The Mummy: Tomb of the Dragon Emperor* (*La Momie : La Tombe de l'empereur Dragon*), 2008

Le Paradis de Shambala. soie peinte, XIXᵉ siècle. Paris, Musée Guimet

en réalité par James Hilton dans son roman *Lost Horizon* (*Les Horizons perdus*, 1933), qui inspira à son tour un célèbre film de Frank Capra.

Hilton parle d'un lieu situé à l'extrémité occidentale de l'Himalaya, où le temps se serait presque arrêté, dans une atmosphère de paix et de tranquillité. Mais une fois de plus, une invention romanesque a d'un côté séduit les milieux occultistes, et de l'autre suscité des spéculations touristiques qui ont conduit à la création, de l'Asie à l'Amérique, de fausses Shangri-La destinées à des visiteurs aux goûts peu exigeants ; en 2001, la ville de Zhongdian, en Chine, a été rebaptisée Xianggelila, version chinoise de Shangri-La.

Les premières informations sur Shambhala parvinrent en Occident par l'intermédiaire de missionnaires portugais, qui avaient cependant pensé, lorsqu'ils l'avaient entendu nommer, qu'il s'agissait du Cathay, c'est-à-dire de la Chine. La source la plus fiable à ce sujet est un texte sacré, le *Tantra de Kalachakra*, qui tire son origine de la tradition védique de l'Inde et qui a inspiré de splendides représentations mystiques. Dans les traditions du bouddhisme tibétain et indien, Shambhala (qui s'écrit parfois Shambala, Shambahla ou Shamballa) est un royaume dont la réalité physique n'est acceptée que par certains auteurs, qui l'ont tour à tour situé, entre autres, au Pendjab, en Sibérie ou dans l'Altaï. Mais d'une manière générale, on y voit plutôt un symbole de caractère spirituel, une Terre pure, la promesse d'une défaite définitive des forces du mal.

13. L'INTÉRIEUR DE LA TERRE, LE MYTHE POLAIRE ET L'AGARTTHA

L'impossibilité d'une identification entre Shambhala et l'Agarttha (du moins selon les traditions bouddhistes) ressort clairement d'un entretien accordé par le dalaï-lama Tenzin Gyatso, en octobre 1980, à Marco Baistrocchi (1995) : « Avec l'amabilité caractéristique des Orientaux et la courtoisie née de son haut niveau de spiritualité, le dalaï-lama s'informa au préalable de la signification du mot Agarttha-Agarthi ; sa conclusion fut formelle et il avoua, après avoir échangé quelques mots avec son conseiller spirituel, n'avoir jamais entendu parler de ce nom, ni a fortiori d'un royaume spirituel souterrain. Il termina toutefois en ajoutant qu'il avait pu se produire une confusion, et qu'il s'agissait sans doute plutôt "du grand mystère de Shambhala" ; cependant, pour le dalaï-lama, Shambhala est "un royaume réel, bien que suprasensible, situé entre le monde des dieux et celui des démons, et d'un accès très difficile", atteignable "seulement par l'ascète [...] à l'issue d'exercices complexes". »

Au XIXe siècle, le chercheur hongrois Sándor Körösi Csoma (dit aussi Alexandre Csoma de Körös) fournit les coordonnées géographiques de Shambhala (entre le 45e et le 50e degré de latitude nord). Toujours disposée à recueillir et à bricoler des informations imprécises, ainsi qu'à travailler sur des sources de seconde main mal traduites, Madame Blavatsky ne pouvait passer Shambhala sous silence dans *La Doctrine secrète* (1888), même si, curieusement, aucun de ses ouvrages ne mentionne l'Agarttha. Elle soutint avoir reçu de ses informateurs tibétains, par télépathie, des renseignements à ce sujet, et apprenait donc à ses lecteurs que les survivants de l'Atlantide avaient émigré sur l'île sacrée de Shambhala, dans le désert de Gobi ; elle s'inspira sans doute à ce propos de Körösi Csoma, puisque les coordonnées qu'il avait indiquées pouvaient aussi correspondre à ce désert.

Peut-être à cause de sa position géographique probable, Shambhala séduisit de nombreux hommes politiques, qui cherchèrent à en tirer un profit symbolique. Ainsi, pour s'opposer aux visées britanniques et chinoises sur le Tibet, un certain Agvan Dorjiev avait convaincu le dalaï-lama de chercher de l'aide auprès du gouvernement russe ; il lui avait prouvé, à cette fin, que la véritable Shambhala n'était autre que la Russie, et que le tsar descendait de ses anciens rois – l'argument ne demeura d'ailleurs pas sans effet sur le souverain, qui fit ouvrir un temple bouddhiste à Saint-Pétersbourg. En Mongolie, le baron Roman von Ungern-Sternberg, qui combattait aux côtés des Russes blancs contre les révolutionnaires et qui était convaincu que tous les Juifs étaient bolcheviques, promettait à ses troupes, pour les fanatiser, une renaissance dans l'armée de Shambhala. Après avoir envahi la Mongolie, les Japonais s'efforcèrent de convaincre ses habitants que la Shambhala des origines n'était autre que le Japon. Le nombre exact des hauts dignitaires nazis ayant prêté foi au mythe de Shambhala reste imprécis, mais dans les milieux de la *Thule Gesellschaft* on vit se répandre l'idée selon laquelle, après plusieurs migrations vers l'Atlantide et la Lémurie, des groupes d'Hyperboréens seraient parvenus dans le désert de Gobi et y auraient fondé l'Agarttha. Grâce à une consonance évidente, on établit par ailleurs un lien entre ce nom et l'Ásgard, patrie des dieux dans la mythologie nordique. Les choses se font alors confuses, car il semblerait que selon un certain courant de pensée, après la destruction de l'Agarttha, un groupe de « bons » Aryens aurait émigré vers le sud et aurait fondé l'Agarthi, sous l'Himalaya, tandis qu'un autre groupe serait remonté vers le nord, où il se serait corrompu et aurait fondé Shambhala, le royaume du mal. Comme on le voit, la géographie occulte devient ici très embrouillée, mais selon certaines sources des années 1920, des chefs de la police secrète bolchevique auraient planifié une recherche de Shambhala, avec pour objectif la fusion de cette idée du Paradis terrestre avec celle d'un paradis soviétique. Dans un genre analogue de racontars, on a aussi parlé d'une expédition envoyée au Tibet, dans les années 1930, par Heinrich Himmler et Rudolf Hess, bien entendu pour y retrouver l'origine d'une race pure. Entre les années 1920 et les années 1930, le célèbre explorateur russe Nicolas Roerich, adepte de nombreuses croyances occultistes et peintre d'un niveau modeste, visita plusieurs régions asiatiques à la recherche de Shambhala, qui donna d'ailleurs son titre à un de ses ouvrages, publié en 1928. Roerich affirmait être en possession d'un objet magique, la pierre de Chintamani, censée provenir de l'étoile Sirius. À ses yeux, Shambhala était le Lieu saint, et il l'avait associée à l'Agarttha, reliée à elle, en quelque façon, par des canaux souterrains.

Par malheur, les horribles tableaux de Roerich constituent à peu près les seuls témoignages qu'il nous ait laissés sur ses expéditions.

Nicholas Roerich, *Shambala*, 1946. Collection particulière

Mais revenons à l'Agarttha. En 1923, avec un certain retard sur Saint-Yves, **Ferdynand Ossendowski**, un aventurier polonais qui avait parcouru l'Asie centrale, publia un livre destiné à un immense succès, *Bêtes, Hommes et Dieux* : il y écrivait avoir appris des Mongols qu'il fallait situer l'Agarthi, comme il l'appelait, sous la Mongolie, que ce royaume s'étendait à tous les passages souterrains existant sur notre planète, qu'il comptait des millions de sujets et qu'il était gouverné par un Roi du monde.

De nombreux passages de l'ouvrage d'Ossendowski semblent empruntés à Saint-Yves, ce qui permettrait à tout critique doué de bon sens de parler de plagiat. Mais les fidèles du mythe, parmi lesquels **René Guénon**, un des plus célèbres penseurs contemporains de la tradition, considèrent qu'Ossendowski disait la vérité lorsqu'il affirmait n'avoir jamais lu Saint-Yves ; la preuve de sa sincérité tiendrait à ce que la première édition de la *Mission de l'Inde en Europe* (1886) avait été détruite et qu'il n'en restait que deux exemplaires. Guénon oublie qu'en 1910, l'ouvrage avait été réimprimé, posthume, par Dorbon, et qu'Ossendowski aurait donc très bien pu le connaître.

Mais Guénon était enclin à voir en lui une autorité indiscutable (alors que, contrairement à Madame Blavatsky, il jugeait Jacolliot peu crédible) : Ossendowski parlait en effet du « Roi du monde », que Guénon devait rendre plus célèbre encore dans son livre du même nom (1925). De toute façon, il importait peu à Guénon qu'Agarttha fût une réalité physique ou un simple symbole (comme dans le cas de la Shambhala bouddhiste), car il se référait à des mythes intemporels établissant la nécessité d'un lien étroit entre royauté et sacerdoce (et bien entendu, l'une des tragédies de notre temps, l'obscur Kali Yuga, consistait à avoir brisé cette unité). Aux yeux de Guénon, le titre de Roi du monde, « pris dans son acception la plus élevée […] s'applique proprement à Manu, le Législateur primordial et universel, dont le nom se retrouve, sous des formes diverses, chez un grand nombre de peuples anciens ». Et cette idée d'une union de la royauté et du sacerdoce avait aussi caractérisé le mythe du Prêtre Jean.

Or, pour la tradition chrétienne, le véritable Melchisédech n'était autre que Jésus[5] ; le rapport entre le Christ et l'Agarttha est certes difficile à démontrer, mais tout au long de son opuscule, Guénon ne cesse d'associer librement, et contre toute logique, des éléments provenant des mythes et des religions de tous les temps, comme il sied au théoricien d'une tradition primordiale qui aurait précédé même les religions révélées.

Certains auteurs ont fait remarquer qu'il apparaît malaisé d'associer, comme le fait Guénon, le mythe des souterrains et des cavernes, traditionnellement lié à l'image des Enfers, à une réalité surnaturelle positive, qui devrait être de nature céleste. Mais on a déjà vu à quel point la fascination exercée par les cavités de la Terre l'emporte sur tout souci de cohérence ; ainsi, de nos jours encore, l'Agarttha survit dans les viscères du globe, du moins pour les esprits hallucinés de ceux qui veulent bien y croire.

---

5. Concernant Melchisédech et la question de l'union, dans la figure du Christ, de la royauté et du sacerdoce, voir le chapitre 4 du présent ouvrage, consacré au Prêtre Jean.

HISTOIRE DES LIEUX DE LÉGENDE

Le monde souterrain de Niels Klim

LUDVIG HOLBERG (1684-1754)
Le voyage souterrain de Niels Klim
(1741 ; Corti, 2001)

Mais à peine avais-je parcouru dix à douze pieds que la corde cassa. Je poussai un cri perçant, tandis que mes quatre compagnons hurlaient en chœur, mais je dégringolai si vite dans l'abîme que bien vite leurs voix ne me parvinrent plus, et, tel un nouveau Pluto,
*Je chutai d'un entrebâillement de la terre
Dans le ventre du gouffre, dont je fendais
    les airs*[1].
[...]
Je sondais la profonde obscurité d'une nuit interminable depuis près d'un quart d'heure – autant que je pouvais en juger dans ma confusion –, lorsque je remarquai enfin une lueur, comme un crépuscule, qui bientôt se fit ciel clair et incandescent. Je me crus d'abord repoussé en haut sous le coup d'un reflux d'air souterrain ou quelque autre vent contraire pensant que le gouffre m'avait réexpiré sur terre. Mais puisque le soleil comme les étoiles que je voyais étaient bien plus petits que ceux de notre monde, je dus me rendre à l'évidence. Cette nouvelle structure céleste était l'effet de mon cerveau troublé, ou j'étais mort, et on me dirigeait vers de bienheureuses demeures. Cette dernière hypothèse semblant vite dérisoire, lorsque je me vis moi-même, armé d'un harpon et traînant ma longue corde. Une corde et un harpon pour aller au Paradis ? En aucun cas, les citoyens célestes ne peuvent être sensibles à de tels ornements – à moins que mon destin ne fût, comme les Titans, d'assaillir les cieux pour en chasser les Dieux. Après avoir gravement médité les faits, je dus conclure : j'avais échoué sous un ciel souterrain, et l'hypothèse d'une terre

Êtres de l'intérieur de la Terre, in Ludvig Holberg, *Niels Klims underjordiske rejse* (*Le Voyage souterrain de Niels Klim*), édition de 1767

creuse qui cache dans son centre un monde plus petit avec un soleil, des planètes et des étoiles d'égales proportions, était fondée. L'issue devait me le confirmer.
La vitesse de ma chute était restée constante assez longtemps, jusqu'à ce qu'enfin, je la sente décroître, à mesure que je m'approchais de la planète ou du globe céleste placé en premier sur ma trajectoire. Celui-ci s'agrandit peu à peu, en sorte que je pus bientôt distinguer, à travers l'épaisse atmosphère qui l'entourait, des lacs, des montagnes et des vallées.
*Mon corps était porté par des ailes légères ;
J'étais comme l'oiseau qui, entre ciel et terre,
S'élève bien au-delà des rochers poissonneux,
Des vagues turbulentes, et des pics
    montagneux*[2].
Je m'avisai bientôt que je n'étais pas le seul à planer ainsi dans l'air céleste, mais que la ligne verticale dans laquelle je m'étais enroulé en tombant, avait formé un cercle. Je ne nie pas qu'à cette découverte, mes cheveux se dressèrent d'effroi sur ma tête : quelle effrayante perspective d'être satellite et de tourner en orbite jusqu'à la nuit des temps ! Toutefois, considérant que

1. Ovide, *Métamorphoses*, V.
2. Virgile, *Énéide*, IV.

mon honneur n'était pas pour autant atteint, et que le statut de globe céleste ou de satellite, pouvait au moins m'élever au grade de Studiosus philosophiae, je sentis mon courage renaître ; j'étais comme dopé par l'air souterrain et je n'avais ni faim, ni soif. Je me rappelai toutefois que j'avais un morceau de pain dans ma poche ; je le sortis pour voir si, dans mon nouvel état, je pouvais y prendre goût. À la première bouchée, je réalisai que la nourriture terrienne m'était devenue insupportable ; je le jetai donc comme un fardeau inutile. Quelle ne fut pas ma stupeur lorsque je vis le pain rester suspendu dans les airs, mais en plus et – ô merveille ! – se mettre à décrire un cercle autour de moi ! Je pénétrai ainsi les vraies lois de la gravité selon lesquelles tout corps mis en équilibre se meut en un cercle.

[...]

Je demeurai dans cet état presque trois jours. Comme je gravitais autour de la fameuse planète, je pouvais aisément distinguer le jour de la nuit en voyant le soleil souterrain se lever et se coucher, même si leurs nuits ne sont pas comparables aux nôtres lorsque celui-ci disparaît. En effet, une fois le soleil couché, le ciel restait partout clair et lumineux, comme chez nous lorsque la lune est pleine ; et son lustre provenait apparemment de l'hémisphère de ce monde intérieur qui empruntait sa lumière au point milieu de ce soleil. Mes connaissances élémentaires en astronomie suffit à fonder cette supposition. Mais le meilleur reste à venir ! Alors que je rêvais béatement aux Dieux immortels, nouvel astre moi-même d'une cosmogonie nouvelle, prochainement repéré sans doute par les télescopes puis répertorié parmi les étoiles – sans oublier mon satellite ; que vis-je ! Un horrible monstre ailé, qui m'attaque, tantôt sur la gauche, tantôt sur la droite, tantôt de front et tantôt par derrière, me portant à chaque fois des coups meurtriers. En le voyant s'approcher, je crus d'abord qu'il s'agissait de l'un des douze signes du zodiaque, et la Vierge espérais-je secrètement, car aucun des autres ne pouvait mieux me consoler ni me distraire dans mon isolement. Mais lorsqu'il se trouva plus près, je vis que ce n'était rien de moins qu'un formidable griffon. Je fus si épouvanté que j'en oubliai qui j'étais et ce que j'étais devenu ; et dans cette panique indescriptible, je brandis le Testimonium de l'université que j'avais par chance dans ma poche pour montrer à mon agresseur que j'avais à la fois mon diplôme de théologie et de philosophie, que je poursuivais des études et, en outre, était Bacalaureus ; bref, que j'étais en état de refouler tous les opposants étrangers. Mais, mon premier accès de colère passé, je me ressaisis et ris de cette absurdité. Je ne savais d'ailleurs pas pourquoi ce griffon me suivait, si je devais le considérer comme un ami ou un ennemi, ou, plus vraisemblable, s'il voulait simplement m'observer pour assouvir sa curiosité. Il est vrai qu'un corps humain flottant les airs, un harpon à la main et une longue corde flottant derrière lui comme une longue queue, voilà de quoi intriguer l'animal le plus stupide. Ma forme peu ordinaire, appris-je d'ailleurs plus tard, avait inspiré aux habitants de la planète voisine bon nombre de commentaires et de suppositions. Les astronomes et les philosophes pensaient que j'étais une comète, et que la corde était sa queue. Certains prétendirent aussi qu'une traînée lumineuse inhabituelle comme telle était le signe avant-coureur d'un malheur comme la peste, la famine ou quelque autre imprévu fâcheux. D'autres firent encore mieux et, aussi bien qu'ils le pouvaient de loin, reproduisirent très précisément ce que je représentais, en sorte que j'étais déjà défini, décrit, peint et gravé sur cuivre avant même d'être chez eux. Plus tard, lorsque je serais descendu sur

Êtres de l'intérieur de la Terre, in Ludvig Holberg, *Niels Klims underjordiske rejse* (*Le Voyage souterrain de Niels Klim*), édition de 1767

cette planète et que j'aurais appris leur langue souterraine, je devrais trouver cette histoire très drôle voire flatteuse. […] D'ailleurs, l'indignation dont je semblais la cause, était véritablement fondée, car l'arbre dans lequel j'avais grimpé en fuyant le taureau n'était autre que l'épouse du bourgmestre de la ville voisine. Le nom de l'offensée aggravait infiniment mon crime car j'avais paru agresser, non seulement une femme ordinaire mais une dame de qualité, et de surcroît en pleine campagne, devant tout le monde : une scène parfaitement scandaleuse pour un peuple aussi vertueux. […]

Et pour ne plus vous faire attendre, lecteurs curieux : j'avais compris que ces arbres n'étaient pas seulement la flore de cette planète mais des êtres intelligents à part entière ; et j'admirais l'originalité dont fait preuve la Nature en dotant chacune de ses créations d'un aspect bien à lui. Ces arbres, loin d'être aussi hauts que les nôtres, ne dépassent guère la taille d'un être humain ; certains même, beaucoup plus petits, sont donc plutôt comparables

à des fleurs ou des plantes ; sans nul doute, des enfants.
[…]
Non loin se trouve le royaume Mardak, dont les habitants sont des cyprès tous semblables si l'on excepte leurs yeux, qui varient considérablement. Certains les ont oblongs, d'autres carrés, quelques-uns tout minuscules, et d'autres si grands qu'ils leur couvrent tout le front. Certains en ont deux à la naissance, d'autres trois ou encore quatre. […]
Les plus nombreux, et donc les plus puissants, sont les Nagiriens, c'est-à-dire ceux qui, ayant les yeux oblongs, pensent que tout est oblong. Les régents, les bourgmestres et les pasteurs sont toujours élus à partir de cette tribu. Seuls ses membres ont accès aux fonctions d'État, et ils n'acceptent jamais un ressortissant d'une autre tribu pour quelque emploi que ce soit, à moins qu'il ne reconnaisse avoir vu également oblong un certain tableau dit sacré et exposé dans le Temple en l'honneur du Soleil, et en avoir fait le serment.
Ce tableau est ce que le culte divin mardakanesque considère de plus sacré. Bon nombre de citoyens très honnêtes et talentueux, par haine du parjure, n'accèdent donc jamais aux fonctions dites honorifiques, et sont constamment sujets à tous les sarcasmes et persécutions possibles. Ils s'excusent inutilement d'avoir cru leurs propres yeux : on leur intente un procès, en sorte que ce qui est considéré comme une erreur de la Nature, est assimilé à de la méchanceté et de la révolte. […]
Au lendemain de mon arrivée, alors que je flânais sur la place du marché, j'aperçus un vieil homme que l'on menait au pilori. Une foule inouïe le suivait en lui criant des injures et des railleries. Je demandai ce qu'était son délit, et on me répondit que c'était un hérétique qui avait ouvertement laissé entendre que le tableau solaire lui était apparu carré, et qui, malgré plusieurs avertissements, s'obstinait.
Je me rendis alors immédiatement dans le Temple du Soleil pour vérifier si j'avais des yeux orthodoxes, et comme effectivement, ce tableau sacré m'apparut également bien carré, je le dis aussitôt ouvertement à mon hôte, récemment nommé chef de la police de cette ville. Il poussa alors un profond soupir, et reconnut qu'il le voyait également carré, mais qu'il n'osait pas laisser planer le moindre soupçon sur le sujet, de peur de susciter la colère de la tribu au pouvoir et d'être démis de ses fonctions. […] Je ne devais pas oublier non plus, lorsque je serais rentré à Potu, de cracher mon venin sur ce peuple barbare à la moindre occasion. Mais un jour, alors que, selon mon habitude, j'évoquais le sujet et faisais part de ma colère à un genévrier de mes plus fidèles amis, il me rappela la chose suivante : « Nous, Potuans, nous considérons les institutions nagiriennes critiquables et injustes, mais toi, mon cher Klim, tu ne devrais pas, à mon sens, être très surpris de voir que l'on condamne là-bas toute opinion divergente avec autant de sévérité ; car, si je me rappelle bien, tu nous as toi-même raconté que dans la plupart des peuples européens, il existe des tribus dominantes qui persécutent les autres par la force de leur épée, en raison d'une divergence d'ordre mental ou physique ; et pourtant, tu as loué ces recours à la force en tant qu'institutions divines des plus bénéfiques pour l'État. » […]
Dans le royaume de Kokleku, on a des mœurs non moins erronées et que les Européens seraient unanimes à condamner. […] Les habitants des deux sexes sont des genévriers, mais les hommes ne sont employés que pour la cuisine et d'autres travaux insignifiants. Ils sont certes mobilisés en temps de guerre, mais sont rarement plus que simple soldat ; très peu obtiennent le droit de commander : ils deviennent alors sous-lieutenants, le grade

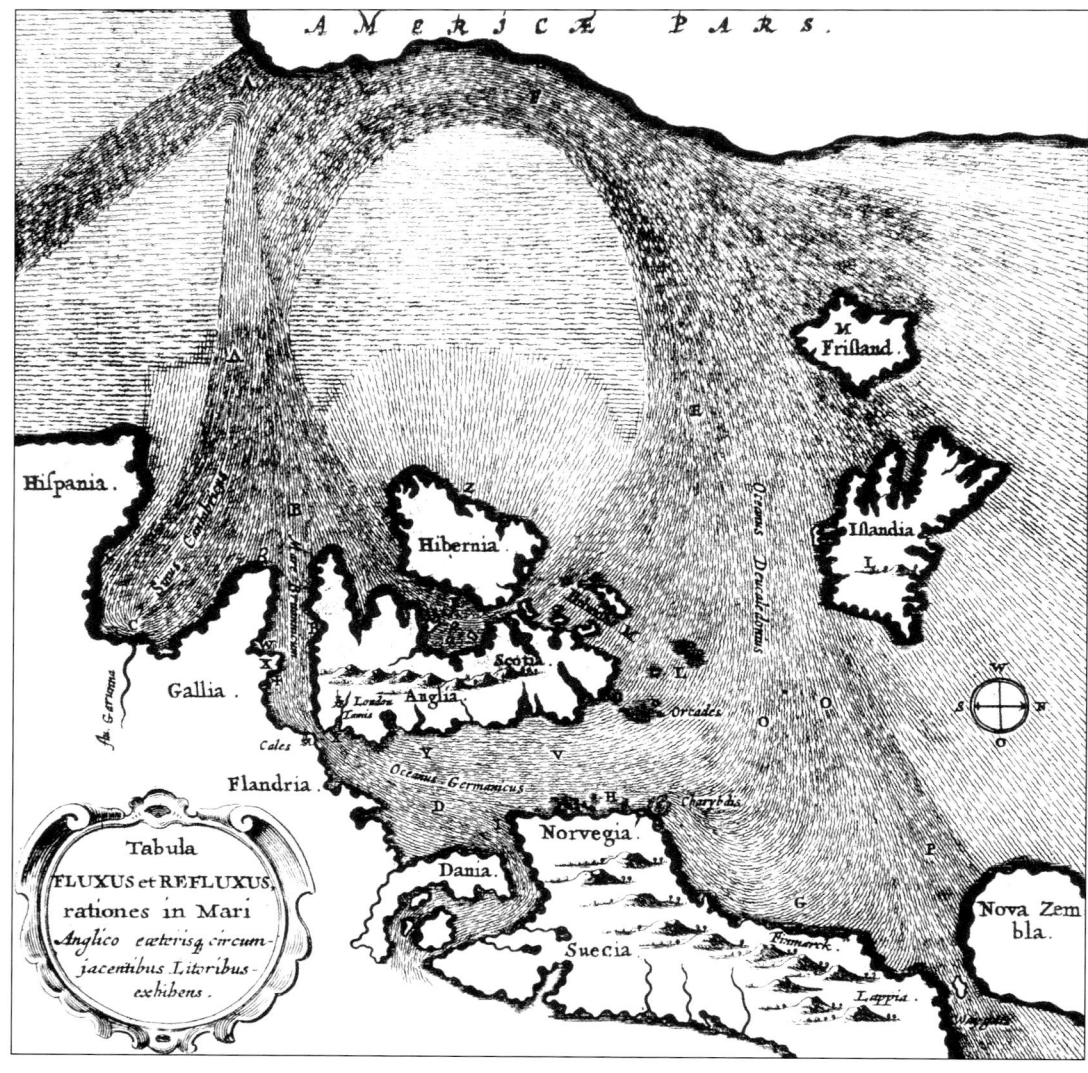

le plus élevé dont un arbre mâle puisse rêver dans cet état. Les femmes, en revanche, occupent les plus importants des postes civils, ecclésiastiques ou militaires. J'avais déjà parfois critiqué les Potuans parce qu'en matière de partage des tâches, ils n'avantageaient pas un sexe par rapport à l'autre, mais cette nation-là me parut complètement dénaturée et frénétique. Je ne pouvais certes pas comprendre l'oisiveté des mâles qui, malgré l'avantage de la force corporelle, supportaient sans sourciller cette honteuse servitude, et qui depuis tant de siècles, car il leur aurait été facile, avec du courage d'y mettre un terme. Mais les vieilles habitudes les avaient si bien engourdis : que les épouses gouvernent l'État, et que les hommes tissent, cuisinent, tricotent, filent, fassent le ménage et aillent au marché, ils y voyaient la volonté de la Nature. Vu la force physique inégalable des

Le Pôle Nord, in Athanasius Kircher, *Mundus subterraneus* (*Le Monde souterrain*), 1665

hommes, leurs muscles plus puissants et la meilleure prédisposition de leurs membres pour les gros travaux, il est donc évident, disent les femmes, qu'ils sont destinés à ceux-ci.
[…]
J'ai constaté bien des effets dévastateurs de ces mœurs absurdes. Par exemple, tout comme on trouve ailleurs des prostituées qui au marché vendent leurs charmes, on trouve ici des hommes, jeunes et moins jeunes, qui vendent leurs nuits et qui louent une chambre, dont l'emplacement et l'enseigne montrent bien de quoi il s'agit. Mais comme on se livre d'habitude à ce commerce en pleine rue, ces hommes sans scrupules sont souvent arrêtés, emprisonnés puis fouettés, comme le sont chez nous les prostituées. En revanche, les femmes et les jeunes filles peuvent se promener sans honte, faire signe aux hommes d'approcher, les regarder droit dans les yeux, les siffler d'un « Pssst ! », les prendre au menton, les pincer, avec des plaisanteries paillardes et toutes sortes de pantomimes. Sans qu'on puisse les blâmer, elles racontent leurs effronteries et se vantent de leurs conquêtes, tout comme les mufles chez nous du nombre de dames qu'ils ont troussées (moyennant souvent une paire de gifles). On ne blâme jamais ici une femme qui assaille des jeunes hommes de poèmes, lettres d'amour et présents ; mais dans ce cas, l'intéressé, célibataire, fait généralement preuve de retenue et de décence : le fait de dire tout de suite « oui », quel manque de bienséance !
[…]
Aussi longtemps que je séjournai chez ces genévriers, je n'osai blâmer ouvertement ces mœurs inversées, mais dès que j'eus quitté la capitale, je ne cachai plus mon sentiment : celles-ci étaient contre nature, puisque les lois fondamentales, et le consentement mutuel de tous les peuples destinent clairement l'homme aux tâches délicates et d'importance. Mais on prétendit que je confondais tradition et institutions avec état d'espèce ; et que la prétendue faiblesse des femmes devait tout bonnement être imputée à leur éducation, ce qui était surtout manifeste dans ce pays puisqu'elles y présentaient des vertus et de l'esprit qu'ailleurs, les hommes n'attribuaient qu'à eux-mêmes. Et les dames du royaume de Kokleku ont bel et bien coutume d'être humbles, responsables, sérieuses, fiables et justes ; alors que les hommes, au contraire, sont immatures, étourdis et rapporteurs. Par conséquent, dès que quelqu'un raconte des absurdités, on cite en guise de proverbe : « Ce sont des contes de bonshommes » ; et lorsque l'on entreprend quelque chose précipitamment, sans avoir mûrement réfléchi : « La faiblesse est le propre du mâle. »

À la decouverte des pôles

SIR HORMISDAS-PEATH
(pseudonyme de Jacques Collin de Plancy, 1793 ou 1794-1881)
Voyage au centre de la terre, ou Aventures diverses de Clairancy et de ses compagnons dans le Spitzberg, au Pôle Nord et dans des pays inconnus, I, XI-XII (Caillot, 1821)

Enfin, après un quart-d'heure de marche, nous trouvâmes effectivement devant nous cette grande barrière noire. Ce n'était point encore les montagnes du pôle ; c'était une forêt immense, qui s'étendait plus loin que notre vue, et qui était plantée d'arbustes, et de hauts arbres, à la vérité assez rares ; mais ces arbres étaient verts comme le pin.
[…] le pôle n'était plus l'empire de l'hiver et de la mort. […]
Avant de le tenter, Clairancy voulut d'abord en connaître la matière, (comme il nous le conta depuis) ; il tira son couteau

de chasse, et en frappa le roc ; la pointe du couteau se brisa, et le roc sonna le fer ; il traça quelques lignes dans d'autres endroits : la couleur du fer se montra partout légèrement mêlée d'un terrain noir et extrêmement dur. – Plus de doute, dit-il à Edouard, nous touchons ces montagnes de fer dont les vrais physiciens ont tant parlé […].

Il nous fallut marcher une heure et demie pour arriver du pied à la cime de ces montagnes, et pendant tout cet espace encore, rien ne se montra.

Mais au moment où nous parvînmes sur la plate-forme de la couronne où nous nous réjouissions de nous trouver sur un sol uni, large, immense, éclairé par une lumière aussi pure que celle du jour, nous éprouvâmes tous une sensation qui ne sortira jamais de notre mémoire. Chacun sentit sa respiration plus libre, son corps plus dispos, ses mouvements plus légers ; il nous semblait que nous planions, sans fouler la terre. Nous traversâmes de la sorte, sans nous en apercevoir, la moitié de la plate-forme où nous cherchions nos camarades. Nous étions alors à peu de distance de l'autre bord, d'où jaillissaient en torrent ces flots de lumière que nous avions pris de loin pour une colonne de médiocre étendue, et qui formaient une masse incommensurable. Tristan pensant, ainsi que moi, que le pôle était peut-être un foyer de lumière et de chaleur, comme le soleil ; Williams et Martinet craignant de se jeter dans le feu, nous voulions tous nous arrêter…… une secousse violente qui nous entraîna rapidement, nous avertit que nous ne le pouvions plus, et que nous étions attirés vers le pôle, par une force invincible, de l'instant où nous avions mis le pied sur la cime de la montagne. […]

Nos cheveux se hérissèrent d'effroi, quand nous nous vîmes au bord d'un précipice sans fond, où le jour brillait dans tout son éclat ; mais aucun de nous n'eut le temps de rien considérer : toute la petite troupe fut emportée par le tourbillon dans le vague de l'air […].

Nous descendions dans le gouffre avec la rapidité d'une grande chute. […] Nous nous trouvions donc, avec une surprise indéfinissable, dans un vague lumineux, d'une étendue immense…. […]
– Écoutez-moi, nous dit enfin Clairancy, les idées que je vais vous communiquer nous tireront peut-être d'embarras ; vous serez libres d'y faire vos objections. Un savant physicien a prétendu, au commencement du dix-huitième siècle, que la terre qui vient de nous perdre ne pouvait être compacte, puisqu'ayant trois mille lieues de diamètre, il y en aurait au moins deux mille neuf cents d'inutiles. En conséquence, il supposait dans l'intérieur du globe terrestre, un noyau métallique qui en réglait les mouvements. Ce système, que l'on rejeta alors comme un paradoxe, notre aventure en prouve la réalité. Voilà donc ce que je présume : la terre, dont les hommes habitent la surface, et qui a neuf mille lieues de circonférence, n'a que cinquante ou cent lieues d'épaisseur dans toutes ses parties. Son intérieur est vide, et lui donne au centre la forme d'un globe ; au milieu de ce globe est un noyau ou une autre planète plus petite, et ce noyau est d'aimant […]. Or, les vapeurs que produisent en abondance les rochers magnétiques où nous avons été jetés, ces vapeurs sortent directement par l'ouverture du pôle, où l'auteur de la nature a placé une chaîne de montagnes de fer qui forment une couronne. Il est à présumer que le pôle méridional est entouré des mêmes circonstances. Ainsi les grandes masses de fer qui environnent les deux pôles, attirant également de chaque côté les vapeurs magnétiques de cette planète centrale, elle se trouve maintenue dans un équilibre parfait. Ce qui nous embarrasse le plus, c'est de voir le ciel,

Les Pôles, in Athanasius Kircher, *Mundus subterraneus* (*Le Monde souterrain*), 1665

quand nous avons de toutes parts la terre au-dessus de nos têtes. Mais il se peut que le globe terrestre, opaque et sombre dans sa superficie, soit lumineux dans ses parties inférieures, ou plutôt l'air qui nous environne nous cache la véritable nuance de ce demi-globe qui est au-dessus de nous. Quant à la lumière que nous recevons ici, je pense qu'elle nous est communiquée par ces mêmes vapeurs magnétiques, qui, traversant les deux pôles, s'élèvent à une hauteur infinie, réfléchissent les rayons du soleil, font les aurores boréales, et sont peut-être aussi l'axe de la terre…..

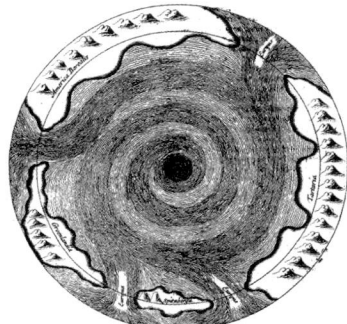

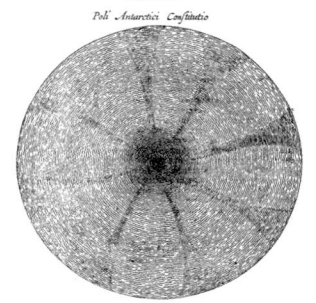

Une vision souterraine

EDWARD BULWER-LYTTON
(1803-1873)
La race à venir… celle qui nous exterminera !, III-IV (1871 ; Camion blanc, 2008)

La route elle-même ressemblait aux grands passages des Alpes, traversant des montagnes rocheuses dont celle par laquelle j'étais descendu formait un chaînon.
À ma gauche et bien au-dessous de moi s'étendait une grande vallée, qui offrait à mes yeux étonnés des indices évidents de travail et de culture. Il y avait des champs couverts d'une végétation étrange, qui ne ressemblait en rien à ce que j'avais vu sur la Terre ; la couleur n'en était pas verte, mais plutôt d'un gris de plomb terne, ou d'un rouge doré.
Il y avait des lacs et des ruisseaux qui semblaient enfermés dans des rives artificielles ; les uns étaient pleins d'eau claire, les autres brillaient comme des étangs de naphte. À ma droite, des ravins et des défilés s'ouvraient dans les rochers ; ils étaient coupés de passages, évidemment dus au travail et bordés d'arbres ressemblant pour la plupart à des fougères gigantesques, au feuillage d'une délicatesse exquise et pareil à des plumes ; leur tronc ressemblait à celui du palmier. D'autres avaient l'air de cannes à sucre, mais plus grands et portant de longues grappes de fleurs. D'autres encore avaient l'aspect d'énormes champignons, avec des troncs gros et courts, soutenant un large dôme, d'où pendaient ou s'élançaient de longues branches minces. Par devant, par derrière, à côté de moi, aussi loin que l'œil pouvait atteindre, tout étincelait de lampes innombrables. Ce monde sans soleil était aussi brillant et aussi chaud qu'un paysage italien à midi, mais l'air était moins lourd et la chaleur plus douce. Les habitations n'y manquaient pas. Je pouvais distinguer à une certaine distance, soit sur le bord d'un lac ou d'un ruisseau, soit sur la pente des collines, nichés au milieu des arbres, des bâtiments qui devaient assurément être la

Une scène du film *Voyage au centre de la Terre*, 2008

demeure d'êtres humains. Je pouvais même apercevoir, quoique très loin, des formes qui paraissaient être des formes humaines s'agitant dans ce paysage. [...] Au-dessus de moi il n'y avait pas de ciel, mais la voûte d'une grotte. Cette voûte s'élevait de plus en plus à mesure que le paysage s'élargissait, elle finissait par devenir invisible au-dessus d'une atmosphère de nuages qui la séparait du sol.

[...]

Je me trouvais alors tout à fait en vue du bâtiment. Oui, il avait bien été élevé par des mains humaines et creusé en partie dans un grand rocher. J'aurais supposé au premier coup d'œil qu'il appartenait à la première période de l'architecture égyptienne. La façade était ornée de grosses colonnes, s'élevant sur des plinthes massives et surmontées de chapiteaux que je trouvai, en les examinant de plus près, plus ornés et plus gracieux que ne le comporte l'architecture égyptienne. De même que la chapiteau corinthien imite dans ses ornements la feuille d'acanthe, le chapiteau de ces colonnes imitait le feuillage de la végétation qui les entourait, comme des feuilles d'aloès ou des feuilles de fougères. À ce moment sortit du bâtiment un être… humain ; était-ce bien un être humain ? debout sur la grande route, il regarda autour de lui, me vit et s'approcha. Il vint à quelques mètres de moi ; sa vue, sa présence me remplirent d'une terreur et d'un respect indescriptibles, et me clouèrent au sol. Il me rappelait les génies symboliques ou démons qu'on trouve sur les vases étrusques, ou que les peuples orientaux peignent sur leurs sépulcres : images qui ont des traits de la race humaine et qui appartiennent cependant à une autre race. Il était grand, non pas gigantesque, mais aussi grand qu'un homme peut l'être sans atteindre la taille des géants.

Son principal vêtement me parut consister en deux grandes ailes, croisées sur la poitrine et tombant jusqu'aux genoux ; le reste de son costume se composait d'une tunique et d'un pantalon d'une étoffe fibreuse et mince. Il portait sur la tête une sorte de tiare, parée de pierres précieuses, et tenait à la main droite une mince baguette d'un métal brillant, comme de l'acier poli. Mais c'était son visage qui me remplissait d'une terreur respectueuse. C'était bien le visage d'un homme, mais d'un type distinct de celui des races qui existent aujourd'hui sur la Terre. Ce dont il se rapprochait le plus par les contours et l'expression, ce sont les sphinx sculptés, dont le visage est si régulier dans sa beauté calme, intelligente, mystérieuse. Son teint était d'une couleur particulière, plus rapproché de celui de la race rouge que d'aucune autre variété de notre espèce ; il y avait cependant quelques différences : le ton en était plus doux et plus riche, les yeux étaient noirs, grands, profonds, brillants, et les sourcils dessinés presque en demi-cercle. Il n'avait point de barbe, mais je ne sais quoi dans tout son aspect, malgré le calme de l'expression et la beauté des traits, éveillait en moi cet instinct de péril que fait naître la vue d'un tigre ou d'un serpent. Je sentais que cette image humaine était douée de forces hostiles à l'homme. À mesure qu'il s'approchait, un frisson glacial me saisit. Je tombai à genou et couvris mon visage des deux mains.

J. CLEVES SYMMES (1779-1829)
Une lettre

CIRCULAIRE : *La lumière donne à découvrir la lumière, à l'infini*

ST LOUIS, Territoire du Missouri, Amérique du Nord, 10 avril 1818

Au monde entier :

Je déclare que la Terre est creuse et habitable à l'intérieur ; qu'elle contient plusieurs sphères concentriques solides, l'une dans l'autre, et qu'elle est ouverte aux pôles de douze ou seize degrés. J'affirme sur ma vie cette vérité, et suis prêt à explorer cet intérieur creux si le monde me soutient et m'aide dans cette entreprise.

Jno. Cleves Symmes, de l'Ohio,
ex-capitaine d'infanterie

N. B. : Je suis prêt à fournir à la presse un traité sur les principes de la matière, dans lequel je produis des preuves de la théorie ci-dessus exposée, un compte rendu de divers phénomènes, et révèle le « secret d'or » du docteur Darwin. […] Je demande à une centaine de compagnons courageux et bien équipés de partir de la Sibérie à l'automne, avec des traîneaux et des rennes, et de s'engager sur les glaces de la mer gelée. Je prédis que nous trouverons une terre chaude et riche, foisonnante de végétaux et d'animaux (à défaut d'hommes) en atteignant un degré au nord de la latitude 82. Nous reviendrons au printemps suivant.

L'hypothèse de Bernard

RAYMOND W. BERNARD
(1901-1965)
La Terre Creuse, Préface
(1964 ; Albin Michel, 1971)

CET OUVRAGE CHERCHE
À PROUVER
1. Que la Terre est creuse et n'est pas une sphère solide comme on le suppose communément, et que cette partie intérieure communique avec la surface par deux ouvertures polaires.
2. Que les observations et découvertes du contre-amiral Richard E. Byrd, de la Marine des États-Unis, le premier à s'engager dans ces ouvertures polaires, – ce qu'il fit sur une distance totale de 6 400 kilomètres dans l'Arctique et l'Antarctique, – confirment la justesse de notre théorie révolutionnaire

sur la structure de la Terre, et rejoignent certaines déclarations d'autres explorateurs polaires.

3. Que, suivant notre théorie d'une Terre plutôt concave que convexe à ses deux extrémités, le pôle Nord et le pôle Sud n'ont jamais été atteints pour la bonne raison qu'ils n'existent pas.

4. Que l'exploration du nouveau monde inconnu qui se trouve à l'intérieur de la Terre est beaucoup plus importante que la conquête du Cosmos. Les expéditions aériennes de l'amiral Byrd montrent comment une telle exploration pourrait être menée à bien.

5. Que la nation qui atteindra la première le Nouveau Monde situé à l'intérieur de la Terre deviendra la plus puissante du monde.

6. Que, étant donné le climat chaud dont jouit ce Nouveau Monde, il n'y a aucune raison pour qu'il n'abrite pas une vie végétale, animale et humaine. Et que s'il en est ainsi, il est très possible que les mystérieuses soucoupes volantes émanent d'une civilisation avancée, située à l'intérieur de la Terre.

7. Que, dans l'éventualité d'une guerre nucléaire, l'espèce humaine pourrait survivre en cherchant refuge dans les profondeurs cachées de notre globe.

Au centre de l'œuf

CYRUS REED TEED
Koresh, fondamentaux de l'universologie koreshienne (1899)
Cyrus Reed Teed, dit Koresh (1839-1908)

Le soleil et les étoiles sont les focalisations de la substance physique de l'esprit, mêlées à la matière par l'effet d'une convergence volumineuse et de haute tension.
En ces centres se produisent une concrétion et une sublimation constantes. La substance

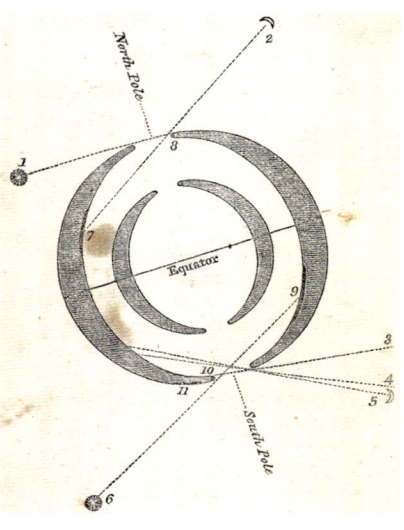

Illustration d'Adam Seaborn, *Symzonia*. Voyage of Discovery, New York, 1820

de l'esprit se matérialise en permanence, et la matérialisation temporaire est tout aussi rapidement changée en substance de l'esprit et irradiée. [...]
Dans ces atmosphères, et les occupant, se trouvent le soleil et les étoiles, ainsi que les reflets appelés planètes et lune.
Les planètes sont des disques mercuriels qui se déplacent par impulsion électromagnétique entre les lames ou les plans de la coquille concave. [...]
Les champs alchimico-organiques occupent le centre du noyau astral, en tant que pôle positif de son essence électromagnétique. [...]
Alors que le soleil irradie sa substance sous forme d'un cône, dont la pointe se situe à son apex et la base sur ses strates métalliques, l'impression sur les strates est en forme de zone circulaire.

Couverture du livre de Raymond Bernard, *The Hollow Earth* (*La Terre creuse*), 1964

L'origine des esquimaux

RAYMOND W. BERNARD
La Terre Creuse, VI
(1964; Albin Michel, 1971)

La plupart des écrivains qui se sont intéressés à ce sujet ont émis l'idée que l'intérieur du globe était habité par une race de petits hommes à la peau brune, et que les Esquimaux, dont le type de race ne ressemble à aucun autre, provenaient de ce Monde souterrain.

Quand on demande aux Esquimaux d'où venaient leurs ancêtres, ils pointent un index dans la direction du nord. Leurs légendes évoquent une terre merveilleuse inondée de lumière. Là il n'y a jamais d'obscurité.
[…]
Gardner termine en faisant remarquer que les Mongols qui, par beaucoup de côtés, ressemblent aux Esquimaux, pourraient, comme eux, venir de l'intérieur de la Terre.

Le journal de Byrd

AMIRAL RICHARD EVELYN BYRD
Journal (1947)

Pseudo-Richard Evelyn Byrd (1888-1957):
Journal de 1947 (février-mars)

LA TERRE AU-DELÀ DES PÔLES:
Vol d'exploration au-dessus du pôle Nord
(« L'Intérieur de la terre : mon journal secret »)

C'est dans le secret et l'obscurité que je dois rédiger ce journal. Il concerne mon vol au-dessus de l'Arctique, le 19 février de l'année 1947.
Un moment vient où la rationalité humaine doit sombrer dans l'insignifiance et où il faut accepter l'inévitabilité de la vérité ! Je ne suis pas libre de divulguer par écrit la documentation qui suit […], et peut-être ne viendra-t-elle jamais à la lumière de l'examen public ; mais je dois accomplir mon devoir et établir le présent compte rendu, pour qu'un jour il soit lu de tous. Dans un monde de cupidité et d'exploitation, l'humanité ne peut plus tolérer que la vérité reste enfouie. […]
9h10. Les boussoles, tant magnétiques que gyroscopiques, commencent à s'affoler et nous sommes dans l'incapacité de maintenir notre cap grâce aux instruments. Nous nous repérons grâce à une boussole solaire, et tout semble aller bien. Les contrôles sont sensiblement lents à répondre, paresseux, mais rien n'indique qu'ils ont gelé. […]
9h49. Vingt minutes de vol se sont écoulées depuis que nous avons aperçu pour la première fois les montagnes, et on ne peut soupçonner aucune illusion. Ce sont des montagnes en forme de petite chaîne, que je n'ai jamais vues auparavant ! […]
Derrière la chaîne de montagnes apparaît ce qui ressemble à une vallée, avec une petite rivière ou un ruisseau courant dans sa partie centrale. Il ne devrait y avoir aucune vallée de verdure en ces régions ! Il y a sans conteste ici quelque chose d'anormal ! Nous devrions voler au-dessus

d'étendues de glace et de neige! À bâbord s'élèvent de grandes forêts sur les flancs de la montagne. Nos instruments de navigation continuent de s'affoler, l'aiguille de la boussole gyroscopique d'osciller d'avant en arrière.

10h05. Je diminue l'altitude pour voler à cinq cents mètres et effectue un virage à gauche pour mieux examiner la forêt en contrebas. Elle est verte, avec de la mousse ou une sorte d'herbe drue. Ici, la lumière semble différente. Je ne vois plus le soleil. Un autre virage à gauche, et nous repérons au-dessous de nous ce qui ressemble à un grand animal d'espèce indéterminée. On croirait un éléphant! NON!!! Plutôt un mammouth! C'est incroyable, et pourtant le voilà! […]

10h30. Encore des ondulations de collines verdoyantes. L'indicateur de température externe indique 74 degrés Fahrenheit! Nous continuons notre progression.
À présent, les instruments de navigation semblent fonctionner normalement. Leur comportement m'intrigue.
Tentative pour joindre le camp de base, mais la radio ne marche pas!

11h30. Le paysage au-dessous est plus égal et normal (si je peux employer ce mot). Devant nous, nous distinguons ce qui ressemble à une ville!!!! C'est impossible! L'appareil semble léger et curieusement bondissant. Les contrôles refusent de répondre! Mon DIEU!!! À bâbord et à tribord volent d'étranges aéroplanes, qui se rapprochent rapidement du nôtre. Ils sont en forme de disque et semblent irradier. Ils sont assez proches pour que nous voyions ce qui est représenté sur la carlingue: une sorte de swastika!!! C'est fantastique! Où sommes-nous? Que s'est-il passé? […]
11h35. Notre radio crachote et une voix nous parvient, en anglais, avec un léger accent, peut-être nordique ou germanique. Le message est celui-ci: «Bienvenue dans notre domaine, amiral. Nous vous ferons atterrir dans exactement sept minutes. Détendez-vous, amiral, vous êtes entre de bonnes mains!» Je remarque que les moteurs de notre avion ont cessé de tourner! L'appareil est étrangement pris en contrôle et marche tout seul. Les contrôles ne sont plus d'aucune utilité. […]
Plusieurs hommes s'approchent à pied de notre avion. Ils sont de haute taille, avec les cheveux blonds. À distance s'active une ville chatoyante, aux couleurs de l'arc-en-ciel. Je ne sais ce qui va arriver maintenant, mais je ne vois aucune trace d'arme portée par les hommes qui approchent. J'entends une voix qui m'appelle par mon nom et m'ordonne d'ouvrir la porte de la soute. Je m'exécute. […]
«À partir de maintenant, je rends compte de tous les événements de mémoire. Ils défient l'imagination et sembleraient relever de la folie s'ils ne s'étaient vraiment produits.»

William Bradshaw, *The Goddess of Atvatabar* (*La Déesse d'Atvatabar*), New York Public Library, J.F. Douthitt, 1892

13. L'INTÉRIEUR DE LA TERRE, LE MYTHE POLAIRE ET L'AGARTTHA

William Bradshaw,
Map of interior world
(*Carte de l'intérieur du monde*),
New York Public Library,
J.F. Douthitt, 1892

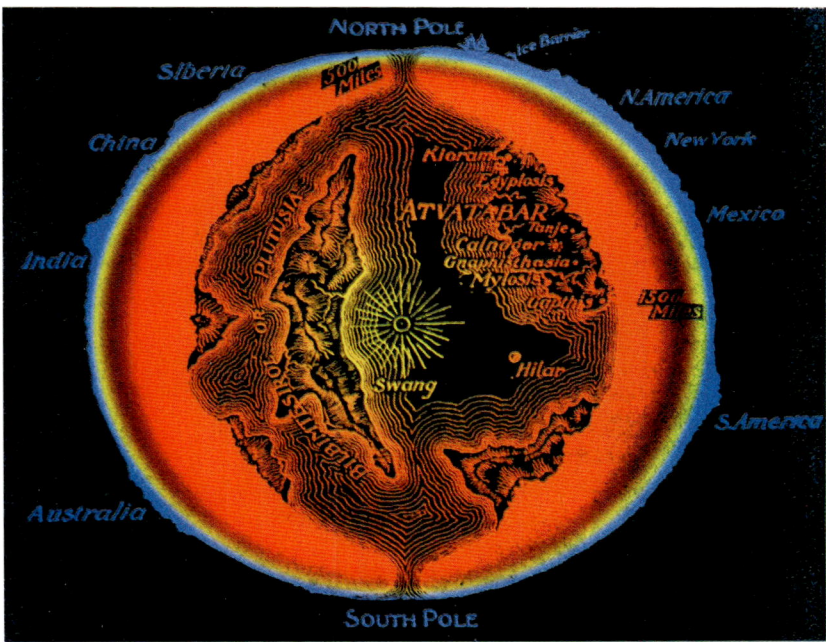

L'opérateur de radio et moi sommes emmenés de l'avion et reçus de la manière la plus cordiale. On nous fait monter sur un petit engin à plate-forme, sans roues ! L'engin nous conduit très rapidement vers la ville qui brille à distance. À mesure que nous approchons, celle-ci nous semble faite de cristal. Bientôt, nous arrivons à un grand bâtiment d'un genre que je n'ai jamais vu auparavant. Il semble construit sur un dessin de Frank Lloyd Wright, ou, peut-être plus justement, issu d'un décor de Buck Rogers ! […]
« Oui, répond le Maître avec un sourire, vous êtes dans le domaine des Arianni, le Monde Intérieur de le Terre. Nous ne vous retarderons pas longtemps dans votre mission, et vous serez escortés en toute sécurité pour rejoindre la surface et au-delà. Mais pour le moment, amiral, permettez-moi de vous dire pourquoi vous avez été amené ici.
« Notre intérêt légitime a commencé au moment où votre race a fait exploser les premières bombes atomiques sur Hiroshima et Nagasaki, au Japon. C'est à cette époque alarmante que nous avons envoyé nos machines volantes, les «Flugelrads», vers votre monde de la surface, pour enquêter sur ce que votre race avait fait. Tout cela est bien sûr de l'histoire ancienne, cher amiral, mais je dois poursuivre. Voyez-vous, jamais jusqu'à présent nous ne sommes intervenus dans vos guerres et vos actes barbares, mais le moment est venu où nous le devons, car vous avez appris à manipuler un pouvoir qui n'est pas pour l'homme : celui de l'énergie atomique. Nos émissaires ont déjà délivré des messages aux puissances de votre monde, mais elles n'y prêtent pas attention. Aussi avez-vous été choisi pour porter témoignage que notre monde existe.

Asgartha

LOUIS JACOLLIOT (1837-1890)
Les Fils de Dieu, II, VIII
(1873 ; Marpon & Flammarion, 1882)

Le brahmatma vivait invisible, au milieu de ses femmes et de ses favoris dans son immense palais ; ses ordres aux prêtres, aux gouverneurs de province, aux brahmes et aux aryas de tous ordres, étaient portés par des messagers qui avaient aux bras des bracelets d'argent ciselés à ses armes, et qui lui rendaient compte de l'exécution. Lorsque ces officiers du brahmatma passaient dans les villes, dans les aldées, et dans les campagnes, montés sur leurs monstrueux éléphants blancs, couverts de tentures de soie et caparaçonnés d'or, précédés de nombreux coureurs qui annonçait leur présence par le cri sacré : ahovata ! ahovata !… les populations s'agenouillaient sur le bord des routes et des rizières, ne relevant la tête que quand le cortège avait disparu.
[…]
Lorsque le brahmatma lui-même sortait, il ne pouvait le faire que dans un haoudah fermé à tous les regards par des rideaux tissés de cachemire, de soie et d'or, porté par l'éléphant blanc consacré à sa personne, que nul autre que lui n'avait monté, et qui ployait littéralement sous l'or massif, les tapis du Nepaul, les pierreries et les perles fines. La trompe de l'animal était ornée de plusieurs bracelets, merveille de patience et d'orfèvrerie, à ses grosses oreilles pendaient d'énormes diamants d'une valeur inappréciable, et quant au haoudah, il était en bois de sandal incrusté d'or.
Le service du palais de ce représentant de Dieu sur la terre dépassait tout ce qu'il serait possible à l'imagination la plus féconde de rêver, et les descriptions que les brahmes ont laissées du palais d'Asgartha laissent bien loin derrière elles les merveilles de Thèbes, de Memphis, de Ninive et de Babylone, qui n'étaient du reste qu'un écho affaibli de celles de leurs ancêtres Indous.
[…]
Enfin les fondateurs du christianisme, après avoir emprunté au brahmanisme sa trinité, ses mystères, le nom et les aventures de ses incarnations, la vierge mère, et, ainsi que nous le verrons, jusqu'à l'huile sainte, jusqu'au feu de l'autel, à l'eau bénite et aux cérémonies, tinrent sans doute à marquer encore mieux leur filiation en poussant la servilité de la copie jusqu'au bout.
Après avoir fait de Iezeus Christna, Jésus-Christ ; de la vierge Devanaguy, Marie ; du brahmatma, ils firent le pape.

Où est l'Agarttha ?

ALEXANDRE SAINT-YVES D'ALVEYDRE (1842-1909)
Mission de l'Inde en Europe
(1886 ; Dualpha, 2006)

Où est l'Agarttha ? Dans quel lieu précis réside-t-elle ? Par quelle route, à travers quels peuples faut-il marcher pour y pénétrer ?
[…]
Mais, comme je sais que dans leurs compétitions mutuelles à travers toute l'Asie, certaines puissances frôlent, sans s'en douter, ce territoire sacré, comme je sais, qu'au moment d'un conflit possible, leurs armées devraient forcément soit y passer, soit le côtoyer, c'est par humanité pour ces peuples européens comme pour l'Agarttha elle-même, que je ne crains pas de poursuivre la divulgation que j'ai commencée. À la surface et dans les entrailles de la terre, l'étendue réelle de l'Agarttha défie l'étreinte et la contrainte de la profanation et de la violence.

Cortège d'éléphants, illustration du Maître de Boucicaut pour le *Livre des Merveilles* de Marco Polo, XVe siècle. Paris, Bibliothèque Nationale de France

Double page suivante :
John Martin, *Le Pandémonium* (d'après Milton, *Paradise lost* [*Le Paradis perdu*]), 1841. Paris, Musée du Louvre

Sans parler de l'Amérique, dont les sous-sols ignorés lui ont appartenu dans une très haute antiquité, en Asie seulement, près d'un demi-milliard d'hommes savent plus ou moins son existence et sa grandeur. Mais on ne trouvera pas un traître parmi eux pour indiquer la position précise où se trouvent son conseil de Dieu et son conseil des Dieux, sa tête pontificale et son cœur juridique.
[…]
Qu'il suffise à mes lecteurs de savoir que, dans certaines régions de l'Himalaya, parmi vingt-deux temples représentant les vingt-deux Arcanes d'Hermès et les vingt-deux lettres de certains alphabets sacrés, l'Agarttha forme le Zéro mystique, l'introuvable.
[…]
Le territoire sacré de l'Agarttha est indépendant, synarchiquement organisé et composé d'une population s'élevant à un chiffre de près de vingt millions d'âmes.
[…]
Les bibliothèques des cycles antérieurs se retrouvent jusque sous les mers qui ont englouti l'antique continent austral, jusque dans les constructions souterraines de l'ancienne Amérique prédiluvienne.

Ce que je vais dire ici et plus loin ressemblera à un conte des *Mille et une Nuits*, et pourtant rien n'est plus réel.
Les véritables archives universitaires de la Paradésa occupent des milliers de kilomètres. Depuis des cycles de siècles, chaque année, seuls, quelques hauts initiés ne possédant que le secret de certaines régions, savent le but matériel de certains travaux, et sont obligés de passer trois années à graver sur les tables de pierre, en caractères inconnus, tous les faits intéressants les quatre hiérarchies de sciences qui forment le corps total de la Connaissance. Chacun de ces savants accomplit son œuvre dans la solitude, loin de toute lumière visible, sous les villes, sous les déserts, sous les plaines ou sous les montagnes.
Que le lecteur se figure un échiquier colossal s'étendant sous terre à travers presque toutes les régions du Globe.
Dans chacune des cases se trouvent les fastes des années terrestres de l'Humanité, dans certaines cases, les encyclopédies séculaires et celles des millénaires, dans d'autres enfin, celles des Yougs mineurs et majeurs.
[…]

13. L'INTÉRIEUR DE LA TERRE, LE MYTHE POLAIRE ET L'AGARTTHA

Et aux grandes heures de prière, pendant la célébration des mystères cosmiques, bien que les hiérogrammes sacrés ne soient murmurés qu'à voix basse dans l'immense coupole souterraine, il s'accomplit à la surface de la terre et dans les cieux un phénomène acoustique étrange.
Les voyageurs et les caravanes qui errent au loin dans les rayons du jour ou dans les clartés nocturnes s'arrêtent, hommes et bête, anxieux, écoutant.
[…]
Et ces sciences, et ces arts, et bien d'autres, continuent à être sans cesse professés, démontrés, pratiqués dans les ateliers, dans les laboratoires et dans les observatoires de l'Agarttha.
La chimie et la physique ont été poussées à un tel degré, qu'on ne voudrait même pas l'admettre, si je l'exposais ici.
Nous ne connaissons que les forces de la planète, et encore.
[…]
« Chaque année, à une époque cosmique déterminée, sous la conduite de Maharshi, du grand Prince du Sacré Collège magique, les lauréats des hautes sections descendent encore visiter une des métropoles plutoniennes.
Il leur faut tout d'abord se couler à travers le sol par une anfractuosité, qui tolère à peine le passage d'un corps.
Le souffle s'arrête, et l'Yoghi, les mains au-dessus de sa tête, glisse, et croit vivre un siècle.
Ils tombent enfin l'un après l'autre dans une interminable galerie en pente, où commence leur véritable voyage.
À mesure qu'on descend, l'air devient de plus en plus irrespirable, et, à la lueur d'en bas, on voit la force des initiés se graduer le long des immense voûtes inclinées, au fond desquelles ils vont bientôt observer les enfers.
Le plus grand nombre est forcé de s'arrêter en chemin, suffoqué, épuisé, malgré des provisions d'air respirable, de nourriture et de substances calorifuges.
Ceux-là seuls continuent, auxquels la pratique des arts et des sciences secrets a permis de respirer aussi peu que possible par les poumons, et de tirer de l'air, n'importe où, et par d'autres organes, les éléments divins et vitaux qu'il renferme en tous lieux.
Enfin, après un très long voyage, ceux qui persévèrent, voient au loin flamboyer quelque chose comme un immense incendie sous-planétaire.
[…]
La métropole cyclopéenne s'ouvre, éclairée d'en bas par un océan fluidique, rouge, reflet lointain du feu central, retrait sur lui-même à cette époque de l'année.
Ce sont à l'infini les ordres les plus étrangers d'architecture, où tous les minéraux confondus réalisent ce que la fantaisie et la chimère des artistes gothiques, corinthiens, ioniens, doriens, n'auraient jamais osé rêver.
Et partout, furieux de se voir pénétré et envahi par des hommes, un peuple à forme humaine, au corps igné, reflue à l'approche des initiés, et s'élance en tous sens sur des ailes, allant s'accrocher avec des griffes aux murailles plutoniennes de leur cité.
Le Maharshi en tête, la théorie sacrée suit un chemin étroit de basalte et de lave figée.
On entend au loin un bruit sourd qui semble s'étendre à l'infini, comme l'ébranlement des vagues d'une grande marée d'équinoxe.
Pendant ce temps, tout en marchant, les Yoghis observent et étudient ces peuples étranges, leurs mœurs, leurs coutumes, leur effrayante activité, leur utilité pour nous.
Ce sont leurs travaux, qui, sur l'ordre des Puissances cosmiques, aménagent à notre profit les sous-sols qui nous portent, les fleuves souterrains des métalloïdes et des métaux qui nous sont nécessaires, les volcans qui garantissent notre globe des explosions et des cataclysmes, le régime de nos montagnes et celui des vallées de nos fleuves.
Ce sont eux encore qui préparent les foudres, endiguent sous terre les courants cycliques des fluides interpolaires et intertropicaux, ainsi que leurs dérivations interférentielles dans les

différentes zones des latitudes et des longitudes de la Terre.
Ce sont eux aussi qui dévorent tout germe vivant pendant qu'il pourrit pour porter son fruit.
Ces peuples sont les autochtones du feu central ; ce sont les mêmes qu'a visités avant de remonter dans le soleil Notre-Seigneur Jésus-Christ, afin que la Rédemption purifiât tout, jusqu'aux instincts ignés d'où s'élève ici-bas la hiérarchie visible des êtres et des choses. [...] »
Pénétrons dans ce Tabernacle, nous allons y voir le Brâhatmah, prototype des Abramides de Chaldée, des Melchisédec de Salem et des Hiérophantes de Thèbes et de Memphis, de Saïs et d'Ammon. Excepté les plus hauts initiés, personne n'a jamais vu face à face le Souverain Pontife de l'Agarttha.
[...]
C'est un vieillard issu de cette belle race éthiopienne, à type caucasique, qui, après la Rouge et avant la Blanche, tint jadis le sceptre du gouvernement général de la Terre et tailla dans toutes les montagnes ces villes et ces édifices prodigieux qu'on retrouve partout, depuis l'Éthiopie jusqu'à l'Égypte, depuis les Indes jusqu'au Caucase.

Le roi du monde

FERDYNAND OSSENDOWSKI
(1876-1945)
Bêtes, hommes et dieux. À travers la Mongolie interdite, 1920-1921, V, XLVI (1922 ; Phébus, 2011)

C'est en Asie centrale que j'entendis pour la première fois parler du mystère des mystères, que je ne puis appeler autrement. Je n'y attachai d'abord qu'une très faible attention, mais je fus amené par la suite, après avoir médité les témoignages sporadiques et contradictoires qui m'avaient été donnés, à reconnaître toute son importance et toute sa valeur.
Les vieillards des rives de l'Amyl me racontèrent une ancienne légende selon laquelle une tribu mongole, qui cherchait à échapper aux exigences de Gengis Khan, se cacha dans une contrée souterraine. Près du lac de Nogan Kul, un Soyote me montra plus tard une excavation d'où se dégageait un nuage de fumée : c'était l'entrée du royaume d'Agharti. C'est par cet orifice qu'un chasseur pénétra autrefois dans le royaume ; après son retour, il commença à raconter ce qu'il y avait vu. Alors, les lamas lui coupèrent la langue pour l'empêcher de parler du mystère des mystères. Dans sa vieillesse, il revint à l'entrée de la caverne, et disparut dans le royaume souterrain dont le souvenir avait orné et réjoui son cœur de nomade.
J'obtins des renseignements plus détaillés de la bouche de Jelyb Djamsrap, houtouktou de Narabanchi Koure. Il me conta l'histoire du puissant Roi du Monde, sorti du royaume souterrain ; comment il était apparu, quels furent ses miracles et ses prophéties. Je compris alors que derrière cette légende, cette chimère, cette vision collective, quels que soient le nom et le sens qu'on lui prêtât, se cachait non seulement un mystère, mais une force réelle et souveraine, capable d'influer sur le cours des événements politiques en Asie. Je voulus donc en savoir plus. Le gelong favori du prince Choultoum Beyli et le prince lui-même me livrèrent la description du royaume souterrain :
[...]
– Ce royaume est Agharti. Il s'étend à travers les passages souterrains du monde entier. J'ai entendu un savant lama chinois dire au Bogdo Khan que toutes les cavernes souterraines de l'Amérique sont habitées par le peuple ancien qui disparut jadis sous la terre ; quelques traces de son existence subsistent encore à la surface du pays. Tous les habitants de ce monde

Lorenzo Lotto, *Le Sacrifice de Melchisédech*, vers 1545. Lorette, Museo-Antico Tesoro della Santa Casa di Loreto

souterrain sont gouvernés par des chefs qui reconnaissent la souveraineté du Roi du Monde. Rien de cela n'est inexplicable : vous n'ignorez pas qu'au milieu des deux plus grands océans de l'Est et de l'Ouest se trouvaient autrefois deux continents. Ils furent engloutis sous les eaux, mais leurs habitants passèrent dans le royaume souterrain. Les cavernes profondes où ils vivent sont éclairées par une lumière particulière qui permet la croissance des céréales et des végétaux et protège les êtres de la maladie.

Il y a là-dessous de nombreux peuples qui vivent en tribus. Un vieux brahmane bouddhiste du Népal, qui accomplissait la volonté des dieux et se rendait en pèlerinage dans l'ancien royaume de Gengis, le Siam, rencontra un jour un pêcheur qui lui ordonna de prendre place dans sa barque et de voguer avec lui sur la mer. Le troisième jour ils atteignirent une île où vivait une race d'hommes ayant deux langues avec lesquelles ils parlaient deux langages différents. Ces hommes montrèrent au brahmane des animaux bizarres, des tortues cyclopes à seize pattes, de monstrueux serpents à la chair extrêmement savoureuse, des oiseaux dotés de dents qui attrapaient du poisson pour leurs maîtres. Ils lui dirent qu'ils étaient venus du royaume souterrain et lui en décrivirent certaines régions.

Les faits géographiques et historiques ont une valeur symbolique

RENÉ GUÉNON (1886-1951)
Le Roi du Monde, XII, « Quelques conclusions » (1927 ; Gallimard, 1995)

Du témoignage concordant de toutes les traditions, une conclusion se dégage très nettement : c'est l'affirmation qu'il existe une « Terre Sainte » par excellence, prototype de toutes les autres « Terres Saintes », centre spirituel auquel tous les autres centres sont subordonnés. La « Terre Sainte » est aussi la « Terre des Saints », la « Terre des Bienheureux », la « Terre des Vivants », la « Terre d'immortalité » ; toutes ces expressions sont équivalentes, et il faut y joindre encore celle de « Terre Pure », que Platon applique précisément au « séjour des Bienheureux ». On situe habituellement ce séjour dans un « monde invisible » ; mais, si l'on veut comprendre ce dont il s'agit, il ne faut pas oublier qu'il en est de même des « hiérarchies spirituelles » dont parlent aussi toutes les traditions, et qui représentent en réalité ces degrés d'initiation. Dans la période actuelle de notre cycle terrestre, c'est-à-dire dans le *Kali-Yuga*, cette « Terre Sainte » défendue par des « gardiens » qui la cachent aux regards profanes tout en assurant pourtant certaines relations extérieures, est en effet invisible, inaccessible, mais seulement pour ceux qui ne possèdent pas les qualifications requises pour y pénétrer. Maintenant, sa localisation dans une région déterminée doit-elle être regardée comme littéralement effective, ou seulement comme symbolique, ou est-elle à la fois l'un et l'autre ? À cette question, nous répondrons simplement que, pour nous, les faits géographiques eux-mêmes, et aussi les faits historiques, ont, comme tous les autres, une valeur symbolique, qui d'ailleurs, évidemment, ne leur enlève rien de leur réalité propre en tant que faits, mais qui leur confère, en outre de cette réalité immédiate, une signification supérieure.

14

L'INVENTION DE RENNES-LE-CHÂTEAU

Page de gauche :
La Tour Magdala
de Rennes-le-Château

DANS LE CHAPITRE SUR LE GRAAL, nous avons retracé les parcours tortueux suivis par la sainte relique pour aboutir tantôt en un lieu et tantôt en un autre ; nous avons aussi vu que selon une des légendes les plus récentes, née des livres d'Otto Rahn, elle se trouverait à Montségur, dans une région du Sud de la France, proche de l'Espagne, où avaient déjà fleuri des confréries plus ou moins ésotériques, vouées au culte de la fabuleuse coupe. L'endroit était donc propice à un renouveau de la légende, et le moindre prétexte aurait suffi. Il fut offert par les vicissitudes de l'abbé Saunière, au sujet duquel il convient avant tout, si l'on veut garder les pieds sur terre, d'exposer toutes les données historiquement prouvées.

François Bérenger Saunière fut, de 1885 à 1909, curé de la commune de Rennes-le-Château, un petit village situé à une quarantaine de kilomètres de Carcassonne. On parla en son temps d'une hypothétique liaison avec sa servante, Marie Dénarnaud, mais la chose n'a jamais été prouvée. Il est en revanche certain que Saunière fit restaurer l'extérieur et l'intérieur de l'église locale, qu'il se fit construire, pour y habiter, la villa Béthanie, et qu'il fit ériger sur une colline la tour Magdala, qui évoquait celle de David, à Jérusalem.

Tous ces travaux furent des plus dispendieux : on a calculé que leur coût total s'éleva à deux cent mille francs de l'époque, soit l'équivalent d'environ deux cents ans de salaire d'un curé de campagne ; des médisances ne tardèrent pas à circuler, qui amenèrent l'évêque de Carcassonne à diligenter une enquête. Saunière ayant refusé d'y collaborer, l'évêque le transféra dans une autre paroisse. L'abbé n'accepta pas cette décision, mena désormais une existence privée très retirée et vécut dans la pauvreté jusqu'à sa mort, en 1917.

Les données de fait ne vont pas plus loin, et c'est ici que commence une multiplicité d'hypothèses sur l'étrange vie de ce prêtre excentrique. On a ainsi prétendu qu'à l'occasion des travaux de réaménagement de la paroisse, Saunière aurait trouvé une série d'objets de nature incertaine : un de ses journaux intimes fait allusion à la découverte, sous le plancher de l'église, d'un sépulcre qui constituait peut-être l'ancienne sépulture des seigneurs du village. Certains parlèrent de la découverte d'une boîte contenant des objets « précieux », mais il s'agissait sans doute d'objets sans valeur que le curé de Rennes-le-Château avait laissés sur place, sous la Révolution, avant de se réfugier en Espagne ; ou peut-être étaient-ce de petits parchemins, déposés là lors de la cérémonie de consécration de l'église. Toujours est-il qu'à partir de ces maigres indices, on se mit à imaginer qu'au cours des travaux de restauration de cette même église, Saunière aurait mis la main sur un fabuleux trésor. En réalité, grâce à des annonces publicitaires publiées dans des journaux et des revues à caractère religieux, ce curé astucieux avait sollicité l'envoi d'argent et promis en échange de dire des messes pour les défunts des donateurs ; il accumula ainsi un capital équivalant à des centaines de messes, qu'il ne célébra jamais – et c'est précisément pour cette raison que l'évêque de Carcassonne lui intenta un procès.

Dernier détail piquant : à sa mort, Saunière légua tout ce qu'il avait fait construire à Marie Dénarnaud, qui, peut-être pour donner de la valeur à ces propriétés reçues en héritage, continua à alimenter la légende des trésors de Rennes-le-Château. Un certain Noël Corbu hérita à son tour des propriétés de Marie ; il ouvrit par la suite un restaurant dans le village et répandit, dans la presse locale, des informations sur le mystère du « curé milliardaire », qui provoquèrent l'arrivée de chercheurs de trésors ayant déjà effectué des fouilles sur le territoire environnant[1].

Ce fut alors que Pierre Plantard entra en jeu. Ce singulier personnage avait milité dans des mouvements d'extrême droite s'inspirant de la Synarchie de Saint-Yves d'Alveydre[2] ; il avait aussi fondé des groupes antisémites et, à l'âge de dix-sept ans, donné naissance à Alpha Galates, une organisation qui avait pris fait et cause pour le régime collaborationniste de Vichy. Cela ne l'avait pas empêché, à la Libération, de prétendre que ces structures avaient appartenu à la Résistance.

---

1. Par la suite, dans son guide des *Trésors du monde*, Robert Charroux (1962) inséra Rennes-le-Château parmi les lieux que ne devaient pas négliger les chercheurs de richesses fabuleuses.
2. Voir le chapitre sur l'Agarttha. Pour l'étonnante biographie de Plantard, cf. en particulier Buonanno (2009).

En décembre 1953, après six mois de prison pour abus de confiance (il fut condamné plus tard à un an de détention pour corruption de mineurs), Plantard fonda le Prieuré de Sion, une association enregistrée en bonne et due forme à la sous-préfecture de Saint-Julien-en-Genevois le 7 mai 1956. Il n'y avait là rien d'extraordinaire, à ceci près que Plantard revendiquait pour son Prieuré presque deux mille ans d'existence, sur le fondement de documents qui se révélèrent plus tard être des faux, et que Saunière aurait découverts lors des travaux de réaménagement de son église. Ces documents étaient censés prouver la survivance de la lignée des souverains mérovingiens, et Plantard affirmait descendre de Dagobert II.

En outre, il avait déposé à la Bibliothèque nationale de Paris des manuscrits relatifs à des dossiers secrets présumés (il s'agissait une fois encore, cela va sans dire, de faux) établissant un lien entre le destin du Prieuré et Rennes-le-Château.

L'escroquerie de Plantard coïncida avec la publication d'un ouvrage de Gérard de Sède, un journaliste autrefois membre de cénacles surréalistes, ce qui explique peut-être son goût pour l'affabulation paradoxale. En 1962, il avait déjà écrit un livre sur les mystères du château de Gisors, en Normandie, où il s'était retiré pour élever des cochons, à la suite de plusieurs déceptions littéraires ; il y avait fait la connaissance de Roger Lhomoy, un personnage à mi-chemin entre le clochard et l'illuminé. Ce Lhomoy avait jadis travaillé au château, en qualité de jardinier et de gardien, et ensuite passé deux ans à en explorer les souterrains, de nuit, dans la clandestinité et à ses risques et périls, pour y découvrir d'anciennes galeries ; il prétendait avoir fini par pénétrer dans une salle, qu'il décrivit en ces termes dans une déclaration rapportée par de Sède : « Ce que j'ai vu alors, je ne l'oublierai jamais, car c'était un spectacle fantastique. Je suis dans une chapelle romane en pierre de Louveciennes, longue de trente mètres, large de neuf, haute d'environ quatre mètres cinquante à la clef de voûte. Tout de suite à ma gauche, près du trou par lequel je suis passé, il y a un autel, en pierre, lui aussi, ainsi que son tabernacle. À ma droite tout le reste du bâtiment. Sur les murs, à mi-hauteur, soutenus par des corbeaux de pierre, les statues du Christ et des douze apôtres, grandeur nature. Le long des murs, posés sur le sol, des sarcophages de pierre de deux mètres de long et de soixante centimètres de large : il y en a dix-neuf. Et dans la nef, ce qu'éclaire ma lumière est

Le Château de Gisors, en Normandie, gravure, début du XIXᵉ siècle. Paris, Bibliothèque des Arts Décoratifs

incroyable : trente coffres en métal précieux, rangés par colonnes de dix. Et le mot coffre est insuffisant : c'est plutôt d'armoires couchées qu'il faudrait parler, d'armoires dont chacune mesure 2,20 m de long, 1,80 m de haut, 1,60 m de large. »

Détail intéressant : lors des recherches effectuées par la suite et promues par de Sède, on retrouva bien quelques galeries, mais aucune d'elles ne conduisit à cette salle féerique. Toutefois, entre-temps, Plantard était entré en contact avec de Sède, et il affirmait disposer non seulement de documents secrets qu'il ne pouvait hélas pas montrer, mais aussi d'une carte de la salle mystérieuse. En réalité, il l'avait dessinée lui-même à partir des indications de l'inévitable Lhomoy, mais cela avait encouragé de Sède à écrire son livre et à supposer, comme toujours dans des cas de ce genre, que les templiers n'étaient pas étrangers à l'affaire. En 1967, il publia donc *L'Or de Rennes* (qui semble avoir été, à l'origine, un manuscrit de Plantard lui-même, remanié ensuite par de Sède). Cet ouvrage attira définitivement l'attention des médias sur le mythe du Prieuré de Sion, et notamment sur la reproduction des faux parchemins que Plantard était pendant ce temps parvenu à disséminer dans plusieurs bibliothèques ; en réalité, comme

Gustave Courbet,
La Falaise d'Étretat, 1869.
Berlin, Nationalgalerie

Plantard lui-même l'avoua par la suite, ces parchemins avaient été fabriqués par l'acteur Philippe de Chérisey, humoriste à la radio française, qui, en 1979, finit par avouer être l'auteur des faux et avoir copié l'écriture onciale sur des documents conservés à la Bibliothèque nationale de Paris. Il semblerait en outre s'être inspiré des romans de Maurice Leblanc ayant **Arsène Lupin** pour héros.

Comme l'a montré Mario Arturo Iannaccone (2005), dans *L'Aiguille creuse*, Lupin élucide en effet le mystère des rois de France : « Dans ses romans, qu'il faut lire d'un point de vue anticatholique, Leblanc préfigure de nombreux éléments du mythe de Rennes-le-Château, et fait de Lupin rien de moins que le Grand Monarque messianique. L'écrivain normand connaissait à la perfection la tradition du prophétisme catholique, entre autres parce qu'il était né près de Gisors, lieu fondamental de la mystique nationaliste. Cette idéologie nationaliste et religieuse attribuait à la France une valeur messianique semblable à celle qu'on lui avait donnée sous la Révolution, mais dans une perspective contre-révolutionnaire. »

De Sède pensait que les documents découverts, selon Plantard, par Saunière contenaient une multitude de signaux à déchiffrer, et en

Giovanni Francesco Barbieri, dit Guercino ou le Guerchin, *Et in Arcadia ego*, 1618. Rome, Museo Nazionale d'arte antica

Nicolas Poussin, *Les Bergers d'Arcadie* (*Et in Arcadia ego*), XVIIᵉ siècle. Paris, Musée du Louvre

particulier une inquiétante référence à un très célèbre tableau de Poussin sur lequel, comme cela avait déjà été le cas sur une peinture, antérieure, du Guerchin, des bergers découvrent un tombeau portant l'inscription *Et in Arcadia ego* (chez le Guerchin, le tombeau est en outre surmonté d'un crâne). Il s'agit là d'un *memento mori* des plus classiques (Goethe le mit plus tard en exergue de son *Italienische Reise* [*Voyage en Italie*]), où la mort avertit qu'elle est présente même dans l'heureuse Arcadie. Mais Plantard soutint que cette phrase était apparue sur les armoiries de sa famille dès le XIIIᵉ siècle (ce qui paraît très improbable, puisqu'il était fils d'un valet de chambre), que le paysage des tableaux évoque celui de Rennes-le-Château (Poussin était pourtant né en Normandie, et Guerchin ne mit jamais les pieds en France), et que les tombeaux représentés par les deux peintres ressemblaient à un sépulcre visible, jusqu'aux années 1980, sur une route située entre Rennes-le-Château et Rennes-les-Bains. Malheureusement pour lui, il a été prouvé que ce sépulcre n'était pas antérieur au XXᵉ siècle.

On voulut malgré tout y voir la preuve que les tableaux en question avaient été commandés à Poussin et au Guerchin par le Prieuré de Sion ;

14. L'INVENTION DE RENNES-LE-CHÂTEAU

on raconta même que Plantard avait acquis une copie de celui de Poussin, afin de l'utiliser, cela va sans dire, comme preuve de quelque chose qu'il était le seul à connaître. Mais son interprétation des *Bergers d'Arcadie* n'en resta pas là : il trouva en effet que l'expression *Et in Arcadia ego* a pour anagramme *I! Tego arcana Dei*, c'est-à-dire « Va-t'en! J'abrite les secrets de Dieu » ; et il en tira la *démonstration* que le tombeau reproduit n'était autre que celui de Jésus.

De Sède avait quant à lui avancé d'autres hypothèses inquiétantes sur certains aspects de l'église restaurée par l'abbé Saunière. On y trouve par exemple l'inscription *Terribilis est locus iste*, qui a fait frémir les passionnés de mystères. Il s'agit en réalité (et bien évidemment, Saunière le savait très bien) d'une citation de la Genèse (28, 17) qui apparaît dans de nombreuses églises, et même dans l'introït de messes prononcées à l'occasion de leur consécration[3] ; elle se réfère à la vision de Jacob qui, après avoir rêvé d'être monté au ciel, d'y avoir rencontré les anges et d'y avoir parlé avec Dieu, s'exclame à son réveil, dans la version latine de la Vulgate : « Comme ce lieu est redoutable ! Ce n'est rien de moins que la maison de Dieu et la porte du ciel. » Mais en

3. Voir par exemple, dans le *Missale romanum*, la *Missa terribilis, de communi dedicationis ecclesiae* : « *Terribilis est locus iste : hic domus Dei est et porta caeli : et vocabitur aula Dei.* »

latin, l'adjectif *terribilis* signifie aussi « vénérable », « capable d'inspirer une crainte révérencielle »; l'expression n'a donc rien de menaçant.

En outre, le bénitier est soutenu par un démon agenouillé : on a voulu y reconnaître Asmodée, que Salomon obligea, selon une certaine tradition, à l'aider dans la construction du Temple de Jérusalem; ici encore, on pourrait mentionner de nombreuses églises romanes ornées d'images de diables. Enfin, Asmodée est surmonté des représentations de quatre anges, sous lesquels est gravée la phrase « Par ce signe tu le vaincras »; elle pourrait renvoyer au *In hoc signo vinces* (Par ce signe tu vaincras) de l'empereur Constantin, mais l'ajout de *le* a incité les chasseurs de mystères à compter les lettres de la phrase : elles sont au nombre de vingt-deux, comme les dents du crâne disposé à l'entrée du cimetière, les créneaux de la tour Magdala et les marches des deux escaliers qui y mènent. De plus, les lettres de ce *le* sont la treizième et la quatorzième de la phrase; or, le rapprochement de 13 et 14 donne 1314, soit la date à laquelle Jacques de Molay, grand maître des templiers, périt sur le bûcher. Mais comme on l'a déjà vu plus haut à propos de la Grande Pyramide, on peut faire dire tout ce qu'on veut aux chiffres. Par ailleurs, en observant les autres sculptures et en prenant en compte les initiales des saints représentés (Germaine, Roch, Antoine l'Ermite, Antoine de Padoue et Luc), on obtiendrait le mot « Graal ». Et l'on pourrait citer d'autres coïncidences mystérieuses, ou du moins qui apparaissent telles à tout bon occultiste prenant bien soin d'ignorer que les abbayes romanes regorgeaient de créatures monstrueuses (l'invective de saint Bernard contre ces « prodiges » inutiles est d'ailleurs restée célèbre) : l'abbé Saunière eut donc certainement à l'esprit ces traditions iconographiques lorsqu'il fit restaurer son église. On a prétendu qu'il aurait fréquenté, en son temps, des cercles ésotériques, voire certains milieux rose-croix : mais

Asmodée, détail du bénitier situé à l'entrée de l'église de l'abbé Saunière, Rennes-le-Château

de tels divertissements hermétiques ne prouveraient de toute façon rien, ni sur le Prieuré de Sion, ni sur un hypothétique exil de Jésus en France. Une autre interprétation fantaisiste concerne une inscription gravée sur le socle d'une sculpture, « *Christus A.O.M.P.S. defendit* », qu'on a lue « *Christus Antiquus Ordo Mysticusque Prioratus Sionus Defendit* », comme si elle affirmait que le Christ est le défenseur de l'ancien ordre mystique du Prieuré de Sion. En réalité, cette même inscription se retrouve sur le socle de l'obélisque érigé par le pape Sixte Quint à Rome, et il faut la lire « *Christus Ab Omni Malo Populum Suum Defendit* » : elle signifie donc tout simplement que le Christ défend son peuple contre tous les maux (voir Tomatis 2003).

La légende de Rennes-le-Château aurait peut-être disparu peu à peu si le livre de **De Sède** n'avait pas frappé l'esprit du journaliste **Henry Lincoln**, qui consacra au site trois documentaires tournés pour la BBC. Au cours du tournage, il fut amené à collaborer avec **Richard Leigh**, lui aussi passionné de mystères occultes, et avec le journaliste **Michael Baigent** ; ils eurent ensuite l'idée d'écrire à eux trois *The Holy Blood and the Holy Grail* (*L'Énigme sacrée*, 1982), qui ne tarda pas à atteindre des tirages considérables. Ce livre reprenait en substance toutes les informations déjà diffusées par de Sède et Plantard, les romançais encore davantage et, présentant le tout comme une vérité historique indiscutable, faisait des fondateurs du Prieuré de Sion les descendants de Jésus-Christ, qui ne serait pas mort sur la croix mais aurait épousé Marie-Madeleine, se serait réfugié en France et y aurait donné naissance à la dynastie des Mérovingiens. Saunière n'aurait absolument pas trouvé un trésor, mais une série de documents prouvant la nature de la descendance de Jésus, à savoir un sang royal, un *sang réal* déformé ensuite en *saint Graal*. Saunière aurait tenu ses richesses de l'or que lui aurait versé le Vatican pour garder cachée cette terrible découverte. Bien entendu, pour confectionner une histoire susceptible d'inclure Jésus, Marie-Madeleine, le Prieuré de Sion et l'or de Rennes-le-Château, il fallait y introduire les templiers et les cathares. De surcroît, Plantard avait assuré que non seulement le Prieuré avait eu une origine illustre, mais qu'au fil des siècles, il avait compté parmi ses membres Sandro Botticelli, Léonard de Vinci, Robert Boyle, Robert Fludd, Isaac Newton, Victor Hugo, Claude Debussy et Jean Cocteau. Il ne manquait qu'Astérix.

Ce ne sont toutefois pas là les seuls exemples des reconstitutions fantaisistes de nos trois auteurs. Ainsi, Baigent et ses collègues manifestent beaucoup de désinvolture à propos de l'orme de Gisors. Attirés par la présence, ici encore, des templiers (qui en réalité ne séjournèrent dans ce château que deux ou trois ans et qui, d'autre part, de manière tout à fait normale, disposaient d'édifices dans toute la France), ils voulurent en tirer la preuve que la crypte jamais redécouverte avait abrité le Graal. À cette fin, ils firent remarquer que, selon certaines légendes ou chroniques médiévales, Gisors avait été au XIIe siècle, à l'occasion d'une querelle entre le roi de France et le roi d'Angleterre, le cadre d'une affaire concernant l'abattage d'un orme, dont ils admettaient pourtant eux-mêmes que « les comptes rendus sont obscurs et embrouillés ». À un moment donné, les Anglais s'étaient réfugiés au château de Gisors et les Français avaient abattu l'orme. Voilà tout. Mais nos auteurs affirment que cette histoire « laisse transparaître

Giotto, *Le Voyage de Marie-Madeleine vers Marseille*, 1307-1308. Assise, Basilique San Francesco, Cappella della Maddalena entre les lignes quelque chose de plus important». Quoi exactement ? Ils l'ignorent eux-mêmes, mais ils laissent planer le soupçon, tout à fait extravagant, selon lequel l'affaire aurait un rapport avec le Prieuré de Sion : « Étant donné l'étrangeté des comptes rendus parvenus jusqu'à nous, il n'y aurait rien de surprenant à ce qu'il se fût agi de quelque chose d'autre, quelque chose que l'on préféra ne pas approfondir, ou qui, peut-être, ne parvint jamais à la connaissance du public… » Le château de Gisors s'est ainsi retrouvé associé au Prieuré et, cela va sans dire, au Graal ; il constitue désormais une nouvelle destination de pèlerinage pour les chasseurs de mystères (ou, comme on le dit aujourd'hui dans les bandes dessinées, de « *mysteries* »).

Nous avons suivi plus haut les déplacements frénétiques du Graal, de la Galice à l'Asie. Le fait que Gisors se trouve en Haute-Normandie, c'est-à-dire à l'opposé de Montségur et de Rennes-le-Château, situés dans le Sud de la France, ne semble pas troubler outre mesure nos auteurs. On crée simplement trois flux touristiques au lieu de deux.

Comment a-t-on pu prendre au sérieux un tel amas de sottises ? Comment le livre de Baigent et consorts a-t-il pu passer pour autre chose qu'un ouvrage de science-fiction ? Cela reste une énigme. Toujours est-il que ce livre a renforcé le mythe de Rennes-le-Château, dont il a fait la destination de nombreux pèlerinages. Au fond, les seuls à ne pas croire au bobard furent ses initiateurs. À une époque où Baigent et ses collègues avaient désormais donné à l'affaire une ampleur romanesque, de Sède avait pour ainsi dire tout renié dans un livre paru en 1988, où il dénonçait les diverses escroqueries et impostures échafaudées autour du village de l'abbé Saunière. En 1989, Pierre Plantard renia lui aussi tout ce qu'il avait affirmé auparavant et proposa une seconde version de la légende, selon laquelle le Prieuré n'était né qu'en 1781, à Rennes-le-Château ; il avait en outre remanié certains de ses faux documents et ajouté Roger-Patrice Pelat, l'ami de François Mitterrand, à la liste des grands maîtres du Prieuré. Pelat fut par la suite poursuivi en justice pour délit d'initié. Convoqué à la barre comme témoin, Plantard reconnut, sous serment, avoir inventé toute l'histoire du Prieuré ; lors d'une perquisition à son domicile, on découvrit d'ailleurs d'autres faux documents [4].

4. Sur les mésaventures judiciaires de Plantard, voir Smith 2011 et Introvigne 2005. Pour une bibliographie complète sur Rennes-le-Château et Dan Brown, voir Smith 2012.

Plus personne ne le prenant désormais au sérieux, ce soi-disant descendant de Jésus et de Marie-Madeleine mourut en l'an 2000 dans l'oubli le plus total.

Mais l'année 2003 vit la parution du célèbre *Da Vinci Code*, de Dan Brown. L'auteur s'est clairement inspiré de De Sède, de Baigent, de Leigh, de Lincoln et de toute une littérature occultiste disponible dans les librairies spécialisées ; il a toutefois affirmé la véracité historique de toutes les informations qu'il fournit (voir **Iannaccone**).

De l'*Histoire véritable* de Lucien aux *Promessi Sposi* (*Les Fiancés*) de Manzoni en passant par Swift, on a souvent recouru à l'artifice narratif consistant à commencer un roman en prétendant se fonder sur des documents authentiques. Le seul détail embarrassant tient ici à ce que, *en dehors du roman*, c'est-à-dire dans la vie de tous les jours, Dan Brown a toujours proclamé la véridicité historique de son récit. Dans un entretien accordé à CNN le 25 mai 2003, il déclarait par exemple ceci à propos de son roman : « 99 % de ce qu'il contient est vrai. Tout ce qui concerne l'architecture, l'art, les rituels secrets, l'histoire, les évangiles gnostiques, tout cela est vrai. En revanche, bien entendu, il n'a jamais existé à Harvard de spécialiste en symbologie nommé Robert Langdon, et toutes ses actions sont inventées. Mais l'arrière-plan est entièrement vrai. »

Pourtant, s'il s'agissait vraiment d'une reconstitution historique, on s'expliquerait mal les erreurs grossières que l'auteur multiplie à l'envi au fil de sa narration. Il dit par exemple que le Prieuré de Sion fut fondé à Jérusalem par « un roi français nommé Godefroy de Bouillon », alors que Godefroy, comme on le sait, n'accepta jamais le titre de roi. Il écrit par ailleurs que pour éliminer les templiers, le pape Clément V « délivra des ordres secrets sous plis scellés, que ses soldats, disséminés dans toute l'Europe, devaient ouvrir en même temps, le vendredi 13 octobre 1307 », alors qu'il est historiquement établi que les messages adressés aux baillis et aux sénéchaux du royaume de France avaient été envoyés par Philippe le Bel, et non par le souverain pontife (dont on ne comprend d'ailleurs pas bien comment il disposait de « soldats disséminés dans toute l'Europe »). L'auteur confond en outre les manuscrits découverts à Qumran en 1947 (qui ne parlent ni de la « véritable histoire du Graal », ni du « ministère du Christ ») et ceux de Nag Hammadi, qui contiennent certains évangiles

14. L'INVENTION DE RENNES-LE-CHÂTEAU

John Scarlett Davis, *L'Intérieur de l'église Saint-Sulpice*, 1834. Cardiff, National Museum of Wales

gnostiques. Enfin, il fait de la méridienne de l'église Saint-Sulpice, à Paris, « un vestige du temple païen qui se dressait autrefois à cet endroit précis », alors que ladite méridienne fut réalisée en 1743. Dans le roman, Saint-Sulpice est indiquée comme le lieu de passage d'une prétendue « Rose Ligne », censée correspondre au méridien de Paris ; cette ligne se poursuivrait en sous-sol jusqu'aux souterrains du Louvre, sous la « pyramide inversée », où se trouverait la dernière demeure du Graal. Et voici que de nos jours encore, de nombreux chercheurs de mystères se rendent encore en pèlerinage à Saint-Sulpice pour y découvrir la « Rose Ligne », ce qui a contraint les responsables de l'église à installer le panneau suivant : « La méridienne constituée par la ligne en cuivre enchâssée dans le pavement de l'église fait partie d'un instrument scientifique construit au cours du XVIIIe siècle, en plein accord avec les autorités ecclésiastiques, par les astronomes de l'Observatoire, institué depuis peu. Ils utilisèrent cette ligne pour définir plusieurs

Arsène Lupin découvre Rennes-le-Château

MAURICE LEBLANC (1864-1941)
L'aiguille creuse, VIII-IX
(1909 ; GF-Flammarion, 2012)

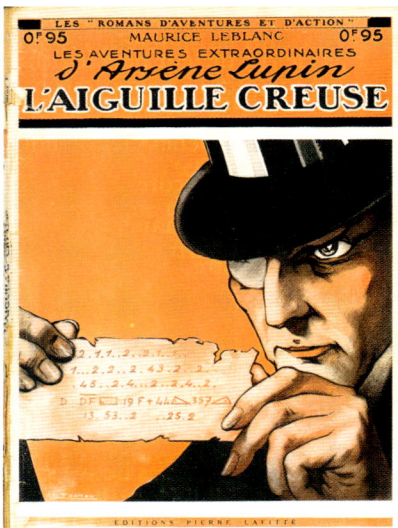

Maurice Leblanc, *L'Aiguille creuse*, couverture, 1909

Alors, par menus gestes insensibles, à plat ventre, se glissant, rampant, il s'avança sur une des pointes du promontoire, jusqu'au bout extrême de la falaise. Il y parvint. Du bout de ses mains étendues, il écarta des touffes d'herbe, et sa tête émergea au-dessus de l'abîme.
En face de lui, presque au niveau de la falaise, en pleine mer, se dressait un roc énorme, haut de plus de quatre-vingts mètres, obélisque colossal, d'aplomb sur sa large base de granit que l'on apercevait au ras de l'eau et qui s'effilait ensuite jusqu'au sommet, ainsi que la dent gigantesque d'un monstre marin. Blanc comme la falaise, d'un blanc gris et sale, l'effroyable monolithe était strié de lignes horizontales marquées par du silex, et où l'on voyait le lent travail des siècles accumulant les unes sur les autres les couches calcaires et les couches de galets.
De place en place une fissure, une anfractuosité, et tout de suite, là, un peu de terre, de l'herbe, des feuilles.
Et tout cela puissant, solide, formidable, avec un air de chose indestructible contre quoi l'assaut furieux des vagues et des tempêtes ne pouvait prévaloir. Tout cela, définitif, immanent, grandiose malgré l'immensité de l'espace où cela s'érigeait. […]
Et Beautrelet, soudain, ferma les yeux et serra convulsivement contre son front ses bras repliés. Là-bas – oh ! il pensa en mourir de joie, tellement l'émotion fut cruelle qui étreignit son cœur –, là-bas presque en haut de l'Aiguille d'Étretat, en dessous de la pointe extrême autour de laquelle voltigeaient des mouettes, un peu de fumée qui suintait d'une crevasse, ainsi que d'une cheminée invisible, un peu de fumée montait en lentes spirales dans l'air calme du crépuscule. […]
L'aiguille d'Étretat est creuse !
Phénomène naturel ? Excavation produite par des cataclysmes intérieurs ou par l'effort insensible de la mer qui bouillonne, de la pluie qui s'infiltre ? Ou bien œuvre surhumaine, exécutée par des humains, Celtes, Gaulois, hommes préhistoriques ? Questions insolubles sans doute.
Et qu'importait ? L'essentiel résidait en ceci : l'Aiguille était creuse.
À quarante ou cinquante mètres de cette arche imposante qu'on appelle la porte d'Aval et qui s'élance du haut de la falaise, ainsi que la branche colossale d'un arbre, pour prendre racine dans les rocs sous-marins, s'érige un cône calcaire démesuré, et ce cône n'est qu'un bonnet d'écorce pointu posé sur du vide !
Révélation prodigieuse ! Après Lupin, voilà que Beautrelet découvrait le mot de la grande énigme, qui a plané sur plus de vingt siècles ! mot d'une importance suprême pour celui qui le possédait jadis,

Joseph Michael Gandy, *La Chapelle de Rosslyn*, lithographie, 1810. Collection particulière. La Chapelle est devenue l'un des lieux du *Da Vinci Code*

aux lointaines époques où des hordes de barbares chevauchaient le vieux monde ! mot magique qui ouvre l'antre cyclopéen à des tribus entières fuyant devant l'ennemi ! mot mystérieux qui garde la porte de l'asile le plus inviolable ! mot prestigieux qui donne le pouvoir et assure la prépondérance !
Pour l'avoir connu, ce mot, César peut asservir la Gaule. Pour l'avoir connu, les Normands s'imposent au pays, et de là, plus tard, adossés à ce point d'appui, conquièrent l'île voisine, conquièrent la Sicile, conquièrent l'Orient, conquièrent le Nouveau Monde !
Maîtres du secret, les rois d'Angleterre dominent la France, l'humilient, la dépècent, se font couronner rois à Paris. Ils le perdent, et c'est la déroute.
Maîtres du secret, les rois de France grandissent, débordent les limites étroites de leur domaine, fondent peu à peu la grande nation et rayonnent de gloire et de puissance – ils l'oublient ou ne savent point en user, et c'est la mort, l'exil, la déchéance.
Un royaume invisible, au sein des eaux et à dix brasses de la terre !… Une forteresse ignorée, plus haute que les tours de Notre-Dame et construite sur une base de granit plus large qu'une place publique… Quelle force et quelle sécurité ! De Paris à la mer, par la Seine. Là, Le Havre, ville nouvelle, ville nécessaire. Et à sept lieues de là, l'Aiguille creuse, n'est-ce pas l'asile inexpugnable ?

C'est l'asile et c'est aussi la formidable cachette. Tous les trésors des rois, grossis de siècle en siècle, tout l'or de France, tout ce qu'on extrait du peuple, tout ce qu'on arrache au clergé, tout le butin ramassé sur les champs de bataille de l'Europe, c'est dans la caverne royale qu'on l'entasse. Vieux sous d'or, écus reluisants, doublons, ducats, florins, guinées, et les pierreries, et les diamants, et tous les joyaux, et toutes les parures, tout est là. Qui le découvrirait ? Qui saurait jamais le secret impénétrable de l'Aiguille ? Personne.
Si, Lupin.

Le trésor de Gisors

GÉRARD DE SÈDE (1921-2004)
Les Templiers sont parmi nous ou L'Énigme de Gisors, IV (1962 ; J'ai Lu, 2012)

Je fis une fosse de 21 mètres de profondeur, une galerie de 12 mètres et encore un trou de 7 mètres qui me fit découvrir une imposante construction souterraine : une chapelle de 30 mètres de long sur 9 de large, en plein cintre, du style roman XIe siècle, en pierre de Louveciennes. Dans l'intérieur de cette chapelle, un autel en bonne conservation, 19 sarcophages de 1,90 mètre de long sur 0,60 mètre de large en pierre sculptée avec inscriptions, 12 statues représentant les douze apôtres grandeur nature et 30 coffres en métal précieux de 2,50 mètres de long, 1,60 mètre de large, 1,80 mètre de haut.

Jésus et Madeleine jeunes mariés

MICHAEL BAIGENT (1948-),
RICHARD LEIGH (1943-2007),
HENRY LINCOLN (1930-)
L'Énigme sacrée : le secret révélé de la dynastie de Jésus, « Conclusions et perspectives » (1982 ; J'ai Lu, 2008)

Selon notre hypothèse, la femme et les enfants de Jésus (engendrés entre ses seize ou dix-sept ans et la date de sa mort présumée) quittèrent la Terre sainte pour trouver refuge dans le sud de la France, au sein d'une communauté juive où ils connurent une paix relative. Puis, au cours du Ve siècle, leur postérité s'allia à la lignée royale franque, donnant naissance à la dynastie mérovingienne. En 496, l'Église signa un pacte avec la nouvelle dynastie, s'engageant à rester fidèle à la race mérovingienne dont elle connaissait probablement la véritable origine. […] Tous les efforts furent donc tentés pour supprimer la descendance de Jésus, c'est-à-dire celle des Mérovingiens, mais en vain, et celle-ci, envers et contre tout, parvint à survivre à travers les âges. D'une part, à travers les Carolingiens qui en quelque sorte se constituèrent une légitimation dans leur rôle d'usurpateurs en épousant des princesses mérovingiennes, d'autre part à travers le fils de Dagobert, Sigisbert, qui allait compter parmi ses descendants Guillem de Gellone, maître d'un royaume juif dans le Razès, puis Godefroi de Bouillon. Enfin avec la prise de Jérusalem en 1099, la lignée de Jésus regagnait son juste héritage, celui qui avait été le sien dans l'Ancien Testament.
À l'époque des Croisades, la véritable identité de Godefroi ne resta d'ailleurs pas aussi secrète sans doute que l'aurait souhaité l'Église. Rien, bien sûr, ne transpirera de manière tout à faire tangible, mais

14. L'INVENTION DE RENNES-LE-CHÂTEAU

Dante Gabriel Rossetti, *Marie-Madeleine*, 1877. Wilmington, Delaware Art Museum

des rumeurs iront bon train un peu partout, des légendes naîtront, parmi lesquelles notamment celle de Lohengrin, ancêtre mythique de Godefroi, les romans du Graal, d'une extrémité à l'autre de l'Europe, propageant de leur côté la plus haute expression de cette tradition.
Si, encore une fois, notre hypothèse est exacte, le Saint Graal a donc eu une double signification. D'une part il a été le sang de la postérité de Jésus, « sang raal », « sang real » ou « sang royal » dont les Templiers, émanation directe du Prieuré de Sion, seront les fidèles gardiens ; d'autre part il a été, au sens le plus littéral du terme, la coupe, le réceptacle ayant reçu et conservé le sang de Jésus. En d'autres termes et par extension, l'un et l'autre se complétant, le Saint Graal a été le sein de la Magdaléenne, puis la Magdaléenne elle-même dont le culte, né au début du Moyen Âge, se serait peu à peu confondu avec celui de la Vierge. On sait par exemple qu'un grand nombre des célèbres « vierges

427

noires » qui ont fait leur apparition dans les premiers siècles de l'ère chrétienne, représentant une mère et son enfant, étaient non l'image de Marie mais celle de la Magdaléenne. De même les cathédrales gothiques, vastes et majestueux symboles de pierre dédiés à Notre Dame, étaient en fait, selon *Le serpent rouge*, une offrande à l'épouse de Jésus plutôt qu'à sa mère. Sang, coupe et sein, le Saint Graal eut aussi une autre signification. En 70, pendant la grande révolte de la Judée, les légions romaines de Titus ayant pillé le Temple de Jérusalem, son trésor prit le chemin des Pyrénées et il se trouverait aujourd'hui sous la garde du Prieuré de Sion, caché dans l'un des souterrains du Rocko-Négro. [...] Des documents concernant Jésus, le « Roi des Juifs », s'y trouvaient donc selon toute vraisemblance, ainsi que son corps peut-être, ou son tombeau.

[...]

Il est donc tout à fait vraisemblable que [les Chevaliers du Temple] furent envoyés en Terre sainte avec le but précis de retrouver ou d'obtenir quelque chose, et qu'une fois leur mission accomplie ils regagnèrent l'Europe.

Qu'advint-il alors de ce qu'ils avaient découvert à Jérusalem ? Cela on l'ignore, mais en revanche, il est hors de doute qu'à l'époque de Bertrand de Blanchefort, quatrième maître de l'ordre du Temple, « quelque chose » fut enfoui dans les environs de Rennes-les-Bains. Un contingent de mineurs vint même sur place, tout exprès, d'Allemagne, en 1664, pour y creuser et rechercher avec un luxe de précautions extraordinaire une excavation propre à dissimuler un secret considérable. On peut, à ce sujet, échafauder bien sûr une quantité infinie d'hypothèses. S'agissait-il du corps momifié de Jésus ? D'un document relatif à son mariage ou à la naissance de ses enfants ? Ou encore d'une pièce essentielle, non moins capitale pour l'histoire de l'humanité ? Ce ou ces documents concernaient-ils le Saint Graal ? Ce ou ces documents, volontairement ou accidentellement, tombèrent-ils ensuite entre les mains des hérétiques cathares, et devinrent-ils une partie, ou l'ensemble, du trésor de Montségur ?...

[...]

Quant aux parchemins découverts par Saunière, deux d'entre eux, ou du moins leurs fac-similés, ont été largement reproduits, publiés et diffusés ; les deux autres, en revanche, gardés scrupuleusement secrets, auraient été déposés, selon le très honorable Lord Blackford, dans un coffre de la Lloyd's Bank Europe Limited à Londres. Autant dire hors de notre portée...

Les *protocoles* de Rennes-le-Château

MARIO ARTURO IANNACCONE
« La truffa di Rennes-le-Château », in *Scienza e paranormale*, 59, 2005

Conscient que le mythe de Rennes-le-Château, tel qu'on le présente, n'est qu'une imposture, Dan Brown affirme dans son texte que son travail se fonde sur des « faits historiques », et il en a aussi défendu le contenu « dans le cadre de la réalité ». Aussi bien comme romancier que comme polémiste, il utilise la « preuve » de l'existence « vérifiable » du Prieuré de Sion. En raison de la délicatesse des sujets impliqués, ce n'est pas le jeu littéraire (par définition ambigu) qui met en mouvement sa machine littéraire, mais le jeu du mensonge. Le *Da Vinci Code* est un roman à thèse, un pamphlet non déclaré. De nombreux commentateurs l'ont remarqué, mais la plupart d'entre eux se sont contentés de sourire et de hausser les épaules, justifiant à tort cet artifice comme un « expédient littéraire ». De nombreux romans (il suffit de penser à la « paperasse » des *Fiancés* de Manzoni ou au *Manuscrit trouvé à Saragosse*) mettent leurs mécanismes narratifs en action grâce à de tels expédients. Mais le cas de Dan Brown est différent : son énonciation ne se voile d'aucune ambiguïté, sa diégèse est construite de manière à apparaître véridique, voire vraie. Les Dossiers secrets, des textes apocryphes déposés à la Bibliothèque Nationale de Paris, censés prouver l'existence du Prieuré de Sion et de son écrin de secrets resplendissants, sont présentés comme authentiques dans le *Da Vinci Code*, de même que dans des centaines de volumes malhonnêtes. La manipulation opérée par Dan Brown – non illicite en soi, puisque littéraire – se sert de vérités documentaires présumées à des fins de propagande idéologique et religieuse. Voilà pourquoi cette manipulation de Brown (et de ses partisans) n'est ni inoffensive ni innocente ; elle utilise des faux avec cynisme, afin de renforcer les thèses extra-diégétiques de « l'auteur ». Ce n'est donc pas un hasard si, à propos de cette utilisation sans scrupules de la vérité et du mensonge, Mariano Tomatis a mentionné, *mutatis mutandis*, les *Protocoles des Sages de Sion*. La prudence requise par notre époque et l'expérience du passé conseilleraient pourtant de recouvrir d'un voile d'ambiguïté les pamphlets portant sur des sujets aussi délicats.

Ces dernières années, le mythe de Rennes-le-Château apparaissait très fragilisé par l'érosion continuelle de sa véridicité. Les derniers textes à l'avoir exposé résultant d'une imagination très appauvrie. Il fallait donc « relancer » l'offre en renouvelant le produit. Il fallait revenir au roman dont on était parti (Gérard de Sède, *Les Templiers sont parmi nous*, 1962). Pour cela, une agence littéraire a choisi Dan Brown, partisan de la théorie du complot et déjà auteur d'*Angels and Demons* (*Anges et Démons*), qui fait allusion à une conspiration universelle dont le Vatican tirerait les fils ; cet écrivain est d'ailleurs très explicite quant aux fins qu'il poursuit, et une visite de son site internet personnel peut se révéler très instructive à ce propos. Prochainement, un *blockbuster* hollywoodien donnera une nouvelle impulsion au *Kulturkampf* implicite dans toutes ces opérations : récrire l'Histoire avec l'insouciance des magazines, la plier à la facilité des *talk-shows*. N'en déplaise aux nombreux lecteurs naïfs et passionnés du roman qui, réunis dans un forum, ont salué, avec soulagement, l'avènement dans l'Histoire de l'ère « de la vérité », de la « *radical truth* ».

15

LES LIEUX ROMANESQUES ET LEUR VÉRITÉ

Page de gauche :

Le Château de la Jalousie, illustration extraite d'une édition du XVe siècle du *Roman de la rose*. Londres, British Library, Ms. Harley 4425, f. 39

COMME ON L'A DIT DANS L'INTRODUCTION, il existe une infinité de lieux n'ayant jamais existé dans la réalité et servant de cadre à une multiplicité d'intrigues romanesques. Plusieurs d'entre eux font désormais partie de notre imaginaire, et nous pouvons ainsi rêver au pays de Cocagne de Pinocchio, à l'île où Sinbad rencontre l'**oiseau Rokh** et à l'île Sonnante de **Rabelais**, sans parler de la cabane des sept nains, du château de la Belle au bois dormant, de la maison de la grand-mère du Petit Chaperon rouge, de la montagne d'Aimant qui apparaît dans tant de récits orientaux et occidentaux (voir à ce propos la synthèse d'**Arturo Graf**).

Certains lieux se sont transformés en matériau romanesque alors qu'ils existent vraiment : ce fut par exemple le cas de l'île de Robinson, où fit naufrage un personnage réel, Alexander Selkirk, dont Defoe s'inspira ; elle appartient à l'archipel Juan Fernández, situé dans l'océan Pacifique au large des côtes chiliennes. De manière analogue, le voïvode Vlad Tepes, plus connu sous son patronyme de Dracula, fut un personnage historique du XVe siècle avant de devenir le protagoniste des romans de **Bram Stoker** ; il ne s'agissait certes pas d'un vampire, mais il resta en tout cas célèbre pour sa mauvaise habitude d'empaler ses adversaires. Et de nos jours encore, les fidèles d'Arsène Lupin, le gentleman cambrioleur créé par Maurice Leblanc, vont en Normandie visiter l'aiguille d'Étretat, en s'imaginant qu'elle est creuse et que dans sa cavité, riche de tous les trésors des rois de France, ledit gentleman, animé d'une énergie folle, planifiait sa domination sur le monde. Nous avons d'ailleurs vu dans le chapitre précédent comment l'histoire de Lupin, prise totalement au sérieux, finit par être introduite dans cet amas de lubies qu'est le mythe de Rennes-le-Château. Enfin, les égouts de Paris existent toujours (on peut même en visiter une toute petite partie), de même que ceux de Vienne ; cela n'a pas empêché les premiers de devenir mythiques à la suite du parcours tourmenté de Jean

15. LES LIEUX ROMANESQUES ET LEUR VÉRITÉ

Page de gauche :
Vlad III de Valachie,
Innsbruck, XVIᵉ siècle
Château d'Ambras

Frontispice
de *L'Île mystérieuse*
de Jules Verne, 1874

Valjean, dans *Les Misérables*, et des machinations de Fantômas ; les seconds sont quant à eux devenus très célèbres depuis la fuite finale de Harry Lime, dans *The Third Man* (*Le Troisième Homme*).

Hors de toute existence effective, certains de ces lieux ont été reconstitués, souvent pour des raisons d'ordre commercial. Il suffit par exemple de penser à la cellule (présumée) du comte de Monte-Cristo, au château d'If (bien réel), que visitent des lecteurs passionnés de Dumas, ou encore à la maison londonienne de Sherlock Holmes, sur Baker Street, et à celle de Nero Wolfe, à New York. Cette dernière est pourtant difficile à identifier, car Rex Stout a toujours parlé d'un bâtiment en grès (*brownstone*) situé sur la West 35th Street, mais au fil de ses romans, il lui a attribué au moins dix numéros différents – et la West 35th Street ne compte d'ailleurs aucun immeuble en grès. Toujours est-il que dans leur recherche d'un point de repère pour leurs pèlerinages, les fans du grand (et gros) détective ont décidé d'accorder le statut de maison « authentique » à celle du numéro 254 ; de sorte que le 22 juin 1996, la municipalité de New York et le Wolfe Pack y ont installé une plaque de bronze ; depuis lors, s'ils le veulent vraiment, les fidèles de Wolfe peuvent s'y rendre en pèlerinage. Et aujourd'hui encore, sur Internet, la société Vandenberg, Inc., The Townhouse Experts, diffuse la publicité suivante : « Vous voudriez vivre dans une maison en grès semblable à celle de Nero Wolfe ? Vandenberg Real Estate dispose de nombreuses maisons à vendre dans l'Upper West Side. »

Nous ignorons où se situaient les jardins d'Armide décrits par Torquato Tasso dans la *Jérusalem délivrée*, l'île de Caliban évoquée par Shakespeare dans *La Tempête*, Lilliput, Brobdingnag, Laputa, Balnibarbi, Glubbdubdrib, Luggnagg et le pays des Houyhnhnms mentionnés dans *Les Voyages de Gulliver*, l'île mystérieuse de Jules Verne, le Xanadu du *Kubla*

HISTOIRE DES LIEUX DE LÉGENDE

Khan de **Coleridge** (même si Orson Welles reconstitua ce palais fictif dans *Citizen Kane*), les mines du roi Salomon ; nous ne savons pas où fit naufrage Arthur Gordon Pym, où se trouvaient l'île des monstres du docteur Moreau, le pays des merveilles d'Alice et toutes ces principautés d'opérette que sont la Ruritanie, le Parador, la Freedonie, la Sylvanie, la Vulgarie, la Tomanie, la Bactérie, Osterlich, la Slovétzie, l'Euphranie ; il en va de même pour le duché de Strackenz et les royaumes de Taronie, de Carpanie, de Lugash, de Klopstokia Moronica, de Syldavie, de Valeska, de Zamunda et de Marshovie ; et on pourrait aussi mentionner les républiques de Valverde, de Hatay, de Zangaro, d'Hidalgo, de Bordurie, d'Estrovie, de Pottsylvanie, de Génovie et de Krakozhie, et enfin le royaume d'Ottokar, dans les aventures de Tintin.

Nous ne savons pas non plus où se situaient l'île de King Kong, la Terre du Milieu de Tolkien, la caverne du crâne des bandes dessinées du Fantôme (l'Homme masqué) et de leur fantaisiste **jungle du Bengale**, la planète Mongo, le monde sous-marin où Flash Gordon est fait prisonnier par la reine Undina, la ville où vivaient et vivent encore Mickey et Donald,

Illustration extraite de Hergé, *Les Aventures de Tintin. Le sceptre d'Ottokar*, 1939

Le Pays du Fantôme, illustration extraite de *Le Fantôme* (*L'ombre qui marche*), 30 janvier 1973

Image tirée du film
Casablanca, de Michael Ortiz, 1942

Narnia, Brigadoon, le Poudlard (Hogwarts, dans la version originale) de Harry Potter, la forteresse Bastiani du *Désert des Tartares* de Buzzati, Jurassic Park et l'Escondida de Corto Maltese.

Selon toute vraisemblance, la Gotham City de Batman est une transfiguration ténébreuse de New York ; Smallville, Metropolis et Kandor, que le malfaisant Brainiac, dans les aventures de Superman, est parvenu à capturer et à miniaturiser dans un récipient en cristal, restent en revanche introuvables.

Les splendides villes invisibles de **Calvino** n'existent certainement pas, et bien qu'on en ait tenté, hélas, une reconstitution commerciale des plus décevantes, nous ne verrons plus jamais le Café Américain de Rick Blaine, à Casablanca.

Par ailleurs, personne n'a jamais pensé à une existence réelle des lieux représentés sur la carte du Tendre, un pays imaginaire mentionné au XVIIe siècle par **Madeleine de Scudéry** dans son roman *Clélie*.

De même, nous ne pouvons que rêver du lieu le plus vaste et le plus indicible, celui que **Borges** raconte avoir vu à travers un trou percé

Albert Robida,
La Sortie de l'Opéra de Paris en l'an 2000, vers 1900

Page ci-contre :

Carte et illustration extraites de Robert Louis Stevenson, *L'Île au trésor,* 1886

dans des marches d'escalier : l'Aleph, point depuis lequel il a contemplé et tenté de décrire l'univers infini.

On pourrait aussi mentionner, parmi les **lieux romanesques**, ceux qui n'existent pas encore, c'est-à-dire ceux de la science-fiction, en commençant par les plus classiques, comme le Paris de l'an 2000 imaginé, au XIXe siècle, par Albert Robida. Mais il est peut-être légitime de classer ces espaces imaginaires parmi les utopies passées ou actuelles, positives ou négatives.

Tous les lieux dont nous nous occupons dans ce chapitre (sans prétendre en fournir une liste exhaustive[1]) ne sont pas, en tout cas, les lieux de l'illusion légendaire, mais de la *vérité romanesque*. À quoi tient la différence ? À ce que (même dans le cas de Robinson) nous sommes convaincus qu'ils n'existent pas et n'ont jamais existé, à l'instar du Pays imaginaire de Peter Pan ou de l'île au Trésor de Stevenson. Et personne ne part à leur recherche, comme ce fut en revanche le cas, par exemple, pour l'île de saint Brandan – à laquelle on a cru pendant des siècles.

Ces lieux ne suscitent pas notre crédulité parce que, en vertu du pacte fictionnel qui nous lie aux propos de l'auteur, tout en sachant qu'ils n'existent pas, nous *faisons semblant* de croire à leur existence – et nous participons en complices au jeu qui nous est proposé.

1. Pour l'encyclopédie existante la plus complète, voir Manguel et Guadalupi 1982

15. LES LIEUX ROMANESQUES ET LEUR VÉRITÉ

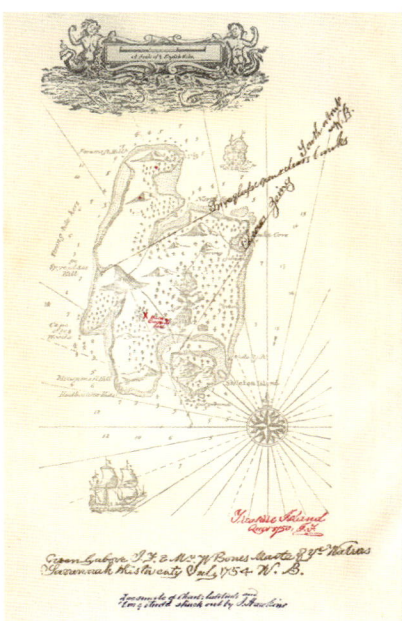 

Nous savons très bien qu'il y a un monde réel, où s'est produite la Seconde Guerre mondiale, où les hommes sont allés sur la Lune, et qu'il y a en outre les *mondes possibles* de notre imagination, où Blanche Neige et Harry Potter, le commissaire Maigret et Madame Bovary, ont vécu et continuent de vivre. À partir du moment où nous avons décidé, en souscrivant au pacte fictionnel, de prendre au sérieux un monde narratif possible, nous devons admettre que Blanche Neige a été réveillée de son sommeil par le Prince charmant, que Maigret habite à Paris, boulevard Richard-Lenoir, que Harry Potter a fait ses études de magicien à Poudlard, que Madame Bovary s'est empoisonnée. Et si quelqu'un affirmait que Blanche Neige n'est jamais sortie de sa léthargie, que Maigret réside boulevard Poissonnière, que Harry Potter a été étudiant à Cambridge et que Madame Bovary a été sauvée in extremis grâce à un contrepoison administré par son époux, il susciterait notre désaccord (et, le cas échéant, serait recalé à un examen de littérature comparée).

Bien entendu, la fiction narrative requiert l'émission de signaux de fictionnalité, qui vont de la présence du mot « roman » sur la couverture à des débuts tels que « Il était une fois… ». Toutefois, l'auteur commence souvent par un faux signal de véridicité. En voici un exemple : « Il y a

N. C. Wyeth, illustration pour *L'Île au trésor* de Robert Louis Stevenson, 1911

environ trois ans, M. Gulliver, qui supportait mal d'être constamment assailli chez lui, à Redriff, par des foules de curieux, fit l'achat d'une petite terre, avec une agréable maison près de Newark [...]. Avant de quitter Redriff, il me remit en manuscrit l'ouvrage que nous publions ici [...]. J'ai lu ces pages en entier, trois fois, et avec grand soin. [...] L'ensemble donne une grande impression de vérité ; et il faut bien dire que l'auteur était si connu pour sa véracité, qu'il était devenu traditionnel chez ses voisins de Redriff, pour affirmer quelque chose, de déclarer : "Aussi vrai que si M. Gulliver l'avait dit"[2]. »

    Le frontispice de la première édition des *Voyages de Gulliver* ne fait d'ailleurs pas apparaître le nom de Swift, en qualité d'auteur de la

[2]. Jonathan Swift, *Voyages de Gulliver*, traduit et annoté par Jacques Pons, Paris, Gallimard, Folio, 1976, p. 29-30. (*N.d.T.*)

Alberto Savinio,
Le Nocturne, 1950.
Collection particulière.
Couverture pour *Una storia vera* (*Une histoire vraie*) de Luciano Bompiani, 1994

fiction, mais celui de Gulliver, en tant qu'autobiographe véridique. Les lecteurs ne se laissent pas abuser pour autant, car depuis l'*Histoire véritable* de Lucien, les affirmations excessives de véridicité sonnent comme autant de signaux qu'il s'agit en fait d'une fiction. Il arrive parfois qu'un lecteur de romans confonde l'imagination et la réalité, et se mette à écrire des lettres à un personnage fictif; le *Werther* de Goethe a même poussé plusieurs belles âmes à se suicider, pour imiter leur héros. Mais il s'agit là de cas pathologiques, de personnes incapables d'adopter la tournure d'esprit du *bon* lecteur. Ce dernier peut aller jusqu'à verser des larmes (pendant sa lecture) sur la mort de l'héroïne de *Love Story*; une fois l'émotion du moment dissipée, il sait très bien que la Jenny du roman n'a jamais existé.

La vérité de la fiction romanesque va au-delà de la croyance en la vérité ou en la fausseté des faits racontés. Dans la vie réelle, nous ne savons pas avec une certitude absolue si Anastasia Nikolaïevna Romanova a été assassinée à Ekaterinbourg avec le reste de sa famille, ni si Hitler est vraiment mort dans son bunker berlinois. Mais lorsque nous lisons les romans d'Arthur Conan Doyle, nous sommes sûrs que le docteur Watson est bien celui qui, dans *A Study in scarlet* (*Une étude en rouge*), est appelé ainsi pour la première fois par un certain Stamford ; à partir de là, aussi bien Holmes que les lecteurs, lorsqu'ils pensent à Watson, entendent se référer à cet événement baptismal. Le lecteur croit dur comme fer qu'il n'existe pas à Londres deux personnes portant le même nom et ayant fait la même carrière militaire, à moins que le texte ne nous le dise parce qu'il a l'intention de nous raconter l'histoire d'un imposteur ou d'un personnage doté d'une double identité, comme dans *Strange Case of Dr Jekyll and Mr Hyde* (*L'Étrange Cas du docteur Jekyll et de M. Hyde*).

En 2007, Philippe Doumenc a publié une *Contre-Enquête sur la mort d'Emma Bovary*, où il raconte que l'héroïne de Flaubert ne s'est pas empoisonnée, mais a été assassinée. Toutefois, ce livre acquiert une certaine saveur uniquement parce que ses lecteurs ont la certitude absolue qu'*en réalité* (c'est-à-dire dans celle du monde possible de la fiction), Madame Bovary s'est suicidée, et qu'elle meurt à nouveau par suicide à chaque fois que nous achevons la lecture du roman. On peut lire l'ouvrage de Doumenc comme une sorte d'*uchronie*, à savoir le récit de ce qui *se serait passé* si l'Histoire avait suivi un autre cours ; de même, il est loisible d'écrire un roman sur ce que serait devenu le monde si Napoléon avait gagné la bataille de Waterloo ou si Hitler avait remporté la guerre, comme dans *The Man in the High Castle* (*Le Maître du Haut Château*), de Philip K. Dick. Mais pour goûter la lecture d'une uchronie, il est indispensable de savoir qu'en réalité, les choses se sont passées autrement.

Il résulte de tout ce qui précède que le monde possible du roman est le seul univers où nous pouvons être absolument sûrs de quelque chose, et qu'il nous offre une idée très forte de la Vérité.

Les personnes crédules pensent que l'Eldorado et la Lémurie existent ou ont existé quelque part ; les sceptiques sont convaincus du contraire ; mais nous savons tous qu'il est *indéniablement certain* que Superman n'est autre que Clark Kent et que le docteur Watson n'est pas le bras droit de Nero Wolfe ; qu'il est indiscutablement vrai qu'Anna Karénine est morte sous un train, et qu'elle n'a pas épousé le Prince charmant.

Dans notre univers riche en erreurs et en légendes, en données historiques et en fausses informations, rien n'est aussi absolument vrai que l'identité entre Superman et Clark Kent. Tout le reste peut toujours être remis en question.

Les exaltés espèrent, encore et toujours, qu'ils rencontreront un jour le Seigneur du monde, ou que les créatures d'une Race future peuvent surgir d'un sous-sol vide. Des hallucinés ont cru (et certains croient encore) que la Terre est creuse. Mais n'importe quelle personne normale sait avec certitude que – dans l'univers dont nous parle l'*Odyssée* – la Terre était plate et comprenait l'île des Phéaciens.

On peut tirer de tout cela une ultime consolation. Même les terres légendaires, au moment où elles sont passées du statut d'objet de croyance à celui d'objet de fiction, sont devenues *vraies*. L'île au Trésor est plus authentique que Mu ; l'Atlantide de Pierre Benoit, outre sa valeur artistique, est plus indiscutable que celle de tous les chercheurs de territoires disparus ; et lorsque nous lisons Platon d'un point de vue narratif (ce qui est le propre de tout récit mythologique), on ne peut remettre en cause sa fascinante Atlantide – alors qu'il est juste de le faire avec celle de Donnelly.

Les narrations figuratives qui accompagnent les chapitres du présent ouvrage viennent, elles aussi, à notre secours : elles fixent d'anciens personnages légendaires en une réalité ineffaçable, qui fait partie du musée de notre mémoire. Ces héros et ces territoires ont disparu (ou n'ont jamais existé), mais leur image ne peut être révoquée en doute.

À la vue de la *Rose blanche* de Gustave Doré et à la lecture du **texte de Dante** qu'elle illustre, même ceux qui ne croient pas à l'existence du Paradis, terrestre ou céleste, comprennent que cette vision appartient de manière véridique à la réalité de notre imaginaire.

dans l'Île Sonnante nous descendions avec notre canot sur un petit roc près duquel nous reconnaissions un ermitage et une espèce de petit jardinet.
[…]

Nos jeûnes achevés, l'ermite nous donna une lettre adressée à un homme qu'il nommait Albian Camat, maître Editue de l'Île Sonnante ; mais Panurge le salua en l'appelant maître Antitue[1]. C'était un petit bonhomme vieux, chauve, à museau bien enluminé et face cramoisie qui, sur la recommandation de l'ermite, nous fit un très bon accueil, apprenant que nous avions jeûné comme il a été expliqué plus haut. Quand nous eûmes très bien mangé, il nous exposa les singularités de l'île, affirmant que ses premiers habitants avaient été les Siticines, mais que, selon l'ordre naturel (puisque toutes choses varient), ils étaient devenus des oiseaux. […] Les cages étaient grandes, riches, somptueuses et d'une merveilleuse architecture.
Les oiseaux étaient grands, beaux et polis à l'avenant, ressemblant beaucoup aux hommes de ma patrie ; ils buvaient et mangeaient comme des hommes, ils merdoyaient comme des hommes, ils pétaient, dormaient et saillaient comme des hommes ; bref, à les voir de prime abord, on aurait dit que c'étaient des hommes ; hommes toutefois ils ne l'étaient point, selon ce que nous en apprit maître Editue, qui affirmait au contraire qu'ils n'étaient ni du siècle ni du monde. Leur plumage également nous faisait rêver : certains l'avaient tout blanc, d'autres tout noir, d'autres tout gris, d'autres mi-blanc, mi-noir, d'autres tout rouge, d'autres mi-blanc, mi-bleu : c'était belle chose de les voir. Il nommait les mâles Clergaux, Monagaux, Prêtregaux, Abbégaux, Évêgaux, Cardingaux et Papegaut, qui est unique en son espèce. Il nommait les femelles Clergesses, Monagesses, Prêtregesses, Abbégesses, Évêgesses, Cardingesses, Papegesse. Toutefois, nous dit-il, comme parmi les abeilles séjournent les frelons, qui ne font rien d'autre que tout manger et tout gâter, de même depuis trois cents ans, tous les cinq du mois, s'abattait, je ne sais comment, parmi ces joyeux oiseaux, un vol de nombreux Cagots,

1. *Æditue*, en ancien français, de aedituus, « gardien du temple » ; jeu de mots avec *editus*, « supérieur » et Antitus, cuisinier et personnage burlesque célèbre, que l'on retrouve à plusieurs reprises chez Rabelais.

Moritz Ludwig von Schwind, *La Guerre de Sänger*, fresque, 1854-1855. Eisenach, Sammlungen auf der Wartburg

qui avaient déshonoré et conchié toute l'île et qui étaient si hideux et si monstrueux qu'ils étaient repoussés de tous. Car ils avaient tous le cou tordu, les pattes poilues, des griffes et un ventre de Harpies, et des culs de Stimphalides ; et il n'était pas possible de les exterminer : pour un qui mourait, en arrivaient vingt-quatre.

La montagne d'aimant : le récit oriental

ARTURO GRAF
Un mito geografico
(*Il monte della calamita*) (1892-1893)

J'ai noté, à propos du récit des *Mille et une nuits* sommairement résumé plus haut, la superposition d'un élément étranger et hétérogène à ce qui, sans aucun doute, dut être à l'origine son véritable thème. Après avoir presque perdu sa propriété naturelle, la Montagne d'aimant y devient un moyen et un instrument aux mains d'un pouvoir magique. Que dirons-nous donc lorsque, dans des récits occidentaux, nous assisterons à une association du même ordre entre cette Montagne et quelque artifice magique, autrement dit lorsqu'elle deviendra la demeure de magiciens et de fées ? Dans le poème anonyme allemand intitulé *Reinfrit von Braunschweig*, composé à la fin du XIIIe siècle ou au début du XIVe, on raconte l'étrange histoire d'un grand nécromancien nommé Zabulon : habitant de la Montagne d'aimant, il lit dans les étoiles l'annonce de la venue du Christ, mille deux cents ans avant qu'elle ne se produise ; pour l'empêcher, il rédige plusieurs ouvrages de nécromancie et d'astrologie, deux sciences dont il est l'inventeur. Quelques années avant la naissance du Christ, Virgile, doué d'un immense savoir et d'une singulière vertu apprend l'existence de ce mage et de ses arts maléfiques ; il navigue alors en direction de la Montagne d'aimant et parvient, grâce à l'aide d'un esprit, à s'emparer des trésors et des livres de Zabulon. Le moment venu, la Vierge peut donc donner naissance à Jésus. Dans une de ses poésies, Heinrich von Müglin raconte quant à lui que Virgile, accompagné de plusieurs nobles seigneurs, quitta Venise à bord d'un navire tiré par deux griffons et parvint à la Montagne d'aimant ; il y trouva, enfermé dans une fiole, un esprit qui, en échange de sa liberté, lui apprit comment prendre possession d'un livre de magie dissimulé dans une tombe. Après s'être saisi du livre et l'avoir ouvert, Virgile vit apparaître devant lui quatre-vingt mille diables, auxquels il ordonna aussitôt de construire une bonne route ; après quoi il retourna tranquillement à Venise avec ses compagnons. Ces fantaisies font aussi une brève apparition dans le *Wartburgkrieg* (*Tournoi poétique de la Wartburg*). Il est par ailleurs question d'un magnifique palais, bâti sur la Montagne d'aimant et habité par cinq fées, dans la suite du *Huon de Bordeaux* en prose, et il ne fait assurément qu'un avec le *chastel d'aimant* décrit dans une version tardive de l'*Ogier*. Dans un roman français en prose sans doute composé au XVe siècle, la Montagne devient un Récif d'aimant, habité de magiciens et soumis à un enchantement ; pour pouvoir s'en éloigner, après qu'on y a été attiré, il faut, conformément à ce qui est indiqué sur une inscription, jeter en mer un anneau qui se trouve au sommet du rocher. Tout cela n'est-il pas singulièrement proche de ce qu'on peut lire dans le récit du troisième calender ? On rappellera en outre que les lapidaires, qui contiennent de nombreuses indications imaginaires venues d'Orient, établissent une relation étroite entre l'aimant et l'art de la magie [...]
Albert le Grand et d'autres auteurs parlent d'ailleurs eux aussi des propriétés magiques

de l'aimant.

Après tout ce que nous venons de voir, il ne nous semblera pas trop illogique que la Montagne d'aimant soit devenue non seulement l'heureux séjour des fées, mais aussi celui du roi Arthur, comme le rapporte un vieux livre français intitulé *Le roman de Mabrian* ; et il nous sera moins difficile de comprendre comment et pourquoi, dans *Le poème de Gudrun*, la Montagne de l'aimant s'identifie au Mont Givers, dit aussi Mongibello (où une légende, analysée ailleurs dans le présent volume, situait justement la demeure du roi Arthur) et devient le territoire d'un peuple heureux, qui vit dans l'abondance et habite des palais en or. La légende relative à ce territoire et à ce peuple dut être favorisée, d'une certaine manière, par la croyance selon laquelle les innombrables navires attirés de toutes parts vers la Montagne y apportèrent en abondance des richesses venues de toute la Terre.

Il me semble d'autre part tout à fait probable, comme on le verra plus loin, que l'idée d'établir un lien entre la Montagne de l'aimant et les griffons, en faisant de ces animaux un instrument de salut pour des naufragés plus ingénieux et plus audacieux que les autres, fut, elle aussi, d'origine orientale. À propos de la Mer de Chine, Benjamin de Tudèle parle, pour reprendre ses termes, de certaines « étroitesses » dont les navires qui s'y égaraient ne pouvaient se sortir, si bien que leurs équipages, en l'absence de ravitaillement, finissaient par mourir de faim. Les marins les plus avisés emportaient donc avec eux des peaux de bœufs, et lorsqu'il ne leur restait plus aucune autre solution, ils s'en enveloppaient et se laissaient enlever par des sortes d'aigles géants, qui les transportaient jusqu'à terre ; beaucoup d'entre eux trouvaient ainsi leur salut. La Montagne, ou tout au moins les récifs ou les bas-fonds d'aimant, se cache assurément parmi ces étroitesses, et ces aigles géants ne sont autres que les oiseaux Roc, ou Rokh, des nouvelles orientales, devenus par la suite, en Occident, des griffons.

Les récits occidentaux placent souvent la Montagne d'aimant au beau milieu de la Mer coagulée : c'est par exemple le cas dans *Das Lied von Herzog Ernst* (*La chanson du duc Ernst*), dont je parlerai plus bas, dans *Der jüngere Titurel* (*Titurel le jeune*), et dans plusieurs autres textes. *Le poème de Gudrun* la situe dans la Mer ténébreuse. Il me semble probable que de tels liens aient déjà été établis en Orient ; mais il faut par ailleurs noter que l'imagination devait être naturellement encline, ici comme là-bas, à rassembler tous les dangers des mers : voilà pourquoi, dans de nombreux récits occidentaux, la Mer coagulée et la Montagne d'aimant vont de pair avec les sirènes.

En Occident comme en Orient, la Montagne d'aimant ne devait pas figurer seulement dans les récits plus ou moins véridiques des voyageurs ou dans les traités des géographes et des naturalistes ; dans la mesure où elle se prêtait à des descriptions fantaisistes et poétiques, tout en donnant lieu à d'étranges aventures, elle devait aussi, tôt ou tard, apparaître dans des récits à caractère romanesque, et en particulier dans ceux qui relataient des pérégrinations lointaines, des expéditions fabuleuses. Il était presque impossible qu'elle ne trouvât pas sa place dans ce que l'on pourrait à juste titre appeler les romans de la mer : si le poète de l'Antiquité qui a raconté les longues errances et les souffrances d'Ulysse et de ses compagnons avait connu la Montagne d'aimant, elle aurait sans doute figuré dans l'*Odyssée*, sur les ondes de quelque mer lointaine et inconnue.

En l'état actuel de nos connaissances, il est impossible de dire à quand remonte la première rédaction du récit du troisième calender, dans les *Mille et une nuits* ; on peut en revanche indiquer, du moins à peu de choses près, l'époque où fut composé le plus ancien récit romanesque occidental mentionnant la Montagne d'aimant.

Il s'agit en effet de la *Chanson du duc Ernst*, le poème allemand déjà cité plus haut. On n'a pas encore pu, à ce jour, retrouver la version latine d'origine de cette histoire chevaleresque, mais elle inspira plusieurs textes : un poème en bas-rhénan composé entre 1170 et 1180, dont il ne reste que des fragments et dont la substance passa par la suite, entre le XIe et le XIIe siècle, dans le poème allemand anonyme duquel je tirerai plus bas le résumé du récit relatif à la Montagne d'aimant ; un autre poème, attribué à tort à Heinrich von Veldeke et rédigé entre 1277 et 1285 ; un poème latin d'un certain Odon (avant 1230) ; un récit latin en prose ; un récit populaire allemand en prose.

Dans le plus ancien poème parvenu jusqu'à nous dans son intégralité, le récit se développe comme suit. Après une longue et pénible navigation, le duc Ernst et ses compagnons parviennent à proximité d'une montagne escarpée, sur les flancs de laquelle serpente une sorte de grande forêt, formée de mâts de navires. Après avoir reconnu la nature de cette montagne, qui se dresse sur les ondes paresseuses de la Mer coagulée, l'un des pilotes annonce au duc et au reste de l'équipage leur perte irréparable. Il est en effet impossible de résister à la force d'attraction de l'aimant : tous ces mâts sont ceux de navires naufragés ; les marins doivent s'attendre à mourir de faim. À ces tristes mots, le duc semble troublé : il adresse à ses compagnons des propos affectueux, les exhorte à offrir leur âme à Dieu, à se repentir de toutes les erreurs qu'ils ont commises, à se préparer à faire leur entrée, sous l'effet de la grâce divine, au royaume des cieux. Tous se conforment à ses exhortations, tandis que le navire, d'un mouvement impétueux, s'approche de la montagne et s'insère, tel un coin, au milieu des autres navires, dont beaucoup ont pourri sous l'effet de leur vétusté ; dans un fracas épouvantable, crevant les flancs des embarcations et emportant les épaves, il passe outre et se heurte à la roche. Les richesses perdues qui s'offrent alors aux regards des naufragés sont telles, et si nombreuses, qu'on ne saurait les décrire. Mais à quoi servent-elles ?

La montagne se dresse au milieu d'un océan très éloigné, et d'aucun côté on n'aperçoit de terre à l'horizon. Les vivres diminuent peu à peu ; l'un après l'autre, les valeureux marins meurent de faim ; des griffons surviennent et dérobent leurs corps, pour en nourrir leurs petits. Au bout du compte, seuls le duc et sept de ses compagnons demeurent en vie, et il ne leur reste pour toute provision que la moitié d'un pain. Le comte Wetzel, frappé d'une idée miraculeuse, propose alors à ses compagnons de s'envelopper dans des peaux de bœufs et de se laisser enlever par les griffons, car il ne leur reste, en dehors de cela, aucun autre espoir de salut. Ce conseil est accueilli par des applaudissements et des cris de jubilation. Armés de pied en cap, le duc et le comte se font coudre les premiers dans les peaux de bœuf : les griffons, ailes déployées, se précipitent sur eux, les soulèvent et les emportent au-delà de la mer. Lorsqu'ils touchent terre, les deux hommes fendent les peaux de bœufs d'un coup d'épée et en sortent d'un bond : ils sont sains et saufs. Leurs compagnons se sauvent de la même manière, à l'exception du dernier d'entre eux, qui, n'ayant personne pour l'aider à se glisser dans la peau de bœuf, meurt de faim. Mais pour quitter le lieu où les griffons les ont déposés, les survivants doivent s'abandonner, à bord d'un radeau, au cours impétueux d'un fleuve souterrain, dont le lit est tout entier parsemé de pierres précieuses.

Huon de Bordeaux, le célèbre héros de l'épopée carolingienne, courut les mêmes dangers et se sauva de la même manière ; et il n'existe à ce propos, entre le récit qui le concerne et celui qui relate l'histoire du duc Ernst, que de petites différences sans grande importance. Huon survivant seul à ses compagnons d'infortune, il devient nécessaire qu'il se fasse enlever par le griffon sans se dissimuler dans une peau de bœuf ; l'oiseau le transporte sur une île paradisiaque, où jaillit une source et murissent des fruits qui ont pour vertu de rendre la jeunesse ; le héros ne peut la quitter autrement qu'en s'abandonnant au cours d'un fleuve souterrain, en tout point semblable à celui que décrit la *Chanson du duc Ernst*. […]

Il est impossible de ne pas remarquer d'emblée la forte ressemblance qui unit ces récits occidentaux non seulement à celui du troisième calender, mais encore au sixième voyage de Sinbad le marin, toujours dans les *Mille et une nuits*. L'embarcation de Sinbad subit elle aussi l'attraction irrésistible d'une montagne dont la partie basse est occupée par les épaves de navires naufragés et d'innombrables richesses ; Sinbad aussi, après être resté le seul à survivre à ses compagnons, tous morts de faim, trouve son salut en se laissant entraîner, à bord d'un radeau, par le courant d'un fleuve souterrain riche en pierres précieuses. Et je crois que les récits occidentaux apportent, si ce n'est la preuve, du moins un indice des défauts ou des altérations qui affectent, à un moment donné, le récit oriental, et qu'ils donnent aussi la possibilité de lui rendre son intégrité et son authenticité primitives. Sinbad ne dit pas que la montagne où il a fait naufrage est la Montagne d'aimant ; mais il me semble que les détails mêmes de sa description, ainsi que les liens existant entre les différents récits, permettent de déduire que c'était bien le cas à l'origine. Pour les mêmes raisons, il me paraît nécessaire d'établir une identification entre la Montagne d'aimant et celle, démesurée et brillante comme de l'acier trempé, vers laquelle est entraîné le navire d'Abulfauaris, dans les *Mille et un Jours*.

En route vers le château de Dracula

BRAM STOKER (1847-1912)
Dracula, I (1897 ; J'ai Lu, 2012)

Quelquefois aussi, quand la route semblait se frayer un chemin comme à coups de hache à travers ces bois de pins qui me donnaient l'impression de vouloir se refermer sur nous à tout jamais, les masses informes d'une purée de poix grisâtre ondulant ici et là parmi les arbres produisaient un effet plus qu'étrange et presque menaçant qui ramenait à l'esprit les sombres pensées et les illusions sinistres engendrées en tout début de soirée. Pour couronner le tout, le soleil couchant formait un étrange contraste entre les nuages aux formes fantomatiques qui, dans cette région des Carpathes, semblent louvoyer continuellement entre les vallées. Les collines étaient parfois si abruptes que, malgré la hâte d'arriver de notre conducteur, les chevaux ne pouvaient avancer que lentement.

[…]

Les nuages sombres au-dessus de nous étaient comme affolés et l'imminence du tonnerre rendait l'air lourd et oppressant. Les montagnes semblaient avoir découpé l'atmosphère en deux parties égales et nous avions maintenant atteint la zone orageuse. Je cherchais des yeux le moyen de transport qui devait m'emmener jusqu'au Comte. Je m'attendais à tout moment à voir la lueur aveuglante de lanternes percer l'obscurité.

Mais l'obscurité persistait. La seule lumière visible provenait des

15. LES LIEUX ROMANESQUES ET LEUR VÉRITÉ

Image tirée du film *Dracula*, de Tod Browning, 1931

rayons intermittents des lanternes de notre diligence, et qui éclairait le nuage blanc diaphane formé de la vapeur émanant des naseaux fumants de nos chevaux fourbus.
[...]
Ensuite, dans un concert de cris de voyageurs mâtinés de signes de croix intempestifs, une calèche à quatre chevaux arriva par l'arrière, sembla vouloir nous dépasser mais s'arrêta juste à côté de notre voiture. Je pus voir, grâce aux lueurs de nos lampes qui les éclairaient, que ces chevaux étaient d'un noir de charbon et des bêtes splendides. Ils étaient conduits par un homme de grande taille portant une longue barbe brune et un chapeau noir à larges bords qui nous dissimulaient presque entièrement son visage. Je ne pus qu'entrapercevoir le reflet très brillant de ses yeux qui semblaient de couleur rouge à la lumière des lampes juste avant de se tourner vers nous.
[...]
Tout à coup, les loups se remirent à hurler comme si la lune leur faisait un effet particulier. Les chevaux ruaient et se cabraient et regardaient de tous côtés en roulant des yeux et cela faisait mal à voir! Mais l'anneau vivant les tenait enfermés de tous côtés, et ils étaient bien obligés de rester à l'intérieur de ce cercle terrifiant. Je donnai de la voix et appelai le conducteur, le suppliant de revenir, car je sentais confusément que notre seule chance de nous en sortir était de briser ce cercle et, pour hâter son retour, je hurlai en frappant la portière de la calèche, dans l'espoir d'effrayer les loups et qu'ils s'éloignent de l'endroit où

le conducteur était parti et de lui permettre de reprendre sa place. Je ne le vis pas revenir mais entendis sa voix impérieuse et faite pour commander. En cherchant la source je trouvai l'homme, debout au milieu de la route. Il effectuait de grands moulinets de ses bras, comme pour écarter un obstacle invisible, et les loups se mirent à reculer de plus en plus loin.

À ce moment précis, un immense nuage masqua la lune et nous fûmes à nouveau plongés dans l'obscurité.

Quand mes yeux se furent habitués à cette absence de lumière, je vis le conducteur remonter dans la calèche et cette fois les loups disparurent pour de bon. Tout ceci était si étrange et insensé qu'une peur indicible me saisit à nouveau. Je ne pouvais ni bouger ni même parler. Le temps me parut interminable tandis que nous reprenions notre route, maintenant dans une obscurité presque totale puisque les nuages continuaient à cacher la lune. Nous grimpions toujours sur la route qui amorçait parfois, mais rarement, un mouvement de descente. Mais j'avais l'impression d'une ascension presque ininterrompue. Je réalisai soudain que le cocher nous avait fait rentrer dans une cour et arrêtait la calèche devant ce qui semblait un immense château en ruines, dont les immenses et sombres fenêtres ne dispensaient aucune lumière et dont les créneaux brisés dessinaient une ligne brisée contre le ciel.

Xanadu

SAMUEL T. COLERIDGE (1772-1834)
Kubla Khan
(1797-1816; *Poésie*/Gallimard, 2007)

En Xanadu dit KUBLA KHAN
Qu'on crée un grand dôme de plaisir
Où courrait Alphe, rivière sacrée,
Par des cavernes sans fond pour l'homme
Jusqu'à une mer sans jour !
Deux fois cinq milles de terre fertile
Furent ceints d'un mur garni de tours ;
Des ruisseaux clairs y sinuaient
   dans les jardins
Où fleurissaient plus d'une essence
   portant l'encens ;
Ailleurs d'anciennes forêts, vieilles
   comme la terre,
Y enfermaient des clairières d'herbe
   ensoleillées.
Oh ! mais ce gouffre romantique qui strie
   la pente
D'une colline verte, césure profonde
   au bois cédrier !
Quel lieu sauvage ! Jamais n'en fut d'aussi
   sacré
Ni enchanté sous une lune déclinante
Par femme lançant ses plaintes
   à son démon d'amant !
Du fond du gouffre grondant sans cesse
   d'un bouillonnement,
Comme si la terre en brefs souffles rapides
   haletait,
Puissamment mue une grande source
   jaillissante
Jetait en son milieu par jets
   d'intermittence
De lourds fragments montant comme
   grêle qui rebondit,
Ou graine quittant sa balle battue
   par le fléau :
Dans la danse des rocs, soudaine mais
   incessante
En l'air propulsait la rivière cette force
   puissante.
Sur cinq milles méandrant d'un glissement sinueux
Par forêts et vallons le fleuve sacré coulait,
Puis gagnait les cavernes démesurées
   pour l'homme,
[…].

Les Temples souterrains d'Ellorà, illustration extraite de Giulio Ferrario, *Costume antico e moderno* (*Mœurs antiques et modernes*), XIXe siècle

Les mystères de la jungle noire

EMILIO SALGARI (1862-1911)
Les mystères de la jungle noire,
V (1895 ; R. Laffont, 2002)

Tremal-Naik bondit, étonné, ébahi par le spectacle qui s'offrait à ses yeux.
Il se trouvait dans une sorte de coupole dont les parois étaient couvertes d'étranges peintures. Il y avait là les dix premières incarnations de Vishnou, le dieu des Hindous qui habite le Vaicondre, ou mer de lait, du serpent Adissesciou, entouré de *deverkeli* ou dieux que vénèrent les fils de l'Inde, protecteurs des huit coins du monde, habitant le Sorgou, c'est-à-dire le paradis de ceux qui n'ont eu aucun mérite pour obtenir une place dans le *caillasson* ou paradis de Siva.
Au milieu de la coupole, l'on voyait sculptés les *caters*, les gigantesques génies du mal qui, divisés en cinq tribus, errent par le monde d'où ils ne peuvent sortir ni mériter la béatitude promise aux hommes, qu'après avoir rassemblé un grand nombre de prières.
Au centre de la pagode se dressait une grande statue de bronze représentant une femme à quatre bras dont l'un brandissait une dague et un autre une tête.
Un collier de crânes lui descendait jusqu'aux chevilles et une ceinture formée de mains et de bras coupés lui enserrait les flancs.
La face de cette femme monstrueuse était

Couverture de « Gli albi di Emilio Salgari » (« Les albums d'Emilio Salgari »), *I misteri della jungla nera* (*Les mystères de la jungle noire*), premier épisode, A.P.I., 1937

toute tatouée ; sa langue, teinte en rouge foncé, s'échappait de dix centimètres environ de la bouche ; ses lèvres esquissaient un sourire féroce ; ses oreilles étaient ornées d'anneaux et ses poignets de gros bracelets ; ses pieds s'appuyaient sur un géant couvert de blessures.

Cette divinité, on le devinait à première vue, grisée par le sang, dansait sur le corps de la victime.

– Est-ce que je rêve ? murmura Tremal-Naik en se frottant les yeux. Je n'y comprends rien !

Un léger bruit se fit entendre.

Il se retourna, la carabine prête, mais il recula aussitôt en poussant un cri de stupeur et de joie.

Là, devant lui, immobile sur le seuil d'une porte dorée, se tenait une jeune fille d'une beauté merveilleuse, dont le visage exprimait une profonde terreur.

Aux formes sveltes, élégantes, aux lignes d'une pureté ancienne, au type anglo-indien, elle pouvait avoir quatorze ans environ.

Sa peau était rosée, douce ; ses grands yeux, noirs et brillants comme des diamants ; son nez droit n'avait rien du profil des indigènes ; ses lèvres minces et corallines s'ouvraient en un triste sourire, qui laissait voir des dents d'une blancheur étincelante ; son abondante chevelure d'un châtain foncé était divisée, sur le front, par un bouquet de grosses perles, roulée en nœuds d'où s'échappaient des fleurs de sciambaga au parfum suave.

Tremal-Naik avait donc reculé, en la voyant, jusqu'à la monstrueuse divinité de bronze.

– Ada !… Ada !… l'apparition de la jungle !… dit-il d'une voix étouffée.

Et il resta là, immobile, ne sachant que dire, devant cette délicieuse enfant qui ne cessait de le regarder avec terreur. Tout à coup, elle avança d'un pas et laissa retomber à ses pieds l'ample sari de soie bordé d'un large ruban bleu brodé de dessins compliqués, qui l'enveloppait comme un ample manteau.

Une onde de soleil éblouit les yeux du chasseur de serpents.

La jeune fille était littéralement couverte d'or et de pierreries d'un prix inestimable. Une cuirasse d'or constellée des plus beaux diamants de Golconde et de Guzrate lui enserrait les seins et disparaissait dans un châle de cachemire brodé d'argent, qui s'alourdissait sur ses flancs ; plusieurs colliers de perles et de diamants de la grosseur d'une noisette lui ornaient le cou ; de larges bracelets également constellés de pierreries ornaient ses bras nus, et d'amples pantalons de soie blanche laissant voir ses petits pieds nus étaient resserrés autour de ses chevilles, enrichies de cercles de corail d'une jolie teinte rose.

Un rayon de soleil, pénétrant tout à coup par une étroite fente, frappa cette profusion d'or et de bijoux, noyant la jeune fille dans une mer de lumière aveuglante.

– C'est la vision !… C'est la vision !… répéta pour la deuxième fois Tremal-Naik, en tendant les bras vers elle… Oh !… qu'elle est belle !…

– Écoute, enfant : je ne vis jamais un

visage de femme dans la jungle peuplée de tigres. Lorsque je te vis pour la première fois apparaître aux derniers rayons du soleil qui se mourait, là, derrière un buisson de mussaendas, je me sentis tout bouleversé. Il me sembla que tu étais une divinité descendue du ciel, et je t'adorai.

– Tais-toi… Tais-toi…, répéta d'une voix brisée la jeune fille en se cachant le visage dans ses mains.

– Je ne puis me taire, douce fleur de la jungle ! s'écria Tremal-Naik de plus en plus passionné. Lorsque tu disparus, il me sembla qu'une partie de mon cœur s'en allait. J'étais comme enivré, le sang coulait plus rapidement dans mes veines, des langues de feu me léchaient le visage, montaient plus haut, jusqu'au cerveau. On eût dit que tu m'avais ensorcelé !

– Tremal-Naik, implora-t-elle, angoissée.

– Cette nuit-là, je ne dormis point, poursuivit le chasseur de serpents. J'étais enfiévré, je voulais te revoir. Pourquoi ? Je ne savais pas. Pour la première fois de ma vie j'éprouvais cette sensation. Quinze jours s'écoulèrent ainsi. Chaque soir, à la même heure, je venais te revoir à la même place, et j'étais si heureux ! Tu ne me parlais point, mais ton regard me suffisait ; il était éloquent et me disait que tu…

Il s'arrêta, haletant, et regarda la jeune fille qui se cachait le visage dans ses mains.

– Ah ! s'écria-t-il avec douleur, tu ne veux donc pas que je parle ?

Elle leva la tête et fixa sur lui ses yeux humides.

– Pourquoi parler, balbutia-t-elle, puisque nous sommes séparés par un abîme ? Pourquoi es-tu venu ici, malheureux, faire renaître en moi un vain espoir ? Ne sais-tu donc pas que ces lieux sont maudits et inaccessibles, surtout à celui que j'aime ?

– Que j'aime ! répéta Tremal-Naik au comble de la joie… Répète… Répète ce mot… douce fleur de la jungle ! Est-il donc vrai que tu m'aimes ? Est-il donc vrai que tu venais là-bas, chaque soir, parce que tu m'aimais ?

– Ne me fais pas mourir, Tremal-Naik, s'écria la jeune fille, éperdue.

– Mourir ? Pourquoi mourir ? Quel est donc le danger qui te menace ?… Ne suis-je pas là pour te défendre ? Que m'importe que ces lieux soient maudits, qu'il y ait un abîme entre nous deux ? Je suis fort, si fort que pour toi je ferais crouler ce temple et anéantirais cet horrible monstre devant lequel tu répands des parfums.

– Comment ?… Tu sais donc cela ?… Qui te l'a dit ?…

– Je t'ai vue, cette nuit.

– Tu étais donc ici ?

– Oui… là… suspendu à cette corde… au-dessus de toi…

– Alors, ils t'ont vu ?

– Ils m'ont pourchassé.

– Ah ! malheureux, tu es perdu ! s'écria la jeune fille, désespérée.

Tremal-Naik s'élança vers elle.

– Mais, dis-moi, quel est donc ce mystère ?…, demanda-t-il en pouvant à peine contenir sa fureur. Pourquoi tant de terreur ? Que signifie ce monstre que tu parfumes, ce poisson doré qui nage en ce bassin, ce serpent à tête de femme brodé sur ta cuirasse, ces hommes qui étranglent leurs semblables, qui vivent sous terre ?… Je veux savoir, oh ! Ada, je veux savoir cela !

– Ne m'interroge pas, Tremal-Naik.

– Pourquoi ?

– Si tu savais quelle affreuse destinée pèse sur moi !

– Mais je suis fort.

– Qu'est-ce que la force contre ces hommes ?

– Je leur livrerai une guerre acharnée.

– Ils te briseront comme un bambou… Ne défient-ils pas la puissance de l'Angleterre ? Ils sont forts, Tremal-Naik, et terribles. Rien ne leur résiste : ni les flottes,

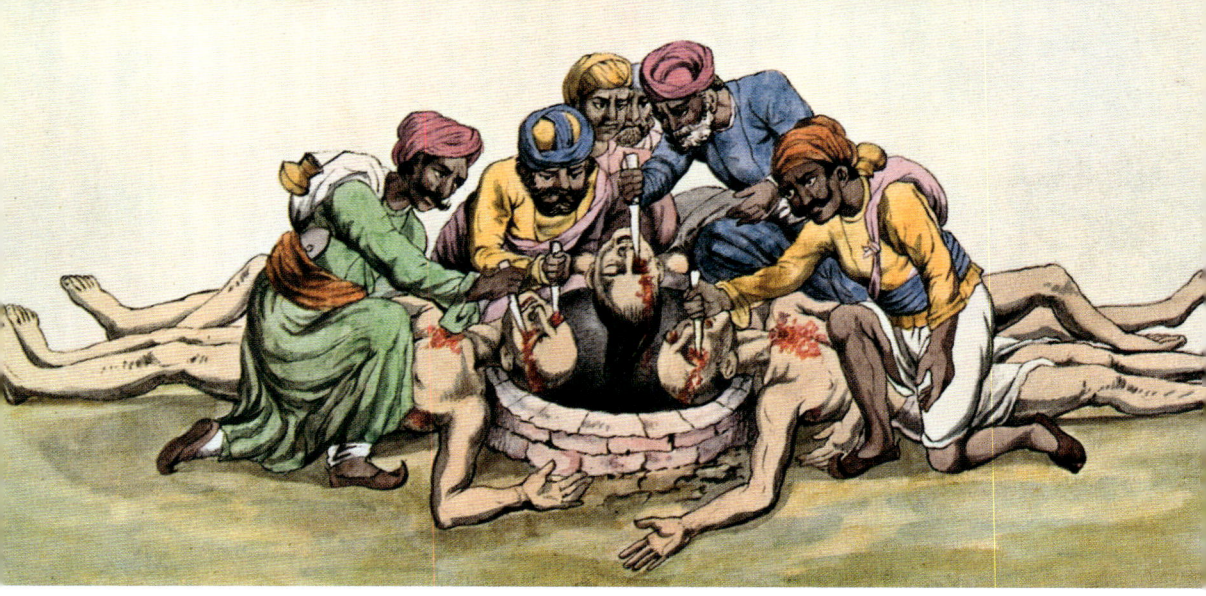

James Paton, *Les Thugs*, Londres, British Museum, s. d.

ni les armées. Tout s'écroule devant leur force invincible.
– Qu'est-ce donc que ces hommes ?
– Je ne puis te le dire.
– Et si je te l'ordonnais ?
– Je refuserais.
– Donc tu… te défies de moi !…, s'écria Tremal-Naik avec colère.
– Tremal-Naik ! Tremal-Naik !…, implora la malheureuse d'un ton de voix déchirant.
Tremal-Naik se tordit les bras.
– Tremal-Naik, poursuivit la jeune fille, une condamnation impitoyable pèse sur moi, effrayante ; elle durera jusqu'à ma mort. Je t'ai aimé, héroïque enfant de la jungle, je t'aime toujours, mais…
– Ah !… tu m'aimes !…, s'écria le chasseur de serpents.
– Oui, je t'aime, Tremal-Naik.
– Jure sur ce monstre qui est près de nous.
– Je le jure ! fit-elle en tendant ses mains vers la statue de bronze.
– Jure que tu seras mon épouse !…
Une indicible angoisse contracta les traits de la jeune fille.
– Tremal-Naik, prononça-t-elle d'une voix sombre, je serai ton épouse si cela est jamais possible !
– Peut-être ai-je un rival ?
– Non, il n'en fut jamais d'assez audacieux pour oser me regarder. J'appartiens à la mort.
Tremal-Naik recula de deux pas en pressant ses mains sur ses tempes.
– À la mort !…, s'écria-t-il.
– Oui, Tremal-Naik, j'appartiens à la mort. Le jour où un homme me touchera d'un doigt, le lasso des vengeurs brisera ma vie.
– Est-ce que je rêve ?
– Non, tu ne rêves pas et celle qui te parle est la femme qui t'aime.
– Ah ! le terrible mystère !
– Bien terrible, Tremal-Naik. Nul ne pourra combler l'abîme qui nous sépare… C'est une fatalité ! Qu'ai-je donc fait pour être si malheureuse ? Quel crime ai-je commis pour être maudite ?
Des sanglots étouffèrent sa voix et son visage fut inondé de larmes. Tremal-Naik rugit de colère et serra tellement ses poings qu'on entendit un craquement d'os.
– Que puis-je faire pour toi ? demanda-t-il, ému jusqu'au plus profond de son être. Tes larmes me font mal, ô ma fleur. Dis, que dois-je faire ?… Ordonne et j'obéirai comme un esclave. Veux-tu que je t'emporte d'ici, parle, et je le ferai ; dussé-je y laisser ma vie.
– Oh ! non… non !…, fit-elle, prise

d'épouvante. Ce serait la mort pour tous deux.
– Dis, veux-tu que je parte ? Écoute, je t'aime beaucoup, mais si ta vie exigeait notre séparation, la séparation éternelle, j'étoufferais l'amour qui naquit en mon cœur. Je serais damné, ce serait pour moi un martyre continuel, mais je me résignerais. Parle, dis, que faut-il que je fasse ?
La jeune fille sanglotait. Tremal-Naik l'attira doucement à lui et lui ouvrit ses bras ; mais aussitôt les notes aiguës du ramsinga retentirent dehors.
– Fuis !… Fuis !… Tremal-Naik ! s'écria la jeune fille, hors d'elle. Fuis ou nous sommes perdus.
– Ah ! musique maudite ! cria Tremal-Naik en serrant les dents.
– Ils viennent, poursuivit-elle d'une voix brisée. S'ils nous trouvent ici, ils nous immoleront tous deux à leur terrible divinité. Fuis !… Fuis !…
– Oh ! jamais !
– Tu veux donc me faire mourir ?
– Je te défendrai.
– Mais fuis donc, malheureux ! fuis !…
Pour toute réponse, Tremal-Naik ramassa sa carabine et l'arma. La jeune fille comprit que cet homme était inébranlable.
– Aie pitié de moi, dit-elle avec angoisse. Ils viennent.
– Eh bien ! je les attendrai, répondit Tremal-Naik. Le premier homme qui osera lever la main sur toi, je jure sur mon dieu que je le tuerai comme un tigre de la jungle.
– Eh bien ! reste ; puisque tu es inébranlable, digne fils de la jungle, je te sauverai. Elle ramassa son sari et se dirigea vers la porte par où elle était entrée. Tremal-Naik s'élança vers elle et la retint.
– Où vas-tu ? lui demanda-t-il.
– Je vais recevoir l'homme qui vient et lui défendre d'entrer. Ce soir, à minuit, je reviendrai auprès de toi. Alors la volonté des dieux sera accomplie et nous nous enfuirons… peut-être.
– Ton nom ?
– Ada Corisanth.
– Ada Corisanth ! Quel charme que ce nom ! Va, à minuit je t'attendrai !
La jeune fille s'enveloppa dans le sari, jeta un dernier et timide regard à Tremal-Naik et sortit en étouffant un sanglot.

Foedora

ITALO CALVINO (1923-1985)
Les Villes invisibles, II – Les villes et le désir. 4 (1972 ; Seuil, 1996)

Au centre de Foedora, métropole de pierre grise, il y a un palais de métal avec une boule de verre dans chaque salle. Si l'on regarde dans ces boules, on y voit chaque fois une ville bleue qui est la maquette d'une autre Foedora. Ce sont les formes que la ville aurait pu prendre si, pour une raison ou une autre, elle n'était devenue telle qu'aujourd'hui nous la voyons.
À chaque époque il y eut quelqu'un pour, regardant Foedora comme elle était alors, imaginer comment en faire la ville idéale ; mais alors même qu'il en construisait en miniature la maquette, déjà Foedora n'était plus ce qu'elle était au début, et ce qui avait été, jusqu'à la veille, l'un de ses avenirs possibles, n'était plus désormais qu'un jouet dans une boule de verre.
Foedora, à présent, avec ce palais des boules de verre possède son musée : tous ses habitants le visitent, chacun y choisit la ville qui répond à ses désirs, il la contemple et imagine qu'il se mire dans l'étang des méduses qui aurait dû recueillir les eaux du canal (s'il n'avait été asséché), qu'il parcourt perché dans un baldaquin l'allée réservée aux éléphants (à présent interdits dans la ville), qu'il glisse le long de la spirale du minaret en colimaçon (qui ne trouva plus le terrain d'où il devait surgir).

Sur la carte de ton empire, ô Grand Khan, doivent trouver place aussi bien la grande Foedora de pierre et les petites Foedora dans leurs boules de verre. Non parce qu'elles sont toutes également réelles, mais parce que toutes ne sont que présumées. L'une rassemble ce qui est accepté comme nécessaire alors qu'il ne l'est pas encore ; les autres ce qui est imaginé comme possible et l'instant d'après ne l'est plus.

La carte du tendre

MADELEINE DE SCUDÉRY
(1607-1701)
Clélie, histoire romaine
(1664-1660 ; Folio Gallimard, 2006)

« Vous vous souvenez sans doute bien Madame, qu'Herminius avait prié Clélie de lui enseigner par où l'on pouvait aller de *Nouvelle Amitié à Tendre* ; de sorte qu'il faut commencer par cette première ville qui est au bas de cette carte, pour aller aux autres ; car afin que vous compreniez mieux le dessein de Clélie, vous verrez qu'elle a imaginé qu'on peut avoir de la tendresse par trois causes différentes, ou par une grande estime, ou par reconnaissance, ou par inclination […]. Si bien […] qu'on dit *Tendre-sur-Inclination*, *Tendre-sur-Estime*, et *Tendre-sur-Reconnaissance*. Cependant comme elle a présupposé que la tendresse qui naît par inclination, n'a besoin de rien autre chose pour être ce qu'elle est, Clélie, comme vous le voyez Madame, n'a mis nul village, le long des bords de cette rivière, qui va si vite, qu'on n'a que faire de logement le long de ses rives, pour aller de *Nouvelle Amitié à Tendre*. Mais pour aller à *Tendre-sur-Estime*, il n'en est pas de même ; car Clélie a ingénieusement mis autant de villages qu'il y a de petites et de grandes choses, qui peuvent contribuer à faire naître par estime, cette tendresse dont elle entend parler. En effet, vous voyez que de *Nouvelle Amitié*, on passe à un lieu qu'elle appelle *Grand Esprit*, parce que c'est ce qui commence ordinairement l'estime ; ensuite vous voyez ces agréables villages de *Jolis Vers*, de *Billet galant*, et de *Billet doux* […]. Ensuite pour faire un plus grand progrès dans cette route, vous voyez *Sincérité*, *Grand Cœur*, *Probité*, *Générosité*, *Respect*, *Exactitude*, et *Bonté*, qui est tout contre *Tendre*, pour faire connaître qu'il ne peut y avoir de véritable estime, sans bonté, et qu'on ne peut arriver à *Tendre* de ce côté-là, sans avoir cette précieuse qualité. Après cela Madame, il faut s'il vous plaît retourner à *Nouvelle Amitié*, pour voir par quelle route on va de là à *Tendre-sur Reconnaissance*. Voyez donc, je vous en prie, comment il faut aller d'abord de *Nouvelle Amitié* à *Complaisance*, ensuite à ce petit village, qui se nomme *Soumission*, et qui en touche un autre fort agréable, qui s'appelle *Petits Soins*. Voyez, dis-je, que de là, il faut passer par *Assiduité*, pour faire entendre que ce n'est pas assez d'avoir pendant quelques jours tous ces petits soins obligeants qui donnent tant de reconnaissance, si on ne les a assidûment. Ensuite vous voyez qu'il faut passer à un autre village qui s'appelle *Empressement*, et ne faire pas comme certaines gens tranquilles, qui ne se hâtent pas d'un moment, quelque prière qu'on leur fasse, et qui sont incapables d'avoir cet empressement qui oblige quelquefois si fort. Après cela vous voyez qu'il faut passer à *Grands Services*, et que pour marquer qu'il y a peu de gens qui en rendent de tels, ce village est plus petit que les autres. Ensuite, il faut passer à *Sensibilité*, pour faire connaître qu'il faut sentir jusques aux plus petites douleurs de ceux qu'on aime ; après, il faut pour arriver à *Tendre*, passer par *Tendresse*, car l'amitié attire l'amitié. Ensuite il faut aller à *Obéissance*, n'y ayant presque rien qui

René Magritte,
Le Château des Pyrénées,
1959. Jérusalem,
The Israel Museum

15. LES LIEUX ROMANESQUES ET LEUR VÉRITÉ

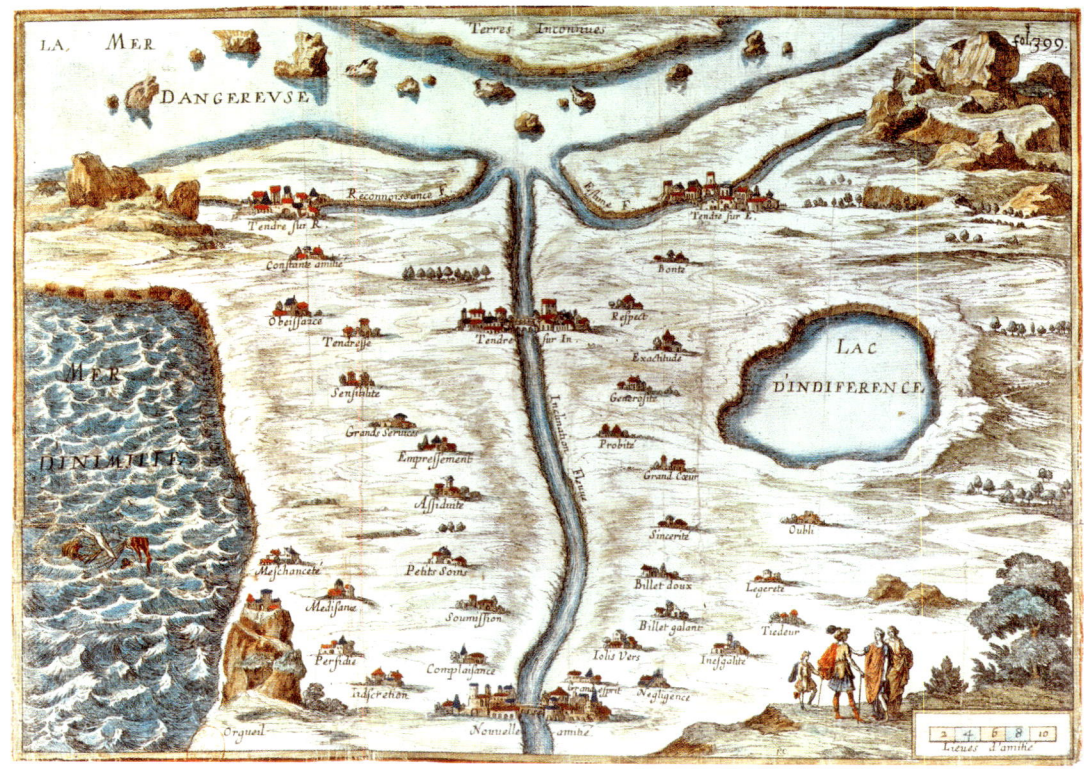

La Carte du Tendre, carte imaginaire conçue par Madeleine de Scudéry en 1654 et gravée par François Chauveau

engage plus le cœur de ceux à qui on obéit, que de le faire aveuglément ; et pour arriver enfin où l'on veut aller, il faut passer à *Constante Amitié*, qui est sans doute le chemin le plus sûr, pour arriver à *Tendre-sur-Reconnaissance*. Mais Madame, comme il n'y a point de chemins où l'on ne se puisse égarer, Clélie a fait, comme vous le pouvez voir, que si ceux qui sont à *Nouvelle Amitié*, prenaient un peu plus à droite, ou un peu plus à gauche, ils s'égareraient aussi ; car si au partir de *Grand Esprit*, on allait à *Négligence*, que vous soyez tout contre sur cette carte, qu'ensuite continuant cet égarement, on allât à *Inégalité*, de là à *Tiédeur*, à *Légèreté*, et à *Oubli*, au lieu de se trouver à *Tendre-sur-Estime*, on se trouverait au *Lac d'Indifférence*, que vous voyez marqué sur cette carte, et qui par ses eaux tranquilles, représente sans doute fort juste, la chose dont il porte le nom en cet endroit. De l'autre côté, si au partir de *Nouvelle Amitié*, on prenait un peu trop à gauche, et qu'on allât à *Indiscrétion*, à *Perfidie*, à *Orgueil*, à *Médisance*, ou à *Méchanceté*, au lieu de se trouver à *Tendre-sur-Reconnaissance*, on se trouverait à la *Mer d'Inimitié*, où tous les vaisseaux font naufrage, et qui par l'agitation de ses vagues, convient sans doute fort juste, avec cette impétueuse passion, que Clélie veut représenter. Ainsi elle fait voir par ces routes différentes, qu'il faut avoir mille bonnes qualités pour l'obliger à avoir une amitié tendre, et que ceux qui en ont de mauvaises, ne peuvent avoir part qu'à sa haine, ou à son indifférence. Aussi cette sage fille voulant faire connaître sur cette carte, qu'elle n'avait jamais eu d'amour, et qu'elle n'aurait jamais dans le cœur que de la tendresse, fait que la *Rivière d'Inclination* se jette dans une mer qu'elle appelle la *Mer dangereuse*, parce qu'il est assez dangereux à une femme, d'aller un peu au-delà des dernières bornes de l'amitié ; et elle fait ensuite qu'au-delà de cette mer, c'est ce que nous appelons *Terres inconnues*, parce qu'en effet nous ne savons point ce qu'il y a […]. »

L'Aleph

JORGE LUIS BORGES
L'Aleph
(1949 ; L'Imaginaire Gallimard, 1977)

J'en arrive maintenant au point essentiel, ineffable de mon récit ; ici commence mon désespoir d'écrivain. Tout langage est un alphabet de symboles dont l'exercice suppose un passé que les interlocuteurs partagent ; comment transmettre aux autres l'Aleph infini que ma craintive mémoire embrasse à peine ? […] En cet instant gigantesque, j'ai vu des millions d'actes délectables ou atroces ; aucun ne m'étonna autant que la fait que tous occupaient le même point, sans superposition et sans transparence. Ce que virent mes yeux fut simultané : ce que je transcrirai, successif, car c'est ainsi qu'est le langage. J'en dirai cependant quelque chose.
À la partie inférieure de la marche, vers la droite, je vis une petite sphère aux couleurs chatoyantes, qui répandait un éclat presque insupportable. Je crus au début qu'elle tournait ; puis je compris que ce mouvement était une illusion produite par les spectacles vertigineux qu'elle renfermait. Le diamètre de l'Aleph devait être de deux ou trois centimètres, mais l'espace cosmique était là, sans diminution de volume. Chaque chose (la glace du miroir par exemple) équivalait à une infinité de choses, parce que je la voyais clairement de tous les points de l'univers. Je vis la mer populeuse, l'aube et le soir, les foules d'Amérique, une toile d'araignée argentée au centre d'une noire pyramide, un labyrinthe brisé (c'était Londres), je vis des yeux tout proches, interminables, qui s'observaient en moi comme dans un miroir, je vis tous les miroirs de la planète et aucun ne me refléta, je vis dans une arrière-cour de la rue Soler les mêmes dalles que j'avais vues il y avait trente ans dans le vestibule d'une maison à Fray Bentos, je vis des grappes, de la neige, du tabac, des filons de métal, de la vapeur d'eau, je vis de convexes déserts équatoriaux et chacun de leurs grains de sable, je vis à Inverness une femme que je n'oublierai pas, je vis la violente chevelure, le corps altier, je vis un cancer à la poitrine, je vis un cercle de terre desséchée sur un trottoir, là où auparavant il y avait eu un arbre, je vis dans une villa d'Adrogué un exemplaire de la première version anglaise de Pline, celle de Philémon Holland, je vis en même temps chaque lettre de chaque page (enfant, je m'étonnais que les lettres d'un volume fermé ne se mélangent pas et ne se perdent pas au cours de la nuit), je vis la nuit et le jour contemporain, un couchant à Quérétaro qui semblait refléter la couleur d'une rose à Bengale, ma chambre à coucher sans personne, je vis dans un cabinet de Alkmaar un globe terrestre entre deux miroirs qui le multiplient indéfiniment, je vis des chevaux aux crins denses, sur une plage de la mer Caspienne à l'aube, la délicate ossature d'une main, les survivants d'une bataille envoyant des cartes postales, je vis dans une devanture de Mirzapur un jeu de cartes espagnol, je vis les ombres obliques de quelques fougères sur le sol d'une serre, des tigres, des pistons, des bisons, des foules et des armées, je vis toutes les fourmis qu'il y a sur la terre, un astrolabe persan, je vis dans un tiroir du bureau (et l'écriture me fit trembler) des lettres obscènes, incroyables, précises, que Beatriz avait adressées à Carlos Argentino, je vis un monument adoré à

Abdul Mati Klarwein,
Aleph Sanctuary, installation,
1963-1970

Gustave Doré,
La Rose blanche, illustration
pour Dante Alighieri,
La Divine comédie. Le Paradis,
chant XXXI

Chacarita, les restes atroces de ce qui délicieusement avait été Beatriz Viterbo, la circulation de mon sang obscur, l'engrenage de l'amour et la transformation de la mort, je vis l'Aleph, sous tous les angles, je vis sur l'Aleph la terre, et sur la terre de nouveau l'Aleph et sur l'Aleph la terre, je vis mon visage et mes viscères, je vis ton visage, j'eus le vertige et je pleurai, car mes yeux avaient vu cet objet secret et conjectural, dont les hommes usurpent le nom, mais qu'aucun homme n'a regardé : l'inconcevable univers.

La rose blanche

DANTE ALIGHIERI (1265-1321)
La Divine Comédie, Paradis, XXXI,
v. 1-18 (1307-1321 ; GF-Flammarion, 2005)

En forme donc de rose blanche
m'apparaissait la sainte milice
que le Christ épousa dans son sang ;
mais l'autre, qui voit et chante en volant
la gloire de celui qui l'embrase d'amour,
et la bonté qui la fit si grande,
comme essaim d'abeilles, qui tantôt
s'enfleure et tantôt retourne
là où son butin prend saveur,
plongeait dans la grande fleur qui s'orne
de tant de feuilles, puis remontait
là où son amour séjourne toujours.
Tous avaient le visage de flamme vive,
et les ailes d'or, et le reste si blanc
que nulle neige n'arrive à ce terme.
Descendant dans la fleur, de marche en marche, ils offraient la paix et l'ardeur
qu'ils prenaient par le vent de leurs ailes.

15. LES LIEUX ROMANESQUES ET LEUR VÉRITÉ

Appendices

Index des auteurs   465

Index des artistes   466

Illustrations d'auteurs
anonymes   469

Photogrammes
cinématographiques   471

Références bibliographiques
des éditions utilisées   471

Bibliographie générale   473

Crédits photographiques   478

INDEX DES AUTEURS

Augustin, saint, 34, 167
Albini, Andrea, 204
Alighieri, Dante, 460
Alvares, Francisco, 137
Ampelius, Lucius, 36
Andreae, Johann Valentin, 322
Ariosto, Ludovico, dit en français l'Arioste, 173
Aristote, 27
Arnold de Lübeck, 285
Aulu-Gelle, 84
Bacon, Francis, 209, 316
Baigent, Michael, 426
Bernard, Raymond W., 396
Blavatsky, Helena, 213
Boccaccio, Giovanni, dit en français Boccace, 298
Bonvesin de la Riva, 63
Borges, Jorge Luis, 324, 458
Bulwer-Lytton, Edward, 393
Byrd, Richard Evelin, 397
Calvino, Italo, 455
Campanella, Tommaso, 313
César, Jules, 88
Chrétien de Troyes, 268
Cleves Symmes, John, 395
Coleridge, Samuel T., 450
Collin de Plancy, Jacques, 391
Collodi, Carlo, 301
Colombo, Cristoforo, dit en français Christophe Colomb, 175
Cosmas Indicopleustès, 29, 34
Diodore de Sicile, 208
Diogène Laërce, 28
Eco, Umberto, 88, 460
Élien (Claudius Aelianus), 209
Eschenbach, Wolfram von, 272
Evola, Julius, 244, 273
Fabre d'Olivet, Antoine, 241
Foigny, Gabriel de, 340
Frau, Sergio, 79
Gozzano, Guido, 343
Graf, Arturo, 141, 445
Grimm, Jakob et Wilhelm, 301
Guénon, René, 407
Hammer-Purgstall, Joseph von, 286
Hawking, Steven, 27
Hélinand de Froidmont, 266
Hérodote, 124, 238
Hésiode, 165
Hippolyte, 27
Holberg, Ludvig, 386
Homère, 78
Iannaccone, Mario Arturo, 429
Isidore de Séville, 128, 167
Jacolliot, Louis, 400
Jean de Hildesheim, 61
Lactance, 33
Latini, Brunetto, 130
Leblanc, Maurice, 424
Leigh, Richard, 426
Ley, Willy, 29
Lincoln, Henry, 426
Liutprand de Crémone, 139
Lucien, 293
Lucrèce, 33
Macrobe, 35
Malory, Thomas, 272
Manegold de Lautenbach, 37
Mandeville, Jean de, 136, 141, 168
Manilius, Marcus, 31
Montaigne, Michel de, 212
More, Thomas, 313
Nietzsche, Friedrich, 239
Ossendowski, Ferdinand, 406
Paris, Matthew, 168
Pausanias, 86
Philon de Byzance, Pseudo, 82
Pigafetta, Antonio, 37
Platon, 27, 205
Pline, 84, 85, 125, 208
Polo, Marco, 62, 137, 285
Poe, Edgar Allan, 221
Pulci, Luigi, 36
Rabelais, François, 443
Raleigh, Walter, 176
Rahn, Otto, 277
Robert de Boron, 266, 269
Rosenberg, Alfred, 218
Saint-Yves d'Alveydre, Alexandre, 401
Salgari, Emilio, 450
Scudéry, Madeleine de, 456
Sède, Gérard de, 426
Seriman, Zaccaria, 341
Sprague de Camp, Lyon, 29
Stoker, Bram, 448
Strabone, 238
Tasso, Torquato, dit en français le Tasse, 179
Teed, Cyrus Reed, 396
Tennyson, Alfred, 274
Toudouze, George Gustave, 218
Vairasse, Denis, 339
Valère Maxime, 86
Verne, Jules, 215
Vico, Giambattista, 213
Vinci, Felice, 79
Virgile, 165
Voltaire, 178

INDEX
DES ARTISTES

Abbey Edwin Austin
Galaad et le saint Graal, 1895.
Collection particulière, 273

Adrichom Christian
Les Douze tribus d'Israël, 1628, 40-41

Agricola Georg
De re metallica (*Sur la nature des métaux*), 1556, 349

Aldovrandi Ulisse
Monstres, in *Monstrorum Historia* (*Histoire des monstres*), Bologne, Ferroni, 1698, 125
Sciapode et autres créatures monstrueuses, in *Monstrorum Historia* (*Histoire des monstres*), Bologne, Ferroni, 1698, 126

Altdorfer Albrecht
Suzanne au bain, 1526. Munich, Alte Pinakothek, 8

Álvares Francisco
Le Prêtre Jean, gravure, 1540, in *Verdadeira informação das terras do Preste João das Indias* (*Relation véridique sur les terres du Prêtre Jean aux Indes*), 138

Arnald George
Ruines de l'abbaye de Glastonbury, XIXᵉ siècle. Collection particulière, 254

Backer Jacob de
Le Jardin d'Éden, vers 1580. Bruges, Groeningemuseum, 145

Bacon Francis
Frontispice de l'*Instauratio magna scientiarum* (*Grande restauration des sciences*), 1620, 213

Barthélemy l'Anglais
Terre en T, in *Le Livre des propriétés des choses*, 1372, 15
Détail des *Animaux imaginaires avec un griffon au centre*, XVᵉ siècle. Amiens, Bibliothèque municipale, 96

Bassano Jacopo
Le Paradis terrestre, 1573. Rome, Galleria Doria Pamphilij, 150-151

Bayeu y Subías Francisco
L'Olympe : la bataille contre les Géants, 1764. Madrid, Museo del Prado, 210-211

Beardsley Aubrey, illustration pour *Le Morte d'Arthur* de Sir Thomas Malory, lithographie, 1893-1894.
Collection particulière, 251

Berthier Marc
Maurice Leblanc, *L'aiguille creuse*, couverture, 1909, 424

Böcklin Arnold
Ulysse et Calypso, 1882. Bâle, Kunstmuseum, 69

Bosch Jérôme
Visions de l'au-delà : le Paradis terrestre et la montée à l'empyrée, XVᵉ siècle.
Venise, Palazzo Grimani, 171
Les Sept Péchés capitaux, fin du XVᵉ siècle. Madrid, Museo Nacional del Prado, 299

Botticelli Sandro
Le Gouffre de l'Enfer, illustration pour la *Divine Comédie*, vers 1480. Cité Du Vatican, Bibliteca Apostolica Vaticana, 13

Bouguereau William-Adolphe
Nymphes et satyres, vers 1873. Williamstown, Massachusetts, Sterling & Francine Clark Art Institute, 64

Bradford William
Dans les mers polaires, 1882.
Collection particulière, 372-373

Bradshaw William
The Goddess of Atvatabar (*La Déesse d'Atvatabar*), 1892, New York Public Library, 398
Map of interior world (*Carte de l'intérieur du monde*), 1892, 399

Brandis Lucas
Carte extraite du *Rudimentum Novitiorum* (*Rudiment des novices*), Lübeck, 1475. Oxford, Oriel College Library, 20

Breker Arno
Prêt au combat, XXᵉ siècle.
Localisation actuelle inconnue, 233

Bruegel Pieter l'Ancien
Le Pays de cocagne, 1567. Munich, Alte Pinakothek, 297

Bruegel Jan l'Ancien
Ulysse et Calypso, XVIᵉ-XVIIᵉ siècle.
Collection particulière, 76-77

Bry (Théodore de)
Grands voyages, Francfort, 1590, 177

Burne-Jones Sir Edward Coley
La Découverte du saint Graal, 1894. Birmingham, Museums and Art Gallery, 270-271
La Mort du roi Arthur, XIXᵉ siècle. Puerto Rico, Museo de Arte de Ponce, 260

Burnet Thomas
Telluris theoria sacra (*Théorie sacrée de la Terre*), 1681, 351

Businco Lino, *La Femme dépositaire des caractères de la race*, in *La Difesa della razza*, a.I, no. 4, 20 septembre 1938, 246

Carracci Annibale, Agostino et Ludovico
La Construction du navire Argo, XVIᵉ siècle. Bologne, Palazzo Fava, 66
Jason conquiert la Toison d'or, XVIᵉ siècle. Bologne, Palazzo Fava, 66

Carter George
La Mort du capitaine Cook à Kealakekua Bay, 1783. Honolulu, Bernice Pauhai Bishop Museum, 335

Carus Carl Gustav
La grotte de Fingal, plume et aquarelle, XIXᵉ siècle. Collection particulière, 358

Caullery Louis de
Le Colosse de Rhodes, XVIIᵉ siècle. Paris, Musée du Louvre, 83

Chanois Jean-Paul
Les égouts de Paris, esquisse pour *Les Misérables*, 1957. Paris, Collections de la Cinémathèque française, 350

Chassériau Théodore
Tepidarium, 1853. Paris, Musée d'Orsay, 287

Chauveau François
La Carte du Tendre, carte imaginaire conçue par Madeleine de Scudéry en 1654 et gravée, 458

Churchward James
The Children of Mu (*Les Enfants de Mu*), 1931, éd. Ives Washburn (15-1930-c.png), 196

Cittadini Pier Francesco, dit Il Milanese
Ulysse et Circé, XVIIᵉ siècle. Autrefois Galleria Fondantico de Tiziana Sassoli, 69

Cole Thomas
La Destruction de l'empire, 1836. New York, Collection of the New York Historical Society, 184-185

Courbet Gustave
La Falaise d'Étretat, 1869. Berlin, Nationalgalerie, 413

Cranach l'Ancien Lucas
Le Paradis, 1530. Dresde, Gemäldegalerie Alte Meister, 148
L'Âge d'or, vers 1530. Munich, Alte Pinakothek, 147

Crane Walter
Le roi Arthur extrait l'épée du rocher, 1911, 251
Sir Galaad face au roi Arthur, vers 1911. Collection particulière, 272

Dahl Michael
Edmund Halley, 1736. Londres, The Royal Society, 353

Dante Ignazio
Neptune, détail de la fresque représentant *La Ligurie*, 1560. Rome, Cité du Vatican, Musei Vaticani, Galleria delle carte geografiche, 206

Davis John Scarlett
L'Intérieur de l'église Saint-Sulpice, 1834. Cardiff, National Museum of Wales, 421

Del Bene Bartolomeo
Civitas Veri (*La Ville de la vérité*), 1609, 315

Dell'Abate Nicolò
Énée descend dans l'Averne, XVIᵉ siècle. Modène, Galleria Estense, 344

Descelliers Pierre
Saint Brandan, détail de la *Carte du monde*, 1546. Manchester, John Rylands University Library, 155

Dielitz Konrad
Siegfried, acte II scène VI, illustration, XIXᵉ siècle, 243

Domenico di Michelino
Dante et son poème, XVᵉ siècle. Florence, Cathédrale, 152

Doré Gustave
Camelot, illustration extraite de Alfred Tennyson, *Idylls of the King* (*Les Idylles du roi*), XIXe siècle. Collection particulière, 256
La Rose blanche, illustration pour Dante Alighieri, *La Divine Comédie. Le Paradis*, chant XXXI, 461
Pantagruel dans l'Isle Sonnant, 1873, 443
Roger sur l'hippogriffe, illustration pour le *Roland furieux*, 1855, 172
Sindbad et l'oiseau Roc, illustration pour *Les Mille et Une Nuits*, 1865, 442

Dosso Dossi
La Magicienne Circé, XVIe siècle. Rome, Galleria Borghese, 67

Dürer Albrecht
Le Rhinocéros, gravure sur bois, 1515. Collection particulière, 109

Ehrenberg Wilhelm van
Le Mausolée d'Halicarnasse, XVIIe siècle. Saint-Omer, Musée de l'Hôtel Sandelin, 85
Les Sept Merveilles du monde : Le Temple d'Artémis à Éphèse, XVIIe siècle. Collection particulière, 87

Ender Thomas
Un Glacier. Brême, Kunsthalle, 226

Ebstorf
Le Paradis terrestre, détail (à gauche) de la *Mappa Mundi* (*Carte du monde*), vers 1234, 149

Fauth Philipp
Illustration extraite de la *Glazial-Kosmogonie* (*Cosmogonie glaciaire*), 1913, 235

Férat Jules-Descartes
Frontispice de *L'Île mystérieuse* de Jules Verne, 1874, 433

Fiammingo Paolo
Amours à l'âge d'or, 1585. Vienne, Kunsthistorisches Museum, 147

Fischer von Erlach, Johann Bernhard
La Statue de Zeus à Olympie, gravure, 1721. Collection particulière, 88

Fouquet Jean
La Construction du Temple de Salomon, vers 1470, in Flavius Josèphe, *Antiquités Judaïques*. Paris, Bibliothèque nationale de France, Ms Fr 247 f. 153v, 39

Franco Giacomo
Carte de Nicosie, 1597, 316

Frazetta Frank
Couverture du roman d'Edgar Rice Burroughs, *Pellucidar*, 360

Friedrich Caspar David
Les Falaises blanches de Rügen, 1818. Winterthur, Collection Oskar Reinhart, 365

Füssli Heinrich
Thor combat le serpent de Midgard, 1790. Londres, Royal Academy of Arts, 245

Gandy Joseph Michael
La Chapelle de Rosslyn, lithographie, 1810. Collection particulière, 425

Giotto
Voyage de Marie-Madeleine vers Marseille, 1307-1308. Assise, Basilique San Francesco, Cappella della Maddalena, 418

Giulio Romano (École de)
Salle des Chevaux : Montagne dans un labyrinthe d'eau, XVIe siècle. Mantoue, Palazzo Te, 187

Grünenberg Conrad
Le Prêtre Jean, de Wappenbuch, *Codex Germaniae Monacensis 145*, 1483. Munich, Bayerische Staatsbibliothek, 135

Guercino ou le Guerchin (Giovanni Francesco Barbieri, dit)
Et in Arcadia ego, 1618. Rome, Museo Nazionale d'arte antica, 414

Hauschild Wilhelm
Le Miracle du Graal, XIXe siècle. Château de Neuschwanstein, 268

Hayez Francesco
Ulysse à la cour d'Alcinoos, vers 1814. Naples, Gallerie nazionali di Capodimonte, 78

Hergé
Les aventures de Tintin. Le sceptre d'Ottokar, 1939, 434

Herrade de Landsberg
Hortus Deliciarum (*Le Jardin des délices*), 1169-1175. Versailles, Bibliothèque municipale, 119

Hodges William
James Cook aborde sur l'île de Tanna, dans les Nouvelles-Hébrides, XVIIIe siècle. Londres, Greenwich National Maritime Museum, 330-331

Huet Pierre-Daniel
Traité de la situation du Paradis terrestre, frontispice, 1691, 159

Indicopleustès Cosmas
Reconstruction du Cosmos en forme de tabernacle de la *Topographia Christiana*, 14
Le Cosmos en forme de Tabernacle de la *Topographie Christiana*, Florence, Biblioteca Medicea Laurenziana, Ms. Plut. 9.28, c. 95v, 29
Les Antipodes, 31

Ingres Jean-Auguste-Dominique
L'Âge d'or, 1862. Cambridge, Massachusetts, Harvard Art Museums, Fogg Museum, 164

Kircher Athanasius
L'Atlantide, illustration extraite du *Mundus subterraneus* (*Monde souterrain*), Amsterdam, 1664, 182
Les pôles in *Mundus subterraneus* (*Le monde souterrain*), 1665, 393
Le pôle Nord in *Mundus subterraneus* (*Le monde souterrain*), 1665, 390
Topographia Paradisi (*Topographie du Paradis*), illustration d'*Arcae Noe* (*L'Arche de Noé*), 1675, 153
Mundus subterraneus (*Le monde souterrain*), 1665, 352

Klarwein Abdul Mati
Aleph Sanctuary, installation, 1963-1970, 460

Knapp J. Augustus
Les champignons géants du roman de John Uri Lloyd, *Etidorhpa*, 1897, 362

Lee Allan
Illustration pour J. R. R. Tolkien, *The Hobbit* (*Le hobbit*), 2003, 359

Limbourg Paul de
Vue du Mont Saint-Michel, in Jacques le Grand (1360 – 1415/1418), *Le Livre des Bonnes mœurs*, dédié à Jean duc de Berry, 1478. Chantilly, Musée Condé, 125

Lotto Lorenzo
Le Sacrifice de Melchisédech, vers 1545. Lorette, Museo-Antico Tesoro della Santa Casa di Loreto, 406

Luminais Evariste-Vidal
La Fuite de Gradlon, vers 1884, Quimper, Musée des Beaux-Arts, 220

Mac Carthy M.O.
Carte du monde d'Homère, 1849. New York, Public Library, 80

Macrobe, illustration extraite de *Commentario al Somnium Scipionis* (*Commentaire au Songe de Scipion*), 1526, 35

Magritte René
Le Château des Pyrénées, 1959. Jérusalem, The Israel Museum, 457

Maître de l'Assomption de la Madeleine Johnson
Les Aventures d'Ulysse : le combat contre les Lestrygons, New York, Vassar College Poughkeepsie, The Frances Lehman Loeb Art Center, 72-73

Maître des Métopes
Les Antipodes, relief du Maître des Métopes, Modène, Museo Lapidario del Duomo, 37

Maître de Boucicaut
Le messager de Gengis Khan demande au Prêtre Jean la main de sa fille, illustration extraite du *Livre des Merveilles*. Paris, Bibliothèque nationale de France, Ms. fr. 2810, fol. 26r, 103
Blemmyes, sciapodes et monocles, in *Le Livre des Merveilles*, XVe siècle. Paris, Bibliothèque nationale de France, 110-111
Cortège d'éléphants, illustration pour *Le Livre des Merveilles* de Marco Polo, XVe siècle. Paris, Bibliothèque nationale de France, 401
La Récolte du poivre, in *Le Livre des merveilles du monde*, XVe siècle. Paris, Bibliothèque nationale de France, 131

Mandeville Jean de
Créatures monstrueuses, in *Le Livre des merveilles du monde*, XIVe siècle, 136

Mantegna Andrea, *Le Parnasse*, 1497. Paris, Musée du Louvre, 65

Martin John
Le Pandémonium (d'après Milton, *Paradise lost* [*Le Paradis perdu*]), 1841. Paris, Musée du Louvre, 402-403

Megenberg Conrad von
Monstres, illustration extraite de *Das Buch der Natur* (*Le Livre de la nature*), Augsbourg, 1482, 126

Memling Hans, *Triptyque de Jan Floreins,* panneau central avec l'*Adoration des Mages,* 1474-1479. Bruges, Memling Museum, 51

Mercator Gérard
Carte du cercle arctique, illustration extraite de la *Septentrionalium terrarum descriptio* (*Description des terres septentrionales*), Duisbourg, 1595, 369
L'Île de Taprobane, Universalis tabula iuxta Ptolemeum (*Atlas universel d'après Ptolémée*), 1578. Londres, Geographical Society, 120

Miller Konrad
Les Antipodes selon Cratès de Mallos, extrait de *Mappae Mundi,* Stuttgart, 1895, copie, 22

Mondrian Piet
Évolution, 1911. La Haye, Gemeentemuseum, 192

Münster Sebastian
L'Île de Taprobane, 1574, 121
Monstres marins tirés de la *Cosmographia* (*Cosmographie*) de Sebastian Münster, Bâle, 1550, 26

Murshid al-Shirazi
Feuille extraite de Nizami, *Khamsa* : au recto, *Khizr et Ilyas (Elias) près de la fontaine de vie* ; au verso, *Alexandre à la recherche de la fontaine de vie,* 1548. Washington, Smithsonian Libraries, 161

Mussino Attilio
Le Pays de cocagne, illustration pour *Pinocchio,* 1911, 303

Olaus Magnus
Charta marina (*Carte marine*), 1539. Collection particulière, 22

Oronce Fine
La Terre australe, illustration extraite de la *Recens et integra orbis descriptio* (*Description récente et complète de la Terre*), 1534. Paris, Bibliothèque nationale de France, 339

Ortelius Abraham
Carte de l'Islande, xvie siècle, 228-229
L'Océan pacifique, illustration extraite du *Theatrum Orbis Terrarum* (*Atlas du monde*), 1606, Londres, Royal Geographical Society, 328
L'Empire du Prêtre Jean, illustration extraite du *Theatrum Orbis Terrarum,* 1564, Bâle, Universitätsbibliothek, 133

Parkinson Sydney
Portrait d'un Maori, 1770. Londres, British Library, 334

Patinir Joachim
Charon traverse la lagune du Styx, vers 1520-1524. Madrid, Museo Nacional del Prado, 346-347

Paton James
Les Thugs, Londres, British Museum, s. d., 454

Petrus Bertius
Descriptio terræ subaustralis (*Description de la terre australe*), in *P. Bertii tabularum geographicarum contractarum* (*Tables géographiques des divisions du globe terrestre*), Amsterdam, 1616. Princeton University, Historic Maps Collection, 340

Piazzi Smyth Charles, Calculs sur la position parfaite de la Grande Pyramide, in *Our Inheritance in the Great Pyramid,* Londres, 1880, 95

Piero della Francesca
La Rencontre de Salomon et de la Reine de Saba, 1452-1466. Arezzo, Basilique San Francesco, 45

Piranesi Giovan Battista
L'arc gothique, vers 1761. Los Angeles, Los Angeles County Museum of Art, 350

Porcacchi Tommaso
L'Île de Taprobane, Venise, vers 1590, 122

Poussin Nicolas
Le Printemps ou le Paradis terrestre, 1660-1664. Paris, Musée du Louvre, 162-163
Les Bergers d'Arcadie (*Et in Arcadia ego*), xviie siècle. Paris, Musée du Louvre, 415

Pratt Hugo
L'Île de Mu, illustration extraite de *Mu, la cité perdue* 1988, 203

Pseudo-Eumaios
Ulisses as circumnavigator of Africa and discoverer of America, 1898. Paris, Bibliothèque nationale de France, 71

Raban Maur
Détail du *De universo seu De rerum naturis* (*De l'univers ou De la nature des choses*), xie siècle. Cassino, Archivio dell'Abbazia di Montecassino, Cod. Casin. 132, 99

Rackham Arthur
Gulliver, illustration pour les *Voyages de Gulliver* de Jonathan Swift, 1904, 306

Raphaël
La Vision d'Ézéchiel, vers 1518. Florence, Galleria Palatina di Palazzo Pitti, 49

Rahn Otto
Les Ruines de Montségur (photographie), 263

Redgrave Richard
Gulliver et le paysan de Brobdingnag, illustration extraite des *Voyages de Gulliver* de Jonathan Swift, xixe siècle. Londres, Victoria and Albert Museum, 308

Domenico Remps
Vitrine, xviie siècle. Florence, Museo dell'Opificio delle Pietre Dure, 321

Riou Édouard
La Forêt des champignons géants, illustration pour le *Voyage au centre de la Terre* de Jules Verne, 1864, 361

Roberts Henry
Le Voilier Resolution, aquarelle, 1776. Sydney, State Library of New South Wales, Mitchell Library, 327

Robida Albert, *La Sortie de l'Opéra de Paris en l'an 2000,* vers 1900, 436

Roerich Nicholas
Shambala, 1946. Collection particulière, 384

Rossetti Dante Gabriel
La Dame du saint Graal, 1874. Collection particulière, 249
Marie-Madeleine, 1877. Wilmington, Delaware Art Museum, 427
Sir Galahad, 1857. Londres, Tate Gallery, 261

Sancto Audomaro Lambertus de (Lambert de Saint-Omer)
Carte en T extraite de *Liber floridus* (*Livre fleuri*). Paris, Bibliothèque nationale de France, Man.Lat. 8865, Folio 45r, 24
Liber Floridus. Paris, Bibliothèque nationale de France, Man.Lat. 8865, Folio 35r, 25

Sandys Anthony Frederick Augustus,
La Fée Morgane, reine d'Avalon, xixe siècle. Birmingham, Museums and Art Gallery, 259

Santi di Tito, *L'Édification du Temple de Salomon,* xvie siècle. Florence, église de la Santissima Annunziata chapelle de la Compagnia di San Luca, 57

Savinio Alberto
Le Nocturne, 1950. Collection particulière, 439

Schedel Hartmann
Le Prêtre Jean, in *Liber Chronicorum* (*Chroniques de Nuremberg*), 1493, 102
La Carte du monde, in *Liber Chronicarum* (*Livre des chroniques*), Nuremberg, 1493, 21

Schwind Ludwig Moritz von
La Guerre de Sänger, fresque, 1854-1855. Eisenach, Sammlungen auf der Wartburg, 444

Serafini Luigi
Planche extraite de *Codex Seraphinianus,* Milan, Franco Maria Ricci, 1981, 312

Serimàn Zaccaria
Illustration extraite de *Viaggi di Enrico Wanton alle terre incognite australi ed ai regni delle scimmie e dei cinocefali* (*Voyages d'Enrico Wanton dans les terres australes inconnues et les royaumes des singes et des cynocéphales*), Milan, Bestetti, s.d., 342

Spiess August
Parsifal à la cour d'Amfortas, 1883-1884. Château de Neuschwanstein, Salle des chanteurs, 275

Stevens Lawrence Sterne
Couverture du roman de Victor Rousseau, *The Eye of Balamok* (*L'Œil de Balamok*), 1920, 360

Swinden Tobias
An Enquiry into the Nature and Place of Hell (*Enquête sur la nature et l'emplacement de l'Enfer*), 1714, Londres, Taylor, 349

Thorak Josef
Les Camarades, idéal de beauté aryenne.
Localisation actuelle inconnue, 233

Tiepolo Giovanni Battista
Renaud et Armide, 1753. Würzburg, Residenz, Bayerische Schlösserverwaltung, 180

Tintoretto (Jacopo Robusti, dit)
La Descente du Christ aux Limbes, 1568. Venise, église San Cassiano, 345

Les Israélites dans le désert, XVIe siècle. Venise, Basilique San Giorgio Maggiore, Presbytère, 42-43

Tofanelli Agostino
Les Catacombes de Saint-Calixte, gravure aquarellée, 1833. Collection particulière, 350

Verdun Nicolas de
Châsse des Rois Mages, 1181. Cologne, Cathédrale, 62

Veronese Paolo
La Reine de Saba. Turin, Galleria Sabauda, 55

Verschuuren Charles
Poster pour le Federal Theatre Project, présentation de « RUR » au Marionette Theatre, New York, 1936-1939, 309

Villard de Honnecourt
Livre de portraiture. Paris, Bibliothèque nationale de France, 117

Waterhouse John William
Le Décaméron, 1916. Liverpool, National Museums, 290
Lady Shallot, 1888. Londres, Tate Gallery, 276

Wüest Johann Heinrich
Le Glacier du Rhône, 1769. Zurich, Kunsthaus, 247

Wyeth Newell Convers
Illustration pour Robert Louis Stevenson, *L'Île au trésor*, 1886, 438

ILLUSTRATIONS D'AUTEURS ANONYMES

(par ordre de page)

Gulliver découvre Laputa, l'île volante. Illustration extraite des Voyages de Gulliver de Jonathan Swift, Leipzig, vers 1910, 6

Carte en T, Mappa Mundi, in *La Fleur des histoires*, 1459-1463. Paris, Bibliothèque nationale de France, 10

Mappemonde de Saint-Sever, in *Apocalypse de Saint-Sever*, 1086. Paris, Bibliothèque nationale de France, 16-17

Tabula peutingeriana (*Table de Peutinger*), section. Copie médiévale du XIIe siècle pp. 18-19

La Terre sphérique sur une représentation de Dieu mesurant le monde avec un compas, extrait d'une *Bible moralisée*, vers 1250, 28

Saint Augustin discute de l'existence des antipodes, in Saint Augustin, *De Civitate Dei*. Nantes, Bibliothèque municipale, Ms Fr 8, f. 163v, 32

Drapeau de l'ancien empire d'Éthiopie, avec le lion de Juda ; nouveau drapeau, avec le sceau de Salomon, 46

Les Rois Mages, VIe siècle après Jésus-Christ. Ravenne, Basilique Sant'Apollinare Nuovo, 60

Le Navire d'Ulysse et de ses compagnons, mosaïque, IIIe siècle après Jésus-Christ. Tunis, Musée national du Bardo, 70

Les Lestrygons attaquent les navires d'Ulysse, 40-30 avant Jésus-Christ. Cité du Vatican, Biblioteca Vaticana, 74

Les Jardins suspendus de Babylone, lithographie, vers 1886. Collection particulière, 83

Le Phare d'Alexandrie, lithographie, XIXe siècle. Londres, O'Shea Gallery, 90

Les Pyramides de Gizeh, gravure, 1837. Florence, Archivi Alinari, 92-93

Alexandre le Grand sur sa machine volante, illustration extraite du *Roman d'Alexandre*, Chantilly, Musée Condé, Ms 651, 1486, 99

Alexandre le Grand chevauchant deux griffons, mosaïque, 1163-1166. Otrante, Cathédrale, nef centrale, 100

Marco Polo en voyage sur la Route de la soie, carte catalane, XIVe siècle. Paris, Bibliothèque nationale de France, 107

La Dame à la licorne, tapisserie, 1484-1500. Paris, Musée national du Moyen Âge et Thermes de Cluny, 108

Système de pompage de l'eau, in Al-Djazari, *Livre de la connaissance des procédés mécaniques*, 1206. Istanbul, Palais de Topkapi, 115

Horloge à eau, in Al-Djazari, *Livre de la connaissance des procédés mécaniques*, 1206. Istanbul, Palais de Topkapi, 116

L'homme-aigle, réélaboration d'une enluminure du *Roman d'Alexandre*, 1338. Oxford, Bodleian Library, 129

Système de pompage de l'eau, in Al-Djazari, *Livre de la connaissance des procédés mécaniques*, 1206. Istanbul, Palais de Topkapi, 140

Le Pic d'Adam, gravure, 1750, 143

École lombarde, *Le Jardin d'amour*, dit aussi *Le Jardin de la fontaine de jouvence*, in *De Sphaera*, XVe siècle. Modène, Biblioteca Estense, Ms. Lat. 209 DX2 14 c. 10 r, 144

Carte cosmologique de Jaïn, gouache sur toile, vers 1890. Washington, Library of Congress, 146

Jasconius pris pour une île, estampe, 1621, 156

Scène des Champs Élysées, en hommage à la jeune défunte Octavia Paolina. Fresque sur enduit provenant de l'hypogée des Octavii, Roma-Ottavia. Détail avec Hermès Psychopompe, la jeune défunte et des enfants cueillant des roses, IIIe siècle après Jésus-Christ. Rome, Museo Nazionale Romano (Palazzo Massimo alle Terme), 165

Mahomet visite le Paradis terrestre, illustration du manuscrit persan *Miraj Nama*, XVe siècle. Paris, Bibliothèque nationale de France, 166

Adam et Ève chassés du Paradis, in Clm 15709, fol. 171v, Munich, Bayerische Staatsbibliothek, 169

La Navigation de saint Brandan, XIIIe siècle. Collection particulière, 174

La Terre de Colomb en forme de poire, illustration extraite de William Fairfield Warren, *Paradise Found* (*Le Paradis trouvé*), 1885, 175

Illustration de Jules Verne, *Vingt mille lieues sous les mers*, chapitre IX, « L'Atlantide », 1869-1870, 183

(*Les Enseignements secrets de tous les âges, Représentation idéale du mystérieux temple de l'Atlantide*), illustration extraite de Manly P. Hall, *The Secret Teachings of All Ages*, 1928, 188

Olaus Rudbeck montre la position de l'Atlantide. Image tirée du frontispice d'*Atlantica sive Manheim*, Uppsala, 1679, 191

Le Départ de la flotte, détail de la fresque d'Akrotiri, Théra, 1650-1500 avant Jésus-Christ. Athènes, Musée archéologique national, 194-195

Carte de l'amiral Piri Reis, 1513. Istanbul, Topkapi Biblioteca Serail, 197

Fragment du *Codex Tro-cortesiano II* (*Codex de Madrid*), vers 900-1521. Madrid, Museo de America, 198

Révélations de Paul Schliemann, in *New York London Budget*, 17 novembre 1912, 199

Illustration de Georges-Gustave Toudouze, *Le Petit Roi d'Ys*, 1914, 201

Tarzan and the Jewels of Opar (*Tarzan et les bijoux d'Opar*), édition McClurg, 1918, p. 202

Affiche du film de George Pal, *Atlantis the lost continent* (*Atlantis, terre engloutie*), 1961, 204

Illustration de Jules Verne, *Vingt mille lieues sous les mers*, 1869-1870, 216

Affiches de *L'Atlantide*, un film de Jacques Feyder inspiré du roman de Pierre Benoit, 219

Navires normands, détail de la *Tapisserie de la reine Mathilde* (1027-1087). Bayeux, Musée de la tapisserie, 224

Carte des différentes hypothèses sur les origines des Aryens, d'après Joscelyn Godwin, *Arktos*, 1996, 231

Armoiries de la Thule Gesellschaft, 1919, 232

Gerade du !, l'idéal aryen selon la revue *Signal*, 233

Portrait d'Adolf Hitler, 1923, 233

Joseph Goebbels durant un meeting, 1931, 233

Portrait de Heinrich Himmler, 1945, 233

Couverture du premier numéro de la revue raciste *La Difesa della razza* (*La Défense de la race*), 5 août 1938, 237

Détail d'un cratère apulien représentant un combat de Griffons et d'Arimaspes, IIIe-IVe siècle avant Jésus-Christ. Berlin, Staatliche Museen zu Berlin Antikensammlung, 238

Odin sur son trône, estampe colorée, XIXe siècle, 240

Le Calice d'Ardagh, début du VIIIe siècle. Dublin, National Museum of Ireland, 248

Arthur et Perceval, mosaïque de pavement, 1163. Otrante, Cathédrale, nef centrale, 252

Le saint Graal apparaît aux chevaliers de la Table ronde, illustration tirée du *Livre de Messire Lancelot du Lac* de Gaultier de Moap, Paris, Bibliothèque nationale de France, XVe siècle. Ms. français 120, fol. 524v, 252

La Table ronde du roi Arthur montée à l'entrée du château de Winchester, 255

L'« homme vert » de la chapelle de Rosslyn, Écosse, 264

Détail de l'église de la Gran Madre, Turin, 265

Scènes du cycle arthurien, 1100. Modène, Cathédrale, porte de la Pescheria, côté nord, archivolte, 266

Les Chevaliers de la Table ronde, peinture sur papier, XIIIe siècle. Paris, Bibliothèque nationale de France, 267

Le Voyage de Mahomet au Paradis, miniature persane 1494/1495. Londres, Brtish Library, 278

Hommes dans un jardin, miniature persane, XVIIe siècle. New Dehli, National Museum of India, 280

La Prise d'Alamut, manuscrit persan, 1113, fol. 177v. Paris, Bibliothèque nationale de France, 283

Le Monde à l'envers, estampe populaire, 1852-1858. Marseille, MuCEM, Musée des Civilisations de l'Europe et de la Méditerranée, 288

Le Château des chats assailli par les souris, estampe populaire, XIXe siècle, Londres, British Museum, 292

La Folie des hommes ou *Le Monde à l'envers*, estampe colorée, XVIIIe siècle. Marseille,

MuCEM, Musée des Civilisations de l'Europe et de la Méditerranée, 294-295

Le Pays de cocagne, où plus on dort plus on gagne, estampe populaire, 1871. Londres, British Museum, 300

Thomas More, *L'Île d'Utopie*, Louvain, 1516, 304

Carte d'Utopie et son alphabet, édition de 1518, 305

Gulliver au pays des Lilliputiens, illustration pour les *Voyages de Gulliver* de Jonathan Swift, 1876. Stockholm, Landskrona Museum Collection, 307

Carte de Palmanova, tirée de Franz Hogenberg et Georg Braun, *Civitates Orbis Terrarum* (*Villes du globe*), Nuremberg, 1572-1616, 311

Faux-titre de la *Rei publicae christianopolitanae descriptio* (*Description de la république de Christianopolis*) de Johannes Valentinus Andreae, 1619, 323

Beatus de Liébana, *In Apocalypsin commentarius* (*Commentaire sur l'Apocalypse*), Léon (Espagne), vers 950, Ms. 644 fol. 222v : *La Jérusalem céleste (Apocalypse, 21, 1-27), avec, à ses portes, les apôtres portant sur la tête leurs pierres précieuses respectives*. New York, The Pierpont Morgan Library, 324

Cornelis de Jode, Carte de la Nouvelle-Guinée et des îles Salomon, [Anvers, Gerard de Jode, 1593]. Canberra, National Gallery of Australia, 329

Les Phases d'application de la poudre de sympathie, in Kenelm Digby, *Theatrum Sympatheticum*, Nuremberg, 1660, 333

Un exemplaire de *Curious Enquiries*, Philadelphie, The Library Company of Philadelphia, 334

Silhouettes d'îles, illustration extraite de Charles Pierre Claret, comte de Fleurieu, *Découvertes des Français, en 1768 et 1769, dans le sud-est de la Nouvelle-Guinée*, 1790, 336-337

La Descente de Mahomet en Enfer en compagnie de l'ange Gabriel, enluminure extraite du manuscrit arabe du *Livre de l'Ascension*, Turquie, XVe siècle. Paris, Bibliothèque nationale de France, 348

Un gardien, détail du tombeau de Khâemouaset, fils de Ramsès III, 1184-1153 avant Jésus-Christ. Thèbes (Égypte), 348

Marshall B. Gardner, *A Journey to Earth's Interior* (*Un voyage à l'intérieur de la Terre*), 1920, 354

Reptiles préhistoriques, illustration pour le *Voyage au centre de la Terre* de Jules Verne, 1864, 355

La Descente de Niels Klim, in Ludvig Holberg, *Niels Klims underjordiske rejse* (*Le Voyage souterrain de Niels Klim*), édition de 1767, 356

Êtres du monde souterrain, in Ludvig Holberg, *Niels Klims underjordiske rejse* (*Le Voyage souterrain de Niels Klim*), édition de 1767, 357

Anonyme, *Un igloo*, XIXe siècle. Toronto, Royal Ontario Museum, 370

L'Amiral Byrd, figurines pour papier à cigarettes. New York, New York Public Library, Arendts Collection, 374

L'Archéomètre d'Alexandre Saint-Yves d'Alveydre, 1903, 378

Représentation de l'Agartha d'après les écrits de Raymond W. Bernard, 379

Le Paradis de Shambala, soie peinte, XIXe siècle. Paris, Musée Guimet, 381

Êtres de l'intérieur de la Terre, in Ludvig Holberg, *Niels Klims underjordiske rejse* (*Le Voyage souterrain de Niels Klim*), édition de 1767, 386

Êtres de l'intérieur de la Terre, in Ludvig Holberg, *Niels Klims underjordiske rejse* (*Le Voyage souterrain de Niels Klim*), édition de 1767, 388

Illustration extraite de *Symzonia* par Adam Seaborn, *Voyage of Discovery*. New York, 1820, 396

Couverture du livre de Raymond Bernard, *The Hollow Earth* (*La Terre creuse*), 1964, 397

La tour Magdala de Rennes-le-Château, 408

Le Château de Gisors, en Normandie, gravure, début du XIXe siècle. Paris, Bibliothèque des Arts décoratifs, p. 412

Couverture de Maurice Leblanc, *L'Aiguille creuse*, 1909, 424

Asmodée, détail du bénitier situé à l'entrée de l'église de l'abbé Saunière, Rennes-le-Château, p. 345, p. 416

Le Château de la Jalousie, illustration extraite d'une édition du XVe siècle du *Roman de la rose*. Londres, British Library, Ms. Harley 4425.fol. 39, 430

Vlad III de Valachie. Innsbruck, Château d'Ambras, 432

Frontispice de *L'Île mystérieuse* de Jules Verne, 1874, 433

Le Pays du Fantôme, illustration extraite de *Le Fantôme (L'Ombre qui marche)*, 434

Carte et illustration extraites de Robert Louis Stevenson, *L'Île au trésor*, 1886, 437

Les Temples souterrains d'Ellorà, illustration extraite de Giulio Ferrario, *Costume antico e moderno* (*Mœurs antiques et modernes*), XIXe siècle, 451

Couverture de « Gli albi di Emilio Salgari » (« Les albums d'Emilio Salgari »), *I misteri della jungla nera* (*Les mystères de la jungle noire*), premier épisode, A.P.I., 1937, 452

PHOTOGRAMMES CINÉMATOGRAPHIQUES

(par ordre de pages)

L'Atlantide de Georg Wilhelm Pabst, 1932, 200

Photogramme du film *Prince of Persia: The Sands of Time (Prince of Persia : Les Sables du temps)*, 2010, 284

L'entrée de Shangri-la dans le film *The Mummy: Tomb of the Dragon Emperor* (*La Momie : La Tombe de l'empereur Dragon*), 2008, 380

Une scène du film *Voyage au centre de la Terre*, 2008, 394

Image tirée du film *Casablanca* de Michael Curtiz, 1942, 435

Image tirée du film *Dracula*, de Tod Browning, 1931, 449

RÉFÉRENCES BIBLIOGRAPHIQUES DES ÉDITIONS UTILISÉES*

Álvares Francisco (vers 1465-1541), *Vraie Information des États du prince Jean*, LXXXII (1540), trad. François Rosso

Alveydre Alexandre Saint-Yves d', *Mission de l'Inde en Europe*, I et II (1886), préface Yves-Fred Boisset, 2006, Dualpha, Paris, pp. 51-120

Ampelio Lucio (IIIe s. d.C.), *Liber memorialis* VI, traduit du latin par Marie-Pierre Arnaud-Lindet, 1993, Belles lettres, Paris, p.7

Andreae, Johann Valentin (1586-1654), *Les Noces chymiques de rosecroix chrétien; Christianopolis ; Theophilius [i.e. Theophilus]* / Johann Valentin Andreae ; trad., introd. et notes de Claude Gilquin, Paris ; Montréal (Québec), L'Harmattan, 1998, livre II, chap. 7, pp. 176-177

Aristote (IVe s. a.C.), *Traité du ciel*, traduit du grec ancien par Catherine Dalimier, Pierre Pellegrin, 2004, 294a, pp. 269-273

Aristote (IVe s. a.C.), *Métaphysique*, traduit du grec ancien par Marie-Paule Duminil et Annick Jaulin, 2008, Livre A, 986a5-10, p. 88

Augustin (saint) (IVe-Ve siècle) [etc.]

Aulu-Gelle (0123?-0180?), *Les Nuits attiques*, Volume 2, Livres V-X, traduit du latin par René Marache, 1978, Belles Lettres, Paris, X, 18, pp. 173-174

Bacon Francis, *La Nouvelle Atlantide*, traduit de l'anglais par Michèle Le Doeuff, Margaret Llasera, 1995, Garnier-Flammarion, Paris, pp. 83-100

Baigent Michael, Leigh Richard, Lincon Henry , *L'Énigme sacrée : le secret révélé de la dynastie de Jésus alerte*, traduit de l'anglais par Brigitte Chabrol, 2008, J'ai Lu, Paris, pp. 440-448

Blavatsky, Helena (1831-1891), *La Doctrine secrète : synthèse de la science de la religion et de la philosophie*. 3e volume, Anthropogenèse, traduction de : *The Secret Doctrine*, Paris, Éd. Adyar, 2000, pp. 13-17

Bonvesin della Riva (vers 1240-1315), *Les Grandeurs de la cité de Milan*, trad. François Rosso

Borges Jorge Luis, « Tlön, Uqbar, Orbis Tertius », in *Fictions*, traduit de l'espagnol par Roger Caillois, Nestor Ibarra, Paul Verdevoye, 1983, Gallimard, Paris, pp. 11-17

Borges Jorge Luis, *L'Aleph* (1949), traduit de l'espagnol par Roger Caillois et René L. F. Durand, 1977, L'Imaginaire Gallimard, Paris, pp.206-209

Boron Robert de (XII-XIIIe siècle), *Merlin*, traduit de l'ancien français et éd. par Alexandre Micha, 1994, Garnier-Flammarion, Paris, pp.176-178

Boron Robert de (XII-XIIIe siècle), *Perceval* dans *Les Métamorphoses du Graal* : anthologie, choix de textes, traduction, présentation, notices, notes, chronologie, bibliographie et index par Claude Lachet, 2012, Garnier-Flammarion, Paris, pp. 121-123

Bulwer-Lytton Edward, *La Race à venir... : celle qui nous exterminera !*, préface Sébastien Raizer, avant-propos Armand Seguin, 2008, Camion blanc, Rosières-en-Haye (Meurthe-et-Moselle), chapitres III-IV, pp. 28-31

Chrétien de Troyes (XIIe siècle), *Perceval ou Le Conte du Graal*, traduction, présentation, notes, chronologie, bibliographie et répertoire des noms propres par Jean Dufournet, 2012, Garnier-Flammarion, Paris, pp. 90-92

Diogène Laërce, *Vies et doctrines des philosophes illustres,* traduction française sous la direction de Marie-Odile Goulet-Cazé, introductions, traductions et notes de J.-F. Balaudé, L. Brisson, J. Brunschwig et al., collab. Michel Patillon, 2009, LGF, Paris, IX, 3, 21, p. 1064

Eschenbach Wolfram von (1170-1220), *Parzival*, IX, 454, traduit de l'allemand par Danielle Buschinger, Jean-Marc Pastré, introduction Danielle Buschinger, 2010, H. Champion, Paris, pp. 485-486

Evola Julius (1898-1974), *Révolte contre le monde moderne*, Traduction de : *Rivolta contro il mondo moderno*, Montréal ; Bruxelles : Éd. de l'Homme ; [Paris] : [diffusion Vander-Oyez], 1972, Chapitre 3, Le « pôle » et le siège hyperboréen, pp. 259-261

Foigny Gabriel, de, (vers 1630-1692), *La Terre australe connue*, IX (1676), pp. 161-163, trad. François Rosso

Grimm Jacob et Wilhelm, *Nouveaux contes*, traduit de l'allemand par Jean Amsler, 1996, Gallimard, Paris, pp. 166-167)

Guénon René, *Le Roi du monde*, « Quelques Conclusions », Paris, Gallimard, 1958

Hawking Stephen W., *Une brève histoire du temps : du big bang aux trous noirs*, traduit de l'anglais par Isabelle Naddeo-Souriau, 2008, Champs Flammarion, p. 7

Hérodote (484-425 a.C.), *Histoires*, Volume 3, Thalie : Livre III, 99-108, édition Philippe-Ernest Legrand, 1960, Belles Lettres, Paris, pp. 145-150

Hérodote (484-425 a.C.), *Histoires*, Volume 4, Melpomène : Livre IV, 13, édition Philippe-Ernest Legrand, 2003, Belles Lettres, Paris, pp. 55-56)

Hésiode, *Les Travaux et les Jours*, vv. 109-126, traduit du grec et présenté par Claude Terreaux, 2012, Arléa, Paris, p. 91

Hildesheim Johan von, *Les Rois mages : l'histoire des trois bienheureux Rois*, traduit de l'italien par Guy Béhin, 2001, La Renaissance du livre, Waterloo (Belgique), pp 35-40

Homère (IXe s. a.C.), *L'Odyssée*, traduction, introduction, notes et index par Médéric Dufour et Jeanne Raison, bibliographie mise à jour en 2009 par Matthieu Fernandez Pierre Bergouniou, pourquoi aimez-vous l'Odyssée ? : interview, 2009, Garnier-Flammarion, VII, 106-178, pp. 103-104

Isidore de Séville, *Étymologies*, trad. François Rosso

Lactance (III-IV ^{e} s.), dans *Buchon, Jean Alexandre C.* (1791-1846)**,** *Choix de monuments primitifs de l'Église chrétienne*, avec notices littéraires par J.-A.-C. Buchon. Correspondance entre Pline et Trajan au sujet des chrétiens. Tertullien : Vingt-trois traités. Minucius Felix : Octavius. Saint Cyprien. Douze traités. Lactance : Mort des persécuteurs ; Colère de Dieu ; Oeuvres de Dieu. J.-F. Maternus : Erreurs des religions profanes, Orléans : H. Herluison, 1875**,** p. 580

Leblanc Maurice, *L'aiguille creuse*, Paris, Pierre Lafitte, 1909

Liutprand de Crémone (0920?-0972?), *Ambassades à Byzance* [Texte imprimé] / Liutprand de Crémone ; trad. du latin par Joël Schnapp ; présentation et annot. par Sandrine Lerou, Toulouse : Anacharsis, 2005, Première ambassade (949/950), *Antapodosis*, livre 6

Lucien de Samosate, *Œuvres*, volume 2, Opuscules 11-20, texte établi et trad. par Jacques Bompaire, 2003, Belles Lettres, Paris, *Histoires vraies*, B, 4-19, pp. 100-110

Lucrèce (Ier s. a.C.), *De la nature*, traduit du latin par José Kany-Turpin, 1997, Garnier-Flammarion, I, 1052-1069 (p. 111)

Macrobe, *Commentaire au songe de Scipion*, Volume 2, Livre II, texte établi, trad. du latin et commentaire par Mireille Armisen-Marchetti, 2003, Belles lettres, Paris, II, 5, 22-26, pp. 27-28

Malory Thomas, *Le Morte Darthur*, XIII (1485), illustrations Aubrey Beardsley, préface, traduction et appendices Marguerite-Marie Dubois d'après l'édition originale du *Morte Darthur* de Caxton, 2012, Corentin, Pau, pp. 91-95

Mandeville Jean de (XIVe s.), *Voyage autour de la Terre*, traduit de l'ancien français par Christiane Deluz, 1993, Belles lettres, Paris, chapitre XXX, pp. 203-206

Montaigne, *Les Essais* : édition complète, adaptation en français moderne André Lanly, 2009, Gallimard, Paris, Quarto, Livre I, chapitre XXXI, « Sur les cannibales », pp. 252-253

More Thomas, *L'utopie ou Le traité de la meilleure forme de gouvernement*, traduit du latin par Marie Delcourt, 1987, Flammarion, Paris, livre second, pp. 137-139

Nietzsche Friedrich, *L'Antéchrist*, 1996, traduit de l'allemand par et éd. Eric Blondel Garnier-Flammarion, Paris, §§ 1, 2, 5 et 19 pages 45-62

Ossendowski Ferdinand, *Bêtes, hommes et dieux : à travers la Mongolie interdite : 1920-1921*, traduit de l'anglais par Robert Renard, 2011, Phébus, Paris, partie V, XLVI, pp. 266-268

Philon de Byzance (IIIe s. avant J.-C.), édition consultée : Romer, John et Elizabeth, *Les Sept Merveilles du monde***,** traduit de l'anglais par Denis-Armand Canal**,** 1996, P. Lebaud, Paris, p. 310

Platon (V-IVe s. a.C.), *Timée, Critias*, traduit du grec par Luc Brisson, 1992, Garnier-Flammarion, Paris, 113b-121c, pp. 364-378

Pline l'Ancien (0023-0079), *Histoire naturelle*, Volume 34, Livre XXXIV, texte établi et trad. par H. Le Bonniec, commentaires H. Gallet de Santerre et H. Le Bonniec, 1983, Belles Lettres, Paris, Livre XXXIV, 18, 41-42 (p. 122)

Poe Edgar, *La genèse d'un poème*, traduit de l'anglais par Stéphane Mallarmé et Charles Baudelaire, présentation de Jean-Louis Curtis, 1982, Gallimard, Paris, « La cité en la mer », pp. 87-89

Raleigh Walter, *El Dorado*, édition et présentation A. Cioranescu, préface Robert Hermann Schomburgk, traduit de l'anglais par J. Chabert, 1993, Utz, Thizy (Yonne), p**.** 105-120

Seriman Zaccaria, *I viaggi di Enrico Wanton alle terre incognite australi, ed ai Regni delle Scimie, e de' Cinocefali*, trad. Renaud Temperini

Sprague de Camp, L. et Ley, Willy, *Lands beyond*, trad. François Rosso.

Toudouze, Georges-Gustave, *Le Petit Roi d'Ys*, Paris, Hachette, 1914 .

Virgile, *L'Énéide*, traduction, introduction, notes et chronologie par Maurice Rat bibliographie mise à jour en 2011 par Matthieu Fernandez, 2011, Garnier-Flammarion, VI, 633-647

Voltaire, *Candide ou L'Optimisme*, édition, notes, dossiers, chronol., bibliogr. Jean Goldzink, 2007, Garnier-Flammarion, chap. XVII, pp. 86-88

ŒUVRES D'AUTEURS ANONYMES

(par ordre d'apparition dans le texte)

Bible œcuménique, Apocalypse, 21, 12-23 (« La Jérusalem nouvelle »)

Le Roman d'Alexandre, Callisthène (auteur prétendu), traduit du grec par Gilles Bounoure, Blandine Serret, 1992, Belles Lettres, Paris, Livre II, 33 (p. 77-78)

Des merveilles de l'Orient (ou : *Lettre de l'empereur Adrien sur les merveilles de l'Orient*) [VIe siècle], trad. François Rosso

Lettre du Prêtre Jean, trad. Renaud Temperini

Coran, traduit de l'arabe par Albin de Kazimirski Biberstein, Garnier-Flammarion, édition Mohammed Arkoun, XLVII, 16/17

La Navigation de Saint Brendan, trad. Rrenaud Temperini

Perlesvaus (XIIIe s.), chap. VI, *Les Métamorphoses du Graal* : anthologie, choix de textes, traduction, présentation, notices, notes, chronologie, bibliographie et index par Claude Lachet, 2012, Garnier-Flammarion, Paris, pp. 217-219

Le Livre du Graal, volume 3 Pléiade, avec la collaboration de Robert Deschaux, Irène Freire-Nunes, Gérard Gros *et al.,* 2009, Gallimard, Paris, §§ 16-17, pp. 827-829

Cocagne : histoire d'un pays imaginaire (XIIIe s.), préface de Jacques Le Goff, 2013, Ed. Arkhê, Paris, traduit du portugais, pp. 31-40

BIBLIOGRAPHIE GÉNÉRALE

Abdelkader, Mostafa, 1983,
« A Geocosmos: Mapping Outer Space Into a Hollow Earth »,
Speculations in Science & Technology,
6,1,1983

Adam, Jean Pierre, 1988,
Le passé recomposé. Chroniques d'archéologie fantasque, Paris, Le Seuil

Albini, Andrea, 2012, *Atlantide. Nel mare dei testi*, Gênes, Italian University Press

Andreae, Johann Valentin, 1619,
Reipublicae christianopolitanae descriptio, Strasbourg, Zetzner

Anonyme, 1688, *Curious Enquiries*, Londres, Taylor

Anonyme, 1721, *Relation d'un voyage du pôle arctique au pôle antarctique par le centre du monde*, Amsterdam, Lucas

Aroux, Eugène, 1858, *Les Mystères de la chevalerie et de l'amour platonique au Moyen Age*, Paris, Renouard

Bacon, Francis, 1627,
New Atlantis, Londres, Lee

Baer, Karl Friedrich, 1762,
Essai historique et critique sur les Atlantiques, Paris, Lambert

Baigent, Michael, Leigh, Richard et Lincoln, Henry, 1982, *The Holy Blood and the Holy Grail*, Londres, Cape

Bailly, Jean-Sylvain, 1779, *Lettres sur l'Atlantide de Platon et Sur L'Ancienne Histoire De L'Asie. Pour servir de suite aux Lettres sur l'origine des Sciences, adressées à M. De Voltaire per M. Bailly* à Londres, chez M. Elmsly, et à Paris, chez les Frères Debure

Baistrocchi Marco, 1995,
« Agarttha: una manipolazione guénoniana? », *Politica Romana*, II, 1995

Barisone, Ermanno, 1982,
« Introduzione » à John Mandeville, *Viaggi ovvero trattato delle cose più meravigliose e più notabili che si trovano al mondo*, Milan, il Saggiatore

Baudino, Mario, 2004, *Il mito che uccide*, Milan, Longanesi

Benoit, Pierre, 1919, *L'Atlantide*, Paris, Albin Michel

Bérard, Victor, 1927-1929,
Les Navigations d'Ulysse,
Paris, Armand Colin

Bernard, Raymond W., 1964, *The Hollow Earth*, New York, Fieldcrest Publishing

Bernard, Raymond, 1960,
Agartha, the Subterranean World, Mokelumne Hill, Health Research

Berzin, Alexander, 1996,
Mistaken Foreign Myths about Shambhala, Internet, The Berzin Archives

Blavatsky, Helena, 1877, *Isis Unveiled*, New York, Bouton

Blavatsky, Helena, 1888,
La Doctrine secrète, Adyas, 2000

Blavier, André, 1982, *Les fous littéraires*, Paris, Veyrier

Borges, Jorge Luis, 1940, « Tlön, Uqbar, Orbis Tertius », in *Sur*, puis in *Ficciones* (tr. fr. *Fictions*, Paris, Gallimard, coll. « Folio », 1983, p. 11-31)

Borges, Jorge Luis, 1949, *El Aleph*, Buenos Aires (tr.fr. *L'Aleph*, Paris, Gallimard, coll. « L'imaginaire », 1977)

Bossi, Giovanni, 2003, *Immaginario di viaggio e immaginario utopico*, Milan, Mimesis

Bradshaw, William R., 1892, *The Goddess of Atvatabar*, New York, Douthitt

Brugg, Elmar (Rudolf Elmayer-Vestenbrugg), 1938, *Die Welteislehre nach Hanns Hörbiger*, Leipzig, Koehler Amelang Verlag

Bulwer-Lytton, Edward George, 1871,
The Coming Race, Londres, Blackwood

Buonanno, Errico, 2009, *Sarà vero. Falsi, sospetti e bufale che hanno fatto la storia*, Turin, Einaudi

Burnet, Thomas, 1681, *Telluris theoria sacra*, Londres, Kettilby

Burroughs, Edgar Rice, 1914,
At the Earth's Core, in *All Story*, avril 1914

Burroughs, Edgar Rice, 1915, *Pellucidar*, in *All Story*, mai 1915

Burton Russell, Jeffrey, 1991, *Inventing the flat Earth*, New York, Praeger

Butler, Samuel, 1872, *Erehwon*, Londres, Trübner

Butler, Samuel, 1897, *The Authoress of Odissey*, Londres, Logmans

Calabrese, O., Giovannoli, R., Pezzini I., 1983, *Hic sunt Leones. Geografia fantastica e viaggi straordinari*, Milan, Electa

Calmet, Antoine-Augustin, 1706,
Commentaire littéral sur tous les livres de l'Ancien et du Nouveau Testament, Paris, Emery

Campanella, Tommaso, 1602,
La città del sole, manuscrit ; « Civitas solis. Idea Reipvblicae Philosophicae », in *Realis philosophiae epilogisticae*, Francfort, Tampach, 1623

Cardini, Franco, 2000, *I Re Magi. Storia e leggenda*, Venise, Marsilio

Cardini, Franco, Introvigne, Massimo et Montesano, Marina, 1998,
Il santo Graal, Florence, Giunti

Casanova, Giacomo, 1788, *Icosameron. Histoire d'Édouard, et d'Élisabeth qui passèrent quatre vingts ans chez les Mégramicres habitants aborigènes du Protocosme dans l'intérieur de notre globe*,
Paris, Imprimerie de l'École normale

Charroux, Robert, 1972, *Trésors du monde enterrés, emmurés, engloutis*, Paris, Fayard

Churchward James, 1926, *The Lost Continent of Mu : Motherland of Man*, New York, Rudge

Ciardi, Marco, 2002, *Atlantide. Una controversia scientifica da Colombo a Darwin*, Rome, Carocci

Cocchiara, Giuseppe, 1963, *Il mondo alla rovescia*, Turin, Boringhieri

Collin de Plancy, 1821, *Voyage au centre de la terre, ou Aventures Diverses De Clairancy Et Ses Compagnons, Dans Le Spitzberg, Au Pôle-Nord, Et Dans Des Pays Inconnus*, Paris, Caillot

Collodi, 1880, « Pinocchio », in *Il Giornale per i bambini*, puis Florence, Paggi, 1883 (tr. fr. *Les Aventures de Pinocchio*, Paris, Gallimard, coll. « Folio », 2003)

Colomb, Christophe, 1498, « Lettre aux Rois catholiques », in *Relations de voyages et autres écrits*, 1494-1505, La Découverte, 2012

Conan Doyle, Arthur, 1929, *The Maracot Deep and Other Short Stories*, Londres, Murray

Corbin, Henry, 1964, *Histoire de la philosophie islamique*, Paris, Gallimard,

Costes, Guy et Altairac, Joseph, 2006, *Les Terres creuses*, Paris, Les Belles Lettres

Crowe, Michael J., 1896, *The Extraterrestrial Life Debate, 1750-1900*, Cambridge, Cambridge U. P.

Daston, Lorraine et Park, Katharine, 1998, *Wonders and the Order of Nature*, New York, Zone Books

Daunicht, Hubert, 1971, « Die Odysee in Ostasien », *Frankfurter Neue Presse*, 14 février

DeCamp, L.S. et Ley, W., 1952, *Lands Beyond*, New York, Rhinehart (tr. fr. *De l'Atlantide à l'Eldorado*, Paris, Plon, 1957)

Delumeau, Jean, 1992, *Une histoire du Paradis*, Paris, Fayard

Di Carpegna Falconieri, Tommaso, 2011, *Medioevo militante*, Turin, Einaudi

Dick, Philip, *The Man in the High Castle*, New York, Putnam (tr. fr. *Le Maitre du haut château*, Paris, J'ai lu, 2012)

Digby, Kenelm, 1558, *Discours fait en une célèbre assemblée… Touchant La Guérison des Playes par la Poudre de Sympathie*. Paris, Courbé

Digby, Kenelm, 1660, *Theatrum sympatheticum*, Nuremberg, Impresis J.A. & W.J. Endterorum haered

Dohueihi, Milad, 2006, *Le Paradis Terrestre. Mythes et philosophies*, Paris, Le Seuil

Donnelly Ignatius, 1888, *The Great Cryptogram: Francis Bacon's Cipher in The So-called Shakespeare Plays* Londres, Sampson Low, Marston, Searle & Rivington

Donnelly, Ignatius, 1882, *Atlantis: The Antediluvian World*, New York, Harper

Eco, Umberto, 1993, *La ricerca della lingua perfetta*, Rome et Bari, Laterza

Eco, Umberto, 2002, « La forza del falso », in *Sulla letteratura*, Milan, Bompiani

Eco, Umberto, 2011, « Sugli usi perversi della matematica », in *La matematica*, volume III, par Claudio Bartocci et Pigiorgio Odifredi, Turin, Einaudi, 2011

Emerson, Willis George, 1908, *The Smoky God*, Chicago, Forbes

Eumaios, 1898, *Odysseus als Afrikaumsleger und Amerikaentdecker*, Leipzig, Fock

Evola Julius, 1934, *Révolte contre le monde moderne*, Milan, Hoepli

(en particulier le chapitre 4, sur le « cycle nordique et atlantique »)

Evola Julius, 1937, *Le Mystère du Graal*, Bari, Laterza

Fabre d'Olivet, Antoine, 1822, *De l'État Social de l'Homme ou Vues Philosophiques sur l'Histoire du Genre Humain*, Paris, Brière

Fauriel, Claude, 1846, *Histoire de la poésie provençale*, Paris, Labitte

Fauth, Philip, 1913, *Glazial-Kosmogonie*, Kaiserslautern, Hermann Kaysers Verlag

Ficino, Marsilio, 1489, *De vita libri tres; Apologia; Quod necessaria sit ad vitam securitas*, Florence, Miscomini

Fieux, Charles de, chevalier de Mouhy, 1734, *Lamekis, ou les voyages extraordinaires d'un Égyptien dans la terre intérieure avec la découverte de l'île des Silphides*, Paris, Dupuis

Filippani-Ronconi, Pio, 1973, *Ismaeliti e «Assassini»*, Bâle, Fondation Ludwig Keimer

Fitting, Peter, sous la direction de, 2004, *Subterranean Worlds*, Middletown, Wesleyan U.P.

Foigny, Gabriel de, 1676, *La Terre australe connue*, Genève, La Pierre

Fondi, Roberto, s.d., « Nascita, morte e palingenesi della concezione del mondo cavo », *Arthos* 29, s.l.

Fontenelle, Bernard de, 1768, *La République des philosophes ou Histoire des Ajaoiens… Ouvrage posthume de Mr. De Fontenelle*, Genève

Fracastoro, Girolamo, 1530, *Syphilis sive morbus gallicus*, Vérone

Frau, Sergio, 2002, *Le Colonne d'Ercole. Un'inchiesta*, Rome, Nur Neon

Frobenius, Leo, 1910, *Aud dem Weg nach Atlantis*, Berlin, Vita

Frugoni, Francesco Fulvio, 1687-1689, *Il cane di Diogene*, Venise, Bosio

Galli, Giorgio, 1983, *Hitler e il nazismo magico*, Milan, BUR (édition augmentée 2005)

Gardner, Marshall B., 1913, *A Journey to the Earth's Interior*, Aurora, Ill., The Author

Gardner, Martin, 1957, *Fads and Fallacies In the Name of Science*, New York, Dover

Garlaschelli, Luigi, 2001, « Indagini sulla spada di San Galgano ». Conférence sur Il mistero della Spada nella Roccia. San Galgano, septembre 2001 (luigigarlaschelli.it/spada/resoconto1292001.html).

Geiger, John, 2009, *The Third Man Factor: The Secret of Survival in Extreme Environment*. Toronto, Viking Canada

Giannini, Francis Amedeo, 1959, *Worlds beyond the Poles*, New York, Health Research Books

Godwin, Joscelyn, 1996, *Arktos : The Polar Myth in Science, Symbolism, and Nazi Survival*, Kempton, Adventures Unlimited Press

Goodrick-Clarke, N., 1985, *The Occult Roots of Nazism*, Wellingborough, Aquarian Press

Graf, Arturo, 1892-1893, *Miti, leggende e superstizioni del Medio Evo*, Turin, Loescher

Grimm, Jacob et Wilhelm, 1812, *Kinder und Hausmärchen*, Berlin, Realschulbuchhandlung

Grube, E.J., 1991, « Automa », in *Enciclopedia dell'arte medievale*, Rome, Treccani

Guénon, René, 1925, « Le roi du monde », *Les Cahiers du Mois* 9/10, publié ensuite en volume, Paris, Bosse, 1927, puis Paris, Gallimard, 1958

Guénon, René, 1950, « L'ésotérisme du Graal », *Les Cahiers du Sud*

Hall, Joseph, 1607, *Mundus alter*, Hanau, Antonius

Halley, Edmund, 1692, « An account of the cause of the change of the variation of the magnetical needle with an hypothesis of the structure of the internal parts of the Earth », *Philosophical Transactions of the Royal Society*, xvi (1692), p. 563-587

Hammer-Purgstall, Joseph von, 1818, *Histoire de l'ordre des assassins*, Stuttgart et Tübingen

Hilton, James, 1933, *Lost Horizon*, Essex, Woodford Green (tr. fr. *Horizon perdu*, Paris, Terre de Brume, 2013)

Holberg, Ludwig, 1741, *Nicolai Klimii iter subterraneum*, Hafniae & Lipsiae, Preuss

Howgego, Raymond J., 2013, *Encyclopedia of Exploration. Invented and Apocryphal Narratives of Travels*, Otts Points, Hordern House

Huet, Pierre-Daniel, 1691, *Traité de la situation du Paradis terrestre*, Paris, Anisson

Iannaccone, Mario Arturo, 2004, *Rennes-le-Château, una decifrazione. La genesi occulta del mito*, Milan, Sugarco

Iannaccone, Mario Arturo, 2005, « La truffa di Rennes-le-Château », *Scienza e Paranormale*, 59

Introvigne, Massimo, 2005, *Gli Illuminati e il Priorato di Sion. La verità sulle due società segrete del 'Codice da Vinci' e di 'Angeli e demoni'*, Casale Monferrato, Piemme

Jacolliot, Louis, 1873, *Les Fils de Dieu*, Paris, Lacroix

Jacolliot, Louis, 1875, *Le Spiritisme dans le monde. L'initiation et les sciences occultes dans l'Inde et chez tous les peuples de l'Antiquité*, Paris, Lacroix

Jean de Hildesheim, *Historia de gestis et translatione trium regum*, Cologne, Guldenschaiff, 1477

Jones, William, 1769, « The Circles of Gomer », in *The Philosophy of Words*, Londres, Hughs

Juda Halevi, 1660, *Liber Cosri*, Bâle, Decker

Justafré, Olivier, s.d., *Grains de folie. Supplément aux fous littéraires*, Perros-Guirec, Anagramme

Kafton-Minkel, Walter, 1989, *Subterranean Worlds: 100,000 Years of Dragons, Dwarfs, the Dead, Lost Races and Ufos from inside the Earth*, Washington, Loompanics Unlimited

Kircher, Athanasius, 1665, *Mundus subterraneus*, Amsterdam, Jansson & Weyerstraten

Kuipert, Gerard, 1946, « German astronomy during the war », *Popular Astronomy*, LIV, 6 juin

Lamendola, Francesco, 1989, « Terra Australis Incognita », *Il Polo*, 3, 1989

Lamendola, Francesco, 1990, « Mendaña de Neira alla scoperta della terra australe », *Il Polo*, 1, 1990

Lancioni, Tarcisio, 1992, « Viaggio tra gli isolari », in *Almanacco del Bibliofilo*, Milan, Rovello

Las Casas, Bartolomé de, 1551-1552, *Apologética historia summaria de las gentes destas Indias* (première édition complète : Madrid, Biblioteca de Autores Españoles, 1909)

Le Goff, Jacques, 1985, « Le merveilleux dans l'Occident médiéval », in *L'imaginaire médiéval*, Paris, Gallimard

Le Goff, Jacques, 1981, *La naissance du Purgatoire*, Paris, Gallimard

Le Goff, Jacques, 1988, *L'Imaginaire médiéval*, Paris, Gallimard

Leonardi, Claudio, 1989 « La via dell'Oriente nella *Historia Mongolorum* », in Giovanni di Pian di Carpine, *Storia dei mongoli*, Spoleto, Centro Italiano di Studi sull'Alto Medioevo

Le Plongeon Augustus, 1896, *Queen Móo & The Egyptian Sphinx*, New York, The Author

Leon Pinelo, Antonio de, 1656, *El paraiso en el nuevo mundo. Comentario apologético, historia natural y peregrina de las Indias Occidentales, Islas de Tierra Firme del Mar Oceano* (édition critique : Lima, 1943)

Ley, Willy, 1956, « The Hollow Earth », *Galaxy*, vol. 11

Lloyd, John Uri, 1895, *Etidorhpa*, Cincinnati, Lloyd

Lopez de Gòmara, Francisco, 1554, *La historia general de las Indias, con todos los descubrimientos, y cosas notables que han acaescido en ellas, dende que se ganaron hasta agora*, Anvers, Stesio

Manguel, Alberto et Guadalupi, Gianni, 1982, *Dizionario dei luoghi fantastici*, Milan, Rizzoli (2e édition augmentée, Milan, Archinto, 2010)

Mather, Cotton, 1721, *The Christian Philosopher*, Londres, Matthews

Mazzoldi, Angelo, 1840, *Della diffusione dell'incivilimento italiano alla Fenicia, alla Grecia, e a tutte le nazioni antiche poste sul Mediterraneo*, Milan, Guglielmini e Redaelli

Montaigne, Michel de, 1580-1595, *Les Essais*, Paris, Abel L'Angelier

More, Thomas, 1516, *Libellus vere aureus, nec minus salutaris quam festivus de optimo rei publicae statu, deque nova insula Utopia*, Louvain (tr. fr. *L'Utopie*, Paris, Flammarion, coll. « GF », 1993)

Moretti, Gabriella, 1994, *Gli antipodi*, Parme, Pratiche

Morris, William, 1891, *News from Nowhere*, Londres, Reeves & Turner

Nelson, Victoria, 1997, « Symmes Hole, Or the South Polar Romance », *Raritan*, 17

Neupert, Karl, 1909, *Am Morgen eine neuer Zeit*, Dornbirn, Höfle & Kaiser

Neupert, Karl, 1924, *Welt-Wendung! Inversion of the Universe*, Augsbourg

Neupert, Karl, 1927, *Umwälzung! Das Weltbild der Zukunft*, Augsbourg

Neupert, Karl, 1928, *Der Kampf gegen das kopernicanischer Weltbild Verfasserang*, Memmingen

Neupert, Karl, 1929, *Umsturz des Welt-Alls*, Memmingen

Neupert, Karl, 1932, *Welt-Anschauungen. Der Sternhimmel ist optische Täuschung.* Zurich

Newton, Isaac, 1728, *The chronology of ancient kingdoms amended*. Londres, J. Tonson, J. Osborn and T. Longman

Nietzsche, Friedrich, 1888, *Der Antichrist*, Leipzig, Kröner (tr. fr. *L'Antéchrist*, Paris, Gallimard, coll. « Folio Essais », 1990)

Numa Broc, 1980, « Dall'Antictone all'Antartico », in *Cartes et figures de la Terre*, Paris, Centre Pompidou

Obroutchev, Vladimir Afanasevich, 1924, *Plutoniia*, Leningrad

Olender, Maurice, 1989, *Les Langues du Paradis*, Paris

Olschki, Leonardo, 1937, *Storia letteraria delle scoperte geografiche*, Florence, Olschki

Ortenberg, Veronica, 2006, *In Search of the Holy Grail. The Quest for the Middle Ages*, Londres et New York, Hambledon Continuum

Ossendowski, Ferdinand, 1923, *Beasts, Men and Gods*, Londres, Arnold

Pauwels, Louis, et Bergier, Jacques, 1960, *Le Matin des magiciens*, Paris, Gallimard

Peck, John W., 1909, « Symmes' Theory », *Ohio Archaeological and Historical Publications*, 18

Pellech, Christine, 1983, *Die Odyssee – eine antike Weltumsegelung*, Berlin, Reimer

Pellicer, Rosa, 2009, « Continens Paradisi: el libro segundo de 'El paraíso en el Nuevo Mundo' de Antonio de León Pinelo », *América sin nombre*, 13-14

Penka, Karl, 1883, *Origines Ariacae*, Vienne, Prochaska

Petech, Luciano, 1989, « Introduzione » à Giovanni di Pian di Carpine, *Storia dei mongoli*, Spoleto, Centro Italiano di Studi sull'Alto Medioevo

Peyrère, Isaac de la, 1655, *Praeadamitae sive exercitatio, super versibus duodecimo, decimotertio, & decimoquarto, capitis quinti epistuale d. Pauli ad romanos. Qvibus indvctvntvr primi homines ante Adamum conditi*, Amsterdam, Elzevir

Pezzini, Isabella, sous la direction de, 1971, *Exploratorium. Cose dell'altro mondo*, Milan, Electa

Piazzi Smyth, Charles, 1864, *Our Inheritance in the Great Pyramid*, Londres, Strahan

Pigafetta, Antonio, 1519-1522 *Premier voyage autour du monde par Magellan*, Paris, Union Générale d'Éditions, 1964

Prado Villalpando, Geronimo et Giovanbattista, 1596, *In Ezechielem explanationes et apparatus urbis ac templi hierosolymitani commentariis et imaginibus illustratus Opus*, Rome, Zannetti, Vullietto, Ciaccone

Rahn, Otto, 1937, *La Cour de Lucifer, Voyage au cœur de la plus haute spiritualité européenne*, Leipzig, Schwarzhäupter-Verlag

Rahn, Otto, 1933, *Kreuzzug gegen den Gral. Die Geschichte der Albigenser*, Fribourg-en-Brisgau, Urban Verlag

Raleigh, Walter, 1596, *The Discovery of the Large, Rich, and Beautiful Empire of Guiana, with a Relation of the Great and Golden City of Manoa (which the Spaniards call El Dorado)*, Londres, 1595, Utz, 1933

Ramusio, Giovan Battista, 1556, « Discorso di messer Gio. Battista Ramusio sopra il terzo volume delle Navigazioni e Viaggi nella parte del mondo nuovo », in *Delle Navigationi et Viaggi Nel Quale Si Contengono Le Navigationi al Mondo Nuovo* III, Venise, Giunti

Reed, William, 1906, *The Phantom of the Poles*, New York, Rockey

Retif de la Bretonne, Nicolas Edmé, 1781, *La Découverte australe par un Homme-volant, ou Le Dédale français, nouvelle très philosophique, suivie de la Lettre d'un singe*, Leipzig et Paris

Rider Haggard, Henry, 1886-1887, « She », in *The Graphic*, octobre 1886-janvier 1887

Roerich, Nicholas, 1928, *Shambhala, The Resplendent*, Talai-Pho-Brang

Rosenau, Helen, 1979, *Vision of the Temple*, Londres, Oresko

Rosenberg, Alfred, 1930, *Le Mythe du XXᵉ siècle : bilan des combats culturels et spirituels de notre temps* Munich, Hoheneichen

Rousseau, Victor, 1920, « The eye of Balamok », in *All Story Weekly*, 24 janvier

Rudbeck, Olaus, 1679-1702, *Atland eller Manheim – Atlantica sive Manheim, vero Japheti posterorum sedes ac patria*, Upsal, Henricus Curio

Sacy, Sylvestre de, 1838, *Exposé sur la religion des druses*, Paris, Imprimerie Royale

Saint-Yves d'Alveydre, Joseph-Alexandre, 1886, *Mission de l'Inde en Europe*, I et II, Paris, Calmann-Lévy

Saint-Yves d'Alveydre, Joseph-Alexandre, 1911, *L'Archéomètre, Clef de toutes les religions & de toutes les sciences de l'Antiquité*, Paris, Dorbon-Aîné

Scafi, Alessandro, 2006, *Mapping Paradise. A History of Heaven on Earth*, Chicago, Chicago U.P.

Schrade, Otto, 1883, *Sprachvergleichung und Urgeschichte*, Iéna

Seaborn, Adam (capitaine, peut-être le pseudonyme de John Cleves Symmes), 1820, *Symzonia. Voyage of Discovery*, New York, Seymour

Sède, Gérard, de, 1962, *Les Templiers sont parmi nous ou l'Énigme de Gisors*, Paris, Julliard

Sède, Gérard, de, 1967, *L'Or de Rennes ou La Vie insolite de Bérenger Saunière, curé de Rennes-le-Château* (réédité en livre de poche sous le titre *Le Trésor maudit de Rennes-le-Château*, et enfin, en 1977, sous le titre *Signé: Rose+Croix*)

Sède, Gérard, de, 1988, *Rennes-le-Château. Le dossier, les impostures, les phantasmes, les hypothèses*, Paris, Robert Laffont

Seriman, Zaccaria, 1749, *Viaggi di Enrico Wanton alle terre incognite Australi ed al paese delle scimie, ne' quali si spiegano il carattere, li costumi, le scienze e la polizia di quegli straordinari abitanti. Tradotti da un manoscritto inglese*, Venezia, Targier (présenté comme une traduction de l'anglais, mais en réalité traduit plus tard en langue anglaise, sous le titre *The Travels of Henry Wanton to the Terra Australis*, Londres, 1772)

Shepard, Odell, 1930, *The Lore of the Unicorn*, Londres, Allen & Unwin

Smith, Paul, 2011, *Pierre Plantard Criminal Convictions 1953 and 1956*, http://priory-of-sion.com/psp/ppconvictions.html

Smith, Paul, 2012, *Bibliography on the Priory of Sion, Rennes-le-Château, the Da Vinci Code, Rosslyn Chapel, landscape geometry and other modern myths*, http://www.rennes-le-chateau-rhedae.com/rlc/prioryofsionbibliography.html

Sobel, Dava, 1995, *Longitude*, New York, Walker

Standish, David, 2006, *Hollow Earth*, Cambridge, Da Capo Press

Steuerwald, Hans, 1978, *Weit war sein Weg nach Ithaka, Neue Forschungsergebnisse beweisen: Odysseus kam bis Schottland*, Hambourg, Hoffmann und Campe

Stoker, Bram, 1897, *Dracula*, New York, Grosset & Dunlap (tr. fr. *Dracula*, Paris, Le Livre de Poche, 2009)

Swinden, Tobias, 1714, *An Enquiry into the Nature and Place of Hell*, Londres, Taylor

Tardiola, Giuseppe, sous la direction de, 1991, *Le meraviglie dell'India*, Rome, Archivio Guido Izzi

Tardiola, Giuseppe, 1993, *I viaggiatori del Paradiso*, Florence, Le Lettere

Teed, Cyrus Reed, 1899, *The Cellular Cosmogony; or, the Earth, a Concave Sphere*, Chicago, Guiding Star

Tega, Walter, sous la direction de, 2007, *Il viaggio tra mito e scienza*, Bologne, Bononia U.P.

Tomatis, Mariano, 2011, « Il gioco infinito di Rennes-le-Château », in *Query online* (http://www.queryonline.it)

Toudouze, Georges-Gustave, 1914, *Le Petit Roi d'Ys*, Paris, Hachette

Vairasse, Denis, 1675, *The History of the Sevarites or Sevarambi*, Londres, Brome (seulement le premier volume, la suite fut publiée en français)

Verne, Jules, 1864, *Voyage au centre de la terre*, Paris, Hetzel, revu en 1867

Verne, Jules, 1869-1870, *Vingt mille lieues sous les mers*, Paris, Hetzel

Vespucci, Amerigo, 1745, *Vita e lettere di Amerigo Vespucci raccolte e illustrate da Angelo Maria Bandini*, Florence, All'Insegna di Apollo

Vico, Giambattista, 1744, *Principi di scienza nuova*, Naples, Stamperia Muziana a spese di Gaetano e Steffano Elia (tr. fr. *La Science nouvelle*, Paris, Fayard, coll. « L'esprit de la cité », 2001)

Vidal-Naquet, Pierre, 2005 *L'Atlantide. Petite histoire d'un mythe platonique*, Paris, Les Belles Lettres

Vinci, Felice, 1995, *Omero nel Baltico. Le origini nordiche dell'Odissea e dell'Iliade*, Rome, Palombi (4ᵉ édition 2003)

Voltaire, 1756, « Essai sur les mœurs et l'esprit des nations », in *Collection des œuvres complètes de M. de Voltaire*, Genève, Cramer

Ward, Cynthia, 2008 « Hollow Earth Fiction », in *The Internet Review of Science fiction*, www.irosf.com/q/zine/article/10460)

Warren, F. William, 1885, *Paradise found*, Boston, Houghton Mifflin

Weston, Jessie, 1920, *From ritual to romance*, Cambridge, Cambridge University Press

Wolf, Armin e Hans-Helmut, 1990, *Die wirkliche Reise des Odysseus, Zur Rekonstruktion des homerischen Weltbildes*, Munich, Langen Müller

Zaganelli, Gioia, sous la direction de, 1990, *La lettera del Prete Gianni*, Parme, Pratiche

Zaganelli, Gioia, 1997, *L'Oriente incognito medievale*, Soveria Mannelli, Rubettino

Zambon, Francesco, 2012, *Metamorfosi del Graal*, Rome, Carocci

Zircle, Conway, 1947, « The Theory of Concentric Spheres: Halley, Mather and Symmes », *Isis*, vol. 37, no. 3-4

Zschätzsch, Karl Georg, 1922, *Atlantis die Urheimat der Arier*, Berlin

CRÉDITS PHOTOGRAPHIQUES

© 1994, CONG SA. *Corto Maltese. Avevo un appuntamento* – Tutti i diritti riservati
© Abdul Mati Klarwien
© Agence Bulloz / Réunion des Musées Nationaux / Alinari
© Alberto Savinio
© Biblioteca Apostolica Vaticana 2013
© Digital Image Museum Associates / LACMA / Art Resource NY / Scala, Florence
© Hergé / Moulinsart 2013
© Jean-Gilles Berizzi / Réunion des Musée Nationaux / Grand Palais (MuCEM) / Alinari
© Luigi Serafini
© Piet Mondrian
© René Magritte
© René-Gabriel Ojéda / Réunion des Musée Nationaux / Grand Palais (Musée du Louvre)
© Rennes / Louis Deschamps / Réunion des Musées Nationaux / Alinari
© Trustees of the British Museum
Antikensammlung, Staatliche Museen zu Berlin / Archivio Scala, Firenze
Archivi Alinari, Firenze
Artothek / Archivi Alinari, Firenze
Bayerische Staatsbibliothek München
Biblioteca Medicea Laurenziana, Firenze / su concessione del Ministero per i Beni e le Attività culturali
Bibliothèque Municipale, Nantes
Bibliothèque Nationale de France, Paris
Bibliothèque Royale de Belgique, Bruxelles
BPK, Bildagentur für Kunst, Kultur und Geschichte, Berlin / Foto Scala, Firenze
Bridgeman / Alinari
Cameraphoto / Scala, Firenze
Cinémathèque Française, Paris
Corbis Images
CuboImages
DeAgostini Picture Library / Scala, Firenze
Domingie - Rabatti Firenze
Erich Lessing Archive / Contrasto
Fondazione Centro Conservazione e Restauro "La Venaria Reale" su concessione del MIBAC
Foto IBL Bildbyra / Heritage Images / Scala, Firenze
Foto Scala, Firenze
Foto Scala, Firenze / su concessione del Ministero per i Beni e le Attività culturali
Franco Cosimo Panini Editore © su licenza Fratelli Alinari
Galleria Fondoantico di Tiziana Sassoli
Galleria Thule Italia
General Research Division, The New York Public Library, Astor, Lenox and Tilden Foundations
Harvard Art Museums / Fogg Museum
Interfoto / Alinari
John Rylands University Library, Manchester
Jonathan Player / The New York Times / Contrasto
Kunsthalle, Bremen
Luisa Ricciarini, Milano
Mary Evans Picture Library 2008 / Archivi Alinari
Mondadori Portfolio / Akg Images
Mondadori Portfolio / Album
Mondadori Portfolio / Electa / Sergio Anelli
Mondadori Portfolio / Leemage
Mondadori Portfolio / Picture Desk Images
Mondadori Portfolio / The Art Archive
Mondadori Portfolio / The Kobal Collection
München, Bayerische Staatsbibliothek
Museo di Capodimonte / Soprintendenza Speciale per il Patrimonio Storico, Artistico, Etnoantropologico e per il Polo Museale della città di Napoli
Museo-Antico Tesoro della Santa Casa di Loreto
Oriel College Library, Oxford University
Palazzo Fava. Palazzo delle Esposizioni / Genus Bononiae. Musei nella Città
Photo12 / Olycom
Royal Ontario Museum, Toronto
Science Photo Library / Contrasto
Smithsonian Libraries, Washington
The Art Archive / Bibliothèque Municipale Amiens / Kharbine-Tapabor / Coll. J. Vigne
The Frances Lehman Loeb Art Center, Vassar College Poughkeepsie, New York
TopFoto / Archivi Alinari
Webphoto, Roma
White Images / Foto Scala, Firenze
Wolfsoniana – Fondazione regionale per la Cultura e lo Spettacolo, Genova

© 1973 King Features Syndicate, Inc.
TM Hearst Holdings, Inc.